教育伦理研究

第四辑

主　编　王正平
副主编　何云峰

华东师范大学出版社

《教育伦理研究》编辑委员会

学术顾问
陈 瑛 唐凯麟 朱贻庭

主 任
王正平 钱焕琦

副 主 任
卫建国 王本陆 王泽应 王淑芹
李忠军 李 萍 曾建平

编 委（以姓氏笔画为序）
卫建国（山西师范大学）
卫荣凡（广西教育学院）
马永庆（山东师范大学）
王正平（上海师范大学）
王本陆（北京师范大学）
王国聘（南京晓庄学院）
王泽应（湖南师范大学）
王晓阳（清华大学）
王淑芹（首都师范大学）
邓安庆（复旦大学）
田鹏颖（东北大学）

史秋衡（厦门大学）
朱 平（安徽师范大学）
刘铁芳（湖南师范大学）
江雪莲（华南师范大学）
杜时忠（华中师范大学）
李 玢（闽南师范大学）
李 萍（中山大学）
李忠军（东北师范大学）
何云峰（上海师范大学）
余玉花（华东师范大学）
金生鈜（浙江师范大学）
林 滨（中山大学）
贾新奇（北京师范大学）
钱焕琦（南京师范大学）
韩跃红（昆明理工大学）
曾建平（井冈山大学）
靖国平（湖北大学）
管向群（江苏第二师范学院）

目录

编者的话 / 1

教育伦理前沿问题研究

自由之人如何长成?——教育学视角下的教育自由问题及其叙事研究(卜玉华　齐　姗)/ 3
转向与思考:"互联网+"时代的教师伦理发展(沈　璿)/ 16
论教师幸福——基于亚里士多德幸福观(赵冰倩)/ 27
新媒体语境下大学生道德赋能探析(卢俊豪)/ 34
学校民主氛围营造——在平等理智参与中学习联合生活(鞠玉翠　吴怡然)/ 49
教师尊严:教育伦理现实转化的原点(彭海霞　李金和)/ 64
法治视域中教育善的实现路径(刘云林　舒婷婷)/ 73

教育伦理理论研究

论教育公正(王正平)/ 85
论教育伦理学视域下的教育公正问题(糜海波)/ 99
教育的限制与儿童的自由(程　亮)/ 112
简议教学伦理研究中的学生主体问题(王本陆　王　婵)/ 128
论教学伦理学研究的结构性缺失及其应对(汪　明　贾彦琪)/ 137
教师伦理困境的研究及其意义(王　凯)/ 147
学校德育治理的伦理思考(刘竑波)/ 160
诚信教育的伦理审视(罗明星　刘林睿)/ 168

目录

教师道德理论研究

论教师的惩戒之善及其实现(蔡辰梅) / 181

师德公私之辩(肖绍聪) / 195

论德性与教师德性的特征(黎　玮) / 202

教育歧视现象的审视与反思(贾婀娜) / 210

教师发展自律动力问题探讨(卫荣凡) / 219

立德树人：高校教师职业道德旨归(丁慧民) / 227

师德修养奠定教师专业发展基石(魏义华) / 234

师德建设理论研究

师德自觉是师德建设的内生动力(张自慧) / 243

互联网环境下我国高校教师伦理的建构(王　健　范佳昕) / 256

高校教师社会服务伦理的提升(徐廷福　刘　惠) / 265

当前师德培训的价值重构与实践创新(戴双翔　林　倩　高　洁) / 273

论地方高校人才培养目标的达成
　　——作为地方高校回归自身的一种道德辩护(黄富峰　王胜利) / 280

师德建设实践研究

高校青年教师师德建设长效机制探究(廖志诚) / 291

厚培师德师风铸造基础教育软实力(湖南省东安县教育局) / 305
弘扬行知精神　抓好师德建设(南京晓庄学院) / 309
传承先贤遗风　打造师德品牌(北京实验学校) / 313
实践为途　理论为根　特色创新　不断求索(张　勤　江苏第二师范学院) / 315

师生关系与师德评价研究

"以分为本"的学习评价价值观：价值分析(王中男) / 323
论师爱素质(陈　宁　汪海彬) / 339
面对00后大学生所需要的师爱(李　玢) / 348
论师生关系维系与重建的信任变量(王永明) / 355
弑师惨剧与教师社会形象重塑(刘宏森) / 361
从道德审判走向法治化：对大学校园师源性骚扰/性侵害的审思(王　珺) / 374

港澳青年教育伦理研究

香港地区大学生国民身份认同教育思考(陈正桂) / 387
"情绪政治"视域下的香港青年认同观(林　滨　夏银平) / 394
澳门青年世代政治价值观变迁与现实考量(赵凤莲) / 404

中外教育伦理思想研究

中西方教育伦理思想比较简论(钱焕琦) / 417

目录

隐藏的教育目的——关于杜威教育思想的思考(张淑妹) / 428
中美中学德育教育实施过程比较与反思(金晓莉) / 437

教育伦理研究综述

教育伦理、立德树人与学校德育
　——全国第四届教育伦理学术研讨会综述(周治华　李　爽) / 445
完善教师人格　促进专业发展
　——"师德评价与教师发展"高端学术研讨会综述(冯　婷) / 450

编者的话

爱因斯坦曾经在《给妹妹的信》中指出:"道德是人类全部价值的基础。"当下中国,随着现代教育事业的蓬勃发展,各种利益主体之间的利益矛盾和道德价值观念的碰撞,日益引起社会公众的关注。教育伦理是全部教育活动的价值基础。人们不得不追问:学校教育的根本价值追求是什么?什么才是教育工作中的善?各级各类学校究竟是要把青少年一代培养成"有用的工具",还是德、智、体、美、劳全面发展的幸福之人?社会应当如何公平公正地分配教育资源?教师应当如何在教育和教学活动中关爱学生,立德树人?教育制度、教育政策、利益分配和管理措施如何真正有利于促进教师教书育人、弘扬师德?等等。紧密结合我国教育活动的社会实践,从教育伦理的基本理论和根本道德价值理念上,厘清这些复杂而重要的善恶是非,对发展中国特色的现代教育事业至关重要。我们的基础教育和高等教育事业,唯有建立在合理、正确、科学的教育伦理道德的基础之上,才能健康和可持续地发展,为中华民族的伟大复兴,为全体民众过上文明幸福的生活,提供德性、智慧和人才资源的可靠保障。

当前我们教育伦理学研究的一项重要任务,就是要把社会主义核心价值观与教育职业活动的具体实践结合起来,把"公正"、"平等"、"自由"、"民主"、"文明"、"爱国"、"敬业"、"诚信"、"友善"等核心价值观真正地融入到新型的中国特色教育伦理和教师道德规范体系中去。一方面,社会主义核心价值观只有与具体的教育职业生活相联系才能真正显示它们的价值与活力;另一方面,教育和教学活动只有以社会主义核心价值观作为价值基础和道德引领,才能使教育工作保持正确的发展方向。毫无疑问,教育伦理研究不是以学科为中心,而是以问题为中心。应当坚持合理的价值导向,分清是非善恶,做好师德的底线的规范和向上的引领。开展师德建设必须尊重教师,充分调动广大教师的主体积极性,尊重教师是师德建设的基础和前提。教师道德是一种高尚的职业道德,又是一种"人人应做、人人能行"的群众道德。我们既要激励广大教师追求高尚的道德境界,又要维护教师正当合理的权益。以身作则、立德树人是教师责任内的道德义务。

《教育伦理研究》(第四辑)是在以"教育伦理、立德树人与学校德育"为主题的第四届全国教育伦理学学术研讨会论文集基础上编选而成。该学术会议2016年11月5日至6日在广州召开。会议由中国伦理学会教育伦理专业委员会主办,由中山大学马克思主义学院、上海师范大学跨学科研究中心、广东省伦理学会、上海师德研究与评价中心联合承办。来自中山大学、上海师范大学、北京师范大学、华东师范大学、南京师范大学、湖南师范大学、首都师范大学、厦门大学、东北大学、浙江师范大学等全国近40所高校的教育学、伦理学等专家学者和基础教育工作第一线代表共计130多人出席会议,收到会议论文70余篇。

全国第四届教育伦理学学术研讨会先后由湖南师范大学王泽应教授、北京师范大学王本陆教授、首都师范大学王淑芹教授、上海师范大学何云峰教授主持。中山大学党委副书记、中国伦理学会副会长、广东省伦理学会会长李萍教授和中山大学马克思主义学院院长李辉教授致热情洋溢的开幕词。李萍教授强调指出,我们今天要发扬孙中山先生"为社会福,为邦家光"的社会责任意识,坚持理论联系实际,积极开展中国教育伦理和教师职业道德问题的前瞻性研究,强化教师的立德树人意识,对学校德育进行科学的价值引领。中国伦理学会教育伦理专业委员会主任王正平教授,在会上做了"核心价值、教育伦理与立德树人"的大会主题报告,联系我国教育伦理研究及师德建设面临的重要理论和实践问题,从学理上深入阐释了三者之间的内在联系。

在本次会议的主题学术报告阶段,林滨教授的讲演《教育本真性下的精致利己主义反思》探讨了学校培养德才兼备人才的重要性;卜玉华教授的讲演《教育学视角之下的教育自由问题及其叙事研究》分析了自由之人如何长成的问题；糜海波教授的讲演《论教育伦理视域下的公正问题》论述了教育公正的本质和体系；张自慧教授的讲演《师德自觉是师德建设的内生动力》阐释了建构层级化、平民化师德规范的重要性；丁慧民副教授的讲演《立德树人：教师职业伦理旨归》提出了教师应当是经师和人师的结合，受到了与会专家和学者的一致好评。《道德与文明》杂志主编杨义芹教授在点评中指出，当前我国教育领域一些突出问题的解决，需要科学的阐释和贯彻教育公正、教育平等、教育自由等教育伦理的重要原则，克服急功近利和利己主义。立德树人不仅是教师师德的要求，也是体现了教育的根本任务和旨归。在大会发言中，贵州师范大学李金和教授提出，教师尊严是教育伦理建构的核心和基点；广州大学罗明星教授认为，可以把道德"联想"作为德育的重要方法；河北师范大学蔡辰梅教授提出，应当划清教师惩戒的法律边界、伦理边界和教育边界。首都师范大学附属中学党委书记金晓莉对中美中学德育教育实施过程进行了比较与反思；江苏第二师范学院副院长张勤教授结合本校实际，探索了师德建设新路径。湖北大学靖国平教授从教育伦理视野对上述讲演作了十分精彩的点评。

正如参加第四届全国教育伦理学学术研讨会的专家共同感受到的一样，我国的教育伦理、师德理论和实践研究正在向深度和广度两个方面逐步拓展。《教育伦理研究》（第四辑）收录的论文在一定程度上体现了这些研究新成果。在本书中，"教育伦理前沿问题研究"探讨了教育自由的价值、互联网时代的教育伦理发展教师幸福、教师尊严和学校民主问题；"教育伦理理论研究"探讨了教育公正、学生主体性、教学伦理、德育治理和诚信问题；"教师道德理论研究"探讨了教师的惩戒之善、教师的德性、教师的自律和立德树人问题；"师德建设理论研究"探讨了师德建设的内生动力、教师社会服务伦理、师德培训的价值重构、教师伦理的建构问题；"师生关系与师德评价研究"探讨了学习评价的价值分析、师爱素质师生关系中的信任、教师道德形象的塑造重塑问题；

"中外教育伦理思想研究"探讨了中西教育伦理思想比较、杜威教育伦理思想、中美中学德育比较问题。另外,本书专门开辟了"师德建设实践研究"栏目,发表了面向师德建设实践的论文和来自高校和中小学开展师德建设的优秀案例和经验。这些文章可以直接为大中小学建立和健全师德建设长效机制提供有益的借鉴。本书还开辟有"港澳青年教育伦理研究"栏目,对港澳地区青少年学生的价值观培育问题进行了有价值的分析和探究。

《教育伦理研究》(第四辑)的出版,得到上海市高峰高原学科建设上海师范大学哲学项目、上海师范大学跨学科研究中心的经费资助。本书的编辑出版得到华东师范大学出版社总编辑阮光页、责任编辑金勇的积极支持;吴澄、范琦、李耀峰、李爽、郑艳艳、唐玉春等多人担任了编校和联系工作。谨此一并表示由衷的感谢!

编者

2017年4月16日

教育伦理前沿问题研究

自由之人如何长成?
——教育学视角下的教育自由问题及其叙事研究

卜玉华　齐　姗

（华东师范大学　教育学系）

一、问题的提出：培养自由人是现代社会对教育的基本要求

历史法学之集大成者梅因在《古代法》中指出,所有进步运动,到此处为止,是一个从身份到契约的运动。"身份"是指个人在以父权制家族为基本生存单位的传统社会中,其所处的角色位置及其相应的权利与义务都是既定的,由等级与身份所决定。但到了现代社会,按黑格尔的理解,这是自由人之间的自由交往,人的身份是由主体自己决定的,为了保障人们相互间的权利,需要订立契约,而订立契约是以人的自由与成熟为前提的,而个人如何从未成年状态走向具有自由交往的意识和能力并不是自然天成的,需要通过教育来完成。所以,自西方启蒙运动以来,西方现代教育就是以人的自由

基金项目：国家社会科学基金一般课题"我国学校生活中的儿童形象研究"（BHA160096）研究成果之一。

作者简介：卜玉华,华东师范大学教育学系教授,博士生导师,主要从事教育基本理论,教育伦理学和基础教育改革研究。齐姗,华东师范大学教育学系博士生,主要从事教育伦理学、基础教育改革研究。

E-mail：yhbo@dedu.ecnu.edu.cn

作为一种理论假设和时代命题，教育目的就是使人迈向自由，反对"任性和奴性"的教育。于是，如何教育自由人，或者用康德的话说就是"如何通过强制培养自由"便成为现代教育的基本命题。卢梭最早看到了这一基本问题所蕴含的矛盾：外在的教育会妨碍儿童的自由，于是，他倡导"自然教育"来试图克服这一矛盾，但由于他采取的是逃避的方式，几乎等于放弃了教育。卢梭之后，德国教育家康德、费希特和赫尔巴特等人都对此问题进行了回答。

从人类社会史的角度审视这场发生在当下中国的历史方向，我们不难看出，它与欧洲社会史在从传统向近代的转换有极大的时代相似性。从20世纪90年代以来，我国政府、学术界、中小学校便开始关注青少年儿童一代成长中的自主自由性问题，认识到在越来越开放的社会中，个人自由选择成了我们每一个人都必须承担的命运，追求自己事业的成功、生活的幸福成为了个人自主、自由的领域。在这种时代大潮下，我国政府于20世纪90年代提出了"素质教育"的理念，并以"新课程改革"为核心载体，把教师专业发展、学校领导力提升等问题一并纳入其中，至今已有近20年。但是，对于什么是儿童的自由问题，学术界始终止于理论推演或是教育外部条件（如制度、政策、资源）的改进等方面，很少在我国学校教育实践场域下，关注儿童成长意义上的自由的具体内涵及其相关问题。对此，我将聚焦于学校教育场域，深度、细致地呈现我国当代儿童成长中基本生活情景，通过这些情境让人们了解我国儿童自由的现实内涵是什么？什么在影响着儿童的自由？如果通过教育培养儿童的自由，那么需要什么样的教育条件？本文讲述的若干现象意在超越当下对儿童自由的抽象化、零碎化和表浅化的认识，揭示我国教育实践所潜藏着的深层问题，而不在于探讨某个有争议的有关儿童自由的观点。

二、文献综述：历史上"自由如何长成"的三种视角

正如前文所述，历史上，一些思想家对此作了探索与回答，总体上形成了三种思考视角：

第一种是以卢梭为代表的挑战现实社会，采取自然教育的视角。这一点大家都比较熟悉，不再赘述；

第二种是康德、费希特和赫尔巴特为代表的在"规范与自由"的内在矛盾的意义上

的思考视角。

康德看来,"靠驯服是达不到教育的目的的,问题首先在于让孩子们学习思考,对那些一切行动由之而出的原则进行思考。"[1]这个原则就是引导人拥有"独立使用自己理性"的勇气,只有人达到了这一状态,才算得上真正自由的人。当然,人并非天生就有独立运用自己理性的勇气,需要教育对之塑造、促进和培养。但为了避免教育伤害儿童的自由和尊严,他提出要处理始终思考的一个关键问题是:"我如何通过强制培养自由?"[2]为此,康德提议从规训、文化化、文明化和道德化四个维度开展。"规训,就是把动物性转变成人性,防止人由于动物的驱使而偏离其规定性:人性"[3],但是"规训决不能是奴役性的,而要让孩子感受到他的自由,只是他不能妨碍别人的自由;因此,他必须受到阻碍"[4]。比如,习惯静坐,严格遵守事先的规定,不能任性而为。

但费希特认为,康德的认识和思路并不彻底,无法真正培养出自由的人,因为自由的人是能够"促进自我活动"的人,教育就是对自我活动的促进,让受教育者认识到要"通过自己的行为获得自己的确定性"[5]。

赫尔巴特较为认同费希特的观点,认为自由不是超时间的先验自由,而是表现为做这个不做那个的可能性和能力,"有道德人的自己命令并服从自己"[6]。所以,他的《普通教育学》之所以被称为现代教育学的奠基之作,并不像人们通常所理解的那样,因为他以心理学和哲学为基础建立教育学,而首先是因为他的教育学思想所回应的问题是现代社会的教育问题,即如何把人培养成一个独立、自由和自决的人。他同时指出,"儿童心灵的培育是完全不能忽视管理的",但"这种管理并非要在儿童心灵中达到任何目的,而仅仅是要创造一种秩序"[7];"要避免运用一切不必要的强制,这样的强制可能使儿童无所适从,可能抑制他们的情绪,毁灭他们的乐趣"[8]。管理只是教育的前提条件,但并不能保证自由人一定要养成,从积极的意义上,还需要教育有意为之,而能够使真正走出狭隘、走向自由的因素是人自身的"思想范围",因为思想范围的结构中存在着自由行为的可能性,存在着对自我和事实负责的条件和可能,它是人格的道德的中心;思想范围其实就是知识和认识的范围。

第三种视角则是施莱尔马赫、洪堡等人从更为宽阔的意义上思考自由人的培养问题。

他们认为,如果真正解决现代教育自由人的培养问题,关键要转变传统社会中的"肯定性教育"的观念,因为"肯定性教育"蔑视人的主动性,通常直接把社会性要求作为教育性要求束缚和压制人,所以,他们提出了现代社会的"非肯定性教育"观念。"非肯定性教育"所要回答的基本问题是因为代际关系的性质发生了变化:老一辈"越来越不知道人要做什么,和为什么要做,他们就越有缺陷"。因此,"老一辈不要再试图预先定义和设定下一代的未来的确定性","非肯定性的教育实践向成长着的一代开启了参与人类总体实践活动的大门,也使社会活动领域向成长着的一代参与开放"。[9]

洪堡认为人的教养没有任何一个需要达到的终极目的,现代社会如果强调教育的终极目的,那是因为他们把社会实践理解为具有等级性的关系,比如,政治、经济高于教育时,教育就要服从政治的要求,政治的要求就可能成为教育的最终目的,从而伤及教育的相对独立性,最终使政治人的培养成为教育的唯一或最高目的,这自然是剥夺教育的独立性,自由人的培养也不可能。

总体上,这些思想家们对自由人的培养问题都做了多方面的思考,并提出很具有启发性的问题或概念,如"如何在规范中培育自由?""自我教育中的确定性"、"教育性教学"、"思想范围"、"非肯定性教育"以及"人类非平等性实践下的教育独立性"等。但尚有两个至关重要的问题是这些思想家没有涉及的。第一,他们没有正面回答"什么是自由的人?"因为这是培养自由人的思想前提,没有这一目标,如何培养自由人的问题就相对困难些。第二,他们没有具体地将自由人的培养置身于儿童成长、学科知识传递等的复杂关系中进行探讨,因此,这些要素间的动态生成关系中若干具体问题就无法展开。

三、理论框架:从何视角理解什么是自由之人

1. 从实践出发来理解人的自由

对人的自由的探讨通常的思路是把自由理解为摆脱束缚,这种思路"是一种'主客二分'的思维模式:在考察人或事物时,此种思维先在地把对象置于主体与客体二元对立的框架中,从中找一个本原来解释对象、寻求主客体的统一"[10]。然而,"此种考察方式在研究之先便已蕴含答案,并注定陷入无以解脱的困境"[11],因为它没有人的位置,无法从人的实践出发来理解人的自由。因此,现在,我们需要"把人从主客体的先在对立中解脱出来,从人自身即从具体的人、现实的人或人的实践活动出发理解人

和人的自由"[12]。

那么,什么是从教育实践出发来考虑学生的自由生成呢?通常,人们对学生自由的考察,多从师生权力关系的角度思考,把学生的自由理解为权力的被赋予,而没有看到自由体现在自我生成之中,没有生成也就没有自由。那么,人是如何自我生成的?人的自由的实现方式具体又是怎样的?对此,马克思是以人的对象化活动来说明的。马克思指出:"人只有凭借现实的、感性的对象才能表现自己的生命。"[13]人必须经由对象化活动才能生成,人的对象化活动正是实现人之自由的活动,是自由实现的方式。在教育实践的意义上,对象化的方式是通过知识和技能的精神活动,学生的自我生成或自由的获得过程要通过知识学习和技能掌握而获得。在此意义上,我们必须进入教育实践内部,结合学生掌握知识与技能等方面的情况探讨学生的自由生成及其实现状态。

2. 自由的人应当是"受过教育的人"

既然人的自由生成于教育实践之中,那么,自由的人其实就应当等同于"受过教育的人"。那么,什么是受过教育的人呢?一个只知道怎样做的人(如木匠、泥瓦匠),一个拥有大量信息的人,一个拥有很多历史知识的人,甚至是一个受过严格训练的科学工作者,这些人是受过教育的人吗?他们是自由的吗?对此,英国分析哲学家彼得斯的思考或许有一定的借鉴意义。

彼得斯认为一个受过教育的人包括三个方面的条件:第一,这样的人不仅仅是知道怎样做的人,消息灵通的人或知识渊博的人,还必须是在知识和理解上具有一定深度的人,因为"他只是知道怎样做是不充分的,他还必须拥有知识和一个概念性的框架,以将碎片化的知识联系起来,这意味着将知识联系起来的一些基本原则。我们也不能称一个拥有大量信息的人就是一个受过教育的人"[14]。第二,他"还必须对一些事情发生的'理由'有某种程度的理解。必须有自己看待事物的独特方式,而不是归属于某一类"[15]。第三,他必须"出于自于思想形式和知觉的义务感"[16]。从这个意义上,一个可能受过严格训练的科学工作者,如果他并不真正地关心科学,不理解他所做的事情与其他事物的联系,并缺乏从人的整体生活考虑自己所做事情的价值,那么,他也算不上是一位真正的科学工作者。

在彼得斯的重要论文集《教育与受过教育的人》一书中,他又将受过教育的人与什么是教育标准问题关联起来作了探讨。他指出,随着工业化的到来,以及知识和技能对人的要求越来越高,教育越来越多地与"训练"、"指导"等某些具体的知识、技能的掌握相关了起来,这对于现代社会对于自由的人培养要求会越来越远,有必须把"训练"与"教育"的概念作些区分,训练出来的人只会做某事,却不是自由的人,无法迎接不确定社会的挑战[17];在《伦理学与教育》之书中,他明确地说,现代学校教育的核心任务是培养自由的人,当然也并不排除个人就业和国家所需的实用型人才,即便职业教育也要有教育性,而不能只是训练。彼德斯的论述是值得借鉴的。我们处在越来越被科学化的生活世界之中,人的经验与知识、理解有了越来越多的分化,经验越来越不能满足当代科学化了的日常生活对于人的挑战。教育必须在此意义上有所承担,要在重新审视科学化的当代社会生活中"受过教育的人"的新内涵,这应当成为我们理解教育与自由人培养的基本参照系。

四、研究方法的选取: 实践叙事研究的视角

最近十多年,我国教育学界越来越多地接受了克兰迪尼和康纳利(Clandinin & Connelly,1998;2000)所倡导的叙事研究方法(Narrative inquiry)。的确,这一方法是一种理解个人经验和群体经验的工具。本文将采用这一方法来呈现我国当下学校教育场域中儿童自由的发展状态及其影响因素。据许世静和康纳利对此方法的解释(Xu & Connelly,2010),这种方法是对"经验的经验式研究"(the experiential study of experience,p. 354),既是一种研究现象,也是一种研究方法(Clandinin & Connelly,2000;Connelly & Clandinin,1990)。叙事所注重呈现事件的时间性、社会性和地点等要素及其关系的呈现,源于杜威1938年的经验哲学(Dewey,1938)。

我之所以能够采取叙事探究的方法,源于我参与了一项自20世纪90年代开展持续至今的一个研究项目"新基础教育"。这个研究项目在上海、常州、深圳、镇海等地的中小学校开展教学变革研究,有些学校与我们合作开展研究已经近20年,有些学校刚刚参加第一年。在这一长过程的研究中,我发现我与教师的对话总是围绕着如何使儿童拥有属于他们自己的自由问题而展开,进言之,儿童自由的问题是当代中国教师专业发展中的首要任务;我很想弄明白儿童自由与教师教学、学校、社会等之间的关联

性。我的兴趣不是在问责制度本身,而是我们应如何理解中国学校教育给予了儿童的是什么?它如何影响着儿童的成长。在我计划用叙事方法记录我的田野笔记时,我就意识到有必要避免我个人的主观判断(Peshkin, 1986)。只有悬置判断,我才能对研究所可能走的方向保持某种开放性;也只有贴近学生的生活经验,这项研究才具有叙事性以区别于那些个人意见的片断化表达;只有走近学校生活的变动场景,才能够揭示用学生的术语表达的活生生的感受。

五、 教学生活中的学生自由如何生成? ——基于课堂教学的叙事研究

哪种教学更能够培养学生的自由?

这是一节小学三年级的英语教学,教学的内容如下两幅图。在此之前,学生已经有了两年的英语学习经历。

> This is Joe.
> He's my friend.
> He's tall.

> This is Kitty.
> She's my friend.
> She's tall and thin.
> She can _____.

作为研究者,我在课堂中观察教师的教学行为时,发现教师们会采取不同的教学方法。

1. 教学叙事一:A 教师的教学中,学生有自由吗?

A 教师在处理这类教学内容的方式通常是:

第一步:教师在媒体上呈现两个对话的人(或两个学生,或两个卡通人物),向学生介绍他们各自的名字;接着要么逐一呈现三句话,边呈现边教每个句子;或是整体呈现三句话,然后逐一教学。

第二步:教师会采取一些教学方法让学生练习这些句子,通常情况下是全班齐读若干遍,教师再请其中一至几位同学读这些句子;如果学生读得没有问题,教师便会转移到下一个环节。

第一段教学内容算是教完了。

探讨点：学生有没有自由？

面对这节课的学习内容，我们不妨试想想全班学生可能会遭遇的各类情况：

- 有的学生或许已提前学习，了熟于心了，今天的教学内容对他们而言本身就是旧知识，并没有新知识；
- 有的学生或许还不明白教学所讲的语言意义，有些疑问希望得到老师的解答；
- 有的学生可能理解了教学内容的意义，但就是不会读句子，内心很紧张；
- 有的学生联系到自己学习的某个语言知识，比如，他在学习 tall 这个词时，就想到曾经学习的 Hall、call、mall，他一瞬间可能就会在头脑中形成了一个关于 all 的发音；
- 有的学生可能厌倦了全班齐读，觉得齐读要大家一个节奏，不符合自己的语速表达习惯，或是觉得自己的声音很美，总是不被大家听到有些失落；
- 有的学生或许想给这三句话再加上一个开头或是结尾，以使整个对话更显得丰富，用问候开始对话，显得自己礼貌；用谢谢结束对话，显得有始有终。

……

面对所有这些情况，我们无从知道确切的答案，因为我们听不到也看不到学生表达自我的机会与自由。显然，这样的教学中学生没有自由，也不可能培养自由的学生。

结论 1：在封闭的教学中，因学生既没有自由选择学习的内容，没有自由选择自己的学习方式，也没有自由提出自己的想法或困惑，所以不可能培养出学生的自由。

2. 教学叙事二：B 教师的教学中，学生有自由吗？

B 教师在处理这类教学内容时，方法会很不相同。下面是教师处理内容一的一个真实的教学片断：

第一步：教师呈现教学图片，指着图片中的两个人、动作或卡通人物说："This is Tom and Joe. Tom is talking about his friend Joe to you. Please think over and image if you are Tom, What will you introduce her?"（这是 Tom 和 Joe。Tom 正在向你介绍 Joe。请你想一想，如果你是 Tom，那么，你将如何介绍她呢?）

学生的答案如下：

生 1：Hello, I am Tom. She is Joe.（教师板书）

生 2：He is five.（教师板书）

生 3：He is a boy.（教师板书）

生 4：He can run.（教师板书）

生 5：He is a red.（语法错了！不能说 a red）

教师面向全班说："a red?"班级有几个声音马上回应："He is red"。生 5 的脸涨得通红，低下了头；教师板书 red.

生 6：He is short.

教师板书 short；同时大声地说：Good job! short, short, short! 全班学生开始跟着大声音地说 short, short, short!

随后，教师又教学了 friend 这个词。第一幅图的教学内容完成，教师板书如下：

> This is Joe.
> He is five/short.
> He is a boy.
> He can run.
> He is my friend.

探讨点：学生有自由吗？

同样教这些内容，B 教师的处理过程与 A 教师的不一样，从教学效果看，显然 B 教师的教学内容比 A 教师的教学内容要丰富些，学生介绍人物的语言和维度也都更为丰富，这是因为 B 教师给学生以自主思考和表达的时间与空间，教学不再是封闭的。

但我们更关注的问题是，学生的自由性体现出来了吗？在这个教学片断里，我看到学生给了许多不同的理解，彼此几乎在内容上没有重复，这说明孩子在努力寻找不同的答案，这不同的答案所呈现的其实是孩子的自我形象。从这个意义上，这个教学中学生是有表达和选择自由的。

再者，我们不难发现，第一，孩子们说的句子结构都是"主＋谓＋宾"结构，即三词句，是最为简短的句子。如果按生活经验来讲，我们不太会对别人说了"He can run"又说"He can walk"，因为一个人会跑了，就不可能不会走，再说，这些动词在小学二年级时都已经学过了，知识储备是够的。可学生为什么没有选择一次性地说两件事呢？第二，6个孩子，6个答案。这又意味着什么？难道他们每个人只会讲一句话？是他们要留些答案，供其他学生回答？还是自己习惯于这样的教学问答方式，从来没有想过可以一次性地说两句？应该怎样解释这样的同质化、单一化、低水平化的对话方式呢？

让我们分析一下第5个说"He is a red"的那个片断吧！按理，那个语法说错了的学生，其实也是很值得欣赏的，因为他在努力回忆自己曾经学习过的知识，努力地将a red迁移到教学对话中来，说错了不算什么，错了之后，便知道了正确的答案，岂不是件开心的事?!事实上，我们发现，这位同学意识到自己表达错误之后，脸腾地红了起来。那一刻，估计挫败感大于知道正确答案后的喜悦感才会如此。这说明她的成就感还更多地源于外部，尤其是权威人物老师的认可。那么，这是否又说明孩子内心深处还未真正建立自由呢？

结论2：开放性教学是学生能够自主思考与表达的前提条件，但仅仅开放教学并不能保证学生善于运用自由；学生是未成年人，他们的自由不具有自觉性和独立性，其自由具有无意识特点，需要教师的有意识引导。

3. 研究叙事一：自由还可以长什么样？

带着这样的疑问，我请了6位三年级的同学参与了座谈。下面是我在座谈会上所发生的事情：

像B教师一样，我把教学内容呈现给6位学，指着图片中的两个人、动作或卡通人物说，"这是Tom和Joe. Tom正在向你介绍Joe。请你想一想，如果你是Tom，那么，你将如何介绍她呢？"学生的答案如下：

● 生1：This is Joe.

（我：微笑着点了点头；在笔记本上记下了此句。）

● 生2：He is tall.

（我："Good Job!"也记下了此句。）

- 生 3：He is fat.

（我："Good Job!"并记下了此句。）

然后，我把笔记本上的句子给他们看，说："你们想一想，谁能把这两句话用一句话来说，而意思又不变呢？"我看到有些同学似乎在犹豫，我接着说："你们可以自己先想一想，或是同学们交流一下再告诉我"。这时，学生如释负重，我看到有些同学在翻书，有些同学在思考，还有些同学在与同桌或前后桌的同学在交流。大约2分钟后，教室里安静了下来。下面是同学们的反馈：

- 生 1：He is tall and he is fat.（我点点头，竖起了大拇指；）
- 生 2：He is tall and is fat.（这个句子有语法错误，或者说是中文思维的迁移；但我只是微笑着点点头，表示我听到了。）
- 生 3：He is tall and fat.（我点点，记录此句，并表扬了学生。）

（我：Anymore?）

- 生 4：He is tall, and he is not thin.
- 生 5 和生 6 都只是乖乖地坐着，没有回应。

我对孩子们说：你们表现得很棒！老师发现你们给出了许多精彩的答案，这是我也没有想到的。

与第一次相比，学生第二次的回答显然更加精彩，语言表达比第一次更丰富，句子更具有多样性，虽然第二个学生的表达有语法错误，但这又何妨呢？

结论3：学生自由的生成体现在心智的生长可能性方面，往哪里生长，可以长到什么程度，体现在知识的对象化在学生那里的呈现，教师或成年人在其中的引导作用至关重要，教师的高度一定意义上影响了学生自由的生长高度，因为教师决定了学生自由生长的方向和高度。

4. 研究叙事二：什么在阻碍着学生心智的自由生长？

在上述语境中，我其实只是给了他们一个新的任务，并没有给他们任何答案，但他们的答案让我们发现孩子的潜力通常被我们低估了，估计孩子自己也没有想到这一点。那么，是什么在束缚着学生呢？为什么在课堂上，在我没有给予他们第二次新任务前,他们就不敢这样尝试或自我突破呢?是什么在束缚着他们?

接下来,我对6个孩子进行了访谈:

我:你们觉得什么是好学生?或者说好学生有什么特点?

学生(几个学生几乎都毫不犹豫):"要听话!""要乖!"

我:什么算是听话呢?

学生的答案有:"上课认真听课,不捣乱";"认真完成作业";"积极举手发言"、"认真完成班级里的工作,像扫地、收作业之类的"。

我:为什么要听话呢?

生1:你不听话,老师会生气的。

生2:大家都是这样要求我们的,不然要被惩罚。有一次,我们班有个学生就是这样,上课时乱说话,老师就让他罚站。

生3:我也不知道为什么。

我:那你是个好学生吗?为什么?

生3:我是个好学生,因为我每天中午都会安静地在教室里读书;每次考试都能90分以上;我还是学科代表。

我:那如果老师也错了,你们也会听话吗?

孩子们愣了一下,他们大概曾来没有想过老师也会犯错误。一个孩子说,"那我们就会想想,但我们没有发现老师不对的时候"。

从这里,我们可以看出,学生虽然有自由生成的潜在性,但事实上学生缺乏自由生成的内在主动性或能动性,因为在师生关系或者说成人与未成年人之间的关系上,学生缺乏真正的自由生长空间,自主的主体没有真正的生成,知识人的生成并不等于自由人的生成;换言之,自由人的生成尚需要若干外部条件,其中儿童权力的获得是重要的条件!

结论4:儿童自由在教育实践意义上的生成并不是自由人长成的充分条件,代际关系中成人对未成年人的规范不能以心灵的压抑为代价。在此意义上,赫尔巴特、康德等人的意义值得重视!

参考文献：

［1］［2］［4］康德.论教育学［M］.上海：上海人民出版社,2005：11,13,22.

［3］［5］彭正梅.德国教育学概观：从启蒙运动到当代［M］.北京：北京大学出版社，2011：29.

［6］［7］［8］李其龙等.赫尔巴特文集(卷四)［M］.杭州：浙江教育出版社,2002：180,27,37.

［9］底特利希本纳.普通教育学［M］.彭正梅,译.上海：华东师范大学出版社,2009：115,116,117.

［10］［11］［12］李文阁.自由释义辨析——从人的自我生成看自由［J］.南开学报(哲学社会科学报),1999,(4)：37.

［13］马克思恩格斯全集［M］.第42卷.北京：人民出版社,1979：168.

［14］［15］［16］Peters R S. Ethics and Education［M］. London：Allen & Unwin, 1966.

［17］Peters R S. Education and the Educated Man［A］. Peters R S. Education and the Education of Teachers［C］. London：Routledge & Kegan Paul, 1977：3-21.

转向与思考:"互联网+"时代的教师伦理发展

沈 璿

(西安理工大学 高教所)

2016年3月底"在线教师时薪万元"[1]的新闻,以及由此引发"互联网+"时代现代教育技术影响教师伦理的舆情,再次刷新了人们对教师伦理问题的关注度。技术的发展与教育休戚相关,人类技术的每一次进步给教育带来新面貌的同时,也会产生一些新的问题,原本分属于自然学科的技术与属于人文学科的伦理,在"互联网+"时代频频碰撞,技术伦理问题跃入公众视野。美国教育传播与技术协会(AECT)于2005年已把教育技术的定义更新为:"教育技术是通过创造、使用、管理适当的技术性的过程和资源,以促进学习和提高绩效的研究与符合伦理道德的实践。"这个定义将伦理道德要素赋予教育技术概念之中,预示着伴随"互联网+"教育从内容创新、方式创新、到功能创新的步履,传统教师伦理规范将朝技术伦理规范转向。

一、互联网+时代教师伦理转向的前提

在"互联网+"时代,技术既不只是学习内容、帮助学生获得谋生的手段,也不只作为教学方法,协助教师生动传递知识,作为身外之物的技术已成为自我构建的内在之

作者简介:沈璿,西安理工大学高教所副教授,主要从事高等教育研究。
E-mail:369856788@qq.com

物。在线教育的发展代表着互联网时代形成的教育产业将影响人们对受教育方式的选择,形成新的教育关系、教学空间及教师规范。

1. 教育关系的新貌:"人际关系"与"人机关系"并存

传统教育活动中的人际关系,指以师生关系为主的人与人之间的关系,不仅包括教师对学生"彼此都承认"的关系,[2]也包括与家长沟通、跟同事合作等,是多层次的关系体系,可以解构为教育关系、心理关系和伦理关系等。"师弟子者,以道相交而为人伦之一。"[3]与一般社会关系有所不同,师生关系因教育而生,又为教育而存,作为一种特殊的社会关系和人际关系,以教育功能为最大的功能。

人机关系指人在使用物品时,物品就与人产生了一种相互的关系。互联网是全球化、信息化的产物。在"互联网+"时代,似乎任何事物与与其关联都能产生出全新事物,它改变了我们的生活方式,如今这个科技革命的触角已然延伸到了教育领域。事实上,从信息技术产生以来,人们一直努力在探索变革教育。它分三个重要的阶段:一个是工具与技术的变革,一个是教学模式的变革,一个是学校形态的转变。[4]最初人们都是在工具层面上技术层面上去改变教育,电化教育、PPT课件等都是技术层面的变革。后来发现教育模式必须变革,才有了慕课,有了翻转课堂。目前,在线教育将引领着教育进入第三个层次,将导致学校形态的变革。如同电商改变了人们的购物习惯,当传统的教育精神碰上全新的互联网思维,不单带来了教育技术的革新,也引起了教育观念、教学方式、人才培养过程等多方面的深刻变化,也必将引起学术研究和教育教学的革命性变革。

虽然在今后相当长时间内,传统教育模式和新兴的教育模式会同时并存,但互联网是所有传播媒介技术的集大成者,它传播速度快范围广、表达符号丰富、记录准确、支持双向传播。这些优势集中在一起,彻底改变了原有的社会传播生态环境,传统的教育结构与模式完全会被颠覆。技术并不是属人的工具,不是简单地改造世界,而是意识形态。"技术的本质就是人的本质或人的本质的表现。"[5]海德格尔指出:"现代技术是形而上学的完成形态。"教师对现代技术持有的心态取决于对技术本质的正确理解。在教学与技术这一关系中,究竟怎样确立技术在教学中与师生的地位就成了我们必须面对的问题。美国现象学技术哲学家唐·伊德(Don Ihde)认为技术是一种关系性存在,不存在纯粹的技术本身,人可以正面地或在呈现的意义上与技术发生联系。伊德描绘出"人—技术—世界"之间不同类型的关系,认为应该从"人—技术"关系的视野中研究处于背景中的技术。[6]在伊德技术关系启发下,我们可以建立一种新的教与学关系:即"教师—教育技术—教学环境"与"学生—教育技术—学习环境"。互联网的发展正在推动整个教育行业发生变革,一方面,将教育技术能力转化为自身教学实践的生动性组成;另一方面,教师也将自己的教学智慧凭借技术工具而升华。这样一来,教育技术就不仅仅是一种外在领域,而是教师将自己添加到技术的对象之中了。

2. 教学空间的外延:"精神世界"与"事物世界"同在

所谓世界,是事物发生的全部时空总称。教师的精神世界指教育的意识活动及其活动结果,是存在于教师头脑之中隐性的教育思想与人格魅力;教育的事物世界指实践活动,是存在于教师工作中的显性方法与技术。教师工作之所以能实现完整意义上的伦理价值,有赖于教师的事物世界和精神世界的同在。

传统教育观念中教师拥有的精神世界与事物世界,是指教师拥有的两种知识,即学科内容知识与教学法知识。学科内容知识是被学习或教授的专业知识,对教师而言十分重要,主要有:概念、理论、观点、逻辑框架和论证过程。教学法知识是关于教与学的过程、实践或方法的深层次知识,包括教育目的、价值观和目标。教学法知识要求的是对学习的认知;对社会和发展理论的理解;以及如何将这些理论用于学生身上的思考。[7]这两种知识经由教师智慧与人格魅力合二为一。

"互联网+"时代,网络世界究竟是虚是实?人们曾经把它与现实生活中面对面相比较,将网络世界当成虚拟空间。随着互联网等新兴媒体快速渗入现实生活,网络世界不再被认为是虚拟空间,它成为现实社会的一部分。与网络上其他商业盈利或媒体宣传有所不同,网络+教育并非虚拟,反而更是一种"网真",即便网络课程也许会成为一种商品,也必须以真实性和高品质才能赢得市场。在这个世界里,技术成为人的存在方式,是渗透到教育中并起支配作用的现象,德国最有影响的技术哲学家德绍尔给了技术一个恰当的领域。在他的理论中对康德"自然科学的王国"、"道德王国"、"美德王国"加以扩展,建立了"技术王国",表明技术领域可以是一个独立的领域,在这里"我们可以感觉到秩序性、交互性和统一性"。[8]"技术是合目的的工具。技术是人的行为。"[9]这是海德格尔在《技术的追问》中对技术的界定。技术是一种看不见的实在。

教育内容持续更新、教育式样不断变化、教育评价日益多元的互联网＋时代的教育,改变的是人们获取消息和知识的途径、交流方式,技术的进步远远超越了我们将其有效地整合到教学实践中的能力。以往习惯了在传统工作模式里的教师们很难及时跟上技术跳跃发展的节奏,只能简单地做出判断,认为凡是技术可以操作的都是可行的,缺乏对问题进行该与不该的伦理考量,甚至对技术造成内心的负面影响少作思索抑或避而不谈。从本质上说"互联网＋"教育是一种协同行为,是为了达到互联网教育教学共同目的而进行的单独行为的总和,所形成的协同结果是一个以上的行为人个体结果的总和,这个结果要想实现,需要借助所有的、或者大部分的行为参与者的共同行为。在每一个阶段中都存在协同行为,这就形成了集体道德责任,需要新增教师伦理公约的内容和范式调整。与此同时,新技术道德也会挑战传统教师道德。实际上,一旦涉及技术应用的方式,以及这种方式对教育者、受教育者等所造成的影响时,现代教育技术就会通过它在教育目标中占据的中心地位而赋有了伦理意义,然而在匆忙追求技术应用带来的效果同时,教师们往往忽略了技术时代的教育伦理问题,更忽略了教育伦理与现代技术彼此观照,致使程序操作掩饰了道德判断。

3. 教师规范的续写:"伦理制度"与"技术代码"共建

在技术哲学语境里,"代码"表示一种规则,是总结纯粹科学研究和应用科学研究中的具体方法和先进的现代化生产的具体技术的规范,用以分清允许的或禁止的活动。技术代码是最基本的规则,"在这种规则下,技术选择得以根据保持操作自主性的需要而做出。"[10]一套技术代码就是一套标准,或者说是一套简单的规则或标准,它能够根据社会目标挑选各种可行的技术设计,还能够在设计中实现社会目标。技术代码也被称为技术法则,用以表述与技术人造物相联系的人的行为,技术规则主要以相互作用的道德规则为基础。在任何情况下,每个技术代码都形象地刻画了社会需求与技术规范的一致性。

技术的发展往往快于道德对它的把握能力,这也就意味着对于新技术的发展带来的新的道德问题我们还没有做好应对的准备,也可能使科学技术探索过程中的不确定性增大。由于我们无法提供行动的道德标准来约束技术的发展,那么从意识形态的角度去审视技术,就会使得我们无法对技术发展带来的价值判断进行合理辩护。因此,如何应用那些已有制度解决新问题就成了我们将面对的困境。新技术的发展一定会带来道德问题。其实,从人类第一次用树枝与别的动物格斗开始,技术的发展速度就已经超出了我们道德理论的发展速度。在"互联网+"时代,技术又成为新的环境,所有的社会现象都置身其中,传统的伦理环境和各种传统道德价值无疑正在不断消失,随即而来的,是技术不断增长对传统道德规范的威胁,教师道德规范同样也要承受很大的压力。由教育中的新技术应用而引起的各种状况在数量上及复杂程度上都日益见长,对于教育技术这样一个理论与实践兼具的领域来说,技术道德规范的确立意味着一个专门领域中的研究与实践共同体、学科与专业自我意识的萌生、自我反思的发展以及对自我身份的认同。然而作为教育教学过程可操作性的伦理道德规范体系,我国目前制定的明确的技术伦理规范只有国家教育部于 2004 年颁布的《中小学教师教育技术能力标准(试行)》,所以亟需一套符合我国历史文化传统、经济发展水平,紧密结合我国教育技术历史与现实状况的教育技术专业人员职业道德规范,对教师在教育技术实践中的能力与标准进行规约。

二、互联网+ 时代教师伦理变化的趋态

技术始终是一种历史和社会的设计。从起源上说,技术就与整个人类的本质有关,是人类自身本质的最重要的部分,我们可以通过技术理解教育。在今天互联网背景下,对技术问题的哲学思考使得对教育价值的理性探究更加深入,我们必须认识到,我们面临的不是教育技术问题,而是教育伦理问题。我们需要重新规划教育伦理和技术发展的整个图景。

1."必仁且智"的伦理情操

在传统教学中,教师的社会身份是威严而稳定的,因为教育环境是稳定的,因而传统的教育伦理都是以师生为中心,其伦理上的意义在于人与人之间的直接交往。而现代技术以迅猛的速度产生了如此新颖的规模、对象和后果的教育行为,以至于先前的

教育伦理体系再也容纳不了它们,按照技术变革的节奏,当"互联网＋"改变着包括教育在内的人们生活境遇时,当教学关系从人际关系扩展到人际关系与人机关系并存时,教师伦理也应当有相应的调整变化,破坏并建设着固有的教育关系及与其关联的角色身份,教师在科技含量丰富的课堂中会渐渐地改变教学形式并形成新的逻辑关系。"技术是我们控制世界的方式,是我们可以用来使事情按照我们的意愿发生的一系列工具。"[11]现代教育技术要求的道德选择是教师必须坚持"必仁且智"的价值取向:对学生"仁",对技术"智"。

"人机关系"中教师对技术的"智",要求教师们关注的焦点不应局限于现代教育技术的应用,更不能简单地将科技应用与是否影响学习效果相联系,在技术化生存中,防止教师的教学激情与情感价值被遮蔽,避免失去个性而蜕变成工具化存在、技术化存在。首先,作为教学支持的技术并不应该成为课程的核心部分,它可以作为课程中的某个策略,与基础教学共同构成教师教学技能中的重要组成部分。为了使技术整合过的课程结构与教师个人的教学风格和教学理念相一致,教师还需要识别资源、选取教学软件,使那些繁杂的信息借助作为身外之物的现代技术,最终转化为教师自我知识构建的内在之物。其次,也不能把技术看成一种确定无疑的、被人掌控的不变的实在。快速发展的今天还会不断地出现一些新的颠覆性技术,使得传统课堂与之极不适应,因其所要求的新技能是教师在其专业发展成长过程中没有学到的。时代新技术的发展速度和教学技术节奏之间往往并不协调,那些试图在自己课堂上以技术作为教学实践的教师常常不得不自己寻求技术支持,应该认识到,技术对于减轻劳动强度的作用根本上是有限的,教师要费好大的劲去追求教学过程中的"省劲"。教育技术中的科技含量强调的是学习的关系性情境,互联网＋时代的教师是教学内容的协调人、课程的合作者;学生不仅选择学习内容,更从教师智慧中选择一种价值认同。"仁而不智,则爱而不别也;知而不仁,则知而不为也。"[12]从而保证教学实践作为一个集智能、情感、精神于一体。

2. "道进乎技"的伦理态度

一种具体的技能、手法,如果他只是我们维持生计或实现其他目的的手段,它就永远只能是技术,这就是所谓的"技";而一旦把做好它本身当成了目的去追求,它也升华成了艺术。这就是所谓的"道"。"道"与"技"虽然有密切联系,但"道"指那种流注于世界中的获得律动和精神,它超越单纯"技"的层面,此谓之"道进乎技",其终极意义是以技体道:既与操作者把握事物规律的深度广度有关,也与他的心灵境界有关。

以往技术和教师知识常常被认为是两个由不同群体负责的领域:教师和辅导者负责教学层面,技术人员负责解决技术问题。而今天让教师在两个空间中自由穿梭并不容易,这两个世界的标准、价值甚至语言都是不同的,同时担当两种角色增加了教师工作的复杂性。技术和知识之间有很深的历史渊源。教师需要掌握比学科知识更多的内容,他们必须对学科知识因技术的应用而改变的方式有更深的理解。与此同时,教师需要了解哪些具体的技术最适合用来讲解他领域内的学科知识,追问什么样的技术是合理的,以及学科内容如何主宰甚至改变了技术。整合技术的教学法知识,是对当具体技术应用时教学与学习如何改变的一种理解。这需要更深刻地理解技术的功能,理解技术的可供性和限制性,以及技术运用的学科脉络。由此看来,即使在"互联网+"时代,也不存在一种适用于每一位教师、每一门课程或者每一种教学管理的技术解决方法,最佳解决方案依赖于教师灵活地游刃于有学科内容、教学法和技术这三要素所定义的空间之中。忽视每个知识要素内在的复杂性,或者这些要素之间的复杂关系,可能导致课程方案过于简单化或遭遇失败。因此教师不仅需要在这三要素的每一方面保持认知灵活性,也要在彼此交叉中发展这种灵活性,使三要素之间葆有动态交互的关系。当前的状态是:互联网的引入,迫使教师重新审视基础的教育问题和重新建构三者之间的动态平衡。[13]作为教学艺术的保障,使教学技术与艺术和谐有效地统一,对技术的要求更高了。

3. "百工有法"的伦理规约

"百工有法"的含义,在我国古代多指操作规范,即为实现一定的技术目的技术标准。早在先秦时期已经有了系统的技术规范和伦理规范,《考工记》曰:"智者创物,巧者述之,守之世,谓之工。"证明了工匠是一个必须按照规矩法度从事技术活动的主体。[14]墨子"遵法仪"的思想更加强调了"故百工从事,皆有法所度"。[15]认为"遵法仪"是百工的成器之道,是应遵循的技术法则。

今天我们所指的"百工有法",强调的是教育技术专业人员职业伦理规范,这是一种特殊的教师规范,在其适用范围上专指教育技术人员,或在教学中更多应用先进技术的教师。作为特殊道德规范的教育技术专业人员伦理规范,是从教育的历史效能过程中演化而来的伦常价值体现。人类长期社会生活中逐渐形成的教师伦理和师德观念,凝结成教师特有的"关怀的责任"与"爱的义务",体现为"愿望—做"的行为倾向;而对这种爱的行为要求,是无法通过正式律令规定的,只能借以具有特殊制度性质的职业道德规范来表达。教师伦理规范作为合理的应然存在,究其实质是一种"遵从的邀请",属于特殊的非正式制度。[16]

教育技术时代随着第三次科技革命而来临,对教育技术专业人员职业道德规范的建设也成为必然。1953年詹姆斯·芬恩首次谈及了教育技术专业人员的职业道德规范建设问题;20世纪70年代美国教育传播与技术协会(AECT),成立了职业道德委员会(Professional Ethics Committee),负责教育技术领域的职业道德规范建设;及至2001年维尔利夫编辑出版了《职业道德规范——教育传播与技术领域中职业行为指南》一书,成为AECT教育技术专业人员职业道德规范的正式官方文本,旨在教育技术专业人士在其职业生涯中遭遇困境时,这一规范可以为他们的抉择提供指南。美国从20世纪90年代起全面制定了各种计算机伦理规范。1992年10月26日,美国计算机协会(ACM)执行委员会为了规范人们的道德行为,指明道德是非,表决通过了经过修订的《美国计算机协会(ACM)伦理与职业行为规范》,这是美国社会对人类社会进入信息网络时代所做的一种重要伦理思考和道德准备。另外,从学生角度来看,1998年10月,克林顿政府又通过了"儿童在线保护法",2000年12月美国国会通过了《未成年人互联网保护法》。这些都启示我们应当充分重视计算机伦理的理论与实际规范体系的研究。

三、"互联网+"时代教师伦理转向的反思

教育技术的快速发展决定了教师伦理转向的趋势与走向,拓展了教师伦理边界,促进了新的教师伦理规范的形成;同时,与时俱进的教师伦理规范对教育技术的发展也能起到重要的精神动力和和文化支撑作用。

1. 现有教育技术规范的伦理盲区

目前国际上有一定影响的教育技术标准是美国国际教育技术协会（ISTE）制定的最新美国国家教育技术标准（National Educational Technology Standards for Teachers）。在2008年新版标准公布前，美国国家教育技术标准经历过1993年、1997年和2000年的三次修订，与以往版本把焦点放在教师所掌握的与技术相关的知识和技能上不同，新标准关注的是教师在日益数字化的时代里，如何提升学生有效学习的能力以及如何让学生富有成就生活的问题。[17]新标准中对教师的要求涵盖五大能力维度和20个能力指标，把帮助学生提高创造力和创新放在首位，具有时效性和适应性。在我国，教育部于2004年颁布了《中小学教师教育技术能力标准（试行）》（教师〔2004〕9号），同年由中国教育技术协会颁布《中国教育技术标准（CETS）》，教育技术规范的规约对象依然保守了学生、教师、教育管理者和教育技术职业人员的分类方式，这种将教师与教育技术职业人员分别规定相应职责的做法，依然滞留于传统角色职责的界定，未能够体现出前科学时代的技术规范与现代教育技术对教师要求的区别，无法顺畅地完成由工业化向数字化时代教师伦理的转变，暴露出现行教育技术规范的伦理盲区。

技术与道德之间的关系不应该是一种无知状态下的盲目审视。21世纪信息与通信技术的力量越来越强大，技术的发展速度也在加快，由此引发的道德问题堪称"世纪道德"。信息技术及相关道德问题亟需建制规范加以制约。目前教育技术学科领域依然是一个制度盲区，尚未对行业责任标准、职业伦理规范、个体道德要求进行详尽的论证。缺少责任与规范的熏陶与引导，会淡化教育技术工作者的责任意识与责任承担。互联网＋环境下的教学将趋向于混合式教学模式（Blending Learning），是学习理念的一种提升，学生在教师的引导下借助网络教学平台和教育教学资源库获得深度学习，这种提升会使得学生的认知方式发生改变，教师的教学模式、教学策略、角色也都发生改变。

2. 未来教师伦理规范的技术趋向

"互联网＋"时代的现代技术与传统技术不同，它是一项事业而非一件制造物；它是一个过程而非一种状态；它是一种持续的推动力而非一整套技巧和工具。现代技术

"是无形技术与有形技术、潜在技术与现实技术在动态过程中的统一;是软件与硬件在动态过程中的统一;是经验、知识、能力、与物质手段在动态过程中的统一;同时还是目的与手段在动态过程中的统一"。[18]现代教育技术不仅深入并改变着我们的教育生活,它还滋生了一种视技术为主导价值的教育理念,技术在教育中的中介作用使得教育手段与教育目的的界限已经不再那么泾渭分明。与此同时,随着信息技术融入到传授与学习的过程中,学习方式、学习内容以至整个学习环境不可避免地朝着数字化的方向发展,由现代教育技术发展引发的教师伦理冲突也会更加复杂,涉及的范围也可能逾越教育领域而更加宽泛。时代发展而成的"技术综合征"使得包括教师伦理的各种应用伦理规范都蕴含了技术趋向。

在技术时代讨论教师伦理转向,与在哲学视域中讨论教师责任转向一样,都要面对两个问题:首先,要对由于技术教育方式逐渐占优势而对传统教育方式提出的挑战做出反应;其次,应努力把教育技术实践活动中可能出现的复杂的伦理问题统统考虑进来。教育技术既不同于科学,又有别于教育,应有属于它自己的认识论的、伦理的、甚至形而上的技术哲学精神与特殊道德戒律。对教育技术伦理中实践问题的思考才是研究教育技术伦理的目的之所在。

参考文献:

[1] http://news.sohu.com/20160327/n442340004.sht.

[2] 黑格尔.权利哲学[M].诺克斯,译.剑桥:牛津大学出版社,1967:57.

[3] 王夫之.四书训义[M].

[4] 朱永新.拥抱"互联网+"时代的教育变革[N].文汇报,2016-03-24.

[5] 马克思,恩格斯.马克思恩格斯全集.第42卷[M].北京:人民出版社,1979:127.

[6][8][10] 吴国盛.技术哲学经典读本[M].上海:上海交通大学出版社,2008:380,477,173.

[7][11][13] 整合技术的学科教学知识[M].北京:教育科学出版社,2011:20—21,235,22—25.

[9] 海德格尔.海德格尔选集[M].孙周兴,编.上海:上海三联书店,1996:925.

[12] 春秋繁露[M].

[14] 徐朝阳.中国古代科技伦理思想[M].北京:科学出版社,2010:141.

[15] 墨子·法仪[M].

[16] 沈璿.教师伦理规范的制度属性及其建构[J].陕西师范大学学报,2014,(6):170—173.

[17] 吴芸,刘向敏,沈书生.新版美国国家教师教育技术标准解读及启示[J].中国电化教育,2008,(11).

[18] 远德玉.论技术[M].辽宁:辽宁科学技术出版社,1986:55—56.

论教师幸福
——基于亚里士多德幸福观

赵冰倩

(上海师范大学　教育学院)

一、教师幸福的困惑

乌申斯基指出:"教育的主要目的在于使学生获得幸福。"[1]幸福应是教育的永恒追求,而教育幸福的获得,既有学生的幸福,也必然包括教师的幸福。甚至可以说,"教师要对教育的幸福负主要的责任"。[2]由此,教师是否幸福,教师如何树立正确幸福观,是否能在职业中主动追求幸福,是当前教育应然的关注点。

然而,幸福是什么?这一问题却少有人搞得清楚。王海明说"幸福问题是个万古长新的伦理学难题"。[3]就连哲学家康德都无奈地叹息:"幸福的概念是如此模糊,以致虽然人人都在想得到它,但是,却谁也不能对自己所决意追求或选择的东西,说得清楚明白、条理一贯。"[4]更何况幸福之于大多人,它更像是一瞬间的感觉,一种模糊的状态,它主观,且具有相对性,这也使得好似谁都可以基于自己对幸福的认识去妄自评价自身或他人是否幸福,颇有"子非鱼,安知鱼之乐"的意味。

这种幸福的不确定性,导致在谈论教师幸福时就存在两个不能忽视的误区。其

作者简介:赵冰倩,河南安阳人,上海师范大学教育学院研究生,主要从事德育原理研究。
E-mail:18516340511@163.com

一，衡量教师幸福的标准不明。2014年,腾讯网组织了近42万教师参与的教师生存状态调查显示"逾八成教师认为自己工作压力大,近五成教师表示绝对不会让其子女从事教师职业"[5]。与之形成鲜明对比的是,2015年11月《小康》杂志联合清华大学媒介调查实验室发起的"中国幸福小康指数"调查结果显示,教师职业高居"公众眼中最具幸福感的职业"第二名,已连续三年进入前三甲[6]。差别竟如此之大,教师幸福与否到底谁说了算?也许公众、甚至是教师自己在评价时对"教师幸福到底是什么"都没有确切把握。其二,对教师幸福能动性重视不足。在考虑提升教师幸福感的时候,很多学者将研究重点放到影响教师幸福的外在因素,教育体制、薪酬福利、工作压力、家校关系等,一直试图通过改变这些"外在的东西"为教师带来幸福。但这种做法本身就出现了逻辑错误,因为最重要的主体——教师反倒被轻视了,教师们被动的接受着所谓的关心和调查,迷失在外界对自己职业形形色色的评价中,那些不幸福的教师们要么苦等外在条件的满足,要么是主体能动性没有得到合理的引导,不知该如何正确行动。

教师幸福的困惑导致教师陷入"幸福的迷途",但无论如何,幸福总是要追求的,亚里士多德的客观主义幸福论绕开了这两个困惑,认为幸福则是客观的、理性的、是不依自己的主观感觉而转移的,追求幸福的过程是自我完善、自我实现、自我成就的过程,进而建构出了一个确定的、基于人的、肯定人的德性和力量的理性幸福观。基于此,本文旨在从亚里士多德的幸福观中来寻求些许对教师职业幸福的启发。

二、亚里士多德幸福观

亚里士多德是古希腊著名的哲学家、思想家、教育家、百科全书式的学者,在西方教育思想发展史上占有重要地位。他基于对人性、对城邦生活的思考,以及对苏格拉底、柏拉图等前人观点的总结,构架出其独特的以德性为基、理性为本、幸福为最终目的的幸福观,系统而客观的阐述了什么是幸福、个体如何去实现幸福。

1. 人性的基点

"任何民族的伦理传统的根源都是一种关于人性的看法。"[7]亚里士多德的幸福论亦基于此,他的幸福观是属人的,是面对当下生活的,是面向人的一生的。关于人,他认为：其一，人是"有理性的动物"，因此，人有基本的善恶、快乐或痛苦的感受能力，有追求幸福美好生活的企求，人有用理性去调节自身行为、管束欲望的能力，简言之，人有对自己负责的能力。其二，人是"政治性的动物"。人追求幸福需要在一定社会关系中，离不开自身所在的生活背景，正是基于此，他将个人幸福与合理处理人与人之间的关系联系了起来，甚至同整个城邦联系起来，将个人幸福作为城邦幸福与和谐的前提。

2. 什么是幸福

（1）幸福是最高善

关于善，亚里士多德开篇便说："每种技艺与研究，同样的，人的每种实践与选择，都以某种善为目的。所以有人就说，所有事物都以善为目的。"[8]这里的"善"类似于快乐、财富、权力、荣誉等使人"生活得好或做得好"的东西，是人们的每个实践与选择所希望得到的好处，是人们行动的目的。而人们在行动中的目的不只有一个，欲望也有很多，所以具有形形色色的善，而在众多目的中，总有一个是终点，是最后的目的，这就是幸福。幸福是最完善的，我们所追求的别的事物都是为了这个事物，别的善都是为了这个善，这种终极的、自足的善便是幸福，它是行动的目的以及进行选择的基本价值标准。

（2）幸福是合德性的实践活动

亚里士多德肯定了活动之于幸福的必要。幸福不同于偶然的运气，不依赖于神的恩赐，更不是自在的能力或者品质，它的获得需要人的努力，需要运用自己的力量积极地活动。就过程来说，要合德性，因为德性是"使得一个人好，又使得他出色地完成他的活动的品质"。[9]亚里士多德对德性有自身独特的理解，一是将德性看作一种现实的品质，而不是一种情感，道德的任务不是确立一般的情感表达，而是培养稳定的、正确的情感品质。二来，"好""出色"等词汇暗含了这种德性品质要受到整体理性的引导，以保证活动的方向与适度、得当。三，德性是人的一项成就，需要人的现实活动、训练等。合于此，个体在活动中既能保持良好的倾向、平和的身心，又能恰当处理伦理关系、做出有效行动，从而实现身心的和谐与自足，过"好"生活，走向幸福。

3. 幸福的实现

从对幸福内涵的界定可以看出，亚里士多德并不主张用似是而非的态度对待幸福,而是很明确的提出:幸福是合德性的实现活动。幸福是在德性的实践中进行着、实现着的。

(1) 实现条件

一是"适度",拥有正确的取向。亚里士多德认为,在感情与实践中,过度与不及都是恶,而德性就在过度与不及中间,即坚持适度原则。适度,首先,针对一般的概念来说,是旨在取得一种量与度的平衡,平衡点的依据就是合德性。比如:恐惧与信心方面的适度是勇敢,过度为鲁莽,而不及则是怯懦;动力不足是懈怠,动机过度则是强求。但适度并不同于折中,对于偷窃、谋杀、无耻等"恶"的东西,并不存在过度与不及的问题,此刻极端就是善,大可以果断抛弃或者"两害相权取其轻"。总之,这种看法下,幸福必须要在德性的指导下,端正价值取向,不卑不亢,不偏不倚,追求那些合于人本性的、适度的、必要的快乐。

二是"明智",施以正确的手段。在幸福的实现上,如何能"在适当的时间、适当的场合、对于适当的人、出于适当的原因、以适当的方式"[10]来实践幸福体现着人对环境、自身感受、任务等的综合判断,这需要人在此时此刻此景下做出明智的抉择。何谓明智? 亚里士多德认为,智慧虽然很完美,但它是属神的,为人的神性那部分所拥有的,超越于实用。但是明智,是一种同人的善相关的、合乎逻各斯的、求真的实践品质。[11]它是具体的,作为一种实践品质,它同人的事务相关,关心自己所得,旨在通过权衡、选择、考虑,选择恰当的手段去追求实践的最大善,是沟通智慧德性和理智德性的桥梁,比智慧多了些"烟火气息"。在对幸福的实现上,明智更侧重那些在人与人之间具体的事务的关系中进行的品质,主要包括理解、体谅、公道、自制等。

(2) 实现路径

首先,沉思的生活是最幸福的。亚里士多德认为,相对于合于德性的生活——明智的生活来说,哲学意味上爱智慧的生活,合于努斯的生活——是最好的,因为前者的实现活动,"公正的、勇敢的以及其他德性的行为,都是在与他人的相互关系中做出的,……都是人的事务"。[12]而后者则是依靠努斯的德性,是神性的,而且是自足的,沉思不同于人的生活,不需要靠他人的相互关系来支撑,比如慷慨需要接受的对象,沉思是靠自我就能实现的,它的目的是自身,快乐也产生于自身,"正是它的合于它自身的德性的实现活动构成了最完善的幸福"。[13]基于此,亚里士多德对生活的三种划分(享乐的、政治的、沉思的)中,相对于动物式只追求肉体快乐的生活,以及政治的过于看重荣誉和德性,他将沉思生活的幸福看作是第一好的。

其次,幸福需要外在善。亚里士多德不是"心灵鸡汤"式的认为只要沉思、只要心幸福,过再苦的生活也是幸福的,因为这种沉思的生活只有依赖自身神性的东西才能获得,但人毕竟是人,人的现实生活必须与他人接触,必须面对人际之间具体的事务关系,人的幸福必然还需要外在的东西。由此,他将善分为三类"外在的善"、"灵魂的善"以及"身体的善",虽然灵魂的善,合德性的实现活动,固然很重要,但是依旧需要身体的善,即健康、强壮、健美、敏锐等,给以幸福实现的前提;也需要外在的善,包括友爱、财富、权力、城邦,甚至是运气等。但同时他也强调,幸福并不需要太多,因为"自足与实践不存在于最为丰富的外在善和过度中"。[14]

三、对教师幸福的启示

总的来说,亚里士多德对幸福内涵的理解,既包含了对幸福的理性思考,又看到人,肯定了个体对幸福追求的愿望,强调了生命体的内在力量,这是一种属人的幸福观,可以为教师抛开幸福的困惑、走出幸福的误区、积极追求幸福带来一些启示。

1. 教师幸福需要理性的思量

亚里士多德眼中的人是理性的,那么教师应是理性的,教师对幸福也应抱有一种理性的思量。首先,要用理性的态度衡量什么才是教师的幸福。教师们作为活动的主体,在生活中必然会产生物质的、精神的形形色色的需要,这是不置可否的,但反映职业追求中,不能使自己过于听从主观感觉、欲望的诱导,要始终以自身理性者的身份,衡量什么才是最高善。对于教师来说,就是反思"我为何而教?"能使自己坚持在这个岗位上的根本动力是什么?就那些不论何种艰苦条件还能留下来的教师来说,在奉献中寻找到的成就感、满足感就是幸福。

其次,在追求幸福中要接受整体理性的引导。主要表现在欲望与需要在理性的引导与约束下达到适度。用理性来衡量需要与自身能力的关系,做好自我定位,追求正当的、适度的、可能的需要,并提高自身的精神追求,丰满自身的精神世界,认识到物质只是生活的更好的一个工具,而不是目的。比如工资,教师是要增加工资,但教师肯定不单是为了工资才进入教师这个行业,必是有其职业魅力,有值得追求的精神的东西存在。这样想来,教师职业便不再只是一个谋生手段,它还是自我实现、追求幸福的一种媒介。这里不单单是能量的消耗,不只有琐碎繁杂的事务,还有梦想实现的喜悦、价值创造的快乐、幸福人生的体验,教育与教师幸福便不是对立的位置。否则,产生的只能是求而不得的痛苦、欲壑难填的苦恼,忙于职称、奖金、收入,筋疲力尽,陷入消极沮丧的自我怀疑中,离幸福愈来愈远。

2. 教师幸福需要合德性的行动

亚里士多德讲到"幸福是合德性的实践活动",聚焦到教师职业上,主要包括两层意思,首先,教师幸福需要行动。一些教师将自己不幸福归结于工作忙、太操心、事务琐碎等原因,但其实"忙"与"不幸"之间并不是绝对的递推关系。幸福不同于闲暇,没有人会因为无所事事可以整天睡大觉而觉得幸福。真正的幸福反而在严肃的工作中,在实现自己价值之时。由此,教师要重新看待工作上的压力、困难或者琐碎的事务,它们不应作为证明自己不幸福的论据,而应是自身专业发展的助推器。

其次,教师工作要合德性。在亚里士多德开来,合乎教师的德性,即合乎教师职业的本性。体现在追求幸福、职业发展过程中,一是要遵守职业道德规范,做到"爱国守法、爱岗敬业、关爱学生、教书育人、为人师表、终身学习"[15]这几个基本要求,发挥自身传道者、授业者和榜样示范作用,做好教书育人的本职工作。二来,德性是一种心灵的品质,教师要树立职业责任感,自觉提升职业境界。这样才能将外在的规范内化于心,及时反思,守住内心,做出明智的选择抉择,不被外界负面影响干扰。三是用理性来引导行为合乎德性。追求幸福的过程也需要运用明智去审慎的考虑、权衡,这样才不会轻易因为受阻就消沉,也不会被感性的好恶而失德,并在其中处理好个人与他人、与社会的伦理关系。

3. 教师幸福需要外在条件的保证

亚里士多德对"人是社会性的动物"、"外在善"等相关阐述,表明幸福的实现与外在的支持条件是分不开的,教师的职业幸福,需要合理的制度、家庭、学校等方方面面条件的配合。

具体说来,在学校内部,要进一步深化学校管理系统改革,转变管理理念,给教师以更多的人文关怀,通过制定合理的人事薪酬制度、教学管理评价制度、培训进修制度,甚至是行政管理、后勤管理制度等,营造安全良好的校园物质、文化、人际环境,做好服务工作,充分保障教师的权利,给教师以职业归属感,提升工作积极性。在学校外部,教师工作的有效进行,需要家庭、社会的有力配合。学校可以拓展空间,搭建平台,增加教师与家庭、社会双向沟通交流的机会,这可以增强外界对教师职业的认同,提升教师社会地位,改变"家有三斗粮,不当孩子王"的固有认知,形成"尊师重教"的风气,维护教师的尊严。另外,在沟通中,使其确立合理的教师角色期望,尊重教师在经济、精神、人际等方面的正常需求,给教师责任减压。

总之,虽然教师职业并不必然是幸福的,但在基本条件的支持下,还是可以通过努力去寻求的,在理性的自我审思中,在积极的合德性的实践中,达至幸福的彼岸。

参考文献:

[1] 郑文樾. 乌申斯基教育文选[M]. 北京:人民教育出版社,1991:213.

[2] 刘次林. 幸福教育论[M]. 北京:人民教育出版社,2003:200.

[3] 王海明. 新伦理学:优良道德的制定与实现之研究[M]. 北京:商务印书馆,2001:483

[4] Maslach C, Schaufeli W B, Leiter M P. Job Burnout[J]. Annual Review of Psychology Annual,2001:397-422.

[5] http://edu.qq.com/a/20140910/002030.htm[N/OL].

[6] 鄂璠. 2015中国幸福小康指81.0 你可以更幸福[J]. 小康,2015,(21).

[7] 赵敦华. 人性和伦理跨文化研究[M]. 哈尔滨:黑龙江人民出版社,2001:1.

[8][9][10][11][12][13][14] (古希腊)亚里士多德. 尼各马可伦理学[M]. 廖申白,译. 北京:商务印书馆,2003:3,45,47,173,308,308,310.

[15] 教育部. 中小学教师职业道德规范[S],2008,(9).

新媒体语境下大学生道德赋能探析

卢俊豪

(中山大学 哲学系)

一、道德赋能的理论缘由及界定

赋能(empowerment),又译为赋权、增权,这一观念起源于西方20世纪六七十年代的民权与妇女权力运动期间,尤其是由 Kanter 在其1978年发表的书作 *Men and women of the corporation* 以及其在哈佛商业评论发表的文章中提出员工以及管理者经常在企业中感到的一种"无权感"(Powerlessness),并提出应当通过扩散和共享权力来降低这种"无权感"。20世纪80年代以来,赋能一词成为众多学者和实际工作者的热门话语之一。通过检索有关英文文献,我们发现,赋能既成为社会学、教育学、政治学、社区心理学、社会工作学等学科的新兴核心概念,又成为精神健康、公共卫生、人文服务、政治与经济发展、人文潜能运动等实践领域的热门话语;国内传播学学者丁未在综观西方相关文献后提出,赋能是一个多层次、宽泛的概念体系,在不同学科中,其适用的层面有所不同。例如在心理学中,赋能更多地指向"赋予能力"(enabling)或"自我效能"(self-efficiency),即通过提升强烈的个人效能意识,以增强个体达成目标的动机,它源于个体的内在需求。但从社会学的角度看,个人权能始终存在于关系网络中,

---

作者简介:卢俊豪,男,中山大学哲学系伦理学博士研究生。

E-mail: 125794668@qq.com

赋能并不是字面上"增权赋能"那么简单，而是一个动态的、跨层次的概念体系，是一个社会互动的过程。而本文将基于西方学者侧重微观和动机视角的赋能（Speitzer, 1995; Menon, 2001; Leach and Wall et al., 2003)概念，进一步探寻"赋能"与教育的关系以及"道德赋能"的定义。

有高校教师在大量实践工作中总结，在教育的增权赋能理念中，并不是从外界"赋予"案主权力，而是主张通过一系列的引导措施，让案主自觉挖掘或激发自己的潜能。而在学校思想政治教育的增权赋能过程中，要承认学生的潜在能力，让学生通过外界影响而实现内省达到教育的目标；同时要提倡教师在教学过程中不能机械地传授课业，而是多方面地考核学生的行为，强调个人发展潜能，促使个人发展的指导理念。（张吉东，2010）而从赋能到"道德赋能"，国内外相关研究并不多见。近年来国内一些学者开始关注"道德赋能"，并以道德赋能的概念作为教育工作研究的新理念来发展更多的研究框架。伦敦大学教育学院的苏娜（Sona Farid-Arbab）博士把道德赋能作为教育的概念框架原理进行研究，致力于提出一个整体的哲学框架来倡导教育追寻对学生的道德赋能，在北京师范大学交换期间，苏娜博士以中文发表了自己的观点，对"道德赋能"进行了更为细致的考察，她认为道德赋能关注的是"青少年的个人内在理智、道德和精神潜力的发展"，并指出在公民教育中"青少年道德赋能的目标在于逐渐使青少年获得适当的行为动机，以帮助他们发展自己的精神和智力成长所需要的各种能力，为社区的发展贡献自己的力量"（苏娜，2011）。随后苏娜博士在其博士论文中进一步认为，道德赋能是个人与社会间双向目标的不可分割的两个发展过程，即学生追寻自身德智成长的过程及社会（社区、共同体）要求其积极参与长期改革的能力塑造过程，他认为道德赋能无法通过脱离整体课程设计而进行单独的政治意识培养或道德教育取得成功，并指出："社会服务为智力、道德和灵性能力的发展提供了舞台，因而也是道德赋能过程的关键。服务必须成为个人和社会双重转变进程的轴心。这种观念必须成为本文探索的道德赋能研究框架的核心要素之一。如果一个人从青年时代起就从事社会服务，那么社会服务就会成为他终身的指导原则，帮助他一生笃行正道，不会迷失人生的方向。"[①]（Sona Farid-Arbab，2012）沿袭了苏娜对"道德赋能"的定义，国内亦

---

① 笔者译自 Sona Farid-Arbab. Moral empowerment: elements of a conceptual framework for education [D]. Institute of Education, 2012.

华媚提出在教师教学的具体层面中的某些具体实践路径,如强调"实践经验来自于服务社区和改进社会",她定义"道德能力并非局限于个人修养,更精确地说是用灵性和道德品质,如爱、公正和友好,来推动我们服务他人。这些品质在社会行动中被培养出来,因为与其他人互动的过程改变和形成了我们的道德品质"。华媚进一步结合了初、高中教师以服务作为一种道德赋能青少年途径的案例,总结有特殊潜能和需求的青少年在服务社会时的经验,论证服务社会是道德赋能青少年的必需因素(华媚,2011);杨忠健提出公民道德赋能、职业道德赋能、道德健康赋能等三种学校生涯教育中道德赋能的可能路径(杨忠健,2012);杨福梅认为,要"探索言辞在青少年成长以及道德赋能培养过程中所表现的功能",利用言辞的力量通过各种实践活动来启发、诱导、培养一种发自青少年内心的道德的力量,使青少年在道德方面真正提高意识的作用和形成内心实在的道德意识品质,打破"思想品德"教育课程对青少年道德培养成果匮乏的局面(杨福梅,2015)。

除了苏娜博士及国内学者所阐述的道德赋能在教育领域的功效及实现路径等,国外还有其他趋向多元的研究成果可供我们参考,研究康德义务论伦理学的 Palmquist 在研究康德关于信仰的审慎理论时提出道德赋能(Moral Empowerment)的必要条件,他指出历史信仰的审慎形态是理解历史信仰的关键所在——历史信仰是道德赋能的必要因素,但文中并未对道德赋能进行任何定义(Palmquist·S·R,2015)。研究中国传统伦理学的西方学者 Tan·S·H 在《从吃人到定分:由〈论语〉激发的平衡社群和自由的尝试》一文中,依据《论语》文本来探讨如何通过儒家的礼来平衡群体和自由的张力,指出儒家的礼应该被理解为一种群体中自由个体的道德赋能概念,以此反对把"礼"简单理解成传统和习俗的行为规范并在某些历史时期极度残害个人自由的观点;他认为通过"礼"来建设群体是儒学的重心,"礼"确立了社会交往中的人为界线(可能被降格为纯粹的立法),进而限制冲突带来的危害;"礼"是个符号结构,其作为政治控制的有效性在于政府控制礼的符号结构的能力,和这些机构在人民中的普及程度;"礼"的意义也超出了政治,在儒家,礼包含着"成人"的道路,那是社会秩序不可或缺的。因此,最后 Tan 强调,"礼"作为一种道德赋能,不仅有助于我们的社会交往,构建了我们感知世界的方式,也赋予不同实体、现象和关系以意义与价值(Tan·S·H,2004)。亦有一些西方学者以应用伦理学视角对道德赋能进行考察,如 Carse 从逆向对道德赋能进行阐释,认为遭遇道德困境时,很可能会出现"道德去能"(moral disempowerment），因为道德困境将会使个人对自己面对道德挑战的能力感到担忧或焦虑，或对背叛基本的道德原则及道德承诺感到挫败，而这些焦虑和挫败的感觉会致使其经历"道德去能"，在其论文中 Carse 以若干个不同情况的案例来说明导致"道德去能"的因素(Carse A, 2013)。另外国外亦有研究临床护理的学者 Browning·A·M 提出，看护者、护士在为成年人提供临终看护的过程中很可能无法完成他们所相信的伦理上正确的事，遭遇道德困境；通过描述在临终病人的危重看护中护士的道德困境、心理授权和人口统计之间的关系，他试图论证道德赋能可以此类道德困境的出现(Browning·A·M, 2013)。

虽然各类学科对赋能概念都有相对深入的研究，但对道德赋能的研究仍十分缺乏。目前国内外关于道德赋能的研究视野主要集中在青少年道德教育领域及医疗伦理、医疗教育领域，国内相关研究并没有进一步探究道德赋能的内在机理及其哲学实践基础，而国外研究虽已有一些道德赋能实践基础的哲学分析框架，但并没有关注到新媒体语境下高校德育工作的实践现状，因此对新媒体语境下大学生道德赋能进行研究，一方面可以进一步补充"道德赋能"的相关研究内容，充实相关的理论基础和研究面向，另一方面可以从"道德赋能"的理论缘由中汲取营养，为当下高校德育工作提供一个既有理论基础又有应用性的分析视角。综合新媒体对高校德育工作带来的影响及道德赋能相关概念的梳理，本文中所探讨的大学生道德赋能主要集中在以下两个方面：1.通过新媒体实践活动激发、诱导、培养合适的内在行为动机、理智、道德和其他精神潜力；2.通过合理的机制进一步参与到公共事务的讨论之中，成为合乎道德要求的公共领域的一员并促进公共事务的发展。接下来笔者将进一步考察新媒体语境下，大学生道德赋能有何新的契机，校园公共领域的哪些特征将为以上两方面的大学生道德赋能创造条件。

二、新媒体语境下的消解与重构

随着互联网和智能手机发展而普及的微博、微信等网络媒体日益推动碎片化趋向的信息洪流，新媒体不断发展的过程也是一个不断社会化的过程，国内外有不少学者聚焦于新媒体的传播如何促成和影响新的社会关系，但其研究对象多是以大众传播（mass communication）为目标的大众媒体（media media），近年来也有人用这样的视阈切入研究国内的另类媒体(alternative media,又可以译作替代性媒介),如一些与主流媒体话语有所差异的、关注弱势社群的另类公民媒体、草根媒体,但很少有人从此语境考察国内高校的德育工作现状。因此本文将采取一个更为广泛的视角来定义高校校园所面临的新媒体语境,即以校园群体(老师、学生)为主要目标受众,或代表校园群体立场进行信息沟通的媒介环境,并由此探索新媒体语境下高校德育工作所面临的挑战和契机。国内学者对高校思政、德育等研究多是把新媒体视为一种新的传播工具,而忽视了新媒体自身在不断社会化的发展过程当中带来的社会关系消解和重构(赵敏,2012;季海菊,2013)。本文首先将致力于补充以往研究中对"新媒体"本质把握的缺失,以试图探索高校德育工作将面临新媒体所带来的哪些挑战,大学生道德赋能又迎来了怎样的契机。

  一方面,新媒体打破了高校德育工作原有的"一元"和"单向"的传播格局,消解了充斥着多元价值和高度互动的新媒体环境使得大学生的信息渠道、个人追求、价值观念都比之前更为复杂,高校德育工作在媒介技术带来的各类变化中尤其显得溃散,有效性大不如前,因而面临前所未有的挑战。自媒体的兴起消解了高校德育工作一元、单向的传播格局,许多"名辅导员工作室"也开启了微信公众平台之路,新媒体技术带来"去中心化"的交互特性使得"教师本位"、"一元主导"的传统德育工作在多元价值的冲击下显得相当弱势,传统德育过程单向性的价值灌输也因新媒体平台提供的互动性手段而不得不接受改变。在中国本土的党媒新闻范式影响下,传统校园媒体作为党的新闻事业的重要组成部分已经逐渐在校园群体中失去活力,通过校园媒体所实现的对大学生德育工作的推进,在媒介技术带来的信息洪流中尤其显得溃散。就如同一些学生自媒体所言:"院系调整这样的大新闻不只是学校方面单向度的事情,它涉及的主体包括这接近三万之多的本科生,而他们理应有知情和说话的权利。"[①]新媒体平台所呈现的互动性已经完全打破了原来传统校园中单向度的传播特点,新媒体技术的开放使得信息的流动具有双向性,信息的接受者同时也有成为参与甚至介入传播的潜力,越来越多的校园公众参与到内容生产当中,他们有实际的能力影响传播的内容,这也对高校德育工作的推进和传播提出了更高的要求,传统德育中的一元、单向的"教师本位"灌输已经被新媒体技术完全消解。

  另一方面,新媒体也为校园德育工作的传播及对大学生进行道德赋能带来了新契

---

① 《逸仙评论.我不愿做这场改革中的"小白鼠"》,见《e先每日资讯》,2015年12月6日。

机。首先,新媒体技术在其特殊的范围限定(校园)和受众群体(学生)中更彰显其所重构的"扁平"、"双向"的传播格局;其次,传播手段的发展为校园官方媒体和高校德育工作的传播调适提供了良好的机遇。传统校园媒体和德育工作通过报纸、广播等形式,以学校在校园内的政策内容、通知公告、思政引领和德育提升为主要传播内容,其采编流程严谨且固定,由于新闻生产周期足够长因而对新闻内容的"把关"严格,而新媒体打破了这一局面,新闻生产周期缩短乃至呈现"液态新闻"的状态,时刻都在进行新一轮的内容产出,因而迫使官方校园媒体机构对新闻内容进行"把关"的权力下放,相对开放且呈动态化的采编流程使越来越多的学生可以参与到校园官方媒体的内容生产中来,呈现出学生自身喜闻乐见的传播方式和传播内容,曾经固定的内容版面如今由于印刷成本不复存在及采编权的下放,如今可以在一定前提下由学生自主进行研讨和设计,校园官方媒体及其德育工作的传播得以进行新一轮的传播调适,为其溃散的高校德育功能构建新的契机以寻求改进空间,这使得大学生有更多的机会和平台在新媒体的空间中对公共事务进行讨论和探索,同时高校德育工作也因此更多地从"学生本位"出发,让大学生在相对自主、自由的环境中反思自我的价值取向和行为动机,这正是道德赋能所关注的过程。

新的媒介技术消解了传统德育一元、单向的传播格局,冲击着教师本位的灌输式教育模式,但同时提供了新的载体以及新的师生互动模式,也为大学生的道德赋能提供了新的契机。

三、校园公共领域为道德赋能创造条件

公共领域(public sphere)概念自哈贝马斯(Jurgen Habermas)在其著作《公共领域的结构转型》中进行了详尽的论述和分析后一直备受学界关注,近年来国内外各个领域的学者都使用了这一具有历史模型与理想模型的概念作为切入视角解释诸如哲学、政治学、经济学、传播学等人文社科学科面临的理论与现实困境,也有不少学者从传播学的视角发现哈氏在阐述公共领域的结构转型过程中对于大众传媒与公共领域的关系亦十分重视,但笔者在本文中对于两者关系的解读并不完全与哈氏一致。回顾公共领域概念的理论发展,其在学界的首次亮相可追溯至德国政治学家汉娜·阿伦特(Hannah Arendt)《人的条件》一书。她在书中指出"行动"是人类活动中区别于劳动和

工作的"真正自律的"类活动,而"行动"的活动范围则是公共领域(public realm)(朱士群,1994:68);这一观点因袭了亚里士多德关于古希腊城邦社会的考察,把城邦生活与家庭生活相区分,即把前者认为是公共领域,把后者认为是私人领域;而后在《公共领域与私人领域》一书中她还进一步论述公共领域与私人领域之间还存在一个"社会领域",并认为公共领域就如同一张把各方联系起来的圆桌,作为一个开放的公共空间各方可于此交流、讨论。

直至20个世纪60年代,哈贝马斯在阿伦特的"公共领域"概念基础上提出自由主义视阈下的"资产阶级公共领域"概念,而后于90年代初又进一步对"公共领域"进行规范化阐释,通过对17、18世纪出现于英法的公共领域特殊历史形态的考察,指出在公民社会成立之前只存在为体现国王和贵族权益的"代表型"公共领域,但在现代公民社会"公民型"公共领域并非不可能存在,并且与阿伦特所言的"社会领域"并非不可融合。哈氏从贵族阶级转型至资产阶级的考察及理想化模型的探索,使得"公共领域"这一富有自由主义色彩的概念开始著称于学界;在哈氏看来,公共领域是社会生活中基于交往理性(communicative rationality)并以公共性(publicness)为特征的一个领域,并在此面向所有公民开放,让他们展开发声与议论进而形成公共意见;哈氏也强调作为大众媒介的新闻媒体是公共领域的物化形式,是公众舆论的主要表达手段,对公共领域有重要的构建作用甚至可成为公共领域的主体,而哈氏在论述转型后的资产阶级公共领域时,也进一步解释了媒体的重要性,认为媒体制造出来的舆论可能替代真正的民意,大众传媒从批判公共权力的手段而成为公共权力自身的组成部分(陈勤奋,2009:114)。这实际上是对公共领域的发展的悲观预期,即公共性将从一种具有批判力量的公共性转向一种被操控的公共性,但是哈氏在90年代重印《公共领域的结构转型》时亦有表示,也许电子媒介的发展会对他的悲观预期带来一些改变,即以电子化媒介为主体的大众传媒不会沦为被操控的公共领域。

随后学界对哈氏的"公共领域"历史模型和理想模型都有诸多批判与发展,不过有学者提出哈氏所指的历史模型未曾存在,其理想模型遥不可及,其"一元的公共性"只是假象,其对传媒的看法亦有所偏颇(如 Curran, 1991;Calhoun, 1992;Fraser, 1992 等)。但哈氏的公共领域概念的理想模型,或者说作为一个规范性(normative)概念,对民主政治带来的积极价值仍是不可否认的。因此,国内外许多研究传播学的学者已经开始从公共领域的概念出发对新闻媒体进行反思和研究,主要有两种视角(图1):

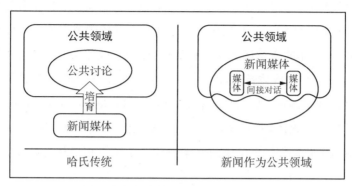

图1 新闻与公共领域之关系的两种视角

一种是沿袭了哈氏对于媒体的看法,把新闻媒体看作是促进公共领域发展的工具,认为新闻媒体能够培育社会生活中的公共讨论,对公共领域的构建起着重要的作用。哈氏指出 17、18 世纪兴起的报刊、杂志为后来出现的各类沙龙和咖啡屋中讨论的出现起到了促进作用。而当下亦有不少学者继续保持这个方向研究大众媒体与新媒体对于公共领域的构建乃至重构作用,认可媒介发展对公共领域型变的促进作用(陈钢,2007),认为传统媒体单向度的传播侵蚀了公共领域,而数字新媒体的出现催生了更多的公民新闻,一定程度上培育了"新的公共领域"(石磊,2009:7),亦有不少学者通过对中国新闻媒体报道的实际案例进行考察,进而描述媒体与公共领域构建之间的正相关联系(许剑,2003;吴麟,2006:150;范松楠,2007;林玥秀、赵艺,2015,等)。

另一种则是把新闻媒体理解成意义构建过程的话语,将新闻媒体本身视为公共领域,即不同的声音可以在新闻媒体这个公共话语空间中形成一种间接的对话,反映出"不同社会力量之观点或身份的间接的阐述和表达"(李艳红,2004:35—36)。如今,社会运动与政治权威之间的互动关键已经不再是现实中的直接对抗,而是在作为公共领域的大众传媒(mass media)中的间接互动及竞争(Koopmans R,2004:367);在中国的大众传媒、网络以及"另类媒体"(alternative media)已经作为公共领域体现出"草根"(grass-roots)政治的新活力(Yang G、Calhoun C,2007)。中国传媒公共领域是一个非制度化和局部性的公共领域,公共领域概念的适用范围"不能从全国范围内无差别地讨论单一的中国公共领域,但有可能讨论不同地域、不同问题领域中所呈现出来的局部性公共领域的表现形态"(邵春霞、彭勃,2007)。

笔者将采取后一种观点,把媒体自身视为公共领域,因而所考察的新媒体语境,主要集中在与高校德育工作相关度较大的校园新媒体矩阵,即把校园中各类新媒体平台形成的新媒体环境作为校园公共领域——即是一个以校园范围为限及以校园议题为主的另类公共领域,本文所承认的一个前提是:校园新媒体始终含有与传统主流媒体相异的另类(alternative)媒体特质,即表现为"双向传播"的非市场化趋势及以特定社群(校园群体)为利益诉求主体的独特限定(Harcup T,2003:361)。笔者相信,作为校园公共领域的校园新媒体,为大学生的道德赋能提供了充分的条件,高校德育工作应该充分提供有效的机制促进大学生的新媒体实践活动,并以此作为对大学生进行道德赋能的过程。

英国社会理论家汤普森认为,作为公共领域,现代大众传媒的重要性并不在于它开放了一个平等、开放和自由的公共对话空间,而在于它提供了"可见度(visibility)"这种公共性,大众传媒的存在提高了传媒事件的公共可见度,使得原来只能在私人领域或少数人范围内得以传播的信息或观点可经由媒体获得"公共性(publicity)"。(陈堂发,2008:136)而在校园公共领域中,边缘议题或观点具有充分可见度。一方面,边缘化社群的观点和立场得以在自媒体平台获得开放性,可通过手机、电脑网络被大范围的人群所共享,另一方面,自媒体可以充分利用新媒体技术,形成与主流话语差异化的抗争话语,这时,而校园媒体则呈现出大众媒体所不具备的包容性,使得诸如同性恋群体等边缘社群能够在校园媒体这一另类媒体中阐述自身的身份及利益,进而保持"可见度",实现与主流社群的抗争而不被主流所淹没。比如中山大学学生群体自主创办的公众号"中大din"于2015年5月推送了《列举常见论辩谬误请各位严肃对待"同性恋歧视"问题》来对同性恋歧视问题进行较为理性的批判,为同性恋群体发声;还有公众号"e先周刊"转载了网易新闻的文章《为什么同性恋的王国里多黑夜?》剖析同性恋受歧视的原因,同时依次发布了描述少数社群自身故事的《爱有百般,走向何方?》、从维权视角出发的《美国同性恋维权史》及一篇来自东南大学哲学系学生的来论《论同性婚姻:合法、合理、合神圣意志》,在校园公共领域中再现边缘社群。

而由于新媒体技术大大降低了传播信息的门槛,不同的新媒体平台(包括校方和非校方的)通过对事件或议题的不同解读会形成差异化的话语包,使得不同话语包之间的框架之争成为一个对话、辩论、协商的过程,官方框架在公共领域中不再具有主导性优势,不同媒体对官方话语包的开放性解读实际上体现了校园公共领域所彰显的"对话"的公共性,使得官方媒体不再成为"一直独秀"的意见领袖,与官方意见不一致的校园群体不再沉默,校方、师生可以通过校园媒体进行一种间接地对话,与官方话语形成对抗解读并不再被轻易地淹没;差异化的编辑理念亦促使各类自媒体可以通过建立新的替代性框架来实现对抗性解读和进行抗争,重新争夺话语的界定权。如中山大学15年12月份的院系调整事件中,官方发布的"发展"框架不一定能得到校园媒体的一致青睐,而非官方自媒体通过构建"质疑改革"、"程序不正义"的框架对其进行抗争。

但由于"可见度"的公共性,框架之间的博弈是一个动态的过程,没有一方可以一劳永逸地垄断公共意见市场,如"e先周刊"、"i中大"等自媒体关于院系调整事件最后更新的相关推送《中山大学珠海校区新设多门院系,将有沙滩、天文台》及《中大校方全面回应院系调整相关问题,肯定学生的爱校情怀和主人翁意识》中已经对原有的对抗性解读做出了不同程度的更改,体现出对官方话语包的认同趋向,这实际上是校园媒体之间进行连续"对话"的结果。

正是新媒体技术带来的基于"可见度"与"对话"的公共性特征,校园公共领域将以校园公众(包括各类校园媒体的运营人员,其本身亦为校园公众)的"参与式"内容生产为主导,代表各个群体立场的新媒体平台或个人自媒体,都难以在新媒体语境下成为稳定的新闻权威,因而在校园公共领域内"祛魅(disenchantment)"效应凸显:传播内容的制作不再存放于神秘的"后台",公众话语权不再成为德育工作者或校方管理者被崇拜和认可的理由;因而,有效引导大学生参与新媒体实践活动成为高校德育工作的新路径,如中山大学团委发起的"青年评论员"计划,通过定期招募学生当"青年评论员",每周参与议题的选取、讨论以及观点的论证,并以此激发大学生自身的理智、道德和精神潜能。通过反复的讨论和修改,让大学生在自主的氛围中形成充分的语言框架和话语包以表达自身的观点和立场,不仅能够让大学生感受到自身作为"大学"这一公共领域中的一员,而且还能在互动当中因为"公共性"参与到不同新媒体的内容生产当中。当大学生可以通过新媒体实践活动将自己从私人领域暴露于校园公共领域,使原来传统校园德育工作中单向度的传播特点被打破,新媒体技术的开放使得信息的流动具有双向性,信息的接受者同时也有参与甚至介入传播的潜力,让越来越多的大学生乐意参与到内容生产当中,并且有实际的能力影响传播的内容。以此可以诱发大学生参与到新媒体实践活动中的热情,从对事件、个人、价值的反思转变为言语的表达、传播的推进、话语权的获得,以获得其在公共领域当中的位置,减少"无权感"。

具体而言,大学生作为校园各类新媒体平台的主要受众,接受教育程度高,对社会事务及校园公共事务的关注程度高,有良好的能力及足够的精力表达自身的意见,虽然在新媒体技术的影响下,人际交互日趋原子化,但校园群体在校园内有更多机会进行交流,由此校园公共领域媒体与受众的互动具有良好的群体基础,大学生道德赋能也因此得到了充分的实现条件,本来限定于德育工作者的"一元"话语空间得到了开放,大学生可以根据自己的喜好参与到话语空间当中,而新媒体与受众之间、新媒体平台之间的高度互动,亦驱使大学生更乐意参与到相对平等、自由的公共领域之中。

有研究者认为,媒体受新媒体技术的影响而进入"分众时代","分众"、"非群体化的传播"成为媒体发展的现实趋向(吕方,2008),意即不同媒体的受众之间是相互区分的,而用这个视角来考察校园公共领域中媒体和受众之间的互动,会发现这种把公共领域"碎片化"的互动表现并不存在于校园空间中,这也为大学生的道德赋能提供了充分的行动基础。作为一个地域、领域相对有限的局部公共领域,校园公共领域中不同类型的校园媒体所面向的校园公众区分度不高,各类校园媒体在受众层面上是叠合的,尽管在新媒体语境下催生了抗争与冲突,但由于话语的争夺始终处在一个动态的过程,受众之间并非不可包容而是在不断地相互协商、相互妥协,如另类媒体属性较为突出的非官方自媒体同样得到了来自学生干部、团委老师的关注和重视,而官方及官属新媒体的影响也覆盖了包括非官方自媒体运营人员在内的大部分校园群体;多元编辑理念均在不同程度上立足于同样的受众诉求——"代表学生",校园媒体与叠合受众之间的有效互动有助于建设校园公共领域"可见度"与"对话"的公共性,这种互动也是保持校园社群不被主流社群淹没的重要动因之一。

总而言之,新媒体语境下的校园公共领域以"可见度"和"对话"的公共性特征,为大学生的道德赋能提供了充分的条件,当大学生在有效的机制引导下积极参与到新媒体实践活动和公共事务的讨论之中,作为公共领域的一员其"无权感"下降,在获得适当的行为动机后其理智、道德及其他精神潜力被诱发,大学生自身的发展和校园公共领域对大学生公众参与的要求都得到了双向的满足,高校德育工作亦能打开新局面。反观"道德赋能"的概念,在本文新媒体语境中即是通过调动大学生参与到新媒体实践活动的积极性,用学生喜闻乐见的方式调适德育工作的媒介内容,以此来达到道德赋能的两方面要求:个体潜能的发展及群体中个体参与的提升,此视角也仅是作为一种高校德育工作的探索,虽然在新媒体实践活动中对大学生的具体引导及组织方式仍有待探索,但笔者试图为高校德育工作在新媒体的语境下寻找一个既有理论基础又有应用性的分析视角的目标已经达成,对于大学生道德赋能的其他方式亦有待进一步的探索,对"道德赋能"的概念研究亦有待深化和寻找更多伦理学的根基。

参考文献:

[1] Clough P, Nutbrown C. A student's guide to methodology [M]. Sage, 2012.

[2] Dahlgren P. Television and the public sphere: Citizenship, democracy and the media [M]. Sage, 1995.

[3] Fairchild C. Community radio and public culture: Being an examination of media access and equity in the nations of North America [M]. Cresskill, NJ: Hampton Press, 2001.

[4] 陈堂发.新闻媒体与微观政治[M].复旦大学出版社,2008.

[5] 石义彬.单向度、超真实、内爆[M].武汉大学出版社,2003.

[6] Farid-Arbab S. Moral empowerment: elements of a conceptual framework for education [D]. Institute of Education, 2012.

[7] 范松楠.大众媒介在构建我国公共领域方面的功能与表现[D].东北师范大学,2007.

[8] 季海菊.新媒体时代高校思想政治教育研究[D].南京师范大学,2013.

[9] 李艳红.弱势社群的公共表达——当代中国的城市报业与农民工[D].香港中文大学,2004.

[10] 赵敏.新媒体视阈中的大学生道德教育创新研究[D].山东大学,2012

[11] Burum I. Using Mobile Media to Create a More Diverse Public Sphere in Marginalised Communities [J]. International Journal of Community Diversity, 2013,12(1): 11-22.

[12] Browning A M. CNE Article: Moral Distress and Psychological Empowerment in Critical Care Nurses Caring for Adults at end of Life[J]. American Journal of Critical Care, 2013, 22(2): 143-151.

[13] Carse A. Moral distress and moral disempowerment [J]. Narrative Inquiry in Bioethics, 2013,3: 147-151.

[14] Craig Calhoun. Introduction: Habermas and the public sphere [J]. Habermas & the Public Sphere, 1992,158(1): 213-9.

[15] Conger J A, Kanungo R N. The Empowerment Process: Integrating Theory and Practice [J]. Academy of Management Review, 1988,13(3): 471-482.

[16] Curran J. Rethinking the media as a public sphere [J]. Communication &

CitizenshipJournalism & the Public Sphere in the New Media Age, 1991.

[17] Dahlgren P. The Internet, Public Spheres, and Political Communication: Dispersion and Deliberation [J]. International Immunology, 2005, 22(2): 147-162.

[18] Edward W, Schwerin. M ediation, Citizen Empowerment and Transform ationalPolitics [M]. London: W estport, Connecticut, 1995: 72.

[19] Harcup T. 'The Unspoken-Said' The Journalism of Alternative Media [J]. Journalism, 2003, 4(3): 356-376.

[20] Kanter R M. Power failure in management circuits. [J]. Harvard Business Review, 1979, 57(4): 65-75.

[21] Koopmans R. Movements and media: Selection processes and evolutionary dynamics in the public sphere [J]. Theory and Society, 2004, 33(3-4): 367-391.

[22] Leach D J, Wall T D, Jackson P R. The effect of empowerment on job knowledge: An empirical test involving operators of complex technology [J]. Journal of Occupational & Organizational Psychology, 2003, 76(1): 27-52.

[23] Menon S. Employee Empowerment: An Integrative Psychological Approach [J]. Applied Psychology, 2001, 50(1): 153-180.

[24] Palmquist S R. Kant's Prudential Theory of Religion: The Necessity of Historical Faith for Moral Empowerment [J]. Con-textos Kantianos: International Journal of Philosophy, 2015: págs. 57-76.

[25] Peter Dahlgren. The Internet, Public Spheres, and Political Communication: Dispersion and Deliberation [J]. International Immunology, 2005, 22(2): 147-162.

[26] Spreitzer G M. Psychological Empowerment in the Workplace: Dimensions, Measurement, and Validation [J]. Academy of Management Journal, 1995, 38(5): 1442-1465.

[27] Tan S H. From cannibalism to empowerment: An [J]. Philosophy East & West, 2004.

[28] Yang G, Calhoun C. Media, civil society, and the rise of a green public sphere in China [J]. China Information, 2007, 21(2): 211-236.

[29] 丁未. 新媒体与赋权: 一种实践性的社会研究[J]. 国际新闻界, 2009, 第10期(10): 76—81.

[30] 丁未. 新媒体赋权: 理论建构与个案分析——以中国稀有血型群体网络自组织为例[J].

开放时代,2011,01期(01):124—145.

[31] 崔文斐.校园媒体的反思与重构[J].青年记者,2015(30):33—34.

[32] 龚莉红.自媒体时代高校思政工作的新挑战[J].传媒观察,2013,02:48—49.

[33] 何晶.媒介与阶层——一个传播学研究的经典进路[J].新闻与传播研究,2014(1):78—93.

[34] 华媚.服务与道德赋能青少年[J].教育科学,2011,04期(04):62—67.

[35] 李建峰,王佳政,张勋宗.媒介融合背景下校园媒体的思政教育"立体"特质分析[J].成都大学学报(社会科学版),2015,03:85—90.

[36] 李艳红.以社会理性消解科技理性:大众传媒如何建构环境风险话语[J].新闻与传播研究,2012(3):22—33.

[37] 李良荣.社区报:中国报业下一个增长点——中国社区媒体:建构社会生活共同体[J].中国报业,2013(11):18—21.

[38] 林玥秀,赵艺.浅谈我国媒体公共领域的构建——以分析民生新闻为中心[J].商,2015(36):214—214.

[39] 吕方.在媒体"分众时代"保卫公共领域[J].青年记者,2008(16):12—14.

[40] 邵春霞,彭勃.谁的"公共领域"?——概念运用的困惑与修正[J].新闻大学,2007(2):46—51.

[41] 邵春霞,杨蕊.局部性公共领域的扩展:Web2.0时代我国网络公共领域浅析[J].社会科学,2013(4):16—24.

[42] 石磊.新媒体语境下的公共领域重构[J].四川省干部函授学院学报,2009(1):4—9.

[43] 苏娜.青少年道德赋能行动研究框架[J].教育科学,2011,04期(04):56—61.

[44] 陶东风.大众传播与新公共性的建构[J].文艺争鸣,1999(2):28—32.

[45] 屠傲凌.新形势下高校校园媒体运作策略之思考[J].民营科技,2010,04:109.

[46] 王倩.自媒体时代高校校园媒体发展策略[J].新闻研究导刊,2014(7).

[47] 吴麟.新闻媒体与公共领域构建[J].西南民族大学学报:人文社科版,2006,27(9):148—151.

[48] 熊小伟.校园媒体如何在大学生舆情引导中发挥更大作用[J].中国记者,2013,08:86—88.

[49] 许剑.新闻媒体与我国当前公共领域的构建[J].新闻大学,2003(1).

[50] 杨涵.校园媒体传播效果研究[J].经营管理者,2010,16:361.

[51] 杨福梅.论青少年道德赋能形成之言辞之力[J].红河学院学报,2015,(3):102—104.

[52] 杨忠健.学校生涯教育中道德赋能的三种可能[J].中国德育,2012,(01):14—16.

[53] 阳荣华,白永生.论校园媒体影响下的高校学生德育工作的开展[J].中国报业,2012(4):251—252.

[54] 尹连根.框架之争:作为公共领域的微博空间——以深圳5.26飙车案为例[J].武汉大学学报:人文科学版,2014,67(2):119—125.

[55] 张永格.试论高校舆论宣传阵地的"整合"[J].读与写:教育教学刊,2013,10(2):93.

[56] 周葆华.从"后台"到"前台"新媒体技术环境下新闻业的"可视化"[J].传播与社会学刊,2013(25):35—71

[57] 朱士群.公共领域的兴衰——汉娜·阿伦特政治哲学述评[J].社会科学,1994(6):68—72.

学校民主氛围营造
——在平等理智参与中学习联合生活

鞠玉翠[1] 吴怡然[2]

(1. 华东师范大学 教育学部基础教育改革与发展研究所;2. 西南财经大学 学生指导中心)

民主是当今的高频词,是一个复杂的概念。民主一词源于希腊字"demos",意味"人民的权力"。在不同的时代、地域,"人民权力"的体现方式并非一成不变。作为政治制度,直接参与、代议制、审议民主、代表制等都是民主的方式。这些民主方式的特征、优劣及其教育追求都在被持续地探讨[1][2]。在民主化进程中,如何从形式上保障人民的广泛参与,如何从实质上维护人民的平等尊严与权利,始终是民主应有之意;作为整个民主制度重要组成部分的学校教育,如何体现民主原则,如何培育未来一代的民主品质[3](石中英)无疑是不容忽视的话题。

一、学校中民主氛围的意义: 在民主中学习民主

学校是育人的场所,培育学生的民主品质是民主化进程的要求;而培育民主品质

基金项目:国家社科基金教育学一般项目"学校道德氛围测评与监控研究"(BEA110034)
作者简介:鞠玉翠,华东师范大学教育学部基础教育改革与发展研究所教授;吴怡然,西南财经大学学生指导中心教师。
E-mail: juyuc@163.com

离不开民主氛围的熏陶,也就是说,要在民主中培育和学习民主。

1. 民主意味着平等理智地联合生活

在民主化进程中,保障公民对于公共事务的广泛平等参与,发挥公民的智慧,让公民的合理需要得到回应和满足,基本权利得到保障,从而实现公民的平等尊严是民主政治的追求。这种追求不仅体现在政治制度中,同时也体现在生活方式中,体现于人们的言语行为之中,表现为一种平等待人、理智处事的内在修养。前者是制度保障,后者是民主制度的生活土壤,两者相互依存。正如杜威所言,"民主主义不仅是一种政府的形式;它首先是一种联合生活的方式,是一种共同交流经验的方式"。[4]拥有平等地位的公民,在共同交流经验中,学习运用理性的力量,解决面临的问题;不仅考虑自身的需求和利益,也关照他人的需要和利益,不仅关注当下的利益,也关照未来的利益,并从中认识到更多的共同利益;在发表意见时,陈述理由,以证明观点的正当性,从而达成妥协与共识。在这样一种平等、理智参与的联合生活和共同交流经验的过程中,人们的经验得到拓展和改造,由此可以说,民主意味着平等理智参与,民主具有教育功能。年轻一代平等理智参与的意识与能力,正要在这种平等理智参与的民主过程和氛围中才能习得,同时,学校民主氛围的营造也离不开所有相关人员的平等理智参与。学校民主氛围营造正意味着让师生能够在平等理智参与中交流经验、学习联合生活。

在这样一种民主的过程与氛围中,首要的价值是平等。按照杜威的观点,"每一个人都有他自己的需要","每一个人都同样是一个人,每一个人都享有平等的机会来发展他自觉的才能,无论这些才能的范围是大是小","每一个人都应该有机会来贡献他可能贡献的任何东西"[5]。这就要求要求所有的公民都能接受教育,教育要平等地照顾到所有人的需求,让所有公民拥有同等的机会去参与社会生活;同时这种教育也要求在教育活动中的每个人都处于平等的地位,以使所有人的利益能够相互渗透并根据其他人的利益进行调整。第二,民主强调共同参与。在杜威看来,民主的核心就应该是一种与别人一起生活的方式,因此教育本身也应该是一个所有人共同参与的过程。共同参与一项活动本身就具有教育的意义,因为在共同参与活动的过程中每个人都会接触许多其他人,而这种大量的接触使得每个人"必须对更加多样的刺激做出反应,从而助长每个人变换他的行动"。[6],这样一来,个人也会随之成长,在与他人共同进行活动的过程中得到充分发展。为了体现民主的这一价值,应该尽可能让进行教育活动的人,无论是教育者还是受教育者都能主动参与到教育的过程中来,充分地进行交流和互动。第三,平等参与需要理性作为保障。比较理想的状态是,人们在平等参与的过程中受到尽可能少的外部限制,拥有尽可能大的自由,以便其能够充分发挥自身的主动性;这同时意味着每个人的自由都以他人的同等自由为限。认识自身的自由与限度,同时认识他人的自由与限度;考虑自身与他人的利益,运用科学探究的方式寻求解决实际问题的办法,关注决策与行为对自己、他人、社会、自然的影响,向所有利益相关者证明决策的正当性,并不断探究、反思、修正自己的决策,从而避免民主权利的滥用,这凸显了理性的不可或缺。这也意味着每个人都是对所有人负责的。

2. 民主品质要在民主氛围中养成

杜威说,"民主主义问题是个人尊严与价值的道德问题"[7]。同其他许多道德品质一样,比起直接灌输民主的道德观念,让师生在平等理智参与的联合生活中共同营造良好的民主氛围更有利于培养师生的民主品质。

首先,通过营造民主的氛围,民主不再是空洞的说辞,师生能够身体力行民主的价值观念,切身体会到人的平等尊严,体会到相互尊重,相互容忍,相互体谅,相互协商的重要性,并由此形成和提升民主品质,提高整体的道德素质,体会个人的尊严和价值。

其次,民主氛围直接影响着师生的积极性,从而间接地影响着整个学校的工作效率。"不亲自参与就会使那些被排除在外的人员缺乏兴趣和关心。结果是相应地使人缺乏实际的责任心。自动地,如果不是有意识地,那么就是无意识地发展着这样一种情绪:这不是我们的事情,这是上面人的事情,让那一帮特殊的人物去办那些所应该办的事去吧。"[8]无论对教师还是对学生而言,若他们因为没有实际权力和参与而缺乏责任心和积极性的话,就无法发挥出其主观能动性,他们的教与学也会随之成为一个被动、毫无生趣也缺乏效率的过程,从而间接地影响整个学校的工作。同时,若在一种不民主的氛围下,教师们很容易无意识地把他们所受到的专横待遇转移到学生身上去,对培养学生的民主品质也会造成很大的阻碍。而在有着良好的民主道德氛围的环境里,教师们则有权力直接或者间接地参与到他们自身的工作息息相关的一些事务中去,比如参与其所在学校的管理,自由讨论和决定关于纪律、教学方法的问题以及关于课程和教科书的问题等。这样的教师才能充分地掌握自己工作,明确自己的职责,从而更加积极主动地真正地参与到教育教学的过程中来,提高效率;同时,他们才会将这种民主的参与性的价值自然地传递给学生,培养出学生的民主道德品质。同理,当学生能够广泛参与学校的各项事务,他们的才干、主动性、价值感才能充分得到体现和发展。

然后,一种民主的品质对教育本身有着促进的作用。"随着民主观念的传播和伴随而来的对社会问题的觉醒,人们开始认识到,每个人,无论他恰好属于哪个阶层,都有一种权利,要求一种能满足他自己所需要的教育。"[9]因此,可以说民主是教育普及的根本原因,也是教育能够适应社会要求的一种依据。在民主的氛围下,教育本身才会更加乐于改造自己,发展自己,扩大自己和社会之间的联系,让知识与实践真正地联系起来。若我们能在学校中营造一种民主的道德氛围,则能使教师重新认识不同学生对于学习的不同要求,有利于因材施教;同时也让学校中教学的内容、教学的方法等更加接近社会生活实践,使学生和学校都能够更加适应社会的要求,面对社会的挑战。

民主社会的建设必须依赖于受过良好教育,具有相当的参与性并能够以平等理智的方式对待彼此的公民。在这种情况下,"教育过程在主导的方面是以民主或非民主的方式进行的,就成为一个特别重要的问题了,它不仅对教育本身重要,而且在它对于一个专心致力于民主生活方式的社会的一切兴趣与活动的最后影响中也是重要的。"[10]因此,努力营造民主的学校氛围,有利于让年轻一代在民主中学习、体验民主,并为社会的民主建设做出贡献。

二、学校中的民主问题:缺乏平等理智参与

调查表明,学生对班级与学校生活的民主氛围感受不积极。63.3%的学生否认自己班级的"公约"真是同学们自己制定的,过半数(51.1%)的学生否认自己班级的干部是经过全班民主选举产生的;在对学校管理工作的参与上,只有16%的学生认为学校欢迎同学们为学校管理工作提意见,只有10%的同学认为学生的意见会对学校产生影响。[11]我们课题组的调查表明,73.6%的学生认为,对班级事务,学生没什么发言权,老师才有决定权;67.5%的学生认为,班里只有少数几个学生唱主角。可见学生对班级和学校管理的参与度很低,参与效果更是微乎其微。即使学生参与的一些情况,

也存在各种各样的问题,如将民主简化为投票,学生民主权利滥用,教师权威僭越民主等,离民主要求的平等理智参与还相距甚远。学校民主氛围的建设任重道远。

1. 将民主简化为投票

将民主简化为投票,忽略参与中的平等与理智,重形式轻实质的问题比较突出。一些选举中,选举者缺乏对候选人的了解,盲目投票的现象时有发生。也有"民主投票逼死花季少女"[12]的事件曾被多家媒体报道。事件主人公雷梦佳的死引发了广泛的关注,人们在心痛的同时,也从不同角度反思着。从民主教育的角度来看,这则悲剧与教育者对民主的浅表化认识相关。班主任周老师和一些媒体使用了"民主投票"的字眼,似乎雷梦佳的死是民主的错。民主的确常常与投票选举、投票决定其他重大公共事件相联系,但只有投票的形式,却未必是"民主投票"。民主离不开平等、理智的参与,它意味着"人们不应被仅仅当作法律管束的对象和被动的客体,而是作为能够参与社会治理的自主主体",在参与中陈述理由,"做出可辩护的决定,表达相互尊重的价值"[13]。尼古拉斯·M·米凯利(Nicholas M Michelli)说,为自由和民主做准备并不意味着学习怎样去投票,而是学习日常相遇时彼此之间如何相互尊重和相互接受。[14]通过合计的民主模式提供了确定输赢的机制,但却没有提供旨在发展共识、塑造公共舆论甚或形成值得尊重的妥协的机制,因此,其投票所产生的结果只有最弱意义上的合法性。为了克服以投票为中心的民主制的缺陷,约翰·塞内克等民主理论家越来越关注先于投票的审议过程,它包含着对话、交流与探讨,也可被视为一种舆论形成的过程。最重要的是,在这个过程之中,每个人都有使自己的观点受到他人倾听和被他人考虑的机会。而通过这个过程,人们能够加强共同经验,通过非强迫性的讨论而不是操纵、灌输、宣传歪曲、欺骗和威胁来表达自身的诉求。现代的民主已经开始从以投票为中心向以对话为中心转变,投票或选举的程序只是在论点都得到恰当考虑后解决残存分歧,符合公共合理性的审议才是关键性的因素。

就"民主投票"的主题而言,且不讨论教师和学生是否有权决定一名违纪学生的去留,这里仅就话题的公共性展开讨论。民主投票与讨论的主题应当是公共话题,会对全体或多数社区成员产生广泛影响。雷梦佳的班主任周老师说,他请学生投票的话题是"重大事件",这个事件深深困扰他。然而,问题在于困扰某个个体的问题,并不是民主投票所合适的话题。用"民主投票"来解决个人的困惑,让投票在起点上就偏离了轨道,丧失了合法性。对于"雷梦佳是应该留在学校还是跟父母回家"是周老师关心的问题,不是学生们关心的问题,不应成为投票的对象。有人甚至用"借刀杀人"来描述这次民主投票。换言之,老师把自己关心的问题当作一个公共话题,且没有认识到其中存在的问题,在一定程度上也反映出教师的权威意识,而非民主意识。即使因为雷梦佳违纪会对某些同学造成影响,但需要学生评议的也绝不应简化为一个简单的去留问题。

识别用于民主审议的公共议题是民主参与的一个起点。当团体中的某人被某个问题深深困扰,这只是开展民主讨论的一个可能契机。要让这个困扰某个人的问题转化为公共议题,需要挖掘个人困扰背后的公共意义,把私己的问题转化为公共的问题。在教育场域中,尤其要从促进学生发展的角度提出问题。雷梦佳事件中引发"民主评议"的是班主任周老师对学生攻击行为的困扰。与此相关的,关乎学生发展的公共议题有很多,如,"攻击行为:表现、影响与应对","为什么侵犯他人的行为应当禁止?""打架这样的违纪行为该如何处理?""如何处理人际冲突?""同学该如何和睦相处?"等。这些公共议题关涉每个孩子的成长,适合每个学生参与讨论。如果老师能够引导学生借此机会讨论这样一些问题,则学生离参与民主管理和审议会更近些。这样的讨论,能够丰富、澄清、提升学生对话题本身和民主的理解,同时也能学习和体会民主的精髓:平等理智参与,彼此尊重和包容。这样一来,"留或去"的问题就不再是困扰老师的问题了,因为,师生可以共同找到更适当的看待问题的角度,找到更恰当的处理办法。

就过程而言,用投票等同民主,忽略平等理智审议的过程,其实是伪民主。其一,看似学生参与了,但审议的结果在审议开始前已经被作为权威的教师限制在了"留还是去"的狭窄范围内,学生的参与被不恰当地限制了;其二,被裁决的对象雷梦佳,被剥夺了参与讨论的机会以及为自己辩护的权利,也丧失了通过讨论学习的机会;其三,投票前,教师历数雷梦佳曾犯过的错,其"留还是去"的导向性已非常明显;其四,事后,老师解释说"回家"意味着"一周的家庭教育",而学生们认为"回家"意味着再也不回学校。这在一定程度上,反映了师生在投票前缺乏比较充分的沟通。简言之,学生缺乏表达自己意见和理由的机会,民主的内核被遗忘了,只留下"投票"这样一具空壳。

民主审议需要开放性。从讨论的议题,到解决问题的策略,都需要开放性。权威对审议过程的限制,应当尽可能减少。更重要的是,民主审议应当向所有相关人开放,例如一个班级的所有学生。当然,由于学生是未成年人,理智正在发展中,教师有责任引导学生的审议和讨论。但教师不能用自己的观点压制和替代学生的观点。在民主审议中,教育者应当做的,也许是提醒学生注意:是否有人被排除在审议之外,每个陈述的合理性如何,是否有其他的可能性,讨论是否是善意的,每个人的意见都被重视了吗,参与者是否注意倾听他人的意见,参与者是否做出了理智的评判,参与者能否根据他人的观点来调整自己的想法,我们所做的判断会产生怎样的后果等等。如此这般,联合生活的意蕴才能得到比较充分的体现。

2. 民主权利的滥用

当学生拥有参与机会时,该如何运用自己的民主权利,并不是自明的。当我们收集学校中"不民主"现象的案例时,一些学生提到学生给教师打分评价时,不是按照教师的教学水平和态度公正地打分,而是把打分当成一个报复老师的机会,严格要求的老师得分低,不怎么管学生的老师得分高,结果打击了一些认真工作的老师的积极性,破坏了学习氛围。这类"有参与机会却不能理智参与的"现象提示我们,离开了理性,民主权利就会被滥用,会导致民主价值异化,因此,学生参与民主生活的能力是需要培育的。

采用学生评分的方法来对任课教师的教学效果进行评定这一举措的本意是良好的,通过这样的方法能够赋予学生和教师相对平等的地位,给予学生自由表达自己意愿的空间,加大学生参与学校生活的力度,这些都是民主精神和价值的体现。然而,这些值得珍视的民主精神和价值是有自己的限度和要求的——就像言论自由不等于可以随便骂人,师生平等不代表学生可以在上课时随意打断教师教学,而共同参与也不应是胡搅蛮缠一样,想要把握这些限度和要求,理性是不可或缺的。

类似情境中,许多出现严重评价偏差的情况,往往是由于学校要求学生们对教师做出评分,却没有给予一个客观的、比较合理的评分标准,也没有在评分前先讨论评分的意义和依据,于是就会使学生按照自己的好恶,以冲动、偏见的情绪甚至报复的心态做出选择的可能性增大,从而降低了理性的作用,降低了评判的合理性,使得民主评分结果不再体现出民意,扭曲成了一种多数人的暴政。这种拥有民主参与的形式,却缺乏理性实质的做法,会让一些学生误认为问题出在民主本身。由此可见,滥用民主的行为对整个民主氛围的破坏性有时甚至会超过不民主的行为,明确这一点同时也是要求学校的管理者和教师更加谨慎地去理解民主价值的真实意义。事实上,给予学生民主权利本身没有错,问题在于权利是与义务互为表里的。行使民主权利的同时,自然地要求学生有义务尊重他人的权利,有义务理性地做出公正的评价,有义务依据对他人利益的理解和关照来重新考虑自身利益。当然,这种权利和义务意识,这种联合生活的意识与能力是需要培养的。

3. 权威僭越民主

学校中教师和管理者的法定权威地位使得他们比较容易僭越民主,破坏平等参与。比较常见的表现是,选举学生干部、投票评选三好学生时,如果投票结果与老师的预期不符,一些老师就会动用自己的权威,否决学生的评选结果。有些教师为了避免当场唱票的尴尬,干脆将选票带走,只把选票当作参考,最后的结果还是由教师来决定;有的甚至直接将自己的意见当作投票结果予以公布。这样的做法似乎既保证了程序的民主,又保证了结果的确定性,但事实上,却否定了学生的参与,异化为民主的过场。有些老师给出的理由是学生判断能力不足,评选结果不够客观公正。其实,为了克服这个问题,老师需要做的并不是替代学生,更不是欺骗学生,而是在评选前与学生共同商议,明确评选标准、评选意义;由候选人发表竞选演说,陈述自己应当当选的理由。以这样的平等理智参与为基础的投票能够获得较大的合理性。

如果在实践中漏掉了这一关键环节,则只能采取亡羊补牢的办法:在投票结果与自己期望不符时,与其通过隐瞒投票的结果来达成自己的期望,还不如光明正大地向所有学生提出异议,并给明自己的理由以求得学生的理解和支持。当然,若是这一做法依然无法让学生改变自己的选择,顺其自然以期待由一个可能不那么理想的结果来修正这个问题也是一种可取的做法——毕竟这样的损失并非涉及道德的底线、民主的价值或者其他一些不可逆转的失败,而是可以视为一种经验的积累。这样的做法或许更加符合民主氛围的要求,也为学生提供了学习民主价值的契机。

需要进一步思考的是这样一个重要的问题——民主必然会立刻带来好的结果吗?实践表明:不一定。即使增加了"审议"环节,也只能减少失误,而无法完全避免失误。

那么,为何还要坚持一种民主的价值呢?我们可以想象,即使真正民主的方式没有选出最合适的人选,但是通过真正民主的方式,学生们必然会增进对他们所面对的问题和他们彼此的理解,之后学生们将会发现自己也许做出了错误的选择,然后开始自发地修正那个不尽人意的结果。同时,当班级共同体再次遇到类似的问题需要所有人共同做出选择的时候,这次失败就会成为一种宝贵的经验,令学生们不会重蹈覆辙。而教师替代学生做出决策的做法,虽然可能及时得到了一个令大家都满意的结果,但是当以后再次遇到类似的选择的时候,缺少对问题和彼此了解的学生们依然可能再一次做出错误的选择,难道每次教师都能够以自己的意志来扭转局势吗?这就是这里想要说明的问题——民主的意义在于以一种公开的方式来争辩和讨论,并以一种与民主价值的承诺相融合的方式来解决我们所面对的共同问题,而它的真正价值则体现在由此带来的人的成长发展和社会的自治上。民主价值在短期来看或许是缺乏效率的,但从长远来说,它值得我们去坚持。从伦理上来说,对每个人平等参与权的保障,对人的尊严的认可更是不容妥协的。

学校中还有一种常见的权威僭越民主的现象:校规制定与实施中,学生只是被动的被管理者,违规者会遭到各种惩罚,即使有意见也缺乏发声的机会。学校的管理阶层与被管理阶层所处的地位是毫无平等可言的,管理阶层在有意识或者无意识地歧视着被管理阶层的个人独立性和自主选择能力,学校这一本应由所有人构成的共同体变成了一种由少部分人支配的私人玩具。即使当学生和教师通过联名上书等方式提出异议或合理化建议时,这些声音或被忽视,或被批评,或被口头表扬,但实际上被无视,表现为专横的压制行为。这样,平等参与或名存实亡,或根本被遗忘或有意抛弃,学校的管理中缺乏双方的意见交换,不能根据"被管理者"的合理需求加以调整,导致了民主价值的失落,也埋下了对立的种子。

这里分析的也许只能反映学校中民主问题的冰山一角,但已经足以产生这样的警示作用:具有民主形式或名称的做法,也许离真正的民主还有很长的距离,有些也许走向了民主的反面。

三、营造民主的学校道德氛围:促进平等理智参与

学校是帮助年轻一代学习民主精神,体验民主生活的场所。建设民主氛围需要从

学校工作的方方面面、点点滴滴做起。但关键在于用制度保障参与,约束权力,在活动与教学中体验民主,其基础是认识民主的内涵,反思实践中的不足。所幸一些既有的或正在开展的尝试,给我们提供了有力的借鉴。

1. 用制度保障参与,约束权力

想要保障学校中的民主氛围,一种良好的民主型规章制度是不可或缺的。民主的规章制度至少有这样一些特征:其一,它的内容在对共同体进行规范和约束的同时,不损害民主本身的价值。其二,它是经由民主的过程所制定出来的,在条件允许的情况下应使制度所涉及的所有人都参与进来,在条件不足的情况下也应对制度进行充分的审议后再决定制度是否可成立。同时,这个制度还需要是一个"有商量"的制度,要保证在需要的时候可以通过合理的方式对其自身进行修改,以求得发展和延续的空间。其三,它的作用最终在于维护民主共同体的发展和民主价值的延续。这里仅讨论与民主联系最直接的制度,即保障参与和约束权力的制度,也就是保障平等理智参与的制度,主要包括区域和学校层面的学校管理体制,针对教师层面的全员育人制度,针对学生层面的志愿者制度等。

保障相关人员平等理智参与的民主价值是现代学校制度的核心价值。在既有校长负责制、教职工代表大会制度的基础上,一些地方开始尝试校务委员会制度[15],形成"一主两翼",保障学校管理体制的民主决策、运行、监督,保障相关人员的平等理智参与。教职工代表大会侧重于校内事务,校务委员会侧重于校外事务,分别对涉及学校发展和师生切身利益的重大事项进行审议、协商和监督。相似地,一些地方开展了学校民主管理委员会建设的实验研究。民管会是由教职工、家长、社会人士、学生、教育行政机构的代表为主组成的,对学校事务进行民主决策、民主管理、民主监督和咨询的学校最高一级的自治性组织。其成员是在学校教职工大会(或教职工代表大会)、家长委员会、学生会等三个二级组织的基础上,以民主选举的方式为主产生。一些地方开展了教育议事会建设的实验研究。教育议事会是指在不改变学校现有的办学所有制,不过度干预校长办学自主权的前提下建立的、对学校办学重大事务进行咨询和审议的外部咨询与监督组织,是学校与家长、社区建立长期、密切的协调与合作的一种组织平台。教育议事会开展议事活动,主要包括:规划、制度的审议,日常教育事项的审议、组织学生开展活动,协调矛盾,及时解决一些学校难以解决或不便解决的矛盾、纠纷和冲突,提高家教水平等。[16]一些地方开展了公办中小学校长公推直选的实验。这些尝试都试图扩大民主参与,保障相关人员的参与权利和机会,让他们有机会表达自己的意愿、共享自己的智慧,从而也起到约束权力、避免僭越民主的作用。

班级层面,针对班主任制下班主任疲于应付,而任课教师只关注本学科教学,家长只能被动服从与配合学校和教师,缺少民主参与班级管理机会,家长缺乏必要的建议权、评价权等问题,一些学校尝试形成班级教育小组(简称班教小组)与导师制,努力落实全员育人[17]。为发挥各方教育力量,形成教育合力,班级教育小组由教师、家长代表和学生代表组成,一些学校还吸纳社会人士参与。学生对学校、班级的意见和建议得到更好的关注和吸纳;家长、社区资源得到更充分的利用,家庭、社区、学校趋于融合,全员育人的氛围日渐浓郁,更好地体现了平等理智参与的联合生活的意蕴。当然,如何克服既有的惯性,将这种全员育人的制度改革落到实处,提升全体教师育人的意识与能力,调动全体教师育人的积极性,还有很长的路要走。

在一些地方,沿袭已久的带有特权色彩的学生班干部制度被改造成全员平等参与的志愿者制度,搭建全体学生平等参与的舞台,让班级中人人有事做,事事有人做,培养学生的平等观念和服务精神。每个学生都能申请成为志愿者,如读书志愿者、劳动志愿者、护导志愿者、图书馆志愿者、爱心雨伞管理志愿者等岗位,学生依据自己的能力和特长自主选岗,并定期轮岗。在志愿者岗位上,孩子们找到了奉献的快乐,一些原本性格内向的孩子也乐于与同学、老师交流了,变得更加阳光自信。[18]

2. 制度执行和落实中注重民主精神的体现

即使学校制度本身很好地体现了平等参与的民主精神,其执行和落实的过程中也可能出现偏离,甚至走向民主的反面,这特别需要我们反思、警醒、改进。在一些实践中,与志愿者岗位貌似而实质不同的是,有的老师让每个孩子都有个"官"当当,把岗位设为诸如"文体部长"再下设"文体组长",尽管也是让学生志愿选择,但仍然突显了等级,体现了官本位思想,与民主精神相悖,还是值得反思的。同时,一些区域改革推进的过程中,自上而下强势推进,缺乏区域与学校之间协商的问题也反映了用不民主的方式推进民主的悖论。下面仅以少代会小提案的运用为例,探讨如何在联合生活中学习倾听与发声。[19]

参照全国人民代表大会制度而建立的少先队代表大会(简称少代会),有商讨、决定一个时期少先队的重大事务,选举产生队工作领导委员会的权力,是队组织实施民主集中制领导和管理方法的具体体现,是让队员实施民主权利、当家作主的保证,是队员学习民主、发扬民主、培养民主能力和主人翁精神的重要形式。少代会提案又称红领巾小提案,是少代会的重要的议程之一,是少先队员或辅导员、家长通过少先队组织向少代会、学校、政府及全社会提出的意见和建议的渠道。

要有效运用提案,让运用提案的过程成为平等理智参与的联合生活的过程,需要少代表、辅导员、学校以及全体少先队员的共同努力。首先,少代表在撰写提案过程中,要保持高度责任心,深入队员之中,反映队员们的心意和需求;同时,要与队员们理性商讨,反思队员本身需要改进的方面,在此基础上的合理需求可写入提案,借助少代会向相应部门反映,避免只向他人提要求,不考虑自身责任义务的问题;少代会后,要如实地向队员反馈会议精神及校方对提案的答复,明确学校对队员们的期望和要求,改变自身存在的不良行为,通过倡议书的形式号召队员们付之于行动。这里的倡议书也是队员们就某一问题协商出来的解决办法,是队员们的一种共同约定。

中队辅导员应在学生撰写提案时给予指导,特别是要把握好提案的诉求方向,既促进学生的发展,也有利于促进学校工作,注意通过队会等讨论提升提案的质量,也更好地发挥提案的自我教育功能;大队辅导员则可组织全体队员对各中队提交的提案展开讨论、评选、修改,将能够反映现实问题又具有可操作性的提案报送学校相应部分,并要求相应负责人借助少代会的平台,向队员们做出答复。

就学校层面而言,可为队员提供充分发表意见的平台,如心愿箱、心愿墙等。而对于提交的提案,会前,各部门具体负责人要仔细阅读提案,借助少代会答提案的环节,跟队员们进行交流,客观分析问题产生的原因,对少先队员提出明确的要求,并给出部门的改善举措,即使是给予法律、法规、学校发展限制,目前无法实现的提案,也要给予回复,不能让代表们辛苦征集来的提案石沉大海。校方对待提案积极有为的态度就是对少先队员行使民主权利的最大支持。围绕提案所展开的这些工作,如果能够紧紧围绕平等理智参与的要求进行,则对于提升相关人员联合生活的意识与能力具有积极的促进作用。

3. 日常教学的民主化

教学是学校最重要的活动。在教学中学习联合生活,杜威学校做出了很好的尝试。与静听为主的传统教学不同,杜威学校的教学多是采用谈话、讨论、探究的方式,关注的是让每个学生参与对现实问题的解答。教师们所做的则是积极地将各种资料提供给儿童,并鼓励每个人从不同的角度对这些资料提出自己的看法,同时也鼓励儿童自己去查阅资料以供他们自己讨论,最终通过讨论使思想与知识得以澄清,并在头脑里牢固地巩固起来。学科知识被作为了解世界、解决问题的材料或者说是理性活动的资料。例如,在历史的学习中,了解人类生活的环境,了解畜牧业、农业、工业时代的生产生活方式,了解各行各业的开端,是怎样从迫切的需求而来以及与此相关的机械、物理、生理等方面的问题等等[20]。整个课程不是以一种灌输固定观念,而是用一种形成的方法来透视复杂的社会与历史,这样的方法使得过去的内容不再脱离于现实,而是作为现实的支撑而为学生了解和运用。这样的教学过程中,学生积极参与,并运用理智去探索、解决现实问题,由此,现实与历史、儿童与课程、学校与社会被很好地沟通起来,体现了平等理智地联合生活的意蕴。

对于更年幼的儿童,杜威学校则从用餐、服装、公园中的花鸟、住房等日常生活经验出发,让儿童在一起准备午餐、收拾餐具、建造房屋等过程中体会参与、交流、认识世界、生产和共同生活的乐趣。看似不起眼的像准备食物这样的家务活动,在杜威学校却成为重要的教育手段。年幼儿童在参与家务的过程中学习控制手头的简单材料,完成食物的分配、桌椅的清洁等任务,这也意味着引导儿童对外界环境的关注,暗示着对一种社会精神的培养。[21]杜威学校注重学校与家庭、社会的融通,努力打破一切妨碍人发展的壁垒,让学生在平等理智参与中体验民主、学习民主。民主作为一种生活方式的理念,在每天的教与学中得到了切实的体现。我国目前的一些课堂,也加强了问题解决意识,加强了学生讨论、参与、展示的环节,增强了平等理智参与的体验。

4. 在综合实践活动中体验民主

在综合实践活动中商讨解决社会问题是体现民主精神的重要途径。在杜威学校,即使学科教学,也尽可能用综合实践活动的方式展开。沿着杜威所倡导的路径,现在许多学校都鼓励学生关注和识别社区中存在的问题,并综合运用所学参与问题的解决。孩子们联系自己的生活经验,或读报、或采访自己的父母、邻居等,来形成自己的观点,关心校园欺凌、逃学、网络成瘾、垃圾分类等问题。学生们表达自己的观点,倾听他人的意见,在协商中学会妥协。在协商确定研究问题后,自我组织分工,收集资料,有的负责去图书馆或上网查资料,有的负责采访相关利益人,有的还要向政府申请信息公开。之后运用批判思维分析成因,提出具体对策和行动方案。有些学校还开展模拟听证会,请相关人员参加,以促进相关问题的解决。反思整个活动也是不可或缺的环节,以便理解平等理智参与的重要性以及活动可以改进的地方。在这样的综合实践活动中,学生学着关心社会、发现问题、解决问题、讨论协商、反思回顾,其平等理智参与的意愿与能力逐渐得到发展,联合生活的意识与能力得到提高。

认识学校道德氛围中民主的内涵和意义以及学校实践中存在的问题,这是建设民主氛围的基础。民主氛围的建设需要从学校生活的点点滴滴做起。在教育实践中,已经看到了许多为民主而付出的努力。特别需要注意的是,在一个倡导民主的社会中,许多冠以民主名义的做法,其实未必符合民主的精神。更多人的平等理智参与,广泛的民主氛围的形成与改善,有待我们扎实和坚韧的努力。不断反思学校的制度和自己的言行是否促进了平等理智的联合生活,是否存在压制或歧视他人的倾向,是每位成员的责任。特别是对于教育者而言,鼓励学生的平等参与和独立判断而非顺从权威,并不意味着放弃指导和教育,指导和示范负责任的、协商的师生关系,是民主氛围建设的必要组成。

参考文献:

[1] 王绍光.代表型民主与代议型民主[J].开放时代.2014,(2):151—178.

[2] 王坤庆,卢洁莹.民主、民主国家及其教育理想[J].教育学报.2015,(3):3—11.

[3] 石中英.教育中的民主概念:一种批判性考察[J].北京大学教育评论.2009,(4):65—78.

[4][6] 杜威.民主主义与教育[M].王承绪,译.北京:人民教育出版社,1990:92,97.

[5][7][8][10] 杜威.人的问题[M].傅统先,邱椿,译.上海:上海人民出版社,1965:46,32—33,49,48.

[9] 杜威.学校与社会·明日之学校[M].赵祥麟等,译.北京:人民教育出版社,1994.388.

[11] 曾庆芳,曹大宏.学校道德氛围的调查与研究[J].教学与管理.2008:10.62—63.

[12] 付雁南."问题少女"之死[N/OL].中国青年报.2010-05-05[2016-03-02] http://article.cyol.com/home/zqb/content/2010-05/05/content_3214866.html.

[10] Amy Gutmann & Dennis Thompson. *Why Deliberative Democracy*? New Jersey. Princeton University Press. 2004：3-4

[14] 尼古拉斯·M·米凯利,戴维·李·凯泽.为了民主和社会公正的教师教育[M].任友群,杨蓓玉,刘润英,等译.上海：华东师范大学出版社,2009：127.

[15] 南京市教育局.关于推进南京"一主两翼"现代学校管理体制全面建设现代学校制度的意见[N/OL].南京教育网.2013-07-15[2016-03-02] http://www.njedu.gov.cn/default.php?mod=article&do=detail&tid=673590.

[16] 叶莎莎.现代学校制度建设的着力点在哪里[N/OL].中国教育报,2008-03-04(5)[2016-03-02].http://www.hrsxw.cn/znbm/ShowArticle.asp?ArticleID=472.

[17] 束乾春.落实全员育人的实践——润州区教育局推进班改实验的报告[N/OL].2015年12月4日在江苏省教育学会班主任专业委员会第7届年会上的报告2015-12-04[2016-03-02].http://www.nflsxl.com/art/2015/12/24/art_95_37905.html.刘肖.班级组改革：以"智慧集群"式管理破解班主任单兵作战困局——河南省第二实验中学探路班主任工作制度改革[J].中小学管理.2012：10.

[18] 汤杰.探究少代会小提案背后的自我教育价值[A].上海市少先队学会年会暨第一届"少年儿童组织与思想意识教育"学术研讨会论文集[C].2015：42—50.上海：华东师范大学.

[19] 陈瑞昌,童凌翔.镇江市润州区取消"班干部"、"三好生"和班主任——"微改革"让每个学生当"主人"[N].中国教育报.2014-05-03,(2).

[20][21] 凯瑟琳·坎普·梅休等.杜威学校[M].王承绪,赵祥麟,赵瑞瑛,顾岳中,等译.北京：教育科学出版社,2007：137—151,45—59.

教师尊严：教育伦理现实转化的原点

彭海霞　李金和
(贵州师范大学　历史与政治学院)

　　教育伦理，作为教育活动、教育关系的道德呈现和道德建构，从理论前瞻性的角度来说，基于一定的理论预设或理论期待而展开一定程度的康德式先验研究，是没有问题的，也是应该的，而这也正是我国自先秦以来关于教育伦理探讨的主流理路。然而，从教育伦理的社会存在基础及其实践的有效性角度来说，康德式的先验研究和先验设计，是有问题的。因为在这一先验设计中，作为教育伦理核心主体的教师，是缺位的。从这一意义上说，旨在提升我国教育伦理理论实效、解决我国教育伦理问题的教育伦理研究，迫切需要将"教师"这一教育伦理建构的核心主体从"缺位"状态"复位"。基于此，本文在现有相关研究成果的基础上，从教师尊严和教育伦理现实转化的函数关系角度，对"教师尊严"这一"教育伦理现实转化的原点"问题作一专门阐释，以期为我国教育伦理的实践研究尽绵薄之力。

基金项目：国家社科基金年度项目"中国梦的精神实质与社会主义核心价值观培育研究"(14BKS012)阶段性研究成果
作者简介：彭海霞，贵州师范大学副教授，主要从事德育研究；李金和，贵州师范大学历史与政治学院教授，法学博士，硕士生导师，中国伦理学会理事、中国教育伦理学会理事，主要从事马克思主义价值理论与道德教育研究。
E-mail：lijinhe668@163.com

一、教师：教育伦理建构的核心主体

教育伦理研究，从其内在构成来说，包括教育伦理理论研究（即"元教育伦理研究"）和教育伦理实践研究，但是，从其作为伦理学的分支和应用伦理学的实践属性而言，其重点不是为研究教育伦理理论而研究教育伦理，而是为了解决现实教育活动和教育关系中的伦理问题而研究教育伦理。

为了解决现实教育活动和教育关系中的伦理问题而研究教育伦理，必须明确这样三个基本点：

第一，教育伦理研究包括"实然"和"应然"两个层面。实然层面的教育伦理研究，即对现实教育活动和教育关系中的伦理关系、伦理品性、伦理意涵等伦理道德进行总结、提炼、呈现。这一层面的当今中国教育伦理研究，重点是从教育伦理的时代属性角度客观呈现当今中国的社会主义教育伦理样态。应然层面的教育伦理研究，即基于社会主义中国的发展取向、中华民族伟大复兴的历史趋向及当代中国教育、教师的历史使命探讨当代中国前瞻性的教育伦理建构。从解决现实教育活动和教育关系中的伦理问题的角度来说，在这两个层面的教育伦理研究整体中，实然层面的教育伦理呈现是基础，应然层面的教育伦理建构是重点。而这也正是当前我国教育伦理研究的基本态势。

第二，与教育伦理建构这一重点问题相联系，需要从教育伦理的发生学角度明确对谁建、谁来建、建什么、怎么建四个问题，而且必须明确，在对谁建、谁来建、建什么、怎么建这四个问题中，对谁建的问题是第一位的问题，谁来建、建什么、怎么建都是建立在对谁建这一问题基础上的。同样作为职业伦理，为什么教育伦理与行政伦理不一样？核心就在于，职业主体不一样，就在于教育伦理与行政伦理面向的对象不一样。教育伦理面向的对象有哪些呢？全面地看，毫无疑问包括教育活动和教育关系中的所有主体，即教师、学生、教学机构、教学机构行政管理人员、家长、社会、教育行政管理部门、政府。把教育活动作为一个整体，进一步细分，包括教育活动内部关系中的主体——即教师、学生、教学机构行政管理人员，和教育活动外部关系中的主体——即教师、教学机构、家长、社会、教育行政管理部门、政府。不难看出，在各个层面的教育活动和教育关系中，"教师"是唯一贯穿始终的主体。这就表明，教育伦理所面向的核心对象是"教师"。同时也表明，教育伦理"谁来建"？毫无疑问，其中必须有"教师"。教育伦理,从主体相互关系角度看,就是以"教师"为中心的教师与学生、教师与教学机构、教师与教学机构行政管理人员、教师与家长、教师与社会、教师与教育行政管理部门、教师与政府及教师与教师之间合作共赢、和谐共生的行动指南和行为规范。教育伦理的建构,应该是教师之间及教师与教师之外的其他教育关系主体协商一致的结果。这就意味着,教育伦理的建构,从其过程来说,不仅必须以教师的教育活动为中心,而且必须以"教师"为核心主体,而不能由作为政府组成部门的教育行政管理部门单一主导。譬如美国的《教育专业伦理规范》(Code of Ethics of the Education Profession),由教师专业团体——美国全国教育协会(National Education Association of the United States)以组织公约的形式协商制定。国际劳工组织、联合国教科文组织1966年"教师地位问题政府间特别会议"通过的《关于教师地位的建议》第75条写明:为了使教师可以履行自己的职责,教育主管部门应确定并定期使用得到认可的协商手段,与教师组织协商诸如教育政策、学校组织和教育部门中的新情况等事项。从这一意义上说,当前我国的教育伦理建构还存在不少问题。

第三,从教育伦理的建构落脚点——教育伦理的贯彻执行和实践转化角度论,教育伦理的建构,不但必须以教师为核心主体,而且必须以激发教师主体积极性为核心和基点。建构教育伦理,目的不是为了摆设,而是为了实践,且必须能够落实于实践。不能转化为实践的教育伦理,只是空中楼阁、纸上谈兵,实质上等于没有建构教育伦理。教育伦理由谁来实践呢?如上所述,无疑离不开教育活动和教育关系中的每一个主体——教师、学生、教学机构、教学机构行政管理人员、家长、社会、教育行政管理部门、政府,但是,在其中,唯有"教师"是核心实践主体。这就意味着,教育伦理贯彻执行和实践转化的效度,关键取决于上述第二点中"协商建构而成的理论层面的教育伦理"转化为教师实践层面的教育伦理的程度,取决于教师内化"协商建构而成的理论层面的教育伦理"为教师德性并外化为教育行动的程度。而教师内化"协商建构而成的理论层面的教育伦理"为教师德性并外化为教育行动的程度,关键又取决于教师的主体积极性,任何外在的强迫和强制,不但不可能推动教师教育伦理内化和外化的完成,相反,会抑制教师内化、外化教育伦理的积极性。从这一角度论,我们必须改变传统的教育伦理"义务论"思维,取而代之为教育伦理"义务权利正义论"思维;必须明确教育伦理只是为了规范教育活动中各行为主体的行为,而不是单方面地设定教师义务,而不赋予教师相应地权利,正如马克思在《国际工人协会共同章程》中所说的,鉴于"承认真理、正义和道德是他们彼此间和对一切人的关系的基础",因而"没有无义务的权利,也没有无权利的义务"[1]。显然,在马克思这里,权利和义务,不仅仅指法律权利和法律义务,还包括道德权利和道德义务。

二、教师尊严：教育伦理建构的核心和基点

如何才能深度激发教师主体内化"协商建构而成的理论层面的教育伦理"为教师德性并外化为教育行动的积极性呢？综合第一部分第二点的"教育伦理建构过程"和第三点的"教育伦理建构落脚点"来看,合乎道德心理学规律的现实选择,就是以"教师尊严"为原点——亦即为核心和基点——建构教育伦理。在《青年在选择职业时的考虑》一文中,年轻的马克思以他那个年龄阶段少有的深邃和成熟深刻指出："如果我们的生活条件容许我们选择任何一种职业,那么我们就可以选择一种使我们获得最高尊严的职业,……尊严是最能使人高尚、使他的活动和他的一切努力具有更加崇高品质的东西,是使他无可非议、受到众人钦佩并高出于众人之上的东西。但是,能给人以尊严的只有这样的职业,在从事这种职业时我们不是作为奴隶般的工具,而是在自己的领域内独立地进行创造;这种职业不需要有不体面的行动（哪怕只是表面上不体面的行动）,甚至最优秀的人物也会怀着崇高的自豪感去从事它。"[2]

从马克思关于"职业选择"的考虑不难看出：第一,尊严是最能激发人的道德品性,亦即"最能使人高尚、使他的活动和他的一切努力具有更加崇高品质"的东西;第二,最好的职业是一种能使人"获得最高尊严的职业";第三,能使人"获得最高尊严的职业"是所有人都"会怀着崇高的自豪感去从事"的职业;第四,能够选择"获得最高尊严的职业"的前提是,能够自由地选择自己的"生活条件"。

由此可见,要想使教师事实上而不是口头上、社会实践上而不是道德命题上真正成为"太阳底下最光辉的职业"（夸美纽斯语）,成为"人类灵魂的工程师"（加里宁语）,教育领域的制度、政策和规范,就必须同向致力于推进教育伦理建设,并且是以"教师尊严"为核心和基点的教育伦理建设。应该说,正是基于"教师尊严"之于教育制度、教育伦理、教育事业的至关重要性及对"教师尊严"的重视,1993 年通过、1994 年施行的《中华人民共和国教师法》第四条第二款明确规定："全社会都应当尊重教师。"从这一款来看,"尊重教师"是全社会的义务,而且是一种"应为"义务——即必须履行的义务,

而不是"可为"义务——即可履行亦可不履行的义务。

推进以"教师尊严"为核心和基点的教育伦理建设,作为前提,首先必须保证教师享有"教师尊严"的生活条件。如上文所引马克思的思想,尊严不是喊出来的,尊严是以"我们的生活条件容许我们选择"为前提的。在《德意志意识形态》中,指向历史的人类前提、人类的生存前提、生存的生活前提,马克思反复指出:"我们首先应当确定一切人类生存的第一个前提,也就是一切历史的第一个前提,这个前提是:人们为了能够'创造历史',必须能够生活。"[3]在《神圣家族》中,指向道德、思想的利益前提,马克思反复强调,"感性的特性和自尊、享乐和正确理解的个人利益,是全部道德的基础";"正确理解的利益是全部道德的原则";"'思想'一旦离开'利益',就一定会使自己出丑"。[3]在《解放思想,实事求是,团结一致向前看》这一具有重大历史意义的讲话中,邓小平直言:"不重视物质利益,……一段时间可以,长期不行。革命精神是非常宝贵的,没有革命精神就没有革命行动。但是,革命是在物质利益的基础上产生的,如果只讲牺牲精神,不讲物质利益,那就是唯心论。"[4]也正是在这一意义上,马克思指出:"共产主义者根本不进行道德说教,……共产主义者不向人们提出道德要求,例如你们应该彼此互爱呀,不要做利己主义者呀,等等。"[5]应该说,也正是基于"教师尊严"的社会生活前提,《中华人民共和国教师法》第二十五条规定"教师的平均工资水平应当不低于或者高于国家公务员的平均工资水平,并逐步提高";第二十八条规定"地方各级人民政府和国务院有关部门,对城市教师住房的建设、租赁、出售实行优先、优惠。县、乡两级人民政府应当为农村中小学教师解决住房提供方便";第二十九条规定"教师的医疗同当地国家公务员享受同等的待遇;定期对教师进行身体健康检查,并因地制宜安排教师进行休养。医疗机构应当对当地教师的医疗提供方便"。

推进以"教师尊严"为核心和基点的教育伦理建设,作为主要内容,必须重点推进以下两个方面的"教师尊严伦理"建设:

第一,推进教师"教学活动和教学关系"中的教师尊严伦理建设。教学活动和教学关系是教师职业中的首要活动和首要关系,相应地,教师尊严,首先来源于教学活动和教学关系。从教学活动和教学关系的主体角度论,如第一部分所述,包括教师、学生、教学行政机构管理人员。"教学活动和教学关系"中的教师尊严,是教师与学生关系中的教师尊严和教师与教学行政机构管理人员关系中的教师尊严的总和。而在这两个部分的教师尊严关系中,需要提醒大家注意的是,并不必然产生同为"正"的结果,而是可能出现一"正"一"负",甚至同为"负"的情形。一"正"一"负"的情形下,"教学活动和教学关系"中的教师尊严总和,决不可能出现较高的"正"值。而同为"负"的情形下,"教学活动和教学关系"中的教师尊严总和,必然出现较高的"负"值。综观我国基础教育、中等教育、高等教育各个阶段中教师的教学活动和教学关系,如果说教师与学生关系中的教师尊严整体上处于"正"值的话,教师与教学行政机构管理人员关系中的教师尊严,恐怕不少阶段处于"负"值。这是当前我国教育伦理建构必须直面的现实问题。

第二,推进教师"科研活动和科研关系"中的教师尊严伦理建设。作为培养人的活动,教师的教育活动不是照本宣科的留声播放,而是一种基于教育对象、教育时空条件而因地制宜、因时制宜、因人制宜的创造性活动。这一点,在知识更新日新月异的今天,尤为突出;在建设创新型国家、创新型社会的中国,尤为突出。正因为如此,在当前我国的职称评价体系中,从中小学教师的职称评价标准到高校教师的职称评价标准,都包含有科研的要求。亦即是说,当前我国基础教育、中等教育、高等教育各个阶段教师的教育活动和教育关系中,都包含着"科研活动和科研关系"这一维度。当然,这一维度在各阶段中的比重不完全一样,其中高等教育阶段的比重最大。而从目前我国高校教师的科研活动和科研关系,亦即教师与各级科研行政管理部门、科研财物管理部门的关系来看,除了少数教师外,在科研行政管理部门、科研财物管理部门面前,大部分教师恐怕没有教师尊严可言。从这一现实看,当前我国的教育伦理建设,还有一段很长的、很艰难的路要走。

三、与教师尊严获得感成正相关关系:教育伦理现实转化的内在逻辑

教育伦理理论和教育伦理规范转化为教育伦理实践,从其核心实践主体——教师来看,需要注意这样两个前提:第一,教育伦理现实转化的核心实践主体是成年人,而不是未成年人。对于成年人而言,因为其生活负担、社会阅历、社会体验及心理、心智的成熟和"认知结构"的总体成型化,如果采用与未成年人类似的"灌输型"教育伦理教化模式(这是伦理"义务论"思维下的典型教化模式),如果作为该教化模式内容的"教育伦理"不是建立在维护、提升"教师尊严"的基础上,那么整体上将劳而无功。第二,教育伦理现实转化的效度,是教师德性的养成程度,是教师德性外化为教育伦理行为的自觉程度。而德性作为一种自律性品质,虽然在个体的人由未成年人成长为成年人

的过程中,通过教化、政策、制度等他律的方式逐步引导个体形成自律,是必不可少的,但对于作为成年人的教师来说,如第一点所述,如果不是基于其个人正当需求的满足的他律,恐怕很难推进教师德性自律的形成。麦金泰尔关于"德性性质"的分析表明:"一种品性之所以被誉为德性,那是因为它合乎当时历史环境中社会实践的成功所需要的那些性质,因为它表征了实践所要求的优点。"[6]在《德性之后》中,麦金泰尔这样定义德性:"德性是一种获得性人类品质,这种德性的拥有和践行,使我们能够获得实践的内在利益,缺乏这种德性,就无从获得这些利益。"[7]从德性养成的心理学角度分析,在这里,麦金泰尔告诉我们,人们之所以愿意拥有并践行一种德性,是因为它能使人们获得一种"实践的内在利益"。这也就告诉我们,要想使教育伦理转化为教师德性,前提就是由这种教育伦理转化而成的教师德性能使教师获得一种"实践的内在利益"。而对于教师来说,麦金太尔意义上的"实践的内在利益",最高的、最具有吸引力的无疑就是"教师尊严"。

从这两个前提来看,在教育伦理现实转化的多种因素与教育伦理现实转化效果的坐标体系中,即在以教育伦理现实转化的影响因素为横坐标、教育伦理现实转化效度为纵坐标的二维坐标中,教育伦理的现实转化效度,唯一与"教师尊严的获得感"成正相关关系,与教化、评价、政策、制度等他律性方式,都不必然成正相关关系。亦即是说,作为教育伦理现实转化核心实践主体的教师的"教师尊严获得感"的高低,直接决定着教育伦理理论和教育伦理规范转化为教师德性并外化为教育行动的程度。正如第二部分所引马克思关于"职业选择"的考虑所表明的,能使人"获得最高尊严的职业"是所有人都"会怀着崇高的自豪感去从事"的职业。应该可以说,正是基于这一正相关关系,美国全国教育协会1975年通过、2010年修订的《教育专业伦理规范》序言中明确列出:"渴望同事、学生、家长以及社区成员的尊重和信任,为教育工作者达到和保持最高程度的伦理品行提供了原动力。"(The desire for the respect and confidence of one's colleagues, of students, of parents, and of the members of the community provides the incentive to attain and maintain the highest possible degree of ethical conduct.)[8]从《教育专业伦理规范》的"立法意图"来说,应该就是希望"同事、学生、家长、社区成员"给予教育工作者以足够的"尊重和信任",以使教育工作者获得足够的"教师尊严",从而形成自律的教师德性,亦即"达到和保持最高程度的伦理品行"。

教师尊严,如麦金泰尔的德性界定,是一种"实践的内在利益",因而总体上表现为一个相对抽象的指数。从其客观基础而言，教师尊严也就是教师社会生活地位的反映。这就是说，教师尊严指数，和它等值的另一个指数，就是教师地位指数。国际劳工组织、联合国教科文组织1966年"教师地位问题政府间特别会议"通过的《关于教师地位的建议》第1条写明：所使用的教师"地位"这一表达方式既指赋予教师的身份或对他们表示的尊重，正如社会对教师职能的重要性及其行使职能水平的肯定，也指与其他职业群体相比给予教师的工作条件、报酬及其他物质利益；第5条写明：教师的地位应该与根据教育宗旨和目标估计的教育需要相称；应该认识到教师的适当地位以及公众对教师职业应当给予的尊重对于这些宗旨和目标的全面实现至关重要；第114条写明：在影响教师地位的各种因素中，应特别重视工资因素，因为在当今世界上，其他因素，例如给予教师的身份和或尊重以及对教师作用的重视程度，在很大程度上取决于教师所处的经济地位，正如其他有可比性的职业一样。当然，从更直观的意义上，教师尊严指数和教师地位指数，又可以用第二部分所引马克思所说的"最优秀的人物也会怀着崇高的自豪感去从事它"来判断。毫无疑问，最优秀的人都愿意怀着崇高的自豪感去从事的职业，一定是最有尊严的职业。

考察古今中外的教育实践，亦不难发现这样一个规律，即"最优秀的人物也会怀着崇高的自豪感去从事"教育的时期，不仅是一个民族、一个地区教育最发达的时期，也是教育伦理实践最有效的时期，亦即教育伦理理论和教育伦理规范现实转化效度最好的时期。

先秦时期，齐国有一所著名学府——稷下学宫，"曾一时成为学者荟萃的中心"，郭沫若指出，"周、秦诸子的盛况是在这儿形成了一个最高峰的"[9]。为什么是在稷下学宫形成了周、秦诸子盛况的最高峰呢？其中的一个重要原因，就是在整个周、秦时代，学人贤士在稷下学宫是最受尊重、最有尊严的。《史记·田敬仲完世家》载："自如驺衍、淳于髡、田骈、接予、慎到、环渊之徒七十六人，皆赐列第，为上大夫，不治而议论。是以齐稷下学士复盛，且数百千人。""皆赐列第，为上大夫，不治而议论"，就是都被赏赐给宅第，任命为上大夫，但又不需从事政务，只需著书立说，探讨治乱兴亡之道。《史记·孟子荀卿列传》载："自驺衍与齐之稷下先生，如淳于髡、慎到、环渊、接子、田骈、驺奭之徒，各著书言治乱之事。"既能著书立说，又不需从事政务，还"皆命曰列大夫，为开第康庄之衢，高门大屋，尊宠之"（《史记·孟子荀卿列传》)，这不是在精神上、物质上都享受了无比的尊严吗？天下贤士，不去享有如此尊严的稷下学宫，又去哪里呢？揽天下贤士的稷下学宫,又怎能不形成周、秦诸子盛况的最高峰呢?

参考文献:

[1] 马克思恩格斯文集:第3卷[M].北京:人民出版社,2009:227.

[2] 马克思恩格斯全集:第1卷[M].北京:人民出版社,1995:458.

[3] 马克思恩格斯文集:第1卷[M].北京:人民出版社,2009:531,333,335,286.

[4] 邓小平文选:第2卷[M].北京:人民出版社,1994:146.

[5] 马克思,恩格斯.德意志意识形态节选本[M].北京:人民出版社,2003:104.

[6] 高国希.走出伦理困境——麦金太尔道德哲学与马克思主义伦理学研究[M].上海:上海社会科学院出版社,1996:120.

[7] 麦金太尔.德性之后[M].龚群,等译.北京:中国社会科学出版社,1995:241.

[8] National Education Association of the United States. 2016 NEA Handbook [M/OL]. 1201 16thStreet, N. W. Washington, DC 20036. http://www.nea.org/home/19322.htm.

[9] 郭沫若.十批判书[M].北京:中国华侨出版社,2007:110.

法治视域中教育善的实现路径

刘云林　舒婷婷

（南京师范大学　马克思主义学院）

教育善作为教育活动具有应然意义的价值追求，总是在一定的社会背景下得以实现的。而就当下中国的实际情况而言，法治背景乃是教育善的实现绕不过去的必须关注的外在背景。正因为如此，在这一背景下，应该以法治的诉求审视教育善的实现活动，为教育善的价值预设和行为推动提供有价值的启示。由于法治的实现过程是一个从创制良法经由法的适用再到为公民自觉遵奉的过程，而教育善的实现过程又是社会所设定的价值和规范体系通过教育者的活动为被教育者信守和遵行的过程，因之，这种法治视域中教育善的实现路径就具体地体现在以下方面的有效转换：从良法的创制到教育的合道德性构建，从司法工作者忠于法律的要求到教育者价值信仰的确立，从法的权利本位到对被教育者利益的尊重，从公民积极守法到被教育者对行为规范的自觉遵从。

一、从良法的创制到教育的合道德性构建

从动态的视角而言，法治乃是一个从法的创制到法在社会生活中全面实现的过

刘云林，南京师范大学公共管理学院教授，主要从事思想政治教育、法律伦理学、教育伦理学研究。
E-mail：Liuyunlin078@163.com

程。在这个过程中，法的创制是其逻辑起点。法治建设的形式要件首先是有法可依。没有全面而周密的法律体系为人们的社会生活提供规范和保障，就难以使社会成员的行为符合社会所期待的"应该"和"必须"，社会生活就难以实现稳定有序。因之，在法治进程中首先必须十分重视法的创制。

然而，除了实现法治国家首要环节的法之创制活动，还应更进一步关注所创制的法的质量，即制定了何种性质的法律。两千多年前，亚里士多德就明确规定了法治必须具备的两个要件："已成立的法律获得普遍的服从，而大家所服从的法律又应该本身是制定得良好的法律。"[1]按照现代法治理论，一部能够被称之为良法的法律，最起码应表现为对于社会公平正义的维护，对于公民自由和权利的保障和确认。这意味着就价值论的意义而言，法治应该是良法之治。

法治必须以良法的创制为前提，这对于教育善的实现具有重要的启迪意义。这就是，在教育过程中，我们必须关注教育的合道德性问题。其一，这是从"源头"上确保教育善的必要之举。如前所论，教育善的实现过程乃是社会所设定的价值和规范体系通过教育者的活动为被教育者所遵行的过程。在这里，教育内容即教育者所昭明的价值和规范体系是否具有合道德性是教育善的前置条件。所谓教育善的实现，就是合道德性教育内容的现实转化。如果教育内容在道德性上存在缺失，其逻辑结果必然是教育与道德价值的背离，甚至走向教育的恶。其二，为教育的特点所决定。教育作为一种具有明确目标追求的活动，它必须引领被教育者在面对多种价值体系时进行正确的选择，也必须为被教育者设定应有的行为规范。而教育活动之所以有"资格"担当引领被教育者的重任，一个重要的前提是其本身的合道德性。如果教育所设定的价值体系和行为规范对于社会及个人难以体现其积极意义即难以体现道德的善，那么它就不可能满足社会对教育的价值期待，从而也就没有理由成为教育的内容。其三，为教育的价值实现需要所决定。教育的价值在于其要求在社会生活中的全面实现。这具体体现为其所昭示的价值体系被信奉，所设定的行为规范被遵行，而这又是以这种教育内容的道德合理性为前提的。如果价值体系在道德合理性上存在缺失，行为规范对人的规约缺少道德上的依据，它们就难以得到被教育者的认同，从而也就难以在社会生活中实现自身。换言之，被教育者之所以在众多价值体系中接受教育所昭示的价值体系，之所以自觉接受教育所设定的行为规范的规制，是他们经过自身的思考和体悟后对教育要求的自觉认同，而这又离不开其对教育内容道德合理性的认可。

就具体的向度而言,教育的合道德性包含教育内容和教育形式的合道德性两个方面。这种教育内容的合道德性,主要通过教育的价值追求和评判标准两个方面得以体现。因为,价值追求是教育活动的引领者,具有为教育活动指明方向的意义;而评判标准则是实现教育善的内在动力,又是教育依循一定伦理路径的外在保证。就价值指向而言,这种教育内容的合道德性主要在于对被教育者和社会的意义方面。对于被教育者的意义,尽管人们可能会有不同的解读和表述,但我们认为,最应该达成共识的乃是能为被教育者的良好发展和一生幸福打下人的价值理念和素质方面的基础。对于社会的意义,则在于努力实现和社会主导价值相一致,促进社会主导价值的有效实现,在此基础上为社会的发展和进步提供积极的推动力量。

所谓教育形式的合道德性,集中体现为应该以合德的形式育德。进一步而言,对规律的遵从应是实现教育形式合道德性的不二路径。在教育活动中,符合善的教育必定是充分注意到被教育者的心理需求、接受规律的教育,是基于教育规律将教育者的良好动机有效转化为实际效果的教育。在这一过程中,作为教育者,应努力追求教育的合目的性和合规律性的统一,尽可能避免教育动机和实际效果的背离。当下,无论是在家庭教育还是学校教育中,都不乏教育者在爱的名义和良好动机驱使下对被教育者客观上造成伤害的例子,教育之善心、善行与善功相分离的现象也并非鲜见。这就更多地提醒我们,作为教育者,应努力提升自身的认知水平,对教育规律和目标、教育者自身、尤其是被教育者的心理诉求,包括接受规律应该有一个准确的把握,这是实现教育善不可或缺的认知基础。

二、从司法工作者忠于法律到教育者价值信仰的确立

在法治进程中,立法阶段所创制的法律必须经过法的适用方能实现自身的价值。而这种法的有效适用又是以司法工作者忠于法律为前提的。没有司法工作者对法律的忠诚,就不可能有法律的有效适用。何谓忠于法律?我们认为,这集中体现在司法活动中,必须以法律为准绳,唯法律是从。马克思在论证"法院该是一种什么形象"时指出,法官是没有上司的,如果一定要说法官有上司,法官的上司就是法律。这是对法院的独立性和司法本质的深刻表达,也是对司法工作者忠于法律要求的明确规定。在法治进程中,为了法律的有效实施,必须对司法工作者提出忠于法律的要求。

这种司法工作者忠于法律的要求对教育活动的启示在于，教育者必须确立并忠于与教育指向一致的价值信仰。在教育过程中，更为基础和更具前提意义，也是更具难度的乃是教育者价值信仰的确立。美国著名法哲学家、法律史家伯尔曼在谈到确立法律信仰对于实现法治的重要性时指出："法律必须被信仰，否则它将形同虚设。"[2] 同样，教育者的价值信仰对于教育目标的实现也至为重要。原因在于，作为教育者，不仅要告诉被教育者何为科学意义的真，也要告诉被教育者何为价值意义的应该。而后者体现的价值观教育作为一种价值理念的灌输，其有效性不仅诉诸理性，而且更多地是诉诸信仰。如果被教育者缺乏对教育内容的信仰，就不可能将其内化并进一步转换为外在的行为。而被教育者这种信仰的确立不仅要诉诸教育内容的科学性和合道德性，也诉诸教育者在信仰上的榜样作用。在教育活动中，教育者事实上扮演着被教育者榜样的角色，这种榜样教育意义是无声的同时也是极为有效的。只有当教育者确立了坚定的信仰，被教育者信仰的确立才具有现实的可能性。很难设想，在教育者自身都对教育价值体系缺乏信仰的情况下，会令被教育者对其产生坚定的信仰。

既然教育者的价值信仰对于教育善的实现不可或缺，那么又应该如何确立这一信仰呢？我们认为，这主要应着眼于从客观上而言的教育内容建设和主观上而言的教育者自身建设两个方面。

从客观上而言的教育内容建设，具体地体现在教育价值体系和规范体系建设两个方面，这是从根本上解决教育内容是否值得信仰的问题。在教育活动中，教育者能否做到忠于教育信仰，首先取决于教育价值体系和规范体系本身。这既是理论的逻辑，也为事物本身的逻辑所决定。具体言之，我们认为，为教育者所信仰的教育内容应该蕴含对于真善美的追求。这种真，体现的是对认知对象特点、本质和发展规律的准确把握；这种善，体现的是对自然界、人类社会和人自身包括被教育者的积极意义；这种美，不仅能激发教育者情感上的愉悦，而且能够使其感受到自身本质力量的对象化。正是这种教育价值体系和规范体系真善美的意蕴使其成为教育者信仰确立的前置条件，也表征着教育价值体系和规范体系获得教育者信仰的资格和依据。

从主观上而言的教育者自身的建设，是一个复杂的系统工程，其蕴含了多种必需的要素，其中最为重要的是教育者的善心、善行和善功。在教育活动中，教育者内在的善心需要转化外在的善行，而这种善行又以善的结果即善功为自身的价值追求。在某种意义上，教育善的实现过程，就是这一系列要素前后相继的过程。在教育善的实现过程中,还应该注重教育者情感和能力的培养。我们认为,确立对教育价值体系的信仰既需要一种情怀,也需要一种能力,是基于情怀和能力的逻辑结果。没有这种情怀,就缺乏行为追求的动力,正如列宁所言:"没有人的感情,就从来没有也不可能有人对于真理的追求。"[3]有了这种情怀,就可能在教育活动中产生对教育价值目标的热切追求。所以应在人的情怀培育方面加以努力。同时,应注重教育者自身能力的培养,如对自身角色、使命、职业、职责准确把握的能力,特别是对教育价值体系的辨识能力。只有具备了这种能力,教育者的信仰才可能得以确立,其价值追求才可能体现真善美的意蕴。正是基于情感和能力在确立教育者信仰方面的重要意义,所以必须非常重视教育者这两个方面素质的培养,甚至将情感和能力作为一个具有整体意义的概念或追求目标加以理解和实施,即重视教育者情感能力的培养。我们认为,这种情感能力具体地包括情感识别能力、情感调控能力、情感体验能力和情感沟通能力等方面。在这种情感结构中,情感识别能力是确立情感的认知基础,同时又决定着情感健康与否;情感调控能力既决定了人的情感的"度",又确保着情感的正确指向;情感体验能力指向的是对情感的认知和感受过程;情感沟通能力则是教育者和被教育者在情感上的互动、发送和反馈的能力。注意到以上方面,就能使教育者健康的情感完成从孕育、发动、实现并且和"他"者尤其是和被教育者共享的过程,从而教育者也获得了确立对教育内容信仰可靠的情感基础。

三、从法的权利本位到对被教育者利益的尊重

法治作为中国共产党领导人民自觉选择的治国方略,其最终意义在于广大人民群众应有权利的实现,这也是法律的价值追求之所在。例如,刑法对罪与非罪的规定以及对犯罪行为惩处的明文宣布,其要旨在于为广大公民提供一个生活和发展自身的良好环境,它体现的是对人的价值的关怀,对人的生命权、生活权和发展权的保护和确认;民法关于民事行为主体诚信原则的规定既是客观上对中国传统美德的一种强化,也是对民事行为主体应有权利的肯定;婚姻法对某些违法犯罪行为的规定和惩处,其目的在于维护人们追求家庭美满幸福的权利。这启示我们,法律虽然更多地是以刚性的"必须"来规定人们行为的底线,但其中对人的幸福特别是对人的应有权利关怀的内涵却是极为丰富的。从这一意义而言,法律就是对公民应有权利的确认和保障,法律

运行过程就是通过立法活动将这种应有权利规定为法定权利,再通过法的适用变为现实权利的过程。

法之权利指向对于我们确立教育的价值依归颇有助益。就教育的宗旨而言,实现被教育者的价值和满足其利益需要乃是教育的重要目的。教育的宗旨和内容都应体现出对被教育者利益诉求的认可、尊重和追求,这既是教育取得实效的保证,也是其合道德性的体现。在过往的教育活动中,我们往往忽视被教育者的利益诉求。这不仅使得教育功能的实现存有缺憾,同时也使得教育的道德性存在缺失。这就要求我们在教育活动中,一定要将被教育者的利益实现作为重要的价值取向。具体地,应该在以下方面加以努力。

其一,在认知上,应该确立这样一种自觉意识,即教育应该成为被教育者的"快乐之学"和"幸福之学"。在最终意义上或者说终极价值追求上甚至可以这样认为,教育就是为被教育者带来快乐和幸福的事业。这种快乐,不仅源于被教育者获得科学意义的真知而油然而生的豁然开朗之感,也源于被教育者对价值问题的领悟和认同所产生的情感愉悦。这种幸福,不仅因为教育所追求的社会进步本身就蕴含了被教育者的个人利益,是被教育者实现个人幸福的前提条件,也因为通过教育,被教育者获得了正确的价值导向,而被教育者这种正确的人生道路的选择不仅有利于自身利益的实现,而且本身就是其最大利益之所在。正是基于以上原因,就即时性效应而言,教育应该成为被教育者的"快乐之学",应努力使得教育的过程成为被教育者情感愉悦的过程。从而使被教育者不是被动地甚至痛苦地接受教育,而是主动积极地享受教育。达至这一境界,教育活动本身就获得了合道德性,也为自身的价值实现提供了可靠的保证。就长远效应而言,教育应该成为被教育者的"幸福之学",即不仅应关注其当下的诉求,也应关注其长远发展,为被教育者的一生幸福打下认知和价值理念方面的基础。这要求在教育活动中,无论是教育目标的确立,还是教育内容的安排、教育方式的采用、教育评价标准的设定,都必须围绕是否有利于被教育者获得幸福人生进行思考和实践。如然,教育就因其对于被教育者幸福有重要意义而成为道德善的事业。

其二,确认被教育者追求个人正当利益的合理性。在教育过程中,只要被教育者对个人利益的追求没有突破法律和道德的规制,其行为就具有内在的合理性。当然,作为教育者,还有一个引领被教育者向更高层次迈进,即要求被教育者更多地关注他人和社会利益实现的问题。富勒曾将道德区分为"义务的道德"与"愿望的道德"两个层次,前者"确立了有序社会成为可能或者使有序社会得以达致其特定目标的那些基本规则"[4];后者"是善的道德、卓越的道德以及充分实现人之力量的道德"[4]。富勒这种对道德区分的启迪意义在于,作为教育活动,应该在确认被教育者合理利益诉求的基础上引领其进行超越私利的价值追求。相信这种对被教育者利益诉求的关注,将使得教育更富人情味和价值合理性,从而也获得了实现自身的可能性。同时,也因这种教育体现着引领人们进行更高层次价值追求的功能,从而实现了道德的实然与应然的统一。

其三,正确把握教育者与被教育者的关系。具体地,一是要正确把握教育者权力和被教育者权利之间的关系。要认识权力从何而来,以及如何正确行使。在教育活动中,被教育者所让渡的权利是教育者权力的重要来源。没有被教育者的授权,教育者就无从获得必要的权力,从而教育活动就难以实施。在这一意义上,衡量教育者行使权力正确与否就是视其是否对被教育者的权利实现具有积极的意义。二是正确看待教育者和被教育者的利益关系。我们认为,在教育活动中,教育者与被教育者不仅扮演着"教"与"被教"这两个不同的角色,两者还是一种利益共同体和命运共同体。之所以说是利益共同体,突出表现在双方都只有在有利于对方的前提下才能有效实现自身的利益。之所以说是命运共同体,这是因为,对于被教育者而言,人们常说的遇到一个好老师乃人生的一大幸事就是其最好的脚注;对于教育者而言,是因为只有实现培养出幸福而优秀的被教育者这一最高价值,才会因其出色的成就而得到社会的认可和尊重,从而自身才会得以良好的发展。

其四,尊重被教育者的人格和尊严。这是教育善价值追求的题中应有之义,也是被教育者不可或缺的利益诉求。能够被称之为道德善的教育,必定包含了对被教育者人格和尊严的尊重;在被教育者的利益诉求中,要求自身的人格和尊严得到尊重是其重要的内容。并且,这种对被教育者的尊重还具有一种"溢出价值"。这主要表现为,在教育过程中,教育者对被教育者利益诉求和人格的尊重,对被教育者而言,乃是一种无声的却是潜移默化且更为有效的教育。在这一问题上,教育者和被教育者的行为表现往往呈现出正相关的趋势。只有教育者对被教育者的尊重和平等相待,才可能使被教育者养成同样的优秀品质。就此而言,"尊重是由尊重养成的"确乎蕴含了朴素而深刻的哲理。

四、从公民积极守法到被教育者对行为规范的自觉遵从

从最终的意义而言,法律必须在社会生活中得到公民的有效遵守方能实现自身的价值。在法治进程中,不管公民对法律的理性认同程度如何,也不管其在感情上是否接受法律,他们只应有一种行为取向——遵守法律,行为"合法"。当然,在这种情况下,法律对守法主体有可能表现为外在的强制。所以,对广大公民而言,还应进一步要求其将法律不是视为外在的强制,而是视为实现个人和社会价值理想的必要形式;将守法不是视作外在的他律,而是内在的自律,并且将守法内化为一种道德义务。这不仅表明了公民守法层次的提升,而且直接关涉法律的实现程度。这种公民的积极守法乃法治建设所必需,从而成为对法治国家公民的内在要求。

这种要求公民从消极守法上升为积极守法对于教育活动的启示在于,应将被教育者对教育要求的自觉遵从作为重要的价值追求,而这一要求又由教育的以下两个特点所决定。其一,由规范教育的特点所决定。在教育过程中,教育者所昭示的道德意义上的"应当"和法律意义上的"必须"作为一种明确的规范,对被教育者而言乃是一种外在的约束,其实现程度决定于被教育者的道德素质和法律素质。换言之,由于这种道德规范和法律规范的外在性,使得被教育者的行为存在着与其背离的可能性。这就自然地提出被教育者应该抵御诱惑,行为不逾道德和法律之矩,对教育要求自觉遵从的问题。其二,由价值观教育的特点所决定。就教育的性质而言,其在某种意义上诉诸价值理念灌输的特点对被教育者而言具有一种外在性。特别是当被教育者的认知水平还处于较低层次,价值观念与教育者所昭示的价值体系还存有差异,或者是受到自身阅历和生活经验的限制时,这种教育要求的外在性往往就显得更为突出,这就自然地有一个要求被教育者对教育的内容在理性上予以认同,在情感上产生共鸣,努力进行感悟和体味,并在此基础上对教育的要求自觉遵从的问题。就具体路径而言,要求实现被教育者对教育要求的自觉遵从,必须在以下方面加以努力。

其一,提升被教育者的认知水平。由于被教育者的理性自觉乃是追求教育善的生长动力,所以应在其理念或者说认知的提升方面加以努力,从而为自觉遵从教育要求提供人的认识论基础。一是应培养被教育者努力理解教育"当然之则"中所包含的"必然之理"的意识和能力。教育规范作为一种"当然之则"或者说具有价值论意味之应然,内在地包含了某种"必然之理",只有当人们把握了这一"必然之理",其追求"当然

之则"的行为才可能强劲而持久。对此,悉尼·胡克曾言,人是具有自由理性和主体精神的高级动物,"他们即使在为活命而斗争的时候,也是在他们知道为什么或相信他们为什么的时候才斗争得最卖力气"。[5]这就启示我们,在教育过程中,我们不仅应明确告诉被教育者应该如何行动,而且还应进一步告诉其为什么应该如此行动。换言之,在教育善的实现过程中,我们不仅要为被教育者设定行为之规范,而且还应进一步昭明这种规范的依据。当教育活动所昭示的行为规范凭藉自身的科学性而掌控被教育者,并为被教育者所认可和遵行时,其就获得了实现自身的可能性。二是不应将规则单纯地视为一种外在的约束,而是要将其看作实现自身价值和社会进步的必要前提,是社会良好秩序的守护神。洛克曾言,为了自由,我们做了规则的奴隶。在法治进程中,法律规范一般而言可以分为授权性规范、义务性规范和禁止性规范。但即使法律表现为禁止性规范,其实质上也是为了使人们获得更大的自由度,能够给人们以明确的行为预期。同理,对教育活动中所设定的规范,也应该作如是观。要使被教育者确信,遵行规范的实际后果乃是对自身权利和自由的有效保护,确信在一个不守规范的社会将无人能幸免于规范缺失之害,从而为其信守规范提供内在的动力。

其二,从传统文化中汲取营养以培育被教育者对规范的敬畏之心。对教育善的追求不能忽视传统文化这座有价值的"富矿"的启示。在中国传统文化中,非常注意人的敬畏之心的培养。传统文化讲的"天理、国法、人情"[6],事实上就是人们所必须敬畏的对象。在当下追求教育善的实践中,如果我们将"天理"理解为真理,理解为事物的本质和规律;将"国法"理解为规制个人外在行为的法律;将"人情"理解为人之常情和人伦道德,理解为做人的道理。那么,这种敬畏之心不仅没有过时,而且极为必要。从具体的构成要素而言,如果说,敬畏之心之"敬"由于其自身的特点对人的行为发动具有积极意义的话,那么作为敬畏之心之"畏"则表现为对规则的认可和服从,是不逾越行为之矩的重要保障,而此两者对于教育善的实现都具有不可或缺的意义。如果我们将对教育善的追求比作航船驶向胜利彼岸之航程的话,那么在这一航程中,我们既要为航船提供足够的给养和持续不断的动力,又要避免误入支流和触礁险滩。而这种对教育规范的由"敬"而"行"就构成了航船的内在动力,这种"畏"即对规则的认可和服从则能确保航船能有效规避前进中的激流、暗礁和险滩。

其三,养成被教育者自觉的法治思维。这具体地表现为在教育活动中,被教育者所有行为的实施都必须注意到法治这一外在背景的要求,不能逾越法律这一底线。要使被教育者确信,在教育活动中,对法律要求的遵从就是对道德善的积极追求,对法律的背离在道德上都应受到否定性的评价,哪怕是以道德的名义或者说是出于善良的动机所做出的违法行为①。因为,法治国家的法律是在道德价值体系的引领下创制的,是社会主导道德的一种"转型",其本身就蕴含了深深的道德意味。从而,这种对法律的背离从根本上而言就是对道德并且是对社会主导道德的背离。依据这一思路,在教育活动中,被教育者对规则的有效遵守,不仅为教育善的实现所必需,而且本身就是教育善的题中应有之义。

参考文献：

［1］亚里士多德.政治学［M］.吴寿彭,译.北京：商务印书馆,2009：202.

［2］哈罗德·J·伯尔曼.法律与宗教［M］.梁治平,译.北京：三联书店,1991：15.

［3］列宁.列宁全集：第20卷［M］.北京：人民出版社,1990：255.

［4］富勒.法律的道德性［M］.郑戈,译.北京：商务印书馆,2005：8;7.

［5］悉尼·胡克.理性、社会神话与民主［M］.金克,等译.上海：上海人民出版社,1965：3.

［6］郭道晖.法的时代呼唤［M］.北京：中国法制出版社,1998：164.

---

① 一个突出的例子是,在我国与某国因某些矛盾冲突而导致的涉外事件中,一些人为了表达自身的爱国诉求和情怀,不惜损毁某国在华企业和产品,阻止人们消费某国提供的产品和服务。殊不知,这种打砸物品的行为是对他人财产权的一种侵害,而阻止人们接受外资提供的产品和服务也正是对消费者自由和权利的一种侵害。

教育伦理理论研究

论教育公正

王正平

(上海师范大学 跨学科研究中心)

教育公正是教育伦理学的一项根本原则。当下中国,追求教育公正,实现教育公正,既是推进教育事业健康发展的一个关键,又是广大民众对教育利益的基本价值诉求。公正是社会主义核心价值观的重要内容,教育公正是社会公正在教育领域的落实和体现。今天,我们如何从理论和实践上全面、深刻而合理地理解教育公正,践行教育公正,对于我们建构科学的教育伦理学理论体系,公平合理地调节教育活动中的利益关系,保障广大公众、教师和学生利益,提高教育和教学劳动的效率,促进我国教育事业的现代转型极其重要。

一、教育公正的含义及基本形式

什么是"教育公正"?"教育公正"的基本含义,源于人们对"公正"的理解。"公正"又称"正义",是涉及伦理、政治、经济、教育、社会等广泛领域的重要原则和范畴。古往

基金项目:上海市高峰高原学科建设上海师范大学哲学项目

作者简介:王正平,上海师范大学跨学科研究中心研究员;哲学与法政学院教授、博士生导师,伦理学博士点带头人;中国教育伦理学会会长。

E-mail: wangzhpj@shnu.edu.cn

今来，中外许多思想家对"公正"理念进行过重要的阐释。

"公正"是中国传统伦理思想中崇扬的重要道德准则和个人品性。程子说："好恶当理，便是公正。"朱熹在解释时说："今人多连看'公正'二字，其实'公'自是公，'正'自是正，这两字相少不得。'公'是心里公，'正'是好恶得来当理。"又说，"'公'是个广大无私意，'正'是个无偏主处"。然"唯公然后能正"，"公正"一言，"体用备矣"（《朱子语类》卷二十六）。就是说，"公正"是要求人们做事出于公心，广大无私，行为公平，无偏袒。明吕坤说："'公正'二字是撑持世界底。没了这二字，便塌了天。"（《呻吟语·治道》）"公正"作为一种重要道德要求，被广泛地用于施政、用人、治狱、赏罚、褒贬、评价、分配等各个方面，处理好社会的各种利益关系，以"正人心"、"平天下"。"公正"也是西方伦理思想十分重视的道德原则和个人美德。柏拉图认为，"公正"或"正义"是最高的道德原则，它要求做到起点公正、过程公正和结果公正相统一。起点公正、过程公正是形式上的公正，结果公正则是实质意义上的公正，是人们追求的目标。亚里士多德认为，"公正是德性之首"。他指出："公正不是德性的一部分，而是德性的整体；与之对立的不公正不是恶的一部分，而是恶的整体。"[1]亚里士多德认为，"公正"与利益分配中的比例有关。他说："公正就意味着适中；而不公正就是指违反比例，因为比例就是某种适中的东西，公正就是某种比例。"[2]他进一步指出："正义亦即成比例，而不正义则是与比例相抵触：一个人有了过多的利益，他的行为是不正义的；一个人拥有的利益太少，他受到了不正义的对待。"[3]就是说，"公正"（或"正义"）是对利益的适中、恰当和合理分配。当代美国重要思想家罗尔斯在其代表作《正义论》中深刻指出："一个社会体系的正义，本质上依赖于如何分配基本的权利义务，依赖于在社会的不同阶层中存在着的经济机会和社会条件。"[4]简言之，"公正"（或"正义"）意味着公平合理地分配权利、义务、利益、机会和条件。

教育公正是社会公正在教育活动中的体现。所谓"教育公正"既是指国家或社会应当公平、合理地分配教育权利、教育义务、教育利益、教育机会和教育条件；又是指教师和教育工作管理人员在教育、教学活动中用一样的原则和标准对待处于相同情况的人与事，做到恪守公心，秉持公义，人格平等，机会均衡，奖惩适宜，一视同仁。

教育公正作为教育伦理学的根本原则，要求尊重每一个人的教育权利，公正地对待每一个人的教育权利。在教育实践中教育公正表现为诸种形式。从教育权利、教育资源、教育机会等教育利益调整的视角看，教育公正原则又可分为教育分配公正、教育补偿公正和教育奖惩公正。

教育分配公正,是教育公正原则的最根本道德要求和行为准则。每一社会代表公权力的政府有许多必须分配的其成员的利益和责任。在教育领域,利益包括教育资源和受教育的机会和条件;责任包括社会和学校对社会成员、纳税人应当提供和保证的教育义务。对教育利益和教育责任的分配便产生了教育分配公正问题。教育分配公正的基本要义是国家或政府对于不同的自然禀赋、家庭出身、社会地位的人平等地、成比例地分配教育利益和教育责任。教育分配公正,首先意味着教育机会平等。我国是一个发展中国家,随着改革开放和经济社会的快速发展,全国不同地区教育事业发展水平呈现很大的差异性。由于受到市场经济的影响,教育公共资源的合理分配,不能仅靠市场经济规律这个"看不见的手"的自发调节,而是要依靠国家或政府按照教育分配公正的道德原则和价值导向,公正平等地分配社会教育资源、教育机会和教育条件。在现阶段,特别要在基础教育上,保障"人人享有受教育权利",争取"人人可受到最良好的教育"。同时,应当随着经济社会的发展,根据提供能力,在高等教育上逐步创造条件,"使人人有接受机会"。

应当看到,实现教育分配公正,是人类的一种美好理想,它本质上属于社会历史范畴。对社会的全体成员实行教育资源和教育机会的公平分配,有一个循序渐进的历史过程。即使在一个经济社会高度发达的文明社会体系中,教育分配公正也只具有相对公平公正的意义。由于受到每一社会的经济、政治和文化历史条件的限制,对教育资源和教育机会的公正、公平、合理的分配,都会受到主观或客观的、物质或精神的历史条件的制约。如果不顾国情,不顾特定的历史发展阶段的社会教育条件,盲目地要求不同国家,不同地区,对教育资源和机会的分配采取一种标准、一种方式,只能是有害的道德幻想。在当代中国倡导在社会教育中实现教育分配公正,其本质意义在于坚持在我国经济、政治、文化和社会建设发展过程中坚持公平与的效率统一,在社会能够提供越来越好的社会教育资源和机会的情况下,使广大民众和青少年一代接受更为平等、均衡、和谐的教育。

教育补偿公正,是教育公正原则的重要体现和要求,也是教育分配公正的必要补充和展开。教育补偿公正要求掌握社会公共资源分配权利的国家或政府,对那些按照某种分配制度或原则分得的教育利益太少,或处在社会不利条件下成为教育利益最少受惠者的人们,给予特殊的利益照顾或补偿。亚里士多德曾把公正理解为"平等"、"成比例"或"中道"。他指出,"如果说平等是较多和较少之间的中道,那么攫取和损失则以相反的方式分别是较多和较少——好的东西较多,坏的东西较少是攫取;坏的东西较多,好的东西较少是损失,它们之间的中道是(正如我们所说)平等,我们把'平等的'称之为'正义的'。所以,补偿正义是损失和攫取之间的中道"。[5]就是说,贯彻教育补偿公正是实现教育公正的必要手段。教育补偿公正往往涉及对教育利益受害方的物质和精神补偿,补偿应与受害方的损失相当,不应当超出或不足其损失。面对有些不可能提供完全补偿时,最好的做法就是对错误行为的损害方可以提供尽可能好的补偿。

教育补偿公正,又可以称为"矫正的公正"或"差异对待的公正"。公正的本质是相同的情况相同地对待,不同的情况不同地对待,以达到利益分配的均衡、适宜和尽可能的公平。与亚里士多德的补偿公正(正义)思想相一致,罗尔斯曾提出了著名的"差异原则"。我们知道,罗尔斯面对现代社会错综复杂的利益冲突,强调了社会公正(或正义)两条原则,其一,允许每个人拥有与其他人相似的最大程度的平等基本权利(平等原则);其二,只有对每个人都有裨益才能允许社会和经济的不平等存在(差异原则)。按照平等原则,每个公民的自由一律平等,一个正义社会中的公民拥有同样的基本权利。罗尔斯强调"所有社会价值——自由和机会、收入和财富、自尊的社会基础——都要平等地分配,除非对其中一种价值或所有价值的一种不平等分配合乎每个人的利益"。[6]罗尔斯公正理论之所以引起世界各国学者、政治家和社会大众的高度重视和认可在于它在第二个原则中提出的重要政治和伦理的主张:"社会的和经济的不平等应这样安排,使他们:(1)适合于最少受惠者的最大期望利益;(2)依系于在机会公平、平等的条件下职务和地位向所有人开放。"[7]"差别原则"的精髓在于每个人必须从基本结构中产生的可以允许的不平等中得到好处。仅当不平等最大限度地提高处于极不利条件下的人们——即在偶然的器质和社会意义的分配中处于非常不幸地位的人们——的地位,这样的不平等是允许和应当的。罗尔斯提出的这个差别原则或差异原则的根本观点是每一社会应当重视和改善那些处于不利地位的社会成员的不平等境遇"补偿偶然性造成的不平等。"社会要切实关心实行某种公共政策和教育政策条件下,那些沦为最少教育利益受惠者的境况,采取切实有效的补偿政策和措施,防止教育利益差距过大,造成人际利益冲突和对立破坏社会和谐。

实现教育补偿公正,是教育领域内一个国家文明进步的表征。现代社会的教育利益分配是实现社会可能性或发展机会的分配。国家要为那些因社会政策造成的不公，或因个人贫困、天赋等原因处在不利条件下的人们，提供教育资源、利益和机会的补偿，使那些最少受惠者得到平等的或有照顾的教育倾斜，使每个人都有机会通过教育发展个人的活力、劳动能力和社会所需要的人格素养，使所有的公民和他们的后代有可能具备工作和生活的良好素质，避免沦陷为"绝望阶层"，帮助人们重建生活的信心与希望。

教育奖惩公正，既是指政府应当公平合理地对学校集体、教师个人好的教育成果和行为的奖励或糟糕的教育效果和坏的行为的惩罚和处罚；又是指教师集体或教师个体应当公平合理地对学生优良的行为的奖励或错误的行为的惩罚和处罚。在教育活动中，用精神和物质的形式对学校、教师和学生的优秀教育和教学成果进行公开、公平、公正的奖励，能在很大的程度上调动广大师生的教与学的积极性，营造健康向上的道德氛围，激励人们奋发向上。同样，公平合理的批评、惩戒、处罚在教育职业活动中必不可少，以便使人们分辨行为的善恶是非，彰善瘅恶，从善如流。教育中的惩处是有条件的。亚里士多德认为，一个人对其行为应负有责任，除非他的行为是受强迫的或者他不知道行为会产生后果，一个人由于能力不足或由于强大的外在力量而不能停止错误行为不应让他对行为负责。如果一个人不能知道某一行为是错误，这种无知会成为他开脱责任的理由。要是惩罚是公正的，就必须确认某人是否做了错事，应当通过一套相应的程序以保证这种性质判断的合理性，公正地惩罚必须与行为的过错程度相适应，其行为的危害性越大，惩罚的严厉程度也应当越大，对不同的人同样的过错的处罚应当平等一致。

教育公正原则的内涵明确，表现方式多样。为了探讨如何在我国当前的教育改革中理解和实践教育公正，我们有必要从宏观层面、中观层面、微观层面对教育公正问题进行深入研究。

二、宏观层面：教育制度公正和教育政策公正

教育公正是社会公正的重要组成部分。从社会教育活动的宏观层面看，教育制度公正和教育政策公正是实现教育公正的基础和前提。不论是教育制度的公正，还是教育政策的公正，都涉及社会的基本教育结构，它是对公民基本受教育权利、机会和义务

的根本性或基础性的利益分配。正如罗尔斯指出："正义在此的首要主题是社会的基本结构，或更准确地说，是社会主要制度分配基本权利和义务，决定由社会合作产生的利益之划分的方式。所谓主要制度，我的理解是政治宪法和主要的经济和社会安排。"[8]教育制度公正，要求教育制度在其制定和设计过程中，本身应当公正、合理地分配教育利益和教育资源。

教育制度是一个国家教育机构与组织体系有机构成的总体及其维持它正常运作所必需的各种规范或规定的总和。每一社会的教育制度与该社会的政治、经济、文化体制息息相关，是国家教育方针的体现。在文明社会中，教育制度应当体现全体公民教育利益和意志。教育公正原则要求每一社会通过合理的教育制度设计和教育制度改革，恰当地分配社会教育资源和利益，使每个公民和成长中的青少年一代得到与全社会经济、政治、文化发展相适宜的教育，满足个体的学习需求，使个体在教育中得其应得，实现每个人自由、自觉地发展。

实现教育制度公正，是追求教育公正的第一要义。良好的社会教育体系需要建构公正的社会教育制度。正如罗尔斯指出的"正义是社会制度的首要德性"[9]。保障教育制度公正，之所以在教育领域内具有首要的或根本的道德价值，因为它关系到教育基本结构的合理性和正当性。罗尔斯深刻地指出："社会基本结构之所以要作为我们这里所说的正义的首要主题，是因为它的影响十分深刻并且从一开始就出现。在此直觉的观念是：这种基本结构包含着不同的社会地位，出生于不同地位的人们有着不同的生活前景，这些前景，部分是由政治体制和经济、社会条件决定的。这样，社会制度就使得某些起点比另一些起点更为有利。"他强调："一个社会体系的正义，本质上依赖于如何分配基本的权利义务，依赖于在社会的不同阶层中存在着的经济机会和社会条件。"[10]某些法律和制度，不管它们如何有效率和安排有序只要他们非正义、不公正就必须加以改造或废除，随着社会的进步与发展，公正的社会教育制度是要保证每个社会成员拥有一种基于正义的不可侵犯性，这种不可侵犯性即使与全社会的福利名义也不能凌驾于其上，教育公正反对以其他人更好地享有教育权利为借口而剥夺某些人的接受教育的自由权利。

教育政策是政党或政府对社会教育资源配置的最重要手段，是对社会教育利益进行选择、分配以及实施过程等所制定的行为准则、行为规范。它是一系列教育法律、措施、方法、条例等的总称。与教育制度比较，教育政策对教育利益的分配更加具有直接性、适时性和调节性。要做到教育政策公正,就是要在国家制定、实施和调节教育政策的全过程中公平合理地协调社会全体成员之间的教育利益关系,实现教育公共资源的合理分配。

从本质上说,教育政策是每一个社会代表公共意志并掌握社会权力的政府,根据具体的社会发展状况,调节和平衡社会各种教育利益矛盾,维护社会教育公共利益的产物。在现代文明社会中,人们普遍要求教育政策必须做到平等、公开、公正。教育政策的平等,要求公共权力机构对每一个公民的受教育的权利实现平等的对待和平等的保护,保障每一个公民不论其性别、出生、地位、职业、财产、民族、信仰,都能获得平等的、尽可能良好的受教育机会。《联合国人权公约》(1966)第十三条明确强调,"人人有受教育之权","教育应谋人格及人格尊严意识之充分发展,增强对人权与基本自由之尊重"。无论是初等教育、中等教育,还是高等教育,各国政府都有责任努力创造"使人人有平等接受机会"。教育政策的公开,要求政府在制定、推行或修改教育政策时充分发扬民主,尊重民意,关注民生,使社会公众具有知情权和意志表达权。由于一种教育政策的制定或修改,直接关系到广大民众及其子女受教育权利的增益或损害,保障人们的知情权和民主监督权,是协调社会不同阶层、群体之间利益冲突的前提。教育政策的公正,就是要求政府在制定、执行和调整社会具体教育政策时,坚持公平、正义的道德原则,既要考虑社会大多数人的教育利益诉求,又要考虑社会少部分人或特殊利益群体的教育利益诉求;既要考虑国家教育资源投入的人才培养的产出效率,又要考虑国家教育资源分配的整体公平;既要考虑当下的、局部的教育发展需要,又要考虑国家的、民族的未来发展战略需求,恰当合理地调节各种教育利益矛盾和教育利益冲突,实现教育利益和教育资源分配的适宜、合理、公正。

近年来,我国政府从调整教育政策层面,统筹推进城乡义务教育一体化发展,逐步缩小城乡教育差距、促进教育公平。特别强调要针对突出问题,在合理规划城乡义务教育学校布局建设、完善城乡义务教育经费保障机制、统筹城乡教育资源配置、提高乡村教育质量、稳定乡村生源、保障随迁子女就学、加强留守儿童关爱保护等方面推出务实管用办法。要加大对乡村特别是老少边穷等地区义务教育扶持力度,让贫困地区的孩子们都有机会接受公平、有质量的义务教育。要注意结合地方实际,因地制宜选择发展路径。这是我国比以往更加重视教育政策公正的体现。

从社会宏观层面看,教育制度和教育政策从根本上说,都是社会教育利益分配的基本设计和导向,是一个社会在特定历史时期,教育资源分配格局的相对固化。社会主义社会追求社会公正这个极其重要的核心价值理念,在教育领域首先应当追求教育制度公正和教育政策公正。在社会发展进程中,追求和坚持教育制度和教育政策公正,有着极其重要的现实意义。

首先,坚持教育制度和教育政策公正,有利于协调社会利益关系,促进社会阶层之间合理流动,维护社会和谐。如前所说,教育制度公正和教育政策公正,是人的受教育权利分配上的公正。随着我国经济、政治、文化和社会改革的深入发展,社会各阶层、各地区的贫富差异、发展水平差异逐步凸显,各种利益主体之间的矛盾冲突明显存在。不论从国家治理的角度,还是从社会公平正义的角度,从社会实践需求出发,不断完善现有的教育制度和教育政策,真正保障每个人不分贫富、出生、身份地位的平等的受教育权利至关重要。一个人在社会上能否拥有受教育权利,以及拥有怎样的受教育权利,不仅决定着他的智力和潜能的培养和挖掘,而且决定着他的未来生存和发展面貌。无数实践表明,教育常常决定人的一生。诺贝尔奖获得者阿玛蒂亚·森曾经深刻地把贫困看作是"可行能力"被剥夺,所谓的"可行能力"是指一个人可能实现的、各种可能的功能性活动组合。"可行能力因此是一种自由,是实现各种可能的功能性活动组合的实在自由。"[11]事实上,唯有接受良好的教育,才能开启民智,获得个人潜在能力的自由发展。唯有保障教育公正的教育制度和教育政策,才能促进社会各个阶层之间实现良性互动和有序流动,才能为穷人及其子女提供改善自己阶层属性的机会,通过个人努力改变人生的境遇。基于教育公正的制度和政策设计,能够带动社会阶层的优化,使整个社会群体内部健康有序,充满活力,实现社会进步。反之,如果教育制度和教育政策本身不公正、不合理,使穷人和处在社会不利地位的人员无法接受良好的教育,使贫困愚昧代际传递,酝酿成世代翻身无望的"绝望阶层",必然造成社会的动荡,破坏社会和谐。

其次,坚持教育制度和教育政策公正,有利于保障基本人权。人权包括人的生存权与发展权。人的受教育权不仅与人的发展权密切相关,而且它本身是人的发展权的重要组成部分。教育是发展人的本质力量的重要手段。古人说:"玉不琢,不成器,人不学,不知道。是故,古之王者,建国君民,教学为先。"[12]康德也指出:"人只有靠教育才能成人,人完全是教育的结果。"[13]人只有依靠教育才能得到德性、智慧、能力的培育,全面提升个人的社会主体价值,在生活和工作中获得更多的成长与发展的机会。

因此，在一切文明和民主的社会中，公民的受教育权利是政府必须尊重和保障的基本人权之一。对每个公民，特别是成长中的青少年一代来说，在一定意义上，教育不公，是社会的最大不公；教育公正，是社会的最大公正。在发展中国家，对基本人权的保障，应当从坚持教育制度和教育政策公正，保证每个公民的基本受教育权开始。

第三，坚持教育制度和教育政策公正，有利于在全社会培育公平正义的共同道德价值理念，建构人与人之间交往的良好行为准则。坚持教育制度和教育政策的公正，在国家行政权力的最高层面公正平等地分配公民的受教育权利、机会和条件，不仅有利于每个公民智慧和能力的培养，而且有利于每个公民的人格和道德的成长，创建有利于社会文明发展的道德价值理念和社会行为秩序。教育公正，才能凝聚社会的价值共识和共同行为准则。亚里士多德指出："在全世界，教育的使命都是在人与人之间建立一种基于共同准则的社会联系，教育手段就像文化和环境，但是无论何种情况，教育的目的是使人作为社会的人得到充分发展。"[14]一个社会的教育制度和教育政策是否公正，关系到每个公民的教育利益。如果一个国家的统治阶层在教育制度和教育政策的设计中，不是公平的对待每个人的教育利益，而是偏袒一部分人或少部分人的利益，就会使利益受损的社会阶层或社会团体的人们怀疑整个社会经济、政治和文化制度是否合理，动摇其对社会宣传的核心价值观、道德观的信仰。反之，如果一个国家的教育制度和教育政策随着社会的发展进步，不断完善，更加公正，无论人们在贫富、地区、出生等方面存在多大差异，在接受尽可能良好的教育这个人生起点上受到的待遇总体是公正的，那么父母及其子女就会确信这个社会制度在根本上是公正的，就会有越来越多的人点燃内心对社会坚持公平正义的信念，鼓励人们培育自己遵守社会良好行为准则的动力。

三、中观层面：教师在教育和教学中对待学生公正

如果说教育制度公正和教育政策公正是实现教育公正的基本前提和保障，那么作为教育工作者的教师在教育和教学工作中公正地对待每个学生，则是实现教育公正的一个关键。夸美纽斯指出，"公正应该给一个人及其周围的人们带来利益。从童年起培养儿童的公正时，在对待他们的态度上也应该是公正的。……公正以对每一个人表示尊敬、对他关怀和亲切为前提"。[15]在教育职业活动中，教师代表着整个社会的意

志、智慧和良心来对待每个学生，即对成长中的青少年一代进行教育和培养。在日常教育和教学劳动中，教育公正原则不是抽象的，而是具体的，必须落实到作为被人们誉为"园丁"、"人类灵魂工程师"的教师，能否平等地善待每个学生、公正地评价每个学生。

教师公正、平等、合理地对待和评价每个学生，是教育公正原则对教师职业道德的最基本的要求。可以把这十分重要的"具体教育公正原则"，称作"待生公正原则"。它要求教师在教育和教学过程中、在评价学生的态度和行为上，应公正平等，正直无私，对待不同相貌、不同性别、不同智力、不同个性、不同出身、不同亲疏关系的学生，无论是寒门学子还是富家子弟，应一视同仁，平等相待，不偏袒，不偏私，关心每个学生，热爱每个学生，从每个学生的不同特点出发，全心全意地教育好每个学生。[16]

教师在教育和教学劳动中对待学生是否公正，是衡量教师职业道德素养水平的一把标尺。教育公正要求教师在对待学生的态度和行为上履行三项源于"自然法"的道德义务：

其一，教师的教育和教学行为应当求善。公正的本质是要求人们求善。"追求一切对我们真正有好处的东西，使之成为真正有好处的东西，使之成为我们整个美好生活中不可缺少的一部分。"[17]教师在教育和教学劳动中自然有自身的价值追求，但不应当仅仅把学生当作实现自己目标的手段，而应当把学生和全社会的发展和进步当做自己职业劳动的崇高价值目标。备受文明社会普遍重视的罗马法，对正义所作的定义是"一贯而且永远给人以应得的权益"[18]。教师在教育和教学劳动中对待学生的公正，既包括公平地对待每个人，又包括保障和维护每个学生的正当权益。

其二，教师的教育和教学行为应当避恶。教师的教育公正，要求教师在教育和教学工作中具备高度的道德责任心，在具体教育利益的分配上公平待人，确保自己的言论和行为有益于学生的生理、心理和智力成长，不伤害学生的正当权益，不妨碍或挫伤学生对美好事物的追求。教师在学生的心目中常常是正义和善良的化身，在年幼的孩子心目中更是如此。如果教师在教育和教学工作中说话随意，对待学生不公平，会在学生的心灵中造成恶劣的影响。赞科夫指出："请您不要忘记，孩子们受到不公平的待遇，特别是这种待遇来自一个亲近的人的时候，他的痛苦心情会在心灵里留下一个长久的痕迹。"[19]苏霍姆林斯基也指出："很难想象还有什么比由于不公正而产生的情感上的麻木更能摧残儿童心灵的了。"[20]

其三,教师的教育和教学行为应当为社会的公共利益服务。教师所从事的教育事业本质上是一种善的追求。教师的职业使命是传递人类文明的火种,培育公平正义的社会理想,通过辛勤的、平凡而神圣的教书育人工作,把青少年一代培养成超越自身的更加完善的人。教育职业劳动应当为学生利益、家长利益、集体利益和整个社会的公共利益服务。艾德勒指出,我们一切行动要"为社会的公共利益或福利服务。这是正义在贡献方面的行为准则"[21]。我们对他人或整个社区公正与否影响着每个人对幸福的追求,而追求幸福又是我们大家的最终目标。教师教育和教学工作中的任何偏私、不公正,都是对公共利益的背离;唯有揣怀公心、恪守公正,才能促进社会的公共利益,为民族的振兴和全人类的幸福生活做出贡献。

在我们建设中国特色社会主义教育事业的历史进程中,教师待生公正是我国社会主义教育制度和教育政策的内在要求。教师能否待生公正,不仅取决于教师个人的道德品性和道德认知,而且取决于教师对教育规律和每个学生情况的认识水平。教师在教育劳动中,如何公正合理地对每个学生进行教育和教学,如何对学生在受教育过程中的认识、能力、品质和长进程度给予恰当的评价、奖励等等,是一个极为复杂的问题。教育上的"公正",有其特定的要求。由于教育劳动的特点,教育伦理学意义上的教师"待生公正",不仅包含着要求教师在教育学生、课堂教学、学业评价、荣誉奖惩等方面平等公正,做到"外表公正"或"程序公正",而且要求教师出于公心,在充分掌握学生个人情况和个性特点的基础上,注重教育工作中的"实质公正",对那些心智发展较弱、生活境遇困难、个性禀赋不同的学生,给予特殊的教育关心和引导,体现"差异原则"和"补偿公正",以追求最大限度地发展每个学生的知识、才能和品质这个根本目的。因此,教师应当潜心研究教育规律,深入了解每个学生,选择最为公正合理的教育态度和教育手段。苏霍姆林斯基曾深刻地指出:"所谓公正,就是尊重与严格要求相结合。在学校生活中,没有也不可能有什么抽象的公正。教育上的公正,意味着教师要有足够的精神力量去关心每一个儿童。用一个模式、毫无区别的态度去对待所有的学生,那是漠不关心、不公正的最坏表现。"[22]

"待生公正"作为对教师职业行为的一项重要道德要求,在教育活动中具有重要的作用。

第一,教师待生公正,有利于创造健康向上的教育和教学活动的精神氛围,调动每个学生的向上进取心。在日常教育工作中,教师能否在对待学生的态度上做到公正合理,直接会影响到教学活动的精神背景。这种精神背景是由健康的道德心理起主导作用,还是不健康的道德心理占上风,直接会调动或挫伤广大学生的学习积极性。苏霍姆林斯基指出,"在对他们的教育中,教师的真正人道精神——公正、敏感、高度的道德修养和情感修养,起着决定性的作用。"[23]许多教育事实表明,教师只有在教育劳动中恪守公正的道德立场,才能为教学劳动创造健康而良好的精神背景,使每个学生认识个人的学习潜力,依靠个人的努力,争取得到好的评价与成绩。教师要为学生的学习生活创造健康的精神背景,履行教育公正至为重要。"在这里,对教师最要紧的是不论对哪个学生都要公正平等地对待,并且要公正地接近每一个学生。"[24]

第二,教师待生公正,有利于学生尊敬和信赖教师。苏霍姆林斯基指出,"公正——这是孩子们信赖教师的基础。但是不存在某种抽象的公正——超脱个性、脱离个人兴趣、喜好和激情的公正。"[25]在教育和教学工作中,教师对待每个学生的方式完全可以并且应当有自己的个性、特点和风格,具有个人的魅力,但努力做到公正平等是一切行为的道德基石。教育实践表明,教育公正不仅是社会对教师行为态度的道德要求,也是广大学生对教师行为态度的道德要求。几乎所有的学生都期望教师能公正办事,主持公道。教师是否能在教育活动中遵守教育公正的基本道德要求,常常直接影响到个人在全体学生中的声誉。教师教育行为公正,才会赢得学生的信赖和尊重。教师行为不公正,会严重损害自己在学生心目中的威信。教师公正,学生才会"亲其师,信其道"。

第三,教师待生公正,有利于给学生的道德心灵以良好的影响。夸美纽斯说:"从童年起培养儿童的公正时,在对待他们的态度上也应该是公正的。"[26]在年幼学生的心目中,每个教师都是社会上公正、无私、善良、正直等一切美好品行的生动体现。这种纯洁无瑕的期望是宝贵的。学生如果在与教师直接交往中,深深体验到公正的合理性,会成为他们以后道德成长的健康心理基础。教育工作是人和人心灵上最微妙的相互接触。教师对待学生公正、平等、正直无私,能给学生道德心灵的成长以极其有益的影响,激励他们追求真、善、美,培养自己优秀的品质。反之,如果他们看到所尊敬的教师,对待他们的教育行为不公正、有偏私,就会在他们的道德心灵上投下阴影。他们甚至会由此怀疑公正、正义这些美好的东西是否在生活中真实存在,影响他们对善行和美德的可贵追求。[27]在广大学生的心目中,作为社会主义的核心价值理念的公正不是虚幻的,只有在自己老师们的教育行为中真切地感受到公正的存在与美好,才能在幼小的心灵中播种追求公平正义的道德理想。

四、微观层面：教育公正是教育工作者（教师）个体的首要德性

在教育公正的微观层面，表现为教育工作者（教师）的一种公正、正直的品质或德性。从教育伦理学的视角看，任何教育公正都是要靠人去实现的，最终需要由学校的教育工作者（教师）的具体教育行为去体现的。亚里士多德在《尼各马可伦理学》中指出："所有人通常都愿意把公正称为那种人们基于它才有能力公正地行动、做且愿意做公正之事的品质。同样，不公正也可理解为那种人们基于它才有能力做且愿意做不公正之事的品质。"[28]品质或德性是人的行为的一种稳定的倾向。因此，把教育公正的道德理念、原则、规范凝练和提升为从事教育工作的人的职业品格，是教育公正的最高、最重要的道德形态。

公正是一个人德性或美德的总和。同样，教育公正是一个教育工作者（教师）德性或美德的总和。作为德性的工作，它在人的身上既表现为内心意愿的纯正，也表现为行为的公正。有公正美德的人能够以正直的德性善待他人。亚里士多德说，"公正在德性中看来像是唯一的一个待人之善，因为它与他人有关，它做的是利他的事。"[29]一个人拥有公正这一最好的品质就不仅是为自己，而且是为他人带来益处。正是在这个意义上，"这种公正不是德性的一部分，而是德性的整体。"[30]同样，教师只有具有公正的品质，才能真正为每个学生的利益着想，为发展全社会的教育事业的利益服务。教育公正之所以是教师的首要美德，因为它根植于教师的内心，成为影响教师一切职业行为的基本价值导向。教师公正的德性是一种行为习惯，它植根于教师心中的那份美好意愿。"一个正义的人被认为是只愿意做正义之事的人，被认为是当他在他自己和其他人之间或者其他两者之间进行分配时不会把大家都想要的东西大部分留给自己，少部分分给别人，只按照比例进行平等分配。"[31]亚里士多德把公正这种一般的美德成为"完全的美德"，因为"具有这种德性的人不仅能够自己展现这种德行，而且还能够对其他人施以这种德行"。"完全的美德"其行为旨在实现其他人的意义[32]。对于教师而言，教育公正就是教师公正处事、善待学生、奉献教育、服务社会的"完全的美德"。

教育公正，是教师的一种内在信念。教师公正的职业道德品质，正直合理的教育行为，是和个人高尚的道德追求联系在一起的。在当下中国的教育职业活动中，教师

个体正面临着教育环境变革、价值观念多元、利益矛盾凸显的挑战，唯有始终保持教育公正的内在品质，才能在利益诱惑面前秉正持直，淡定从容，趋善避恶，追求崇高的职业道德境界。

参考文献：

[1][2][28][29][30] 亚里士多德.尼各马可伦理学[M].邓安庆,译.北京：人民出版社，2010：170,176,164,170,170.

[3][5] 汤姆·L·彼彻姆.哲学的伦理学[M].雷克勤,等译.北京：中国社会科学出版社，1990：332,333.

[4][6][7][8][9][10] 罗尔斯.正义论[M].何怀宏,等译.北京：中国社会科学出版社，2009：6,48,65,6,3,6.

[11] 阿玛蒂亚·森.以自由看待发展[M].北京：中国人民大学出版社,2002：62.

[12] 礼记·学记.[M].

[13] 康德.康德论教育[M].上海：商务印书馆,1926：5.

[14] 苗力田.亚里士多德全集第8卷.[M].北京：中国人民大学出版社,1994：279.

[15] 夸美纽斯.教育史讲义[M].上海：华东师范大学出版社,1958：82.

[16] 王正平.教育伦理学[M].上海：上海人民出版社,1988：165.

[17][18] 艾德勒.六大观念[M].北京：生活·读书·新知三联书店,1991：197,197.

[19] 赞科夫.和教师的谈话[M].北京：教育科学出版社,1980：39.

[20][25] 苏霍姆林斯基.把整个心灵献给孩子[M].天津：天津人民出版社,1981：207.

[21] 艾德勒.六大观念[M].北京：生活·读书·新知三联书店,1991：197.

[22] 苏霍姆林斯基.和青年教师的谈话[M].上海：上海教育出版社,1983：117.

[23] 苏霍姆林斯基.和青年教师的谈话[M].上海：上海教育出版社,1983：127.

[24] 冈林桂生,铃木顺子.教育原理和心理[Z].辽宁科教厅,1979：103.

[26] 杰普莉茨卡娅.教育史讲义[M].上海：华东师范大学出版社,1958：82.

[27] 王正平.教育伦理学——理论与实践[M].上海：上海教育出版社,1998：201.

[31][32] 陈嘉映.西方大观念[M].北京：华夏出版社,2008：676.

论教育伦理学视域下的教育公正问题

糜海波

(南京森林警察学院 思政部)

公正是一种非常重要的美德,古希腊哲学家亚里士多德将其看作是个体美德的全部。公正作为伦理学的范畴,强调的是公平正义,是在调节人们的关系中,出于无私的公心,不偏袒其中的一方而损害另一方应得的利益。公正的主体可以是个人,也可以是集体或社会。教育公正是社会公正原则在教育领域和教育过程中的延伸和体现。教育作为一种公共性社会资源,本身就是为全体教育对象服务的,每个人都应享有与其自身能力发展的水平和可能相符的教育机会。因此,教育本身就具有公正的品性,就应赋予公正的德性。社会及其教育者都应当弘扬教育公正的伦理精神,使我们的教育真正符合公正伦理的要求,使教育的发展不断地扩大公正的范围,不断地提高公正的程度。

一、教育公正的伦理蕴含

教育为什么需要公正,对这个问题的回答,需要解释制度化教育的形式化、规则化特征及其内涵,因为公正是规则的制定和运行的基本原理。制度化教育,不管它具有

作者简介:糜海波,南京森林警察学院思政部教授,主要从事教育伦理及思想政治研究。
E-mail:nanjingmhb@126.com

何等数量的规模或强制性功能,如果它不是公正地运行,那么这种制度化教育的存在就缺乏正当合理性依据,就不会得到公众的认可和积极参与。在制度化教育的前提下,教育发展既要坚持国家取向,又要坚持个体取向,既要追求发展的实际效用,又要追求稳定的公平关系,并实现两者的协调发展,这便是社会转型期人们对教育公正的期待。

伴随教育公正问题的产生,教育公正已逐步地深入学术界和理论界的视野。从20世纪80年代我国学者开始关注和讨论教育公正问题,并形成了对教育公正的不同看法。有学者从教师职业伦理层面看,认为教育公正是教师美德的一部分,是社会公正的根本要求在教育活动中的具体体现。教育公正要求教师等教育主体在自己的教育活动中对待不同的学生都秉持正义和公平的原则。也有学者从教育制度层面看,认为教育公正不单纯是教师行为问题,甚至主要不是教师行为问题,它是社会公平在教育领域的延伸,特别体现在教育基本制度之中,是教育现代化的基本价值,是每一个社会成员平等地接受教育的权利和义务。教育公正包括教育权利平等与教育机会均等两个基本方面,分为起点公平、过程公平和结果公平三种不同类型。也有学者从价值论的角度来研究教育公正问题,且明确提出教育公正作为一种价值原则,决定着教育公平的实现方向。也就是说,教育公正具有多层面的涵义,是一个社会价值和实践系统。在观念层面,教育公正是对平等的教育权和公平的教育机会的主观价值判断。在市场经济领域,教育公正是使教育资源得到最佳配置的机会平等、竞争平等的具体规则。在社会生活领域,教育公正是一种理想状态,即"公民能够自由、平等分享当时、当地的公共教育资源的状态"。[1]

在全面建成小康社会新时期,新发展理念已成为我国社会发展的主导性发展观,其核心就是构建社会主义和谐社会,实现"共享发展、协调发展"。而协调发展的价值合理性基础,就是公正。因为有公正,才能有协调;有协调,才能有可持续的健康的发展。制度化教育的具体实施,应该以国家与社会成员(受教育者)之间的协调发展和受教育者个体之间的协调发展为目标。在此,教育公正为国家与受教育者之间、受教育者个体之间的协调发展关系,提供价值合理性依据,进而成为制度化教育实施的价值原则。如果制度化教育实施离开公正原则,那么这种教育实施只能满足某一方面的发展要求,而有可能损害其他方面的发展要求,这样就无法实现个体受教育者之间协调发展。邓小平曾指出"发展是硬道理",提出要将教育放在优先发展的战略地位。教育是增强国家竞争力的长远之计。因此，教育事业的发展具有根本性、基础性，教育公正是这种发展过程的公正，而发展是教育公正原则调节下的发展。教育公正是教育事业协调发展的根本动力。

教育是一项培养人的特殊社会活动，教育公正又是实现人的发展的重要条件。在现代社会，教育对于任何人而言都是一项必需品，是实现人的发展和事业成功的重要条件和基础。在知识经济时代，社会的竞争其实就是人才的竞争，其很大程度上取决于一个人的智力水平和素质能力，取决于一个人所接受的教育的程度和状态。所以，给每一个人平等的受教育机会，让人们尽可能地充分享有受教育的权利，最大限度地实现教育资源的共享，对于人的理想发展是至关重要的手段。

人要生存、生活，要立足于社会，甚至要取得成就，跟其所受的教育有着直接而紧密的关联。教育通过向人传授知识文化、生产技能、观念价值来促进人的社会化，通过挖掘人的潜能、提升人的综合素质、培养人的实践能力来促进社会整体发展、经济平等、缩小差距。可以说，教育公正具有推动社会公平正义的功能。反之，教育不公也会导致社会不公和人群分化。美国哲学家杜威对教育问题颇有研究，他提出了"教育即生活"、"教育即生长"的观点，认为教育可以传递人类积累的经验，丰富人类经验的内容，增强经验指导生活和适应社会的能力，从而把社会生活维系起来和发展起来。一些教育学学者提出教育至少有三种重要的职能：将青年人"整合"到社会及各种成人角色中去的"社会化"的职能；促进个人心理和道德生长的"发展"的功能；同时，在存在经济、社会地位等方面巨大不平等的情况下，教育给人提供公平竞争、向上流动的机会，能够帮助弱势者摆脱他出身的那个群体的局限，能够显著地改善人的生存状态，减少社会性的不公平。因而，现代社会的教育，一方面在社会流动、社会分化中具有筛选的功能；同时，又具有稳定、平衡的功能，被视为实现社会平等"最伟大的工具"。[2]从这个意义上说，每一位社会成员都应该得到平等的基本受教育权利，即义务教育阶段的受教育权利。因为如果受教育权得不到好的保障，社会成员的发展权就难以保证，从而导致社会性不平等的加剧，最终使得人权得不到有效的落实。

从教育对象的角度来说，教育公正确保人人都享有平等的受教育的自由权利。人权观念是当今世界普遍重视和维护的基本理念。西方工业社会以来，教育逐渐走向大众化，"受教育权"被普遍确认为一项基本人权，这一点在联合国大会于1948年12月10日通过的《世界人权宣言》第26款中作了明确界说。它规定，"教育，至少初等教育以及基础教育应是免费的"、"初等教育是义务的"、"而高等教育的入学,应该根据才能对所有人完全平等地开放"。[3]第14届联合国大会于1959年通过的《儿童权利宣言》,更进一步确认了儿童的教育权益。由此可见,推行教育公正是当今世界人们共同关注的一个历史发展趋势。在2003年,国家教育部发布了《中国教育与人力资源问题报告》,再次证实当前社会转型期义务教育阶段财政资源分配的深刻的不均等、城乡之间的教育发展差距、由经济贫富差异造成的教育机会不均等等教育事业发展中的不公平问题。这种教育不公平问题是在追求教育事业快速发展的战略背景下日趋显得严重。发展是社会转型期的根本要求,而涉及社会利益主体之间关系合理性的公平,是社会秩序稳定的必要条件。这样,既要发展,又要稳定;既要效用,又要公平,成为当前社会转型期要解决的教育发展中的两难问题,其实质就是教育公正问题。

而从社会学的视角看,教育公正包含了社会成员的教育权利平等,教育机会平等,差别平等以及教育补偿原则等方面的要求。教育权利平等作为教育公正的形式平等,以尊重教育主体的平等为前提,强调法律面前人人都有接受教育的权利和资格。我国教育法规中对教育主体和相对方的教育权利与义务都作出了明确的规定,这就为社会成员实现教育权利平等提供了教育法制保障,从而保证了人人都有通过教育途径获得自我生存和发展的基本权利,这是教育公正对推进教育立法和教育人权建设的重大意义。教育机会平等作为教育公正的要求注重实质平等,从总体上来说使每个受教育者都有大致相同的基本教育机会。例如,在义务教育阶段,政府必须确保每个适龄儿童都接受一定程度和质量的义务教育,为其进一步的发展和获取更多的教育机会提供基础。但因为教育机会在目前现阶段还是一种有限资源,无法充分满足受教育者对于教育机会的各种需求。这样,一些更好的教育机会不是所有的受教育者都能享有,教育公正就在于为每个受教育者提供获取这种机会的公平竞争的机会和平台。这种更多更好的教育机会的获得不受性别、地位、金钱和权力等因素的影响,而是以"水平"和"才能"为标准,这就体现了教育公正的"差别原则"。正如拉斐尔所说:"我们要区分公正的不平等与不公正的不平等。如果给有才能的人特殊的奖励或特殊的机会不仅为这些少数人带来重大的好处,虽然引起不平等,而且其结果也改善整个社会普遍的生活水准,包括最贫穷的人的生活水准,那么这一不平等是可以得到辩护的。"[4]

因此,一方面,个体与个体之间总是存在差异的,每个受教育者因其天资、家庭不同所带来的基础是不平等的,而这种不平等并不直接关系社会的教育公正,这种不平等含有自然的成分;另一方面,教育公正的价值也在于促进每一个受教育者获得最大程度的发展,它追求教育起点、过程和结果的相对平等。这里,就涉及教育公正的补偿原则对促进教育结果平等的意义。因为教育权利、教育机会的平等并不一定导致教育结果的平等,所以在教育实践中补偿原则要求立足于教育的整体发展,对公平竞争过程中形成教育的不利群体给予必要的调整和补偿,弥补他们能力的欠缺,从而缩小处于不利地位受教育者与获利群体间的教育机会差距,使不利群体普遍地得到由教育公正所带来的收益,进而最大限度地体现教育事业对社会和个体的双重价值。

二、教育公正的基本视域

教育伦理学视域的教育公正规范性研究,在西方是 20 世纪五六十年代教育伦理学成为一个独立学科以后真正开始的。而我国的教育伦理学对教育公正的规范性研究则始于 20 世纪 80 年代。学界的教育公正观在短短三十年的发展过程中,经历了从作为教师职业道德的教师公正到作为教育制度德性的教育制度公正的演变发展。教育公正范围包括宏观上的教育制度本身的公正问题和微观上的教育行政部门、学校、教师等教育制度执行者的管理和行为公正问题等。

1. 教师的公正

狭义的教育伦理学可以界定为研究教师职业劳动领域内道德意识、道德关系和道德活动的科学。它是研究教师职业道德的学问,是教师道德理论学说、教师道德规范学说和教师道德实践学说的有机统一。进而有学者指出:"所谓教育公正,就是在教育活动中,教师要公平合理地对待和评价全体合作者。其中,公平合理地对待和评价每个学生,是教育公正最基本的要求。"[5] 施修华、严缘华在其主编的《教育伦理学》一书中认为:教育伦理学是以教育过程中所出现的全部教师道德现象为其研究对象的,是研究教师道德的起源、本质、发展变化及其社会作用的科学。换言之,它是一门探讨教师道德的发展规律性的科学。基于这种认识,它指出:"教师的公正,是指教师根据一定的教师道德原则和规范,在处理人与人的关系和各种事情时能做到坚持原则,公平正直,合乎道理,没有私心杂念。"[6] 这两本教育伦理学著作可以说是代表了教育伦理研究初期对教育公正的普遍认识水平。之后,李春秋在其主编的《教育伦理学概论》中也指出:教育伦理学主要以教育过程参加者的道德关系为研究对象,并具体研究作为道德关系的反映和表现的教师道德现象。在这里,教育公正也被理解为教师公正道德范畴。至20世纪末,有论者在其出版的教育伦理学著作中依然认为"教育公正,是教师职业道德修养水平的标志"。[7]

从我国教育伦理学研究的历史可以看出,教育公正首先是被理解为教师职业道德范畴,是教育者应该具有的一种伦理品质。不过,这样的教育公正认识还是十分狭窄的,不能全面把握教育公正作为教育实施中发生的教育伦理关系的伦理规范的特性。由于把教育伦理学狭义地理解为教师伦理学,导致一些论者把教师公正等同于教育公正,这使得教育伦理学对教育公正研究的视域非常狭隘,这是对教育公正的一种不全面的认识,也影响教育公正在社会、组织和制度等更广泛范围的有效实现。随着教育伦理学的视野从教师伦理扩展到整个教育领域,教育公正的研究视域也在随之扩展,至少像教育制度、教育政策、教育管理、教育过程、教育行为等诸多方面都可以纳入教育公正的范畴来进行研究和审视。

2. 教育制度公正

我国教育学学者王本陆在其著作《教育崇善论》中指出:在现代社会,教育公正不只是教师行为的伦理规则,而且是整个教育的基本伦理原则。它规范的不应只是教师,而是涉及整个教育领域,尤其是教育制度和教育过程。在现代社会,教育公正原则的基本主张是教育权利和教育机会均等,此外也包含着程序公正的要求。尤为重要的是,"教育机会均等是现代教育公正原则的旗帜,是现代社会分配教育资源的基本规范。"[8]从教育主体的多样性以及广义教育伦理学的视域看,我们要把教育公正问题从教师公正扩大到整个教育领域,从关注教育者的公正到关注教育制度和教育过程的公正问题,并且从阶层之间、民族之间、性别之间、正常人与异常人之间的教育权利平等角度研究教育公正问题。所以,教育制度公正成为教育公正的重要内容。教育制度作为社会政治正义的载体,规定了教育者的行为模式、教育资源分配方式以及人的发展空间;有怎样的教育制度,也就有怎样的教育公平。现代社会的教育公平最为重要的是对教育制度公正的考量。因为,教育权利的具体形态并不是抽象的,不同国家的历史传统、经济发展水平或政治社会制度都不尽相同,教育权的具体要求和内容必须与各国国情相结合,而不会遵循一个模式。正如马克思所说:"权利绝不能超过社会的经济结构以及由经济结构所制约的社会的文化发展。"[9]

也就是说,教育公正是由教育系统内部公正与教育系统外部公正构成。它是通过一定的制度形式有机地整合起来的一种伦理实在。教育系统外部公正主要体现的是一种制度上的公正,而教育系统内部公正则主要体现的是一种师生交往实践上的公正。在制度化教育条件下,教育公正实际上是由掌握制度化教育的控制权的国家及其代理者(如政府和获得政府授权的学校等),通过教育制度、教育政策、学校规章等给每一个受教育者分配各自实际所得的教育资源和权利的过程。由此,从受教育者的角度来说,教育公正是在教育实施过程中由教育制度、教育政策、学校规章等安排的分配正义。在制度化教育的前提下,教育公正不再仅仅意味着教师个体的公正美德,而是意味着在整个制度化教育实施中通过教育制度、教育政策、教育管理等体现的社会公正。

3. 教育机会均等

古代的教育是统治阶级的特权。近代以后,随着社会生产力的发展,大工业革命的出现,工业生产技术成分的增加,要求劳动者必须具备一定的文化程度,才能从事相应的生产劳动,这对劳动人民及其子女接受一定程度的学校教育提出了要求,也推动了义务教育的普及。义务教育的出现,表明劳动人民子女获得了受教育的权利,但教育公平或教育平等不只局限在拥有平等的受教育权。平等的受教育权利只是起点的平等,而实现起点平等后,人们还需要追求教育过程中享受教育资源的均等、教育结果的均等。现代教育的发展趋势是,在学习化社会中逐步实现全民教育和终身教育。全民教育和终身教育是相辅相成的,它们共同指向学习化社会。学习化社会是一个人人学习、人人接受教育,接受适合自己的教育的社会。它彻底打破了特权化社会带来的教育不平等现象,并给予每个人平等地接受教育的机会。

机会是指社会成员生存与发展的可能性空间和余地。对于每一位社会成员而言,机会是一种资源。教育机会是指受教育者发展的可能性空间,是每一个受教育者进入教育机构和参与教育活动的各种条件的总和。据此,教育机会均等可以分为两类:一类是基本教育权利的平等,另一类是非基本教育权利的平等。前者是指社会成员具有获得基本的受教育权利的机会,比如入学机会、享受义务教育的机会、参加教育考试的机会等。这些基本的教育权利和机会由社会在制度上给予无条件的保障,它不存在机会的竞争,符合条件者均可享有。后者是指社会成员具有获得非基本的受教育权利的平等机会,即完全凭借"才能"和选拔而得到机会。社会成员在符合基本条件的前提下具有参加获得教育机会竞争的权利,而且这种非基本教育权利的机会是平等地按照"能力"、"水平"来分配的。按照当代美国伦理学家罗尔斯的观点,真正的教育机会均等并不是指平等分配现成的教育机会,而是指根据每个人的天赋能力和社会地位,创造相应的教育机会分配给他们每个人,以此满足所有人的教育需求。当制度为那些"最少受惠者"创造更多的教育机会,实际上就是通过一种再分配机制的补偿形式实现实质性教育平等。虽然罗尔斯的教育公正观是属于以个人利益为本位的自由主义公正观,在教育理念上与我国社会的教育公正观未必相符,但是他追求人的自由平等权利为目标的"共同发展"理念,给了我们很大的启示和伦理参考,这对我们研究教育公正问题具有重要的借鉴价值。

因此,教育公正要求教育机会均等,但教育机会均等并不等于教育机会平均。在社会资源有限的条件下,实际上也不可能做到一切资源平均分配。机会平等是要肯定每个人都能受到适当的教育,但这并不是说每个人所接受的教育都是完全一样的,没有任何区别。我国的《宪法》、《教育法》和《义务教育法》等,都明确了公民享有平等的受教育权。所以,教育在基本权利上是平等的。超越这个限度,过度的平均主义则可能蚀伤教育公正的内核。正如联合国教科文组织在阐释教育公平原则时所说:"教育机会平等并不等于把大家拉平。机会平等不是不惜任何代价否认个人的基本自由,攻击一个人的完整性或者滥用专家统治的、官僚主义的权力"。[10] 机会平等是要肯定每个人都能受到适当的教育,而且这种受教育的程度和状况应当是适合个人特点的。毋庸置疑,人与人之间总是有差异的。如果不顾及这种差异,要所有人获得同等程度的教育,看起来平等,实际上也是不公正的。或者说教育公正包含了完全平等和差异平等。正如亚里士多德把公正分为完全平等和比例平等。前者是基于人的同一性给予同样的对待,后者是基于人的差异性给予相称的对待,体现实际结果的"不平等"。这就是说,基于教育公平的教育公正不是平均主义,也不是要抹杀人与人之间发展程度的差别,而是要尽可能地为受教育者享受教育基本权利提供均等的机会、创造平等的制度环境和物质条件。所以,教育公正作为一个历史范畴也是相对的,教育公正只能是保证权利、规则和机会的公平,却不是要取消人们在公平竞争的基础上所产生的结果的差异性和"不平等"。这就是说,同等能力的受到同等程度的教育,不同能力的受到不同程度的教育,这是基于个体发展差异的一种教育公正。

三、教育公正的实现途径

教育公正既是个体的行为,也是社会的行为。对于个人而言,教育公正不仅是一种知识和观念,而且更是一种教育者的美德和能力。这样,才能为实现教育公正提供实践的保证。对于社会而言,教育公正首先要成为管理者的价值取向,再落实和体现于教育制度和教育政策之中,而且,这种蕴涵公正取向的制度政策在实践中能够得到有效的执行和遵行。这样,我们不仅需要有公正的教育制度,而且还要能够对这种教育制度的公正合理性及其实施效果进行评估,以便不断地修正和完善制度。所以,教育公正的实现不只是一种善良意志和美好愿望,更重要的是,它需要个体和社会的美德、能力及其必要的规范建设。在教育已经成为潜在生产力的今天,我们既要提升教育的现代化水平,也要提高教育发展的伦理水平。前者是教育的物质文明建设和条件改善,后者是教育的文化建设和精神文明发展,两者对于教育的优先发展,对于现代教育品质的提升,对于提高民族的整体素质和国际竞争力,都是至关重要的。

首先,实现教育管理公正。教育公正原则不应仅仅存在于教育目的所决定的宏观教育体制中,也要贯彻于教育的具体过程中。教育过程的公正是指"教师在教育和管理活动中,公平合理的对待和评价全体合作者,或者指在教育活动中对待每一个教育对象的公正和对教育对象评价的公正"。[11]这是一种中观层面的教育公正。然而长期以来,公正并不是我国教育过程中的主要价值诉求。比如教育管理者在教师面前显得高人一等,给教师的待遇、评价渗透了较多的权力、情感和个人因素,致使教师没有获得应有的公正对待。教育者和受教育者之间亦存在着不平等:教育管理者和教师往往承接了传统社会的教育习惯把自己置于"绝对权威"的地位,不自觉地认为自己在人格上高于学生,漠视学生独立存在的主体性,学生体会不到平等或人际的公正。而这种教育过程中的不公正涉及教育工作者的道德水平和认识状况,对受教育者的权利造成了一定程度的损害。

尤其值得一提的是,现实中某些所谓的重点名校,对待学生严重缺失公正意识和公平精神，将学生进行人为的等级划分，实施所谓的"因材施教"，而实质上是把学生当作学校和教师追逐名利、谋取权力的工具和手段。如在一些学校里，各式各样的等级分班制度越来越多，以分数划分快慢班的做法更是愈演愈烈。在每次大型考试过后以滚动淘汰的方式进行交流，这种看似公平公正的方式，背后隐藏的是精英主义、官僚主义的教育观念，是对受教育者的一种严重教育不公，也是对教育公正德性的刻意背叛。这不仅剥夺了学生在同一条件下，公平地接受教育和竞争的机会，更是对人的自尊的一种莫大的打击和伤害，对受教育者权利的侵袭。个体人是存在差异的，学生也有学习能力的强弱，以一时的分数为尺度对学生进行"分类"、"分层"教育，进而分配不同的教育教学资源，使受教育者处于不平等的教育处境和教育地位，造成教育资源分配使用的不公正，是典型的"分数决定论"，这不是"以生为本"而是"以分为本"。这种缺失教育公正的教育管理举措剥夺了学生共同发展的权利，造成了同一环境下学生受教育机会和待遇的不均等，面对的只是少数的所谓的"面子学生"，冷落的是多数学生，其背后的原因是学校为了自身的"声誉"、"考试指标"而作祟。这种落后的教育观念在今天不仅依然存在，而且还较为普遍，它亵渎了教育公正的伦理精神和伦理原则，也违背了党和国家面向全体学生办学的教育方针。

事实上无论是管理者、教师还是受教育者，在教育过程中都有其权利和义务，在享有权利和履行义务这一点上大家是平等的。对教育对象进行"人为"的划分，导致他们在教育中的地位和待遇大相径庭，不仅阻碍了学生正当教育权利的实现，也影响他们充分履行受教育的义务。这种教育管理过程中的不公正是导致受教育者社会分层和教育机会不平等的重要因素。因此在教育过程中，教育者必须公正地对待所有学生，对不同能力、性别、年龄、出身、智力、个性、相貌以及关系密切程度不同的学生能够做到一视同仁、同等对待。至少要使同一环境下的学生受到同等条件的教育，具有同等的受教育机会，分享同等水平的教育资源，面向全体学生办学，促进所有学生共同发展。这样的教育公正才具有示范价值，才能真正落实好教育公正原则。

其次，实现教育行为的公正。教育工作者是实现教育公正的直接实践主体。按照当代伦理学家麦金太尔观点，一个人具有关于公正的规则、知识是一个方面，而更重要的是必须要有践履公正伦理的能力和品德。由此，麦金太尔把人类的美德与实践的合理性作为正义理论的重心，认为正义在根本上是对人类美德的追寻。如果说社会的教育分配公正是社会分配者（国家或者社会公共机构及其代理者）分配公共利益（或价值)时必须遵守的伦理原则,也是社会分配者的德性,那么,教育者的个体公正则是教育工作者在处理教育活动中的人际关系时具有的美德,是践行教育公正伦理的能力和美德。

对于教育者个人而言,教育公正确实是一种需要修炼的美德。亚里斯多德曾指出:"正义是心灵的德行,不正义是心灵的邪恶。"[12]亚里士多德把正义看作是一切德性之总汇,认为正义不是德性的一部分,而是整个德性。我们认为,公正不仅是一种内在的价值观念和教育人格,而且这种优良品质还必须体现在外在的教育行为中,显现为教育者对受教育者的仁爱和关心。这样,实现教育公正当然就要求教师公平地对待每一个学生,而不能因为学生在成绩、性格、家庭、长相等方面存在差别,就施以不同的态度、情感和行为。比如,在教学中,课堂提问就不能有偏见,进而把课堂发言的机会总是给某些学习成绩好的学生,或老师自己喜欢和欣赏的学生。在这一点上,教师个人的情感应该服从于理性,教育公正正如法律一样,它不是基于情感和偏爱,而是基于理性和平等。然而在现实中,研究发现,"教师往往将课内80%的问题提请他们心里的'好学生'来回答,这类学生约占学生总数的20%,约有30%的学生没有被提问的机会,特别是10%左右所谓的差生被提问的次数只有优生的1/4,不到班级平均次数的5%"。[13]

学习者总是很在意教育者的评价,也希望能得到教育者对他们的公正评价。教师对学生日常学习和生活情况的评价是教书育人的重要手段,学生的成长亦有赖于此。因此,公正地对待学生的知识、能力、品质和日常表现,并予以恰当公允的评价是非常重要的德性。教师是一种具有很强示范性的职业,教育活动是言传身教、立德树人的系统工程,教师的公正也会对学生的成长产生深远的影响。教师要充分了解每一位学生,没有亲疏贫富之分。亚里士多德在解释公正原则时说,要平等地对待平等的,不平等地对待不平等的。这就是说,教师的爱应该是一种正大无私的博爱,是平等、公正地对所有学生施予教育关怀。但是,这种公正也应该"不平等",这就是给特别的学生给予特别的关照。比如对于一些特殊的弱势学生和特别困难的学生,就需要教师给予他们更多的道德关怀和爱心。

再次,实现教育制度的公正。提升教育制度伦理水准是实现教育公正的内在要求,因为公正是制度的属性,只是类型不同而已。实现教育公正要求关注教育制度的伦理合理性问题,从而把推进教育制度伦理建设作为教育发展的一项重要使命。从根本上说,教育公正与否取决于教育制度公正。教育本属于公共产品,国家、政府和社会是公共性教育的办学主体,而社会的教育制度决定了教育公正的基本结构和普遍伦理意义。当代伦理学家罗尔斯指出"正义是社会制度的首要价值"。[14]这意味着作为公平的正义是制度所要追求的首要美德。因此,构建公正的教育制度,应该认识和处理好教育效率和教育公平之间的辩证关系。

教育公平是教育分配中人与人之间在分享教育机会、教育权利得到保障、获得教育成就等方面的比较尺度。教育效率指与教育资源合理配置有关的教育系统整体功能状况,其中既包括教育的经济绩效状况,更包括育人的绩效状况。从教育实施过程中,教育效率指的是教育制度体制、教育管理和教育行为的效率。追求教育效率,是社会、国家发展的需要。国家的发展需要效率,效率的提高有助于社会发展,有助于摆脱贫穷落后的状况,提高综合国力,最终有利于提高人民的生活水准。因此,提高效率,意味着为社会输送人力资本。教育公平既是教育实施中国家及其代理者合理对待和保障个体利益的伦理要求,也是个体之间竞争与合作的伦理基础。教育制度实施所追求的教育效率,应该以教育公平为前提,并始终贯彻公平原则,因为只有以教育公平伦理为价值基础的教育制度才能最终产生好的效率。而公正的教育制度所追求的教育公平,也应该以保证效率为原则,因为公正不仅是为了保障个体的教育权利,而且也是为了求得最大化的教育效果。因此,教育效率与教育公平既是对立的,也是统一的,二者之间的冲突只会带来零和博弈,只有二者的和谐才能带来正和效应。这就要求国家、政府必须在二者之间寻找一个恰当的平衡点,这是遵循教育发展规律的必然选择。

进一步研究发现,教育效率以能力强者优先,则可能忽视了那些能力弱者的教育需求,从而影响教育公平的实现。教育公平以能力弱者优先,可能会限制那些能力强者获得更好的发展,影响教育效率的实现。这是在教育资源匮乏的情况下,实现教育公正所面临的一个难题和困境。在教育资源没有得到充分发展之前,要想彻底地解决教育效率与教育公平的矛盾也许还为时过早。但是,尽管如此,我们还是可以发挥政府在以市场为基础的体制运行中的调节作用,也即发挥教育制度伦理在协调效率与公平关系中的积极作用。立足国情并从全面建成小康社会的要求出发,我们需要在精英主义与平等主义、公平与效率之间根据人民的期待,寻求一种有效的教育平衡机制,努力为人与人之间有差别的发展提供均等的教育机会和基本的保障性设施,确保每个人在教育影响后都能最大程度地实现其自由全面发展。

总而言之,从教育伦理学视域看,效率属于市场竞争的范畴,而公平正义是作为公共利益代表的国家、政府、组织的伦理责任。追求教育公正是教育的伦理旨趣,也是教育作为一项杰出道德事业的终极关怀,因为相对于以人的全面自由发展为价值取向的教育公正是目的,而效率只是一种手段。在整体性上,"最大的效率在于人民的积极性与创造性,在于人民有一个公平正义的社会关系环境"。[15]因此,在共享发展的意义上说,获取教育效率不能以牺牲教育公正为代价,不能成为教育公正缺失的道德理由。相反,前者以后者为伦理前提和价值指归。只有实现教育公正,才能为全面建成小康社会奠定更加坚实而稳定的社会基础,使教育事业作为公共善的本质和普遍价值得以充分体现。

参考文献:

[1] 钱志亮.社会转型期的教育公平问题[J].教育科学,2005,(1).

[2] S. 鲍尔斯、H. 金蒂斯. 美国:经济生活与教育改革[M].王佩雄,等译.上海:上海教育出版社,1990:28.

[3] 孙平华.世界人权宣言[M].北京:北京大学出版社,2012:93.

[4] D. D. 拉斐尔.道德哲学[M].邱仁宗,译.沈阳:辽宁教育出版社,1998:92.

[5] 王正平.教育伦理学[M].上海:上海人民出版社,1989:165.

[6] 施修华,严缘华.教育伦理学[M].上海:上海科学普及出版社,1989:100.

[7] 王正平,郑百伟.教育伦理学:理论与实践[M].上海:上海教育出版社,1998:198.

[8] 王本陆.教育崇善论[M].广州:广东教育出版社,2001:131.

[9] 马克思恩格斯选集(第3卷)[M].北京:人民出版社,1995:312.

[10] 联合国教科文组织国际教育发展委员会.学会生存[M].北京:教育科学出版社,1996:105.

[11] 檀传宝.教师伦理学专题[M].北京:北京师范大学出版社,2000:70.

[12] 亚里士多德.尼各马可伦理学[M].廖申白,译.上海:商务印书馆,2003:33.

[13] 胡斌武.教学伦理探索[M].成都:四川教育出版社,2005:95.

[14] 罗尔斯.正义论[M].何怀宏,等译.北京:中国社会科学出版社,1988:3.

[15] 高兆明.从价值论看效率与公平[J].哲学研究,1996,(10).

教育的限制与儿童的自由

程 亮

(华东师范大学 教育学系)

在现代社会中,自由(freedom 或 liberty)也许是人们最为向往和珍视的观念和价值之一。自由构成了现代国家的政治价值,法国大革命和美国独立战争无不高举自由的旗帜,而在当下中国,它不仅仅是一种政治价值,而且是一种社会层面的核心价值观。然而,自由究竟意味着什么? 可能很少有人将它等同于一个人"为所欲为"的状态或者一个社会"放任自流"的情形。既然如此,自由就可能会面临某些限制。问题在于,什么样的限制并不意味着对自由的妨碍或压制呢? 这是现代道德哲学和政治哲学在讨论自由时必然要回答的。在教育领域,我们对自由的讨论也在很大程度上是在回答这一问题:"什么样的教育限制并不意味着对儿童自由的妨碍或压制?"本文即是对这一问题进行初步的回应。

一、自由概念及其教育问题

"自由"这个概念并没有因为它的社会重要性而变得清晰,确实,它属于一个本质上充满争议(essentially contested)的概念。很多道德哲学家和政治哲学家,从亚里士多德到康德,从密尔到伯林(Berlin, I.),从马克思(Marx, K.)到布鲁姆(Bloom, A.),

---

作者简介:程亮,华东师范大学教育学系、基础教育改革与发展研究所副教授。
E-mail: explorer79@163.com

都对它进行了广泛而深入的探讨。总体来说,对于自由的讨论,主要有两类:个体或形而上学意义上的意志自由(free will)和社会意义上的自由(liberty)。前者主要是相对于必然性或者因果性而言的,主要探讨"人究竟在多大程度上是自由的",特别是涉及自由意志的问题。这一问题是在回应宿命论、预定论及其他决定论挑战的过程中出现的[1]。后者更多是在社会的框架下讨论自由问题,主要探讨"个人在社会中究竟(应该)拥有哪些自由",用密尔的话来说,它关涉的是"社会所能合法施用于个人的权利的性质和限度"[1]。在这里,我们着重探讨的是后一种自由。

在社会自由问题上,如果密尔的《论自由》是古典自由主义的范本,那么当代最有影响的论述也许就是英国政治哲学家伯林的《两种自由概念》(*Two Concepts of Freedom*)一文了。在这篇檄文中,伯林将自由分为两类:消极自由和积极自由。前者意味着他人或群体的干预、约束或限制的阙如,是一种"免于……"的自由(free from),如免于宗教压迫、思想钳制、饥饿或恐惧等,它要回答的问题是"主体(一个人或人的群体)被允许或必须被允许不受别人干涉地做他有能力做的事、成为他愿意成为的人的那个领域是什么?"后者意味着是自我导向或理性自主,是一种"去做……"的自由(free to),比如追求崇高的目标,它要回答的问题是:"什么东西或什么人,是决定某人做这个、成为这样而不做那个、成为那样的那种控制或干涉的根源?"[2] 不过,伯林对积极自由十分警惕,因为在他看来,这种自由易于让社会将某种理想、价值观或生活方式当作是唯一正确的,而要求每个人都去追求它们,从而陷入集权主义的境地。但是就像斯威夫特(Swift, A.)所评论的那样,"假如自主就是对人的所作所为能够清醒地思考和做出精明的判断,那么发现伯林所担忧的东西是困难的,发现在那里会产生集权主义的威胁也是困难的。"[3]

伯林对自由的两分,激起了广泛的讨论,也引起了很多批评。如佩迪特(Pettit, J.)认为,它处理的仅仅是非干涉的自由(freedom as non-interference),而无法涵括另一种自由,即免于他人支配或压迫的自由。麦卡勒姆(MacCallum, G.)认为,伯林的区分仅仅是观念上的,实际上任何自由都意味着"免于(free from)……去做或成为(to do/be)……"的自由。实际上,人们对于自由概念的这种理解分歧,从根本上反映了他

---

① 有关自由意志的讨论,详见徐向东编:《自由意志与道德责任》,江苏人民出版社 2006 年版;徐向东:《理解自由意志》,北京大学出版社 2008 年版。

们在理论立场上的分野。有些是从自由主义的立场出发,强调自由是个人的自我所有物,意味着他人强制或干涉的阙如;共和主义的传统从政治安排来界定自由,强调自由就是政治参与,意味着集体的自我决定;理念主义者则关注个体行为的内在力量,强调自由就是理性的自主或自我导向。[4]要寻找有关自由概念的共同理解,就不能不回应这些理论立场在国家或社会和个人及其相互关系上的认识分歧。尽管我们很难在这些理论立场之间进行有效的整合,但是这里还是可以采用米勒(Miller, D.)对自由概念给出的一个较"薄"的界定:"一个人的自由取决于向他或她敞开的选择项的数目,以及他或她在这些选择项中做出选择的能力。"[5]这个界定在一定程度上将自由的外部条件和内部自主结合起来。由此来看,个人的社会自由是具体而有条件的:外部限制相同、内在的能力不同,或者,内在的能力相同、外部限制不同,我们所拥有的自由是彼此不同的。考虑个人的自由问题,其实也就是在考量他面临的限制和他拥有的内在能力。

无论我们从何种意义上理解自由,自由在教育领域都是一个难题。首先,我们不得不审慎地考虑我们究竟在哪里讨论自由的问题。从广义上来说,除了正规的教育机构(特别是学校)之外,家庭及其他社会机构(如博物馆、图书馆、科技馆等)都承担着某些教育的功能。在这些不同的场所,教育者和受教育者各自究竟应该享有怎样的自由,似乎并没有一个统一的答案。比如,学校教育对儿童来说具有明显的强制性,而社会教育对他们来说可以有更多的自由。其次,即便我们在同一场所中,我们仍然需要考虑我们究竟在讨论"谁的自由"问题。比如,在学校中,教师和学生都是社会主体,都享有一定的自由,但是他们除了共同享有一般意义上的社会自由以外,更多地是享有不同的自由,即教师享有从事教育教学的专业自由,而学生享有的则是学习自由。这两种自由不仅在性质上是不同的,而且可能是彼此牵制甚至冲突的——教师专业自由的扩大可能会带来学生学习自由的减少。再次,如果我们只是考虑儿童或学生的自由,那么问题就接踵而来:作为未成熟的或发展中的个体,他们究竟在什么意义上是自由的?他们应该拥有哪些自由?确保他们的自由真的是重要的吗?假如是重要的,这种自由与教育的强制性之间究竟是何关系?如此等等。这些都意味着教育中的自由并不是简单的社会自由,而是有其特殊性和复杂性,因而也值得细致的探讨。面对如此广泛的议题,这里不可能、也无必要面面俱到,而是将聚焦点放在第三个层面,考察教育中儿童的自由问题。

二、父母教育权与儿童自由

在现代社会中,我们可能很少会否定教育对于儿童发展的重要性。无论是身体还是心理方面,他们具有很强的可塑性,都具有广泛的潜能,都处在成长的过程中,但是相对成人社会而言,他们又都是有待社会化的,还不是具有独立自主的社会成员。因此,无论是个体的人性完善还是社会化,教育都是不可或缺的。但是,儿童究竟应该在家庭还是在学校接受教育?他们自己可以决定和选择吗?假如他们不能自己决定和选择,那么谁可以或应该为他们做出选择呢?这些选择是否会妨碍他们的自由?如此等等,这些问题都涉及儿童在教育选择上的自由问题。然而,这种选择实际上并不是由儿童做出的,在多数情况下是由他们的父母决定的。问题在于,父母为子女选择教育甚或按照自己的方式对孩子进行教育,是否构成了对儿童自由的限制?

我们先来看一个发生在美国的尤德案(Wisconsin v. Yoder)。1968年,三个阿米什(Amish)人因拒绝让其14岁和15岁的子女上高中,而遭到威斯康辛州政府的逮捕,因为该州法律规定每个孩子都必须接受义务教育直至16岁。阿米什的父母认为,强制其子女上高中,既有违宪法赋予他们的宗教自由,而且威胁到他们所在的宗教社群的存续。此事闹上了最高法院,最终判决威斯康辛州败诉。[6] 尽管最高法院的判决是明确的,但是这个案例在社会政治哲学和教育哲学领域还是引起了争议。这三个阿米什人诉诸所在社群的维系和宗教自由,坚持让自己的子女不接受完义务教育而回归所在的社群,这是否真的是像最高法院的判决那样确定无疑的呢?尤其是对阿米什人的孩子们来说,父母及其社群的这种决策是否会妨碍到他们自己的自由呢?

这里涉及两个问题。首先我们来讨论第一个问题:父母是否真的可以按照自己的价值观念和生活方式来教育自己的子女?实际上,在现代学校出现以前,家庭按照自己的方式教育子女似乎是不言自明的(也许斯巴达教育是个例外)。即便在现代学校出现以来,也有不少自由主义者为父母对子女的教育自由进行辩护,甚至认为这种教育自由是不容干涉的。密尔就说:"人们在思想上几乎认定了谁的子女就实实在在是(而非从譬喻的意思说来是)谁的一部分,一见法律稍稍干涉到家长对于子女的不容外人过问的绝对控制,就表现出特别的关切和不安,甚至比当他们自己的行动受到干涉时还要厉害"[7]。

第一,从促进整个社会的(思想)自由的角度进行辩护。比如,英国的普利斯特里(Priestly,J.)就认为,没有思想的差异就没有思想的自由。如果每个人的思想都是一致的,思想自由也就失去了它应有的意义。让每个家庭按照自己的思想、信念或价值观来教育子女,就可以避免思想的统一,而呈现出差异性和丰富性。在古特曼看来,这个辩护是值得怀疑的,因为父母传递给孩子的价值观可能是非民主的,甚至可能是对思想自由的压制。但是普利斯特里认为,即便父母教给子女的是非民主的价值观,但是由于并不是每个人都具有的同一套价值观,这就是可以使人们对彼此的价值观甚至对思想自由本身提出质疑成为可能。[8] 即便民主的价值观是好的,但当所有人都具有这种价值观时,人们就没有对这种价值观本身进行反思的可能性了。按照这种观点,阿米什人按照自己的方式来教育子女,不是对社会民主价值观的威胁,相反这种方式的存在本身即是民主社会中自由价值的体现。

第二,从儿童成长需求的角度进行的辩护。伯特(Burrt,S.)认为,尽管儿童作为未来的公民必须接受学校的公民教育,需要有参与民主社会所需要的理性自主能力,但是儿童同时是一个具有多方面成长需求的个体,既包括身体、认知、情感等方面的发展,也涉及道德、精神或文化方面的成长。这意味着,仅仅强调国家或社会的需要是不够的,还需要观照儿童作为道德或精神存在者的需求。父母的教育权威并不是通过他们自身的价值观来进行确证的,而是由满足儿童的成长需求来进行辩护的。尤其是在一些宗教家庭中,父母在家庭及其社群中为孩子的道德或精神成长提供了重要的资源。按照这种观点,允许父母按照自己的方式教育子女,是基于儿童利益的考虑,因此一个自由民主的社会应该包容而不是阻止家庭的这一努力。[9] 不过,这个辩护的困难在于,人们很难对什么是真正的儿童利益或成长需求形成一致性的看法。父母也许在长期的接触中比其他人更了解孩子的利益或需求,但这并不意味着他们真的会尊重或观照孩子的利益或需求。

第三,从文化社群的角度进行辩护。在尤德案中,阿米什人除了从宗教信仰自由角度进行辩护之外,还有一个重要的理由,就是社群的存续。事实上,阿米什的父母并不反对他们的子女上小学或初中,但他们主张子女14岁时就脱离公立学校的教育,以免他们受到"世俗"观点的污染,从而使他们抛弃传统的生活方式。依据阿米什的宗教训令,这些孩子应该由社群自己进行训练,使他们学习传统生活所需要的技能。确实,每个儿童都生活在或隶属于某个特定的社群,这些社群不仅为他们提供了生活的资源或精神的环境,而且使他们获得了特定的文化身份和认同。从这种意义上说,这些社群的孩子在分享社群文化经验的同时,也对社群的维系承担着一定的责任。但是,问题在于这些儿童不只是这个阿米什社群的一分子,同时也是更大的美国社会的一部分。尽管阿米什人过着非常传统的甚至是封闭的生活,也不参与整个社会的民主生活,但实际上,不管他们是否承认,都分享了更大的社群所带来的利益(比如对他们生活方式的宽容,提供社会安全保障),因而也不可避免地负有对更大社会的责任。他们的孩子仍然是一个公民,而在成为公民的道路上,所有人都有同样的需要。当这些孩子拥有更多的参与民主社会生活的知识和能力,并有更多的政治参与时,他们极有可能防止整个社会或其他社群对他们权益的侵犯,从而使这个社群在整个社会中谋取更多的利益、争取更优越的环境。

即便我们可以从诸如此类的立场来为父母按照自己的方式教育子女进行辩护,但是我们仍然会怀疑,父母将自己的信仰或价值观传递给自己的子女,是否会妨碍他们子女的自由呢?我们可能会认为,阿米什父母的做法在一定程度上是将自己的或所在社群的价值观强加给他们的子女,让他们回到自己的社群中接受适应未来社群生活的教育;这可能限制了他们的子女更多地接触所在社群以外的其他价值观和生活方式的可能性。对此,阿米什人可能会有不同意见,因为他们并没有完全将这些孩子限制在所在的社群中,而且这些孩子在 18 岁左右可以自行决定是留在这个社群中还是离开这个社群。但是,假如这些孩子并没有在选择之前接触到多样化的价值观和生活方式,我们就很难说他们拥有真正的自由选择。让孩子进入公共学校的目的,并不完全是为了获得适应社会生活和实现个人发展所必须的基本知识和技能,而且有助于他们接触到来自不同社群的孩子及其价值观和生活方式,并在共同生活中学会相互尊重和理解、积极对话和互动。

事实上,某些父母传递给孩子的信仰或价值观确实构成了对孩子自由的明显限制。一个典型的案例就是莫扎特案(*Mozert v. Hawkins*)。1983 年,美国田纳西霍金斯县有一些基督教原教旨主义者控告地方教育委员会,原因是,在公立小学的阅读课程中,存在贬抑他们的宗教观点。虽然教材中没有直接主张某种宗教,但是其内容和呈现方式使他们的子女暴露在不同的宗教观点之下,从而干扰了他们的家庭信仰自由。不同于尤德案,法院并没有对这些父母的诉求予以支持,理由是让这些孩子暴露在不同的想法中,并不等于教导、灌输或鼓励这些观点,因而不妨碍个体的信仰自由,同时公立学校可以教给孩子民主社会的价值观（如宽容）。[10]这个案例直接显示出，一些家庭完全有可能将孩子局限在父母的信仰或价值观之下，避免孩子接触其他的信仰或价值观，而且将这种自己的信仰或价值观灌输或强加给自己的孩子。在这一情形中，即便孩子从父母那里习得的信仰或价值观是正确的，但也很难说这是孩子的自由选择。所有的教育都可能带有某种强制，但是有些父母施加给孩子的强制在道德上是不可以接受的——尽管这些强制是现实的，甚至是有效的。

当然，我们不可能将孩子从他所生活的家庭中剥离出来。除了少数孩子，绝大部分孩子都是在家庭中生活和成长，家庭所提供的亲密关系是任何公共的或职业的生活都很难给予的。在很多时候，父母正是基于这种亲密关系而对孩子施加某种教育，有意或无意地将自身的价值观和生活方式传递给自己的孩子。对生活在家庭中的孩子来说，这种教育是无可避免的。从这种意义上说，父母对子女拥有一种天然的教育权利或义务。但是，如何让父母施加的教育不至于妨碍到孩子的自由呢？这自然是值得考量的。首先，父母需要尊重孩子在家庭生活的基本权利或利益。尽管家庭的亲密关系（特别是爱）可以为父母施加的教育提供重要的基础，但是这并不意味着父母不需要考虑孩子的权利或利益。克里滕登就说："父母权威的行使必须尊重儿童作为完全的人所具备的道德地位，同时必须根据其发展中的能力变化而加以调整。"[11]其次，父母应该避免将孩子完全局限在自己的价值观或生活方式中，而是让孩子走出家庭、走进社会，接触各种不同的社群或个人，从而为孩子未来选择属于自己的价值观或生活方式提供良好的基础。没有选择的地方就不可能有孩子的自由。再次，父母应该鼓励孩子追求客观上有价值的生活，并促进孩子从内部反思这种生活的合理性。[12]每个父母都可能有自己的价值观或生活方式，但是并不意味着所有这些价值观或生活方式都是值得辩护的，都具有同等的价值；否则，我们就可能陷入到道德或价值相对主义的"泥潭"——这个"泥潭"让所有的教育都失去了基础，因为任何教育都必定预设了某个值得欲求的目的和有价值的内容。实际上，存在着客观上有价值的东西，比如真、善、美或幸福；这些东西本身就是有价值的，而不取决于我们个人的主观欲求。不过，即便我们希望孩子追求客观上有价值的生活，也需要诉诸孩子的理智自主，经由孩子自己的认真思考和不断反思来认可或接受这种生活，而不是简单地将有价值的东西灌输给孩子。

三、学校教育权与儿童自由

尽管一些父母会因为对学校教育的不满,而选择在学校以外的地方对孩子进行教育,但是,现代学校仍然是对孩子实施教育的重要机构和场所。如果说,父母会把自己所拥有的某些信仰或价值观强加给孩子,从而限制了孩子的信仰自由或者价值观选择的可能性,那么把孩子交给学校难道就不会有这样的风险吗?一些持激进立场的人们对学校持批判态度,认为所有的(官办)学校都意味着对儿童自由的干涉,特别是妨碍人的思想自由。特别是在现代学校出现的早期,一些无政府主义者或自由主义者推崇思想自由,认为这一自由不仅有助于推进科技文明的进步、促进社会的繁荣,而且对于促进政治权力的平衡、实现"人人皆主权"的国家具有至为重要的价值。他们正是从这一自由的立场出发,对国家控制的教育进行了激烈的抨击,认为这种教育只是在维护支配阶层的利益,制造的是思想统一,要求的是公民的服从。

与无政府主义的激进立场相比,一些自由主义者在这个问题上显得更为温和些。他们认为,即便从自由的意义上来说任何国家机器都意味着恶,但是这种恶也是"必要的"。可以设想一下,没有国家或学校,我们的生活是否真的会变得更好呢?至少在霍布斯(Hobbs)等人看来,不仅不会变得更好,反而会更糟。因此,关键的问题不是取消国家或学校,而是要寻求一种确保或增进我们每个人自由的国家或学校。在19世纪末20世纪初,一些"新教育"的倡导者开始对传统学校中的束缚和压制进行猛烈的批判,主张建立面向或保障儿童自由的学校。但是,由于他们所强调的"自由"是不同的,因而有关"自由学校"的建构也是有异的。① 兹举几种路径,以为说明。

建构"自由学校"的第一种选择,就是不强加思想或信仰。按照一些无政府主义者的观点,传统学校对于儿童来说之所以是不自由的,就在于它们将某种支配性的思想或信仰灌输或强加给儿童。因此,要建构真正自由的学校,就需要避免这种思想或信仰的灌输或强加。这实际上是费勒(Ferrer,F.)的学校理想。他在巴塞罗那创办了一所"现代学校"(EscuelaModerna,1904—1907)。他公开挑战天主教会对教育的控制,宣称"我不会在他们(学生)的头脑中灌输教条。我不会对他们隐瞒一点儿事实。我要

---

① 有关"自由学校"的详细讨论,参见:斯普林格著,贾晨阳译:《脑中之轮——教育哲学导论》,北京大学出版社2005年版,第四章"自由学校"。

教给他们的不是思考什么而是怎样思考"。[13]这所学校向所有人开放,没有系统的考试、奖励和惩罚,更没有对学生的等级划分,甚至也没有对学生发展的预设和计划(如固定的课表)。在这里,费勒拒绝树立某种确定的教育目标,因为任何这样的目标都可能是教条的,而且会将某种理想强加给儿童。由于不存在特定的目标或意图,孩子可以自由地成为他或她想要成为的人。不过,"现代学校"并没有像他所宣称的那样,纯然没有自己的目的;相反,费勒认为这种学校应该是理性的,是为了个人自身的自由和解放。要达到这种目的,一方面在教育内容上需要借助于科学,因为科学是客观的,可以为人们的理想提供稳固的基础;另一方面在教学方法上要使学生对知识的理解和运用服务于创造一个自由而公平的社会,而不是导致学生对他人的依赖,更不是维持专制和奴役。

第二种选择是不强制学习。费勒的"现代学校"试图避免向学生强加某种思想或信仰,但又将自身的思想或信仰当作是当然的,并强加给学生。这种困境意味着所有的知识都可能潜藏着某种思想或信仰,学校在思想或信仰上必定存在特定的立场。因此,自由的学校不是免于思想或信仰强加的学校,而是允许儿童对思想或信仰进行自由选择的学校。在这里,"教育便可以具有政治意识,却不会强加思想和信仰,因为对于某一知识体系,学生可以自由选择学或是不学,接受或是反对"。[14]持这一立场的是托尔斯泰(Tolstoy,L.)。作为基督教无政府主义者,他同样反对国家教育对心灵的控制。在托尔斯泰看来,"文化"和"教育"都在塑造个人的品格,但区别在于:前者是没有强制的,后者带有明显的意图,具有强制性。从这种意义上说,学习更多的是一个文化的过程,而不是一个教育的过程。因此,若要保持儿童的自由,学校应该遵循一种非干涉原则,给学生选择学习内容的自由,而教师要避免教学生他们不需要或不想学的东西。这种学校与官方学校不同,它是一种非强迫或非义务的学校,就像是博物馆或公共讲座一样,尽管它有明确的目的,但是学生可以自由选择是否参与其中。由此,托尔斯泰的自由学校是一个文化场所,而不是教育场所,是一个学生可以自由选择学什么或不学什么的学校。

第三种选择是帮助学生做出自由的选择。在前面两种路径中,自由学校都意味着一种对儿童学习自由的非干涉或非强制,其中教师的功能通常是被动的——只有当儿童选择了他或她的时候,他或她才能教授自己的科目,而且应该允许学生自由退出或接触不同的思想或信仰。在一定程度上,这是一种自由放任的学校。针对这种状况,一些自由学校开始在强调非强迫学习的同时,强调教师应该主动地帮助学生进行自由选择。这种立场主要体现在美国斯德尔顿的"现代学校"中。斯德尔顿的"现代学校"也是按照非强迫学习的原则组织起来的,学生可以自由地选择自己想学的课程,甚至可以接触某些支持保守立场的材料,鼓励学生自由地提问和质疑。但是,斯德尔顿的"现代学校"毫不避讳自身的激进立场,而且教师要主动地帮助学生进行选择,有意识地引导学生达到自我觉悟和自由拥有,帮助学生运用知识,而不是被知识所控制。值得注意的是,这里的"帮助"不是"替代"学生进行选择;即便它具有一定的强制性,但是如果这种强制性是为了扩展孩子的自由、实现他们的自主的话,那么这种强制也是可以接受的。

  第四种选择是让儿童免于支配或压迫。对于"自由学校"的探索,尼尔(Neill, A. S.)走得更远。他不仅希望建构让儿童自由学习的学校,而且希望通过自由学校解决由专制家庭所带来的儿童问题。在精神分析学派(特别是赖希)的影响下,尼尔认为,儿童的主要问题都与对本能冲动的压抑有关,而这种压抑与道德观念的强制有直接的关联,因此他反对任何形式的道德教育。尼尔希望促进人们的自我拥有的能力,并由此消除经济压迫和专制政府。要从专制国家和父权家庭中出来,就需要给孩子们充分的自由,而给他们自由就意味着给他们成长的机会。在尼尔看来,"学校中的自由就是,只要你不破坏他人的安宁,就可以去做任何你喜欢做的事情。"[15] 在夏山学校中,每个孩子都拥有自我选择和自我管理的权利,而不被某些道德、信仰或意识形态所控制。所有形式的压迫都在自由学校中被剔除。

  从这些有关学校中自由问题的探索中,斯普林格发现,它们所内含的有关自由的假定存在着一些重要的差异,而这种差异又与它们试图抵制或接触到的限制有关。"自由主义——无政府主义运动首先所关注的问题是,政治领导利用教育来维护自己的权力并控制公民。'自由'于此指的是摆脱国家对教育的控制的自由。第二个关注的问题是要避免在头脑中安装轮子。此处的自由意味着自由地选择信仰和理想。第三个问题关注的对象是要保障知识被用来在人们中间平均分配权力并促进所有人的幸福。在这里,'自由'是获取知识的机会,这些机会将帮助人们认识到他们缺乏自由这个事实,并使他们知道如何获得自由。换言之,应当使教育具有政治意识。第四个问题是,为了政治和经济统治者的利益而压抑人们的生理欲望和物质需求。于是,自由是一种能力,它使人们获得一个可以满足个人需要和愿望的世界,这与人们被教育去为国家或经济利益而牺牲自身的世界正好相反。"[16]在这里，我们也可以看到，前述有关自由概念的各种分歧已经深入并具体体现在教育领域中。最初，人们对人的自由或儿童自由的考虑就是免于国家及其控制的学校在思想或信仰上的控制，他们可以不受约束地选择自己想学的学习内容或方式。这种自由显然是伯林所谓的"消极自由"；我们也可以从施蒂纳那里，可以在斯德尔顿的"现代学校"中发现"积极自由"的痕迹。而在所有这些自由学校的探索中，都可能包含免于政治、经济或家庭支配或压迫的成分。在很大程度上，这些不同的自由观是混杂在自由学校的探索和实践中的。这种"混杂"意味着，自由学校需要在允许孩子拥有更多选择空间的时候，也不能不考虑它究竟应该让孩子学习什么以及将他们引向何方的问题。

四、促进儿童自由的教育

在自由学校的探索和实践中，一直面临着一个现实的困境：当学校允许孩子进行自由的选择时，孩子开始选择不学习，我们又该如何是好呢？在这种情况下，我们是否应该尊重孩子们做出的这种自由选择呢？除了一些激进的自由主义者，也许我们很多人都不会承认孩子们的这种选择是我们应该尊重和保障的自由。实际上，前面提到的斯德尔顿学校和夏山学校，都开始强调教师引导的重要性。

这个困境，实际上是由儿童自由本身的特殊性决定的。对于一个在心智上正常的成人来说，只要没有来自内部或外部的不可控的因素的支配或威胁，妨碍到他的意愿或行动，他都需要为自己的自由选择和行动承担责任。即使是基于无知做出的选择，他也需要为自己因为无知而犯下的错误承担责任。比如，一个人可能不知道捕捉和买卖燕隼是违法的，但只要他实施了这一行为，都会受到法律的制裁。在这里，我们假定了他是一个具有自主性的个体，而不管他是否真的拥有这种自主性。但是，对于儿童来说，我们却不能做出这样的假定，因为他们在身心两方面都是未成熟或未完成的，这一特征构成了对他们意愿或行动的内在限制，从而使他们处在不完全自由的状况。确实从消极自由的角度来看，孩子在学习的选择上是自由的，但是当孩子自由地选择不学习时，他就有可能因为学业的荒废或缺乏必要的知识和技能，而在未来生活中失去更多的自由。这也是我们需要通过教育来提升或扩展孩子自由的重要原因。实际上，这一点对于那些因为无知而做出错误选择的人，也是适用的。假如一个人知道燕隼是国家二级保护动物,且了解捕捉和买卖是违法的,那么也许他就不会去捕捉和买卖燕隼了。要改变一个人的无知或者增进他的知识,就可能需要通过教育的机制了。

但是,这里需要解决两个问题。第一个问题是,凭什么可以诉诸教育的强制来限制孩子的自由?密尔认为,对一个人的自由的强制,仅仅在避免对他人造成伤害的意义上是正当的。他说:"对于文明群体中的任一成员,所以能够施用一种权力以反其意志而不失为正当,唯一的目的只是要防止对他人的危害。……要使强迫成为正当,必须是所要对他加以吓阻的那宗行为将会对他人产生祸害。"[17]不过,密尔认为,这仅仅适用于能力成熟的人,而不是幼童或者法定未成年人(甚至对于那些未开化的社会)。但是,我们仍然可以运用不伤害原则为教育对儿童自由的限制提供合宜的基础,但是这不是唯一的理由。也许更为正当的理由是因为自由本身而对自由提出限制,即教育的强制是可以接受的,仅仅是因为它可以扩展一个人在当下或未来生活的自由。

事实上,教育也确实可以扩展一个人的自由。一个受过教育的人可能比一个没有受过教育的人拥有更多的自由。根据斯威夫特的观点,这种扩展可以体现在增加实际自由和作为自主的自由两个方面:首先,教育可以帮助一个人获得更多有利于他的机会。比如,一个能阅读或会计算机编程的人实际上可以自由地去做各种与阅读或计算机编程有关的事情,显然没有这些技能的人尽管也拥有形式的自由(没有人干涉或阻止他去做这些事情),但实际上并不能自由地去做这些事情。这意味着教育可以增加一个人的实际自由。这就像给他金钱一样,他可以用通过教育获得的东西去做他在没有这些东西的情况下不能去做的事情。其次,教育可以促进作为自主的自由。一个人通过教育获得了相关的知识,并能运用这些知识,具有独立思考、考虑后果、评价行为过程的能力,比那些缺乏这些条件的人更为自主,也更能对生活负责。因此,斯威夫特认为,教育扩展了有利于他的机会的空间,带来了两个方面的结果:"一个是它增强了你的自由,开启了在其他情况下向你关闭的门;另一方面它使你变得更为自主,并且告诉你哪些门是存在的,把你放在较好的位置上去决定穿过哪扇敞开的门。"[18]

第二个问题涉及的是一个悖论:我们如何通过教育的强制来提升人的自由呢?康德就说:"教育中最重大的问题之一是,人们怎样才能把服从法则的强制和运用自由的能力结合起来。因为强制是必需的。我怎么才能用强制培养出自由来呢?"[19]在其他重要的社会价值上,我们很少碰到这种理论或逻辑上的困难。我们可以要求教育通过平等、公正、民主的方式来促进人在平等、公正、民主方面的意识和行动,但是我们似乎很难要求教育以自由的方式来促进人的自由,因为相对于儿童的自由来说,教育本身就意味着一种限制或强制,它必定在将某种被国家、社会或教育者个人视为有价值的东西传递给儿童。在这一点上,即便是前述的自由学校,也不能例外。对于这个悖论,康德的方案是:"我应该让儿童习惯于忍受对其自由所施加的强制,并应同时指导他去良好地运用其自由。不这样的话则一切都是机械性的,离开了教育的人就不知道如何运用其自由。"[20]这意味着,教育的强制对于儿童走向自由来说不仅是不可避免的,也是不可或缺的。因此,问题的关键不在于教育的强制是否可能提升儿童的自由,而在于怎样的教育强制更有助于提升儿童的自由。

那么,促进儿童自由的教育应该具有哪些特征呢?根据前面米勒对自由的界定以及斯威夫特的上述观点,教育对于个人自由所具有的内外两个方面都具有实质性的意义,因为一个人通过教育获得的知识和技能既可以增加他的选择项的类型或数量,也可以提高他在这些选择项之间进行自主而负责的决策和行动的能力。促进儿童自由的教育必须将这两个相互关联的方面考虑进来。传统学校的问题在于没有给儿童选择的自由空间,因为人们认为儿童还没有自由选择的能力,而教育就是为了发展这种选择能力的;相反,自由学校的问题就在于仅仅强调了向儿童敞开了学习的选择空间,却缺乏对增进儿童选择能力的应有关注。

第一,提供自由的空间。我们很难想象,一个不允许儿童进行选择的学校或家庭会促进儿童的自由。当教育的强制包含着让儿童进行自由选择的机会,即便它是我们刻意安排的,也不妨碍我们说这种强制是可以接受的。如果我们在学校或家庭中,给儿童提供的知识、经验或活动在类型上是丰富多样的,是允许儿童在这些不同的知识、经验或活动中进行选择的,那么这就在很大程度上扩展了儿童在教育中的自由空间。如果我们将孩子局限在一种价值观或文化经验中,就很难说他们是自由的。今天越来越多的学校在国家课程的基础上开发了类型多样的选修课程,既是对学生个性化特征的观照,也在一定程度上是对学生学习自由的尊重。

康德也认为,"应该从孩子一进入童年开始,只要他没有妨碍别人的自由,比如大喊大闹以致影响到别人,就在各方面都给他以自由(只有在他有可能损害自己的情况下例外,比如他要去抓锋利的刀刃时)"。在这里,康德提醒我们,在教育中给予儿童的自由必须满足两个限制:一是不妨碍他人的自由,二是不伤害自己。一旦儿童对自由的运用妨碍到他人的自由或伤害到自己,教育就需要对他的自由提出某种限制。尽管如此,教育还需要向儿童表明这种限制对于他的自由的意义,由此康德又发展出了另外两个原则:一是"必须向他表明,只有在他让别人也实现自己的目的时,他才能达到他自己的目的";二是"必须向他证明,对他施加一定的强制,是为了指导他去运用自己的自由,人们对他进行培养,是为了他有朝一日能够自由,即不再依赖他人的照料"。[21]

第二,提升自由的能力。在规范的意义上,教育可以提升儿童的自由;但是在实然的或描述的意义上,存在着各种不同的教育安排,而这些安排在增进儿童自由方面的作用是大为不同的。与第一个方面不同,这里所要增进的自由是个体的内在方面,涉及的是作为自主的自由。这种作为自主的自由,常常被看做是教育的内在理想或目的[22]。比彻姆认为,这种自主至少要意味着三个要件:一是行动是有目的,二是行动包含着理解,三是免于对行为产生控制的各种影响。[23]迪尔登(Dearden, R. F.)认为,自主包含三个方面的特征:一是个体独立做出判断;二是批判性地反思这些判断的倾向;三是依据这些独立的、反思的判断将信念与行为整合起来的倾向[24]。实际上,这种自主与伯林的"积极自由"相当,都意味着一种合乎理性的自我引导、自我约束和自我支配的能力或状态。

教育要真正促进这种作为自主的自由,就需要特别关注以下几个方面:首先,教育需要为儿童提供客观上有价值的知识、经验或活动。就像前面对父母提出的要求一样,这个要求也是适用于所有类型的教育。特别是在学校课程中,教师应该引导学生了解并理解这些知识、经验或活动的内在价值或内在善。其次,教育需要帮助儿童批判性地反省这些有价值的知识、经验或活动的合理性。米勒就说,"它鼓励儿童对自己从父母那里继承来的或从社会网络中吸收来的信仰和价值进行批判性的思考,同时还通过把来自不同社会群体的儿童安排在共同的学校中,使他们接触到不同的信仰和不同的文化价值。"[25]这就回到了普利斯特里等人的观点那里,多样性对自由来说至为重要,倘若没有这种多样性,我们就很难对自己所持有的信仰、价值观或生活方式进行思考或反省。再次,教育应该引导儿童的共同参与。就像康德所说的那样,只有在与他人接触的过程中,儿童才能意识到自己自由的边界或限制;同样也只有在考虑他人目的的时候,儿童才能认识到自由的实现条件。格林(Green, T. H.)也认为,自由是一种积极的力量或能力,它意味着"一种每个人靠自己同伴给予帮助和安全才能运用的力量,同时他也是他反过来为他们提供帮助和安全的力量"。[26]作为自主的自由确实是一种内在的能力或状态,但是它的发展或实现决不是完全内在的,而是需要在与他人的共同生活和积极互动中建构或展现出来。从这种意义上,在前面提到的"桃花源式的教育"和尤德案中,父母也许可以将孩子从学校领回家中进行教育,但可能都忽略了学校作为公共的机构为孩子提供的共同生活的重要性——这种重要性不仅是为了孩子的社会适应,也是为了扩展他们的自主。

参考文献:

[1][7][17] 密尔.论自由[M].许宝骙,译.北京:商务印书馆,2007:1,125,11.

[2] 伯林.自由论[M].胡传胜,译.北京:《自由四论》扩充版,南京:江苏人民出版社,2003:189.

[3][18] 斯威夫特.萧韶,译.政治哲学导论[M].南京:江苏人民出版社,2006:68,67—68.

[4] 米勒.〈自由读本〉导言[A].刘训练,译.南京:应奇,刘训练.后伯林的自由[C].南京:江苏人民出版社,2007:24—29.

[5] 米勒.政治哲学与幸福根基[M].李里峰,译.南京:译林出版社,2008:55.

[6] Spinner J. The Boundaries of Citizenship [M]. The Johns Hopkins University Press, 1994:87-88.

[8][14][16] 斯普林格.脑中之轮——教育哲学导论[M].贾晨阳,译.北京:北京大学出版社,2005:58—59,51,122—123.

[9] Burtt S. Religious Parent, Secular Schools: A Liberal Defense of an illiberal Education [J]. The Review of Politics, 1994,56(1).

[10] Macedo S. Liberal Civic Education and Religious Fundamentalism: The case of God v. John Rawls [Z]. Ethics 1995:105.

[11] 克里滕登.父母、国家与教育权[M].秦惠民,张东辉,张卫国译.北京:教育科学出版社,2009:82.

[12] Bridghouse H. *On Education*[M]. Routledge, 2006:16-17.

[13] Avich P. The Modern School Movement: Anarchism and Education in the United Stats [M]. Princeton University Press, 1980:20.

[15] Neill A S. The Free Child [M]. Herbert Jenkins, 1953:103.

[19][20][21][22][23] 康德.论教育学[M].赵鹏,何兆武,译.上海:世纪出版集团,2005:13,

13,14,14,14.

[24] 迪尔登.自主性与智育[A].周浩波,译.瞿葆奎,施良方,等.教育学文集·智育[C].北京：人民教育出版社,1993：27,32.

[25] 米勒.政治哲学与幸福根基[M].李里峰,译.南京：译林出版社,2008：61.

[26] 格林.论自由主义立法与契约自由[A].马德普,译.应奇,刘训练.后伯林的自由[C].南京：江苏人民出版社 2007：137.

简议教学伦理研究中的学生主体问题

王本陆　王 婵

(北京师范大学　课程与教学研究院)

在教学理论与实践中,学生主体是当前最广泛的共识和普遍坚持的原则。但是,在教学伦理研究中却很少倡导和坚持学生主体原则。为此,本文想提出一个问题来讨论:在探讨和解决教学伦理问题时,是否应重视和坚持学生主体原则?

一、学生是教学伦理生活的旁观者吗?

在现行的教学伦理问题探讨中,很少讨论学生在教学伦理活动中的地位和作用,似乎学生就是教学伦理生活的旁观者。不妨先来看一个关于惩罚问题的案例,其梗概如下[1]:

A 老师是一位高中化学老师。一天,他在指导学生做一个没有任何危险的实

基金项目:教育部人文社会科学重点研究基地重大项目"教学伦理学研究"(12JJD880013)

作者简介:王本陆,北京师范大学课程与教学研究院/普通高校人文社会科学重点研究基地北京师范大学教师教育研究中心/北京师范大学小学教育研究中心研究员、博士生导师;王婵,北京师范大学课程与教学研究院硕士研究生。

E-mail: wangbl67@sina.com

验时,需要去办公室接一个紧急电话,他特意检查药品柜并确认已锁好就离开了教室。过了一会,A老师突然听到化学实验室轰隆一声爆炸,赶紧飞奔回实验室。一进实验室,发现满屋都是烟雾,学生没有人受伤,脸上还露出了十分搞笑的表情。原来有捣蛋鬼把爆炸物放在一个坚固的金属垃圾筐里,因此没有伤人。A老师发现有人打开了上了锁的化学药品柜,并意识到了问题的严重性,药品柜的药品一旦爆炸,会炸掉半个学校,尽管制造爆炸的人很可能对此一无所知。他立马决定查找是谁干的,但却没有找到,于是决定惩罚整个班级。第二天,他在办公桌上发现了指控B学生为肇事者的匿名纸条。经过分析,他发现B学生具备成为肇事者的各种条件,但B学生断然否认这种指控。A老师左右为难,虽有一些证据,但缺乏关键证据支持。尽管如此,他还是决定惩罚B学生。他认为,惩罚B学生是小事,关键是让学生明白安全的重要性,杀一儆百,以后就再也不会有学生擅自去拿化学药品或恶作剧地搞爆炸了。

简单梳理一下这个案例中教学伦理问题的出现和解决:教师因故离开教室、学生制造爆炸闹剧、惩罚全班、匿名指控、处罚可能的肇事者。在案例中,A教师明显意识到了自己的责任,进行了教育伦理决策并采取了行动。在教学伦理研究中,人们往往会聚焦讨论A教师的惩罚决策是否得当,这自然是有意义的。但是,我们想提出一个大家不去讨论但很值得思考的问题:全班学生在这一事件中应该扮演什么角色?可以肯定的是,肇事者在学生当中,许多学生是知情者,但他们既不配合老师,也不自我反省过错,仅仅把自己扮作路人甲而已。很显然,在教学伦理研究中,不应把学生简单地视为教学伦理生活的旁观者。

二、学生主体问题为什么在教学伦理研究中被遮蔽?

当前,国内外教学伦理研究均很活跃,取得了不少有价值的成果。但是,在教学伦理研究中,基本不讨论学生的地位、作用、规范和行为。为什么教学伦理研究会有意无意遮蔽学生主体问题呢?考察教学伦理研究的传统与范式,有助于我们找到问题出现的真正原因。

斯特赖克(K. A. Strike,笔者曾译为史蒂瑞克)和索尔蒂斯(J. F. Soltis)开创的教学伦理研究的传统与范式,似乎一开始就把学生主体问题排除出去了。两人于1985年合作出版的《教学伦理》一书,被誉为教学伦理研究的奠基之作,多次再版,在业界影响巨大。这本书以1975年全美教育协会制定的《教育专业伦理规范》为探讨教学伦理问题的起点,采用教师职业伦理的视角,关注的核心问题是教师如何在工作中基于教育专业伦理规范处理好教学伦理矛盾。全书提出了教学伦理决策的两种思路:效果论与非效果论;结合案例讨论了惩罚与正当程序,学术自由,平等对待学生,应对多样性,民主、专业化与正直教学等教学伦理矛盾及其价值规则。毫无疑问,这本书对教学伦理研究领域的开拓,对教学伦理研究范式的建构,发挥了关键作用。它的独特贡献在于:把教师在日常教学中经常碰到的各种教学问题,归纳、提炼为相对系统的教学伦理问题,并提出了教师思考和解决这些问题的伦理依据与可能对策。这是一种从教师职业伦理视角观察、解决教学伦理问题的研究范式。在这一研究范式中,学生主体是缺席的,或者说,学生只是被视为教学伦理冲突的"麻烦制造者",但不是规约的对象,更不是解决问题的主体。

我国比较系统的教学伦理研究,是进入21世纪后兴起的。迄今为止,已经完成了多篇博士学位论文,出版了多部学术专著。① 研究主要聚焦于下列问题:教学伦理思想发展、教学伦理属性(特性)、教学伦理危机、教学伦理冲突、教学伦理规范(原则)、教学伦理策略。总体来看,我国教学伦理研究的视野有所开拓和超越,例如,关注了国外研究相对忽视的教学伦理的历史考察、教学伦理的本体探究等问题。但研究的重心还是落在教学伦理规范和教学伦理策略上,这与斯特赖克等开拓的教学伦理研究范式是一致的。我国学者提出的教学伦理原则,主要也是对教师教学思想和教学行为的规范,解决教学伦理矛盾的策略也是针对教师设计的。也就是说,我国教学伦理研究虽然在范围上和理论建构上有所突破,但在核心理念中,学生主体问题依然是缺位的。

由此可见,选择从教师职业伦理视角研究教学伦理问题,这是教学伦理研究屏蔽学生主体问题的关键原因。从教师职业伦理角度看,教师是履行公共职能的职业人,学生是公共服务的对象,因而,教学伦理探讨的焦点自然就是教师如何做好公共服务的伦理规范与策略原则,不用去关注学生的所作所为。这种探讨自然是必要的,它的

---

① 据初步统计,周建平、王凯、胡斌武、刘万海、戴双翔、任海宾等人的博士学位论文均以教学伦理问题为选题方向,欧阳康、周建平、王凯、胡斌武、戴双翔等专家学者均出版了教学伦理研究的专著。

意义在于对教师的教学工作进行了伦理思考和伦理规范。应用伦理学范式对教学工作做新的观察和思考,这是迄今为止教学伦理研究的主要工作和主要成就。这是一条从教学走向伦理的研究道路。我们认为,教学伦理研究既要从教学走向伦理,又要从伦理回归教学,因为教学伦理研究的实践指向和价值归宿是优化学校教学、促进学生发展,不忘初心才能真正彰显价值。

三、应真正重视教学伦理研究中的学生主体问题

努力促进教学伦理研究从伦理回归教学,是当前深化教学伦理研究的新方向,对此,仍有大量问题需要讨论。其中,一个关键问题就是研究范式和研究视角的变化调整。现有的教学伦理研究范式,总体是一种伦理学主导范式,就是从伦理学立场观察思考教学伦理问题,其研究视角主要是教师职业伦理视角。未来的教学伦理研究,有必要建构伦理学与教育学的交叉研究范式,既从伦理学立场又从教育学立场观察思考教学伦理问题,为此,需要努力跳出教师职业伦理的研究视角而建构活动伦理的研究视角。具体说,就是把教学伦理活动视为师生的共同道德生活,它既有伦理属性,又有教学属性。从关注教师的思想行为转向关注教师与学生的双边互动,这是活动伦理视角的主要特点。活动伦理视角可以包容职业伦理研究视角的各种研究成果并克服其局限性。在活动伦理视角下,学生主体问题将有效纳入到教学伦理研究中并成为关键性议题。

从活动伦理视角看,教学伦理研究内在包含着学生主体问题。这是因为,教学伦理活动作为师生共同的道德生活,学生从始至终是各种教学伦理矛盾的利益关联者,是各种教学伦理活动过程的直接参与者,是教学伦理实践改进的变革力量。回避或无视学生主体问题,教学伦理诸多问题的讨论将难以真正进行下去。因而,推进教学伦理研究的深化发展,需要认真重视学生主体问题。我们以为,在教学伦理研究中,有必要从如下四个方面开展学生主体问题的探讨:第一,学生作为教学伦理活动主体的具体内涵;第二,学生作为教学伦理活动主体的表现形式;第三,在教学伦理活动中发挥学生主体性的有效策略;第四,在教学伦理活动中培养学生主体性的目标、原则与方法。把教学伦理活动中学生主体性发挥与发展问题纳入教学伦理研究之中,这就是教学伦理研究从伦理回归教学的真义。

四、努力建构教学伦理研究的学生主体理论

在教学伦理研究中关注和探讨学生主体问题,其理论旨趣就是建构一种学生主体理论。为此,教学论关于学生主体问题的已有研究,具有重要启示借鉴作用。

在教学论研究中,关于学生主体问题已经做过深入的理论探讨,积累了丰富的成果。其核心思想大致可以概括为三个方面:第一,承认学生在教学中居于主体地位;第二,强调在教学中充分发挥学生主体性;第三,倡导教学促进学生主体性发展的价值追求。同时,教学论研究指出,教学作为教师教、学生学的双边活动,教师发挥主导作用,学生居于主体地位,学生主体性发挥和发展,均离不开教师的主导作用。[2]"教师主导学生主体"是处理各种教学问题的基本原则和优化教学的实践策略。这些基本认识,同样适用于教学伦理研究中关于学生主体问题的讨论。这是因为,教学伦理活动是教学活动的一个重要侧面,教学伦理关系是师生关系的一个重要维度,它符合教学的一般规律,体现教学的共性特征,遵从教学的基本策略和价值主张。当然,建构教学伦理研究的学生主体理论,不能简单套用教学论的学生主体理论,必须结合教学伦理活动的独特矛盾和现实实践,努力揭示教学伦理活动中学生主体地位、作用、规范和行为的具体个性特征。下面试就此做些具体讨论。

1. 在教学伦理活动中,学生主要是责权主体

我们曾经提出现代学生观的四个基本命题:学生是发展的人,学生是独特的人,学生是教育活动的主体,学生是责权主体。[3]这几点认识,可以帮助整体把握教学伦理活动中的学生主体特性。但在教学伦理活动中,学生主体地位的首要之点是学生作为责权主体而存在。因而,在教学伦理研究中,关于学生主体地位的认识,应重点揭示论证学生作为责权主体的丰富内涵和多样表现。教学伦理活动是师生共同创造的教育道德生活,包含着复杂的权利责任关系。每个学生在教学活动中均拥有受教育权、人身安全、人格尊严等众多权利,教师在教学活动中也有专业执教权、人身安全、人格尊严等各种权利。学生有权积极维护自身权利,教师要积极促进学生享有各种权利,也有权维护自身权益。而不侵犯、不践踏他人权利,则是教师和学生共同的道德义务。当然,学生是发展的人,学生的道德义务随身心发展阶段的提升而逐步提高。维护权

利与侵犯权利、担当义务与逃避义务,这是教学伦理冲突的重要形态,积极维权、勇于担责是教学伦理实践中师生的共同要求。例如,在上文介绍的案例中,搞恶作剧的同学已经潜在地给全班学生的人身安全制造了威胁,全班同学均有权利采取保护自身安全的行动。全班学生配合老师找出和惩罚搞恶作剧的同学,或者及时制止恶作剧,就是一种正当的维权行为,是行使主体权利的表现,也是高中生有能力承担的必要道德义务。然而,在案例中,作为具有独立思想和行为能力的高中生,却没有这样的维权举动,也没有对自身道德责任的反思,其行为特征是对主体责任与权利的自我放逐。

在实践中,有的教学伦理问题源于教师思想与行为不当,如歧视、压制、体罚等;有的教学伦理问题源于学生思想与行为不当,如舞弊、欺凌、违纪等;有的教学伦理问题可能源自师生双方的思想与行为不当,如师生课堂冲突、师生违规交易等。由此可见,学生是许多教学伦理冲突情境中的主角。由学生引起的教学伦理问题,学生是否应承担主体责任呢?这是一个不能回避的现实问题。现代教育伦理学强调尊重和关爱学生,这个大方向无疑是正确和先进的,但是,尊重和关爱并不意味着应容忍学生的一切不当思想和行为。例如,近年来,舞弊、欺凌事件在各地频频发生,那些考试作弊、欺凌同学的学生就是过错行为的责任主体,理应受到道德谴责和必要惩罚。强调学生是教学伦理活动中的责权主体,有助于更为平衡的教学伦理关系,并为教学伦理冲突的解决奠定更坚实基础。

2. 教学伦理活动是学生主体性发挥的重要舞台

教学认识活动和教学伦理活动是教学活动最主要的两个维度,也是学生主体性发挥的基本舞台。那么,在教学伦理活动中,学生主体性发挥的形式有哪些呢?这是教学伦理研究需要进一步关注的问题。主体性即人在活动中表现出来的独立性、主动性、创造性特征,一般通过主体意识和主体行为表现出来。在教学伦理活动中,学生主体性的具体表现也可以从主体的道德意识和道德行为两个方面来考察。试以抄袭现象为例来分析。从小学到大学,抄袭行为都有一定的普遍性。在抄袭现象中,学生有三种关联的角色:抄袭者、被抄袭者、知情者,构成一个利益相关者群体。面对抄袭行为,学生有哪些行为表现呢?一是不仿效,即独立完成考试或作业;二是不配合,即拒绝让别人抄袭自己的作业或考卷;三是批评,即公开谴责抄袭行为;四是制止,即主动阻止正在发生的抄袭行为;五是悔过,即反省和终止自己的抄袭行为;六是揭发,即向相关部门举证抄袭行为;七是随波逐流,即追随别人抄袭;八是漠然待之,置身事外;九是恶习难改,继续抄袭;十是教唆别人抄袭。在这些不同的主体行为背后,又有着不同的主体意识如利益动机、权利意识、责任意识、规则意识、反省意识等在发挥作用。显然,面对抄袭行为,不同学生基于不同的价值思考和价值决策做出了不同反应:有些学生行为没有表现出道德主体性,如漠然待之、随波逐流、恶习难改、教唆别人等;有些学生行为体现出了道德主体性,如不仿效、不配合更多体现了学生主体的独立性特征,而批评、制止、揭发更多体现了主体的主动性特征。由此可见,面对一个教学伦理问题,学生是否发挥主体性,必然表现为在思想意识和行为表现方面的不同反应。学生反应可能指向自我,也可能指向他人。指向自我即对本人的思想动机与行为方式进行价值思考和决策,如慎独、自律、自省等都是基于道德主体性的律己行为,指向他人即对别人的思想认识和行为方式做出价值判断和行为影响,如帮助、批评、揭发等都是基于道德主体性的度人行为。从主体行为的指向对象看,律己度人就是学生在教学伦理活动中发挥道德主体性的核心表征。

必须承认,面对教学伦理问题中,大多数学生未必会自然地发挥自身主体性。这就提出了教师如何激发、调动学生发挥主体性的策略选择问题。这里仅简单提出几个要点来讨论。一是律己优先策略。学生主体性的发挥,优先解决的还是自己的思想和行为问题。面对教学伦理问题,学生最重要的是对自己负责,管好自己,使自己的动机与行为合乎道德。学生在律己的前提下影响感化他人,自然是大家所期望的,但对此不应苛求。二是价值澄清策略。缺乏价值思考的知识,使许多学生面对教学伦理问题时束手无策。为此,可以使用价值澄清策略,让学生理解价值思考过程是涉及利益权衡、原则冲突、立场选择等多维度的复杂判断和决策过程,了解各种不同价值观的思考逻辑和决策机制,了解各种决策可能的风险与后果,从而提高主体道德意识的认识水平,为学生道德主体性发挥创造条件。第三,案例研讨策略。案例研讨就是分析解剖曾经发生过的典型教学伦理事件,了解动机、行为与结果之间的内在关联,总结经验,吸取教训,从而帮助学生明辨是非,自我反省,技巧迁移。案例研讨对于学生具有观察学习和经验学习的双重意义,是激发学生道德主体性的有效策略。第四,文化建设策略。学生生活在同学群体中,学生之间的行为和思想是互相影响的。在群体内部形成一种积极健康的舆论氛围,在群体成员之间建立休戚与共的情感关系,倡导自我管理与互助支持的群体文化,这些加强群体文化建设的具体策略,将创造一种有利于学生道德主体性发挥的环境,从而潜移默化地引导学生发挥出道德主体性。

3. 在教学伦理活动中发展学生主体性

教学伦理活动对于学生主体性发展具有重大教育价值,这是以往教学伦理研究相对忽略的一个维度。教学伦理冲突是有待解决的真实的教育问题,在师生共同解决问题的过程中,学生将经历思想碰撞、情感体验、行为参与、后果反思等具体环节,从而得到锻炼提高。例如,就本文第一部分讨论的惩罚案例来说,如何处理实验室发生的爆炸事件,这是师生共同面对的一个教学伦理问题。这个事件涉及利益问题、纪律问题、诚信问题、公正问题、尺度问题、责任问题等诸多道德议题,是一个难得的促发学生深入思考道德问题的教育契机。就搞恶作剧的学生来说,如果能从事件中反省自己的错误,勇于承认错误,积极改正错误,那么,他就发展了道德主体性。对于班上那些知情的学生来说,如果能从事件中反思:面对一个潜含可能炸毁半个学校后果的错误行为,我应该漠然视之吗?怎样看待同学的错误行为?怎样协助老师做些事情?那么,这种思考也会带来道德主体性的成长。当然,如果老师不是简单地惩罚学生了事,而是发动学生讨论这个事件,共同探寻解决问题的路径,那么,这个由错误行为引发的事件,就可能成为教育学生的最佳资源。由此可见,深入挖掘教学伦理活动的教育价值,是大有文章可做的。

要挖掘教学伦理活动的教育价值,首先需要在教学伦理研究与实践探索中真正树立发展学生主体性的观念。其次,教师要具有资源意识和教育艺术。对教师来说,遇到教学伦理冲突,往往本能地把它定性为麻烦、危机,往往从管理角度采取措施直接控制或消除冲突;其实,在麻烦、危机的后面,也蕴含着难得的教育资源。冲突往往就是鲜活的案例,解决冲突往往就是学以致用的过程。能否化危为机,关键在于教师的资源意识和教育艺术。再者,要让学生真正参与教学伦理问题的解决过程。教师要注意引领学生观察分析教学伦理矛盾,共同制定行为规则,共同研究解决问题的策略并具体落实。学生只要真实地卷入到了教学伦理的矛盾斗争过程中,就会有所感悟、有所变化、有所思考,这就是道德成长。

简单总结全文,我们认为,学生主体问题是教学伦理研究深化发展的新方向,当前,应基于教学伦理活动是师生共同的道德生活的基本认识,加强学生主体问题研究,努力建构教学伦理研究的学生主体理论。

参考文献：

[1] 肯尼斯 A.斯特赖克,乔纳斯 F.索尔蒂斯.教学伦理(第四版)[M].洪成文,等译.北京：教育科学出版社,2007：27—29.

[2] 王策三.教学论稿[M].北京：人民教育出版社,1985：91；125—130.

[3] 王本陆.现代教学理论：探索与争鸣[M].合肥：安徽教育出版社,2007：86.

论教学伦理学研究的结构性缺失及其应对

汪 明[1]　贾彦琪[2]

(1. 首都师范大学　基础教育发展研究院;2. 北京师范大学　教育学部)

一、当前教学伦理学研究的三大结构性缺失

1. 专注教师"教"的伦理,遗忘学生"学"的伦理

所谓教学,顾名思义,一定"永远包括教和学,而且不是简单地教加学。教和学是教学这同一事情的两个侧面,是辩证统一的"。[1]从教学的本质出发,我们研究教学伦理也应该包含教师和学生这两个主体,教学伦理研究应以善恶为尺度规定师生双方的行为规范,但"当前对于教学伦理的研究多着眼于教师,较少着眼于学生,且完全没有站在'师生共同体'的平台上,有悖于课堂生活的真实形态"。[2]之所以出现关注教师"教"的伦理,遗忘学生"学"的伦理这一现象,首先源于人们对于师生关系的认识。一方面,教师与学生相比,拥有更多的知识和经验,在教学中居于主导地位,这种不对等性的关系实际上就预示着教师应对教学伦理问题负有更大的责任。另一方面,教师还往往成为学生模仿的对象,这更要求教师必须身体力行,率先垂范。正如有研究者指

基金项目:教育部人文社会科学重点研究基地重大项目"教学伦理学研究"(12JJD880013)阶段性研究成果

作者简介:汪明,首都师范大学教育学院讲师;贾彦琪,北京师范大学教育学部博士研究生。
E-mail: 1175165034@qq.com(贾彦琪)

出的那样,"教师在教学中可能的不道德决策行为,会使学生在意识和行为上受到直接强化和替代强化,无论学生能否明白教师行为的性质,也无论其被强化的过程是外显还是内隐"。[3]以上两点都说明教师对学生所负责任重大,尤其是在中小学阶段,因此,人们在遇到教学伦理问题时便会不自觉地首先想到教师,遗忘和遮蔽了学生的伦理担当,最终造成学习伦理的研究缺失。其次,人们对教师"教"的伦理的关注,一定程度上也是研究惯性作用的结果。自从1985年《教学伦理》出版到20世纪90年代,人们对于教学伦理的探讨就主要集中在教师身上,认为教师是承担教学道德的主体。[4]我国的教学伦理研究也较多地集中于课堂教师的言行规范。20世纪30年代开始,就有研究者涉足这一领域,如罗廷光在《教学通论》中提出了"教师品格"的概念,建国后颁布了《中小学教师职业道德规范》以来,关于教师伦理的教育伦理学研究更是层出不穷。[5]教学伦理研究和教师伦理研究,或者是教师职业道德建设之间的界限一直比较模糊,再加上教学伦理从一开始就比较重视教师的作用,使得研究者极易因袭这一传统,在开展教学伦理学研究时仅着眼于教师一方。

虽然教学伦理学研究中偏重教师"教"的方面是有一定原因的,但这并不表示现有的研究结构就是合理的,对于学习伦理遗忘,不但造成了理论上的空白,同时为教学实践带来了损害。因为教学伦理的问题上不仅体现在教师方面,也体现在学生方面,如有部分学生的学习责任感不强,学习动力不足,自我意识过于浓厚,缺乏对他人的同情心、关心,同学之间缺乏交流等,[6]这些学习伦理的问题同样是教学伦理研究不能回避的重要内容。从系统论的角度上看,若想切实提升教学的伦理性,单从教师一方着手显然是不够的,也是不妥的,因为教师的"教"最终还是要落实到学生的"学"上,外因须得借助内因才能发挥作用,如果只加强教师"教"的伦理,而罔顾学生"学"的伦理,学生不买教师的账,依旧我行我素,教学伦理也无法获得切实提升,另外,单方面强调教师"教"的伦理,把教学中的伦理偏差全部归结为教师的责任,还会造成教师独负其荷的局面,加剧其对待教学的消极情绪,不仅无益于教学伦理问题的解决,反而会给教学整体带来负面影响。由此可见,只关注教师一方的伦理建设实际上隐忧重重,必须通过加强学习伦理研究加以补救。

2. 强调普通教育的教学伦理,忽视职业教育的教学伦理

当前的教学伦理研究主要集中在中小学教育和高等教育阶段,尚未发现有研究者

将目光聚焦到职业教育领域。之所以出现上述现象，一方面是由于人们对于职业教育教学问题的研究向来有所忽视。我国的教学论研究，虽然从名称上看是一般教学论研究，但就其内容而言，实际上专指的是中小学教学论。另外，近几年来，随着高等教育的普及、高等教育大众化的不断推进，人们对于高等教育逐渐由量的迷思，转向质的追求，大学教学论也异军突起，呈现出发展态势。而与普通教育教学论发展一片大好的情况相比，职业教育却一直处于被忽视的状态，在职业教育教学论未受重视的情况下，自然遑论职业教育教学伦理学研究的开展。另一方面，职业教育教学伦理研究的缺失还与人们认为普通教育中的教学伦理研究已足以解决职业教育教学中的伦理问题，再进行专门的教学研究实属多此一举有关。由于职业教育在学生受教育阶段上能够与普通教育对应起来，如中职对应着普通高中教育，高职对应着普通高等教育等，由于学生主体处于同一阶段，可以直接将相对的普通教育的教学伦理研究成果拿来使用，却没有考虑职业教育教学主体和教学实践的特殊性。在职业教育教学问题整体不受重视，以及职业教育教学伦理特殊性经受蒙蔽的情况下，职业教育教学伦理研究至今仍是一片未经开发，却又急需开发的处女地。

虽然伦理具有较强的普遍意义，一些普通教育教学实践中需要遵守的教学规范，对于职业教育同样适用，但职业教学也具有自己的独特之处，首先，学生自律能力差，职业教育的管理较普通教育更为困难。就读于职业学校的往往是那些学习成绩较差，自律能力缺乏的学生，他们对于知识的重视和教师权威的肯定远远低于那些普通教育中以升学为主要目标的学生，学生上课捣乱，甚至无故旷课的现象较普通教育更为严重，教学管理可谓困难重重，在这种情况下，一些教师不得不诉诸高压手段或干脆让学生放任自流，难以建立起符合伦理性的、平等和谐的师生关系。其次，教学内容实践性较强，教师心中有所顾忌。与普通教育主要传授理论知识不同，职业教育开设的课程是"为达到一定职业技术知识、能力、态度目标，并获得今后职业资格和职业生涯的能力、教学活动系统"。[7]也就是说其教学内容大多是可以直接应用于岗位的实用技能，具有较强的实践性和转化力。我国自古便有"教会徒弟，饿死师傅"的谚语，教师把学生教得各个技艺娴熟无疑会对自身造成或多或少的消极影响，相较之下，普通教育中学生学习的理论知识主要是为升学服务的，学生考得好了，不仅是对教师教学能力的一种肯定，还能帮助教师获得学校的褒奖，赢得声望。我们经常可以看到普通教育中的教师，尤其是中小学教师夜以继日，加班加点地为学生操劳，而职业教育的教师却更多地表现出教学动力不足的问题,这与上述两种教育的教学内容和教学附带效果间的差异也不无关联。最后,职业教育教学内容的实践性,还决定了其教学伦理的复杂性。普通教育的教学伦理主要关注的课堂教学中的伦理问题,而职业教育的伦理问题则不仅关涉课堂,还关涉职场,普通教育中的教学伦理解决的主要是师生关系的平等和谐、个体成长的健康活泼、教学手段的正当恰切等,当然,这也是职业教学伦理研究的重要问题,但职业教学伦理更要关心学生的职业幸福感的获得和职业道德规范的建立。一方面,在追求效率和充斥着工具理性的社会中,人的职业幸福感正在减少,这几乎是所有国家在现代化进程中都要遭遇到的问题。[8]而且在实现中,也有不少学生选择某一职业并非出于自己的本心,对于所学专业具有较强的抵触心理,入职后极易产生职业倦怠。在这一情况下,职业教育的教师在教学时必须设法帮助学生悦纳其所选职业,这不仅关系到当下教学的有效性,更关乎学生未来的职业发展,也是职业教学为好、为善的重要方面。另一方面,职业教学中还包含较多关涉职业道德的内容,教师需要有意识地加以强调,尤其是职业教育存在许多顶岗实习内容,更需要教师的身体力行,率先垂范。总之,上述职业教育教学伦理的特点决定了不能简单地将普通教育中的教学伦理研究成果套用其中,而要根据职业教育的教学特点和实际存在的价值冲突,建立一个相对完善和独立的教学伦理研究系统,着力解决职业教育教学中的特有问题。

3. 偏爱公正取向的男性伦理,冷落关怀取向的女性伦理

在研究取向上,当前的教学伦理学表现出对女性伦理关注的缺失,这一结构性缺失与伦理学研究的传统不无关系。伦理简而言之,就是人与人相处的道德准则,我们都知道男性和女性在人际交往方式上存在较大差异,这也就暗示了伦理学有一定的性别之分。相对于男性对公正、普遍性、理性的推崇,女性更多表现出对关怀、情境性、同情的钟爱。然而,"从传统伦理学建构的主体和立基的经验看,伦理学的主体是以男性的自我理解与自我决定为模型的",[9]"它所揭示的自然是男性的价值,在伦理学文本中所整合的是男性自身不断提升的品质与能力,以及对男性生活问题的不断强调。"[10]也就说是,在一般伦理学研究中,男性伦理基本长期处于一统天下的地位,女性的伦理思维则被无情地隐匿了,存在较为明显的"男性偏好"和"性别盲视",而教学

伦理的研究同样延续了这一范式,将公正取向的男性伦理奉为座上宾,着重探讨了教学中的公正和民主问题,但对于教学的关怀问题则少有问津。另外,对男性教学伦理的偏爱也与当下教育发展态势密切相关,随着民主政治的进步以及教育的不断普及,人们对于教育公平的关注与日俱增,在这一理念的影响下,学校和教师均将如何公正地对待每一名学生提到了更为重要的位置,而强调公正的男性伦理自然也就成为了教学伦理学的主要研究取向。

但是,暂且不论男性伦理本身的缺陷和不足,单就女性教师在教学实践领域所占比例较大这一特殊情况而言,以男性伦理统摄教学伦理研究的做法也是不可取的。首先,对男性伦理的偏爱很容易引起女教师的认同危机,进而影响教学质量。我们在教学中强调男性伦理,而现实情况却是男性领导,女性教书,这就形成了一种不对称的局面,即以男性伦理引导女性教师的教学行为。而这种不对称很容易引发女教师的认同危机,因为"论理"的男性道德思维和"说情"的女性道德思维在某些情况下极易发生冲突,这时如果硬要女教师采用男性伦理加以调和,令其舍弃本身所固有的感性情怀,无疑会为其带来认识上的混乱,进而对其女性身份出现认同危机。而正如帕克·帕尔默(Parker J. Palmer)在其《教学勇气》一书中所言,"好的教学来源于教师的自身认同和自身的完整",[11]女教师自我认同的混乱必然会或隐或显地造成其教学质量的下降,可见,这样以男性伦理为主导的教学伦理不但难以起到引领教学发展的作用,还会戕害教学质量,必须引起我们的警惕。其次,教学中的一些伦理问题,也不是仅仅依据公正和理性便能解决的,还必须诉诸强调关怀的女性伦理。男性伦理强调的是规范和理性,但在教学这个关涉人的场域中,不是所有问题都可以依靠原则妥善解决的,比如法国教育社会学家的调查就表明,不同学业成就的学生对教师的关怀需要明显不同。学业成绩较差的学生渴望得到教师积极的态度,从中获得平等感和信心,从而间接地有益于提高学业,而学业优秀的学生更看重教师进一步促进自己学业成长的能力和耐心,[12]这些细微的差别必须以一颗关怀之心才能体悟。而且,在实践中,"人们凭借理性做道德判断是一瞬之事,但它需要人长期培养道德情感所日积月累的力量。"[13]没有强调情感和关怀的女性伦理做支撑,教学伦理必定会变得冰冷僵硬。最后,过多强调男性伦理,还会损害女教师的母性情怀,破坏由教师关怀所营造的温馨环境。内尔·诺丁斯(Nel Noddings)和卡罗尔·吉利根(Carol Gilligan)所提倡的关怀取向的女性伦理强调人和人关系的情感联系,注重对学生生命的尊重,有了这种由衷的关心,即使是知识教学也会变得饱含深情,教师也不会再打着"为你好"的幌子形塑学生,而会允许学生以自己独有的生命节律实现富有个性烙印的发展。[14]当前教学中的刚性和标准化倾向,教学中缺乏关心、女性伦理备受冷落不无关系,因而,无论是从女教师自身认同,学生个性发展,还是从教学整体质量来看,都有必要在教学伦理学研究中强调对女性伦理的关注,以打破男性伦理一统天下的局面。

二、教学伦理学研究结构性缺失的应对路径

1. 回归教学,加强学习伦理研究

教学伦理学是关于教学的伦理研究,其开展理应围绕着教学概念的内涵进行,而教学是教师"教"和学生"学"的统一活动,在此基础上,教学伦理也应该是"具有职业身份的教师履行授业传道的社会责任,满足学生的求知需求的同时,以学生为身份的一方也同样履行责任,双方通力协作,最终达到尊师爱生、教学相长的和谐境界。"[15]而在当前只专注教师"教"的伦理,忽视学生"学"的伦理之现实困境下,我们首先要做的就是进一步加强学习伦理的研究。其实,我国对于学习伦理的研究古已有之,先师孔子就曾对学生学习提出了学而不厌,学思结合的要求,韩愈则提倡培养刻苦勤学的学习品德,告诫学生"业精于勤,荒于嬉",当代教育家蔡元培也非常注重学生学习兴趣的培养和学习责任感的激发,并详细指出作为学生一要孜孜求学,二要砥砺德行,三要尊师爱友,[16]还认为整顿北大的第一要务就是改革学生的观念。当下的教学实践实际上也有一些蕴含着学习伦理的规范要求,比如中小学生守则等。但无论是古代学习伦理的研究传统,还是当下对学生学习的行为规约,都是一些零散的提法,尚未进入到教学伦理领域中,进行较为系统、全面的研究。

除了上述对学习伦理的忽视以及研究的零散性以外,当前的学习伦理研究还存在着片面性问题,强调的多为学生所应恪守的学习道德、遵循的学习纪律和承担的学习责任,但这只是学习伦理的一个方面,学生的学习自由同样是研究的应有之义。"自律是主体性的表现,是人出于理性而为自己立法并出于意志而自愿奉行之",[17]道德强调和追求自由,其实质是主体对客体的认识、选择、改造和超越,是主体性的充分表现。恩格斯说,"如果不谈谈所谓自由意志、人的责任、必然和自由的关系等问题,就不能很

好讨论道德和法的问题。"[18]因此,学习自由可以说是学习伦理的重要组成部分,有些研究者可能会认为强调学习自由会给教学带来混乱,而刻意回避之,这是大可不必的,实质上真正的自由被天然地赋予了责任,哈耶克曾指出"自由不仅意味着个人拥有选择的机会并承受选择的重负,而且还意味着他必须承担其行动的后果,接受对其行动的赞扬或谴责。"[19]可见,学习自由不仅不会戕害教学秩序,还是促成学生成长的重要条件。

最后,在研究教学伦理时,我们还需要注意教师"教"的伦理和学生"学"的伦理之融通。"教学概念的核心精神即在'教学'中'教'与'学'是统一的,只有理论研究或实践中着力有所侧重的情况,不存在'分'或'合'的问题,一旦真的'分开',则教学就消失,就不复存在。"[20]因而,在分别加强"教"的伦理和"学"的伦理的基础上,还要致力于二者的融合,关注"教"和"学"的互动,比如有研究者就基于师生关系,提出了"教学道德调节"的概念,论述了师生共同遵守的道德原则和规范。这些原则和规范有"爱书和思考"、"练习和创造"、"通心与共慰"。[21]教学是一个系统,为了研究的方便,我们可以将其中某个要素剥离出来看待,但"拿得出"容易,更要"放得回",否则教学伦理学研究便会被肢解开来,丧失了对其研究的真正意义。

2. 固本拓边,开展职业教育的教学伦理学研究

在应对职业教育教学伦理研究遭受忽视的窘境,以弥合教学伦理学研究的结构性缺失方面,应将"固本拓边"作为指导思想。一方面虽然比之职业教育教学伦理,我国普通教育教学伦理研究,尤其是中小学教学伦理学研究已具备一定的规模,但相对于其他有关教学的研究,教学伦理学研究尚显薄弱,仍然需要进一步巩固与加强。另外,普通教育教学伦理研究的相关经验和成果也能够为职业教育教学伦理研究有所启示。因此,我们在开展职业教育教学伦理的过程中,也不能削弱普通教育教学伦理学的研究,而是继续稳固这一教学伦理学研究开展的基础。另一方面,在坚守与提升教学伦理现有研究成果的基础上,还要进一步拓宽研究的视野,更多地关注职业教育这一领域。当然,要想使研究者的目光转向职业教育教学伦理学,应首先使其认识到职业教育及其教学的重要性,实际上,我们对职业教育教学伦理学研究的忽视在很大程度上是职业教育整体不受重视的必然结果,因此,若想更为充分地开展职业教育教学伦理

学研究，必须先在转变研究者对职业教育的认识以及壮大研究队伍等方面做文章，只有职业教育研究整体境遇获得较为明显的改善，人们才有可能将更多的精力投入职业教育教学伦理学的研究之中。

除了在观念上提升人们对职业教学伦理的重视外，如何具体地开展相关研究也是值得思考的。首先要做的就是明确研究对象和任务，这可以说是开展教学伦理学研究的前提和基础，因为"对于一门科学来说，生死攸关的一个问题就是要明确自己的研究对象和任务。"[22]职业教学伦理学研究的自然是职业教育教学中伦理问题的探讨，是对善好的职业教育教学的追求，但若仅仅这样界定职业教育教学伦理研究问题不免过于简单、抽象。若想切实开展职业教育教学伦理研究，必须明晰当前的职业教育教学中存在哪些亟待解决的伦理冲突，职业教育教学的伦理构建与中小学和大学教学伦理的差异所在，进而找准职业教育教学伦理研究的定位。在明确了研究方向之后，还需要切实可行的研究方法。"对于任何一项学术研究而言，无论是自然科学还是人文社会科学，方法论都对研究的水平起着决定性作用。"[23]"如果缺乏对方法的关注，那么教育研究将止步不前。"[24]具体而言，职业教育教学伦理研究可以沿着现有教学伦理学的研究思路，"综合运用各种适用于伦理学研究和教学论研究的方法，包括观察、分析教学活动。剖析典型案例，开展专项或综合实验，进行理论探讨等等。"[25]并依照不同类型职业教育的特性和职业教育教学论理的研究目标加以选取和综合。总之，职业教育教学伦理还是一个新的研究领域，无论是在研究对象和任务，还是在研究方法上都比较模糊，需要专门、深入的研究加以不断摸索和探讨。

3. 凸显关怀，重视女性教学伦理学研究

随着教育民主化进程的不断推进，人们愈发重视教育公正的意义，强调教育要公平合理地对待和评价全体学生，教学活动要本着客观、正确、恰当的程序来实施。这无疑是正确的，但在教育这个充满温情，并以女性教师为主要构成的场域中，仅仅依照男性伦理理性地考虑问题是不恰当的，还必须将教学公正和教学关怀结合起来，加入女性伦理注重移情和情境的思考方式。

首先，赋予女性伦理学在教学伦理学研究中的应有地位。自20世纪70年代以来，女性主义伦理学的研究逐渐兴起，诺丁斯还明确主张将关怀伦理思想贯彻于教学

过程中,但我们在教学伦理的现实研究中,却很少关照到女性思维,因此,教学伦理研究也应该引入女性主义伦理的视角。实际上女性伦理学关涉的不只是女性权利的诉求,不是仅仅强调赋予女性应有的政治经济地位,而是"更多指向的是伦理学本身,关注针对所有人的道德问题,是伦理学在当代新的发展"。[26]因而,我们在强化女性伦理在教学伦理学研究的地位之时,也要深刻认识其内涵,切忌窄化对女性主义伦理学的理解,不仅要吸收其已有的理论学说,更要采纳其女性主义的研究方法和研究视角。

其次,女性教学伦理是女性伦理在教学领域中的显现,这就要求我们不仅要借鉴女性伦理的研究成果,更要关注教学的特有属性,强调关怀的责任性和科学性。一方面,教师对于学生的教学关怀,在日常关怀真情性的基础之上,还要强调关怀的责任性。日常生活中人们相互的嘘寒问暖,只要有一颗真挚的心、一片深切的情就足够了,但教学中的关怀却是和教师职责密切相关的,教学关怀在反对功利主义倾向的同时,也要考虑实际效果。比如教师始终有责任将自己真实的想法告知学生,并帮助学生在充分知情的情况下尽可能做出正确的选择。[27]这就表明,教师对学生的关怀不仅需要真心诚意,更要蕴含教育因素,以便在关怀之中将学生导向正确的选择和行为。另一方面,教学关怀不同于日常关怀的随意之举,需要建基于对教学的科学认识之上。教师对学生的关怀应当是理性指导下的关怀,教师必须在充分掌握教育学、心理学相关知识以及学生个体情况的基础之上对学生进行关怀,明确关怀的内容并选择适当的关怀方式。比如因材施教这一理念就体现了教师对所有学生的尊重,蕴含着教学的人性化关怀。[28]但要想真正实现因材施教,仅靠教师对学生的教育爱是不够的,还需要教学理论的指导,对教师个人的教学能力也有一定的要求。教学关怀强调责任性和科学性的特点,使其区分于一般的女性伦理学研究,因此,我们更有必要根据教学的固有特点和现实诉求对女性伦理加以审视和改造,开展特色鲜明的女性教学伦理研究。

参考文献:

[1][22] 王策三.教学论稿(第二版)[M].北京:人民教育出版社,2005:87—88,51.

[2][6] 胡斌武.教学伦理探究[M].成都:四川教育出版社,2005:6,1.

[3] 郑信军,吴琼琼.论教师的教学伦理敏感性及其发展[J].教育研究,2013,(4):97—104.

[4] 杨晓峰.当代教学伦理研究综述[J].教学与管理,2011,(11):3—6.

[5] 王凯.教学伦理研究的现状与问题[J].全球教育展望,2008,(1):50—53.

[7] 程宜康.高等职业技术教育课程新论[M].北京:清华大学出版社,2010:5.

[8] 宋晶.现代职业教育的伦理诉求[J].职教论坛,2012,(21):28—31.

[9] 胡军良.道德的"性别"之思:基于女性主义关怀伦理的视角[J].云南社会科学,2011,(6):20—25.

[10] 帕森斯.性别伦理学[M].史军,译.北京:北京大学出版社,2009:48.

[11] 帕克·帕尔默.教学勇气:漫步教师心灵[M].上海:华东师范大学出版社,2005:13.

[12] Noddings, N. *Caring: A Femine Approach to Ethics and Moral Educational* [M]. Berkeley, CA: University of California Press, 1984:178-179.

[13] 袁玲红.关怀伦理与正义伦理的融通[J].社会科学辑刊,2007,(1):35—38.

[14] Noddings, N. *The Challenge to Care in schools: An alternative approach to education* [M]. New York: Teachers College Press, 1992,174-175.

[15] 曾钊新.试论教学中的道德调节[Z].北京:人民教育出版社,1988:132.

[16] 钱焕琦主编.中国教育伦理思想发展史[M].北京:改革出版社,1998:126—134.

[17] 王本陆.教育崇善论[M].广州:广东教育出版社,2001:319.

[18] 马克思恩格斯选集(第1卷)[M].北京:人民出版社,1972:153—154.

[19] 哈耶克.自由秩序原理[M].邓正来,译.北京:三联书店,1988:102.

[20] 丛立新.教学概念的形成及意义[J].北京师范大学学报(社会科学版),2007,(5):5—12.

[21] 瞿葆奎.教育学文集·教学(上册)[M].北京:人民教育出版社,1988:132—145.

[23][24] 曾天山.内容之马与方法之车:以方法创新提高教育研究质量[J].中国教育学刊,2012,(10):71—78.

[25][28] 欧阳超.教学伦理学[M].成都:四川大学出版社,2008:23,149.

[26] 罗蔚.当代伦理学的新发展:女性主义伦理学评介[J].伦理学研究,2005,(3):58—61.

[27] 侯晶晶,朱小曼.诺丁斯以关怀为核心的道德教育理论及其启示[J].教育研究,2004,(3):36—43.

教师伦理困境的研究及其意义

王 凯

(杭州师范大学 教育学院)

根据《剑桥哲学辞典》的解释,"专业伦理"既指应当约束专业人员的合理道德价值和规范,也指专业人员实际奉行的道德信念或行为表现。[1]在很长一段时间里,研究者仅从规范的视角看待教师专业伦理,只是进行教师专业伦理价值和规范的思辨研究。[2]然而,自20世纪八十年代以后,研究者们指出,教师专业伦理不是一套规范体系,而是一个充满冲突困境的伦理实践领域,[3]在实践中合乎伦理的行为只能是情境性的,不能被标准化,[4]教师需要了解实践中的伦理困境,学会在具体的教育情境中寻求合宜的决策。多国学者纷纷采用经验研究方法描述教师实际的伦理困境,测量教师道德推理水平,探究教师伦理决策的类型及影响因素,从早期偏重教师专业伦理的规定性转向探究教师专业场域中伦理实践性,[5]从而开辟了一条教师专业伦理研究的实践困境与决策路向。

一、教师伦理困境的内涵与特征

伦理困境或道德困境(ethical dilemma or moral dilemma)也称伦理难题或道德难

作者简介:王凯,杭州师范大学教育学院教授,主要从事教师教育、课程与教学论研究。
E-mail: henrywang666@126.com

题,是伦理学家持久关注的兴奋点,尤其是在抵制道德绝对主义、道德客观主义、道德理性主义的探讨中,伦理学家以伦理困境揭示某些道德理论的有限性。虽然伦理困境得到广泛提及,但是统一的定义尚未形成,有研究者认为,"道德困境是某些情境,在其中某个主体在道德上应该在两个(或更多)不同选择中作出一种选择,不能同时两种(或所有的)选择。"[6] 萨特的著作记录这样的伦理困境。萨特的学生面临着在道德上应该留下来陪同母亲,与还是应该前往英格拉参战的伦理困境,他不可能同时选择这两种可能。但是,有些哲学家认为仅有两种或两种以上的选择的情境并不一定都是道德难题,如果冲突的道德理由不是出自义务或要求,则这种冲突不是道德困境。例如,如果没有承担帮助任何慈善机构的义务,在两家慈善机构之间抉择就不是道德困境。还有些哲学家认为如果在某种道德情境中,冲突的道德要求中的一种完全被另一种压倒。这样的情境也不是道德困境。比如,为了挽救生命而毁约就不是道德困境,因为守约的义务被压倒。因此在这样的一些条件的约束下,道德困境被狭义地界定为道德义务或要求之间不可解决的冲突。[7]

在教育领域,教师(或教育、教学)伦理困境也存在类似的狭义界定。芬妮等人(Feeney, S. & Freeman, N. K.)指出因为在这类困境中存在核心价值观的冲突,存在着超过一种可能性的解决方案,并且每一种方案都得到有力的道德证明。伦理困境要求人们在两种可行性方案中选择。任何一种抉择都会产生有利结果,但也会造成某些损失。[8] 他们举例说,一位母亲要求教师阻止她的4岁的儿子在学校午睡。因为她早上很早上班,希望儿子晚上早睡。教师会发现存在不止一种答复那位母亲的要求。这源于教师应该尊重家庭需求和教师应该满足儿童需要的价值观冲突。一方面,这位教师可能决定不组织孩子午睡,因为她知道早起工作是多么辛苦。如果问她为何采取这种办法,她可能回答说尊重家庭需求和帮助家庭养育孩子的价值观引导她如此作为。另一方面,这位教师可能拒绝母亲的请求,允许孩子午睡,如果问她为何做出这种决定,她可能说她深知午饭后多数4岁的孩子都需要睡一会儿,午睡会使孩子下午精力充沛。无论哪种决定,都有合理的论证,也都涉及某些利益和损失,教师如何协商解决办法,满足母亲和孩子的需求?何种原则能帮助教师平衡两方面的责任?如果不能达成妥协,何种利益应该最受重视?教师既不能简单运用相关规则和事实,也无法做出预案应对特殊的伦理困境。[9]

不可否认,伦理学上确实存在某些难解的道德冲突,但是同样也不可否认的是,许多道德难题经过行为主体的慎思,在一定的条件下是可以得到较为圆满地解决。应用伦理学发展已经证明过去的一些道德难题在今天看来已经是可以解决的。我们认为无视伦理困境的存在,认为任何伦理困境都能到现有伦理学理论的解决,是盲目乐观信任理论的理性自大征候,固然应该遭到批判,但是过度地强调道德冲突的不可解决,以致滑入道德相对主义的泥潭,造成放弃伦理上的理智努力,也是不足取的。我国学者曹刚也认为伦理困境指的是"行为主体依据现有的道德规范,难以作出善恶或正当与否的道德判断和选择的困境。"[10]因此,我们认为道德难题可以宽泛地界定为面对多种道德选择,不易做出抉择的困境。我们可以从以下几个方面继续分析伦理困境特征:

1. 教师伦理困境始于道德选择的意识

没有选择的可能,也就不会有选择的困惑。仅当行为主体意识到在某一情境中可以做出两种或多种可能的行为抉择时,道德焦虑、困惑才会油然而生。例如,当一位教师只意识到这是一名差生而需要关心时,做出关心的行动是不会存在伦理困惑的,但当她意识到自己关心某位差生的行为引起其他学生的不解和反感时,她有可能陷入是继续关心差生,还是照顾其他学生情绪、平等对待学生的选择困惑之中。这种道德选择的意识需要三点来保证:一是教师主体要有意志自由。意志自由使人们在多种可能性中根据自己的意愿进行选择,并为此承担责任。教师如果缺乏选择的自由,那么就不会有无从选择的困惑,而是只有无可奈何的遵从。比如,教师没有直接干涉家庭教育的自由,教师对家长某些错误的教育方式有所意识但也是无能为力的。二是教师需要具备的专业道德敏感性。教师能否从客观存在的教育情境中读出潜在的多种道德选择,乃是某一情境能否成为道德难题的前提条件。倘若上述教师没有捕捉到其他学生的行为或心理变化,便不会出现随后的道德焦虑。三是道德选择意识的出现还与教师个体具有和信奉的专业伦理观念有关,如果那位教师没有或不信奉"平等对待学生"的专业伦理观念,也就不会产生另一种道德选择的可能性。

2. 教师伦理困境现于具体道德情境

伦理困境产生于特定时空里的具体而复杂的伦理关系,选择的多种可能性正是通过具体的情境才能转换为现实的选择行为。教师面对抽象性的道德概念、概括性的伦理规范是难以产生道德难题的。许多教师在学习"关爱学生"、"平等待生"等专业伦理规范时,并不一定产生道德难题,只有在如前述的具体教育事件中,被教师意识和叙述,伦理困境才是真实的。因此,伦理困境的表达具有叙事性格。它总在教育场景的叙述脉络里呈现出来,被教师记录和转述为一个有意义的故事。在故事里,教师探究实践中多种可能性,展现多种利益的冲突或紧张关系,以及难以抉择的焦虑教师伦理难题必然是实践性、现实的道德紧张和选择困惑。

3. 教师伦理困境难凭事实解决

伦理困境不同于事实性难题。完全掌握情境中的事实、信息也不能导致难题的解决。我们可以从伦理困境的话语陈述类型来加以分析。[①] 伦理困境中的话语陈述属于伦理型陈述。这类陈述需要与事实型陈述区分开来。事实型陈述是关于客观世界"是什么"的描述性表达。例如,教育是一种社会活动。评判事实型表述正确与否的标准是看它是否反映了客观世界。伦理困境中涉及的表述则是规定性而非描述性的,常常用"应该"、"应当"或"好"、"善"这样一些表达"应然之意"的词汇来陈述。如,教师应该平等对待学生。关爱学生的教师是好教师。伦理型的表述也存在对错之分,但不能如同事实型表达,可以通过它们是否与客观世界一致做出判断。英国哲学家大卫·休谟曾指出从实然推出应然的谬误(is to ought fallacy),伦理推理只能在伦理假设一开始就存在的前提下才可能发生。比如,从"张三是一名学生",不能推导出"王老师应该关心张三"。如果要使结论成立,必须加上"教师应该关爱学生"伦理大前提。伦理型表述是否正确依赖于伦理的大前提并结合相关事实来判断。由此,伦理困境不能直接依赖相关的事实来解答,还需诉诸伦理大前提的探讨。

4. 教师伦理困境拒绝相对主义

伦理型陈述还需要与个人价值偏好的陈述区分开来。"我喜欢学习数学的学生"和"给学生的评价应该公平"是不同的。前者是个人价值偏好表述,涉及教师的个人喜

[①] 美国学者肯尼思·斯特莱克和乔纳斯·索尔蒂斯曾做过类似分析。参见 Strike, A. K. & J. F. Soltis. The Ethics of Teaching (5th ed.) New York: Teachers College Press, 2009. p5 - 7.

好,后者则是伦理型陈述,涉及教师遵守的专业义务。个人喜好是个人主观的自由选择,因人而异,无所谓对错。那种认为教师喜欢学习数学的学生是对的,而教师喜欢学习语文的学生是错的观念,就是一种价值强迫症。而专业义务则不同,它是对专业成员的导向性和约束性的陈述,让他们分清应该做什么和不应该做什么。选择某类专业,意味着承担相应的专业义务。澄清伦理型陈述与某类价值型陈述在于表明,教师实践中伦理困境不同于个人价值偏好的冲突。对于某些教师的个人价值偏好,我们可以选择尊重和宽容。同时我们也不能把某些教师的貌似个人选择,实则涉及专业义务的行为等同于个人价值偏好,从而放弃了专业伦理的反思与批判。

二、 教师伦理困境研究的路向

1. 揭示复杂的教师专业伦理困境

一般而言,教师专业伦理困境是个体在教育实践场域中遭遇的一种冲突情境。在这种情境之中,存在着超过一种可能性的解决问题方案,并且每一种方案都得到有力的道德证明,任何一种方案都会产生有利结果,但也会造成某些损失。[11]坎普贝尔(Campbell, E.)认为,教师在实践中可能面临的三种伦理困境。第一种伦理困境是由于教师缺乏丰富的伦理知识指导专业实践,以致他们在面临实践中相互冲突的情境中困惑不解、束手无策。第二种伦理困境是教师知道正确的道德选择,但是不知道如何去做。第三种伦理困境是教师不仅清楚地知道什么是正确的道德选择,而且还知道应该做些什么,但是由于安全、便捷、有效等原因,或者可能是被某种学校文化胁迫,而不会选择那样去做。"不要捣乱,无论如何平静才是每天的常态。"[12]虽然专业伦理困境不可能被教师避免和轻易得以解决,但有研究者认为它有助于教师反思如何以道德的方式为学生的利益服务,教师能依赖对伦理困境的意识和区分不同行动方案及理性证明自己行动方案的能力来发现处理伦理困境的不同方式,这对于发展教师道德具有重要意义。[13]因此多国研究者致力于探究教师专业实践中的复杂伦理困境,以期推动教师专业能力发展,提升伦理问题的解决能力。1986年美国研究者芬妮(Feeney, S.)调查了幼儿教师的专业伦理困境,发现并归纳了教师与家长、教师与教师、教师与管理者、教师与机构、机构与机构之间经常出现的伦理困境议题。加拿大研究者梅洛

(Melo,P.)调查了新手教师,发现70%的新手教师经历的伦理冲突主要与学生有关,并且因没有经验而有意回避伦理冲突。[14]加拿大学者坎普贝尔描述了教师个体道德与学校文化中伦理要求之间的冲突。[15]瑞典学者科尔勒鲁德(Colnerud, G.)重点关注了教师经验到的忠诚于同事与忠诚于学生之间的伦理冲突。[16]芬兰学者梯利、胡苏则发现大多数没有得到解决的伦理冲突涉及教师与家长的关系,教师与家长在"儿童最佳利益"上的认识矛盾加剧了双方的冲突。[17]最近,以色列学者沙丕拉-里史钦斯基(Shapira-Lishchinsky, O.)采用关键事件法归纳以色列中小学教师常见的五类学校教育实践伦理困境,即满足他人需求与遵守规范的冲突、过程公平与结果公平的冲突、学校规范与家庭规范的冲突、自主与专业忠诚的冲突、宗教信仰与学校政策的冲突。[18]这些研究在不同程度上揭示了教师普遍经历着冲突和复杂的伦理困境,发现教师在极少获得指导的情况下独自面对道德困境和挑战。它们影响着教师作为有道德个人和道德教育者的主体意识,破坏着教师的伦理实践能力。[19]

2. 测定教师专业伦理推理水平

教师如何解决上述种种伦理困境?科尔伯格学派认为,面对多种复杂的伦理困境,需要促进教师伦理推理水平发展,[20]提升教师的伦理推理能力,才是是确保教师教学行为合乎伦理原则的重要依据。[21]伦理推理是应用伦理原则探究伦理难题的过程,具体而言是将伦理原则运用到事件,并判断伦理原则是否充分和有效的过程。[22]科尔伯格学派认为教师伦理推理也存在着科尔伯格提出的三水平六层次,不同层次的伦理推理水平影响教师教育行为。他们的研究非常关注运用科尔伯格学派创制的工具测量教师的道德推理水平,以及教师道德推理水平与教育行为之间的关系。他们的实证研究表明,教师伦理推理水平的高低缺失极大地影响了教师角色类型,以及课堂管理和师生关系的质量:(1)在教师伦理推理与教师角色方面,伦理推理水平低的教师常视自己为教学的中心,将遵循既定规范和维持教学秩序为其重要工作,但伦理推理水平高的教师则倾向思索课程的意义,视学生为学习的中心,教师是学生学习的辅助者。教师欢迎学生参与课程设计。(2)在教师伦理推理与课堂管理方面,与伦理推理水平较低的教师相比,伦理推理水平高的教师秉持的课堂管理态度是,相信学生、尊重学生,以及愿意了解学生。伦理推理水平高的教师认为课堂规范的设定是为了保障学生的权益。他们愿意协助学生了解规范,制订规范。伦理推理水平高的教师也倾向从事件背景及动机角度看待学生的违规行为,对学生违规行为的惩罚也较轻;(3)在教师伦理推理与师生关系方面,伦理推理水平低的教师较强调教师控制与学生顺服,而伦理推理水平高的教师则较倾向人本观点,愿意考虑学生的感受与动机,较能营造和谐的师生观关系。学生也认为伦理推理水平高的教师较支持学生、较友善、愉悦,及为学生所景仰。伦理推理水平高的教师所任教的班级也被学生认为较具道德氛围。[23]总之,研究表明高水平的伦理推理使得教师能够更全面、更深入地思考教学,更愿意尊重学生权利、满足学生需求、促进学生发展,更为客观地处理教育问题。教师行为更为人性、民主和专业。[24]

3.提供教师专业伦理实践决策模式

瑞士研究者奥泽批评科尔伯格学派的教师道德推理研究忽视了教师专业伦理在实践关系中的复杂性。他认为教师伦理不是指导系列行为的规范,而是一种解决具体问题,形成某些具体行动的一种特殊能力。如果教师没有遭遇任何冲突,通常无须注意自己行为的伦理准则。当且仅当他们处于教学常规被中断、冲突的情境中时,教师才会需要思考解决现存困境的道德原则,因而教师伦理就是在伦理困境中的决策能力。奥泽基于对话伦理学提出了"完全对话"(complete discourse)策略,要求教师:(1)创设"圆桌式"(roundtable)情境。邀请所有伦理困境相关者参与交流。(2)同等对待所有参与者的言语表达,无论是需求、辩护、指责、建议,等等。互相倾听,共同寻求最佳解决问题的方案。(3)坚信并期待参与圆桌会议的所有参与者都能负起追求真理、自由决策和诚实、关爱和公正原则。(4)坚信如果前三类条件得以满足,商谈的结果将一定是道德的,而且满足所有人最佳利益。以色列学者马斯洛瓦蒂(Maslovaty)进一步探究了影响教师伦理决策类型的因素,他主要检视了"教师信念"、"教学情境"和"个人背景"对教师伦理决策类型的影响。他发现,教师的社会价值观与他们的个人背景会综合性地影响着教师解决伦理困境所采用的方式,当学校出现盛行技术文化、缺失支持性环境等教学情境时,教师不会选择对话商谈的策略。[25]沙皮罗与斯塔夫科维奇(Shapiro, J. & J. Stefkovich)则提出了多重伦理范式(multiple paradigms)策略。他们认为存在四种基本伦理范式。第一种是正义伦理范式(the ethics of justice)正义伦理关注的焦点是权利和法律，来源于强调"保障人们自由"和"决策程序尊重每个人权力"的自由民主传统。第二种是批判伦理范式（the ethics of critique），这种伦理范式不是教人依照现成的法规解决问题，而是意在唤醒教育者意识到社会中不平等，关注学校生活中的阶级、种族、性别差异。他们的提问方式不是有哪些法规可以用来解决问题，而是拷问："谁在制定法律？""谁从法律、法规或政策中受益？""谁具有权力？""谁是沉默者？"第三种是关怀伦理范式（the ethics of care），这种范式比较关心如何帮助学生达成他们的愿望，将关心他者作为伦理决策重要组成部分。因此，他们思考的问题会是："谁会从我的决定中受益？""我的行为会伤害谁？""今天的决策会造成什么样的长期影响？"他们关注的是忠诚和信任。最后一种是专业伦理范式（the ethics of profession），与之前的三种范式不同的是，专业伦理范式是一个动态过程。它综合了上述三种伦理范式，以及伦理判断与决策过程。教育伦理决策中存在四种可能的冲突，个体的个人伦理与专业伦理的冲突、个人的专业伦理冲突（多个专业）、不同个体之间的专业伦理冲突、个体专业伦理与群体专业伦理冲突（教育共同体、社会普遍认同的专业伦理）。基于学生最大利益的动态多维的伦理范式。[26]

还有一些研究者从教师决策的过程的角度提出了教师伦理决策的步骤。芬妮则提出了四步伦理决策模式。第一步是研究伦理问题。第一，思考的是伦理问题涉及哪些人？每个人需求是什么？你对每个人的义务是什么？第二，向伦理规范寻求帮助，理解相应规范内涵的核心价值，仔细查看规范是否为解决困境指明的方向。第三，叩问自己是否掌握了有关伦理困境的所有事实信息。第二步着手努力解决问题，一旦发现冲突的价值观，就开始思考是否能够做些什么来解决问题，寻找双赢的解决办法。用"伦理机智"（ethical finesse）来描述寻找相关各方都比较满意的解决方案。创设开放和诚实的氛围，听取各方意见。第三步，决定行动方案。充分预计行动产生的多种可能性。第四步回顾与反思，决策实施后，回顾整个过程，获取经验教训，提升对伦理困境和专业伦理价值观的理解。[27]澳大利亚的Ehrich等人提出了一个包括五个步骤的教师伦理决策模型。第一部分是关键性事件（critical incident），它触发了伦理困境。第二部分是系列相互冲突的影响力。它们都能从各自角度解释关键性事件。这些影响力包括，专业伦理规范、法律与政策、组织文化、制度背景、公众利益、社会与社区、全球背景、政治结构、经济与财政状况。第三部分是携带影响困境的价值观、信仰和伦理取向的个体。第四部分是选择，个体在相互矛盾冲突的解决方案中做出抉择，其结果是,个体要么忽视伦理困境,要么以一种或多种方式行动。最后,伦理抉择对个体、组织和社区产生特殊的意义,而且造成新的伦理困境。[28]

三、教师伦理困境研究的伦理学意义

1. 教师伦理存在理性自决的维度

从道德起源来看,道德与风俗密切相关,甚至道德一词就是来源于风俗。因此,道德就是一种社会调节的体系,就是一种外在于个体,向社会每个成员提出的应当服从和遵守的外在要求。其功用在于稳定社会秩序,调整人际关系。传统道德的体系和观念就是在这一层面上理解道德,这也注定要求个体"内化"外在道德要求,形成指导个体行动的内部道德指南。古希腊哲学家苏格拉底显然不同意这种道德认识。他说群众的道德意见并不一定是对的,每个人必须从自己出发去思考道德问题。① 苏格拉底身体力行,开创了理性主义道德传统,此后,无论是康德的实践理性、杜威的实验理性,还是哈贝马斯的交往理性,都立足道德主体的理性自决来观照道德,出现了"前理性"、"风俗"或"集团"的道德和"个人的"、"理性的"或"反思的"道德的两个阶段。在前一个阶段,道德是外在于人,强加于人,或作为习惯灌输给个人的,这种道德内化的过程并不一定诉诸理性。苏格拉底的出现,让道德从一种颇无理性的内心倾向提升到一种较有理性的内在把握,从而得到一种自省的生活和某种自主,成为独立的道德行动者。因此,当代伦理学家认为,道德还具有一个个体化的维度。"道德鼓励甚至要求运用理性和某种个人的自决。"[29] 自此,道德完成了个体理性维度的开启。道德不是一种无反思的顺从性的生活,道德不仅意味着社会文化、既定规范,更意味着道德主体的理性自决。如同雷切尔斯所言:"道德首要的是向理性咨询的问题","道德至少是用理性指导人们行为的努力"。[30] 教师伦理困境研究有助于人们从将教师伦理仅仅视为教师"应该做什么"和"不应该做什么"的一组来自外部的约束性行为规则的认识超拔出来,关注教师在专业实践中积极行动,自主决策的维度。

---

① 在《克里托篇》中,苏格拉底不同意克里托依据群众的一般意见劝他越狱逃命。认为基于自我理性的思考所作出的抉择才是可行的。参见王晓朝译:《柏拉图全集》(第一卷),人民出版社 2002 年版,第 34—50 页。

2. 教师伦理是"道德模糊"地带的创造

齐格蒙特·鲍曼(Bauman,Z)曾说过:"我们的时代是一个强烈地感受到了道德模糊性的时代,这个时代给我们提供了以前从未享受过的选择自由,同时也把我们抛入了一种以前从未如此令人烦恼的不确定状态。"[31]其实,如同杜威所言:"不确定性和冲突是道德所固有的;任何被正当地称为道德的情境的特征是:人们不知道终局和善果,不知道正确的和公正的做法,不知道美德行为的方向,人们必须去寻找它们。道德情境的本质是一种内部的、内在的冲突,判断和选择的必要性来自这样一个事实,即人们必须处理一些没有公分母的力量。"[32]教师伦理困境的研究揭示出,教师实践存在"道德模糊"的地带。教条式地遵循道德规范并不能告诉教师应该具体做什么。教师不是每日刻板地执行道德原则,而是面对形形色色的伦理挑战,创造性地做出合乎专业伦理的行动。如同前苏联的研究者契尔那葛卓娃等人所言:"规范向实际运用的转化并不是简单地遵守传统和范例就能做到的,而是与教育道德上的创造性活动相关联的。这种创造性活动每次都要求教师独立地作出决定,甚至要求他冒风险,迅速地分析行为、情势和环境。"[33]教师专业伦理规范告诉我们什么是善,但是在某个时刻认识到什么是善并以此行动,对任何人来说都是不容易的。教师需要具有对教育情境的高度敏感性,体察教育实践的道德意义,创造性做出伦理决策。如果坎普贝尔所言:"一旦我们把某位教师迅速返还作业看作尊重和关心学生的信号,而不是一种高效的标记,我们就瞥见了道德实践。一旦我们把某位教师在课堂上给予所有学生机会来回答问题的努力看作对平等的追求,而不是一种可靠的教育策略,我们就能意识到教学的道德复杂性。一旦我们看到某位教师满怀同情地、情绪缓和地训导行为顽劣的学生,理解学生的烦恼的时候,我们不会仅仅将其看作一种课堂管理的技术。一旦教师自己认识到这些,他们便开始将基于德性的应用性专业伦理作为基础……。"[34]

3. 教师伦理有可以学习的技能

虽然"没有哪篇论文或任何一套戒律和实例能使教学的伦理复杂性变得简单、直接,且毫无过失"。[35]但是开普尼斯(Kipnis)认为:"就像数学一样,伦理学也需要学科理论,但是它也像任何一种解决实际问题的方式一样,能够被教授。伦理学中有着大量有用的可以学习的概念、可供讨论的基本原则,以及帮助我们解决问题的策略。伦理学如同大多数类似烹饪、滑雪和操作电脑的技能一样,可以被教授。"[36]教师伦理困境的研究也相信,存在着某些可以帮助教师解决伦理困境的行动路径与思维技巧。英国、加拿大和澳大利亚等国的教师专业组织也开发了教师伦理思维的策略、教师伦理决策的路线图,并认为采用案例教学的方式可以帮助教师掌握这些技能。这无疑拓宽了教师伦理内涵,将有助于教师解决实际伦理问题的技能纳入教师伦理研究的范畴,而不再仅仅将教师伦理视为规约教师的伦理条规。

参考文献：

［1］黄藿.教育专业伦理与道德［A］.黄藿：教育专业伦理（1）［C］.五南图书出版公司 2004 年版,第 17—18 页.

［2］［3］Oser F. Professional Morality：a discourse approach（the case of the teaching profession）［A］. Kurines W. Gewirts（ed.）Handbook of Moral Behavior and Development Vol 2［C］. New Jersey：Lawrence Erlbaum Associates, 1991：191‐228.

［4］［13］Colnerud G. Ethical conflicts in teaching［J］. Teaching and Teacher Education, 1997,13(6)：627‐635.

［5］Campbell E. The Ethics of Teaching as a Moral Profession. Curriculum Inquiry, 2008,38(4)：357‐385.

［6］［7］Sinnott‐Armstrong W. Moral Dilemmas［A］. In Becker, L. C.（ed.）Encyclopedia of Ethics（2nd ed）［C］. London：Routledge, 2001：1125‐1127.

［8］［9］［11］［27］Feeney S., Freeman N K. Ethics and the early childhood educator：Using the NAEYC code（2005 code edition）［M］. Washington, DC：National Association for the Education of Young Children,2005：25,28,26,31‐34.

［10］曹刚.道德难题与程序正义［M］.北京：北京大学出版社,2011：52.

［12］［19］［34］伊丽莎白·坎普贝尔.伦理型教师［M］.王凯,杜芳芳,译,上海：华东师范大学出版社,2011：77,71—73,22.

［14］Melo P. Ethical conflicts in teaching：The novice teacher's experience. W. M. Roth（ed.）, CONNECTIONS03, 2003, 175‐189. http://www.educ.uvic.ca/Research/conferences/connections2003/12Melo102.pdf

［15］Campbell E. Moral and Ethical Dilemmas in Schools［Z］. Paper presented at the Annual Meeting of the American Educational Research Association, San Francisco, 1992, April：

20-24.

[16] Colnerud G. Loyalty Conflicts in Teacher Ethics [Z].

[17] Tirri K, Husu J. Care and Responsibility in "the Best Interest of the Child": relational voices of ethical dilemmas in teaching [J]. Teachers and Teaching: theory and practice, 2002,8(1): 65-80.

[18] Orly Shapira-Lishchinsky. Ethical dilemmas in teaching and nursing: the Israeli case [J]. Oxford Review of Education, 2010,36(6): 731-748.

[20] Cummings R, Harlow S, Maddux C. Moral Reasoning of In-service and Pre-service Teachers: A Review of the Research [J]. Journal of Moral Education, 2007,36(1): 67-78.

[21][23] 张凤燕. 教师道德推理与教学关系之初探[J]. 教育资料集刊,2000,(25): 1—45.

[22] Strike K A. The Ethics of Teaching [J]. Phi Delta Kappan, 1988,70(2): 156-158.

[24] Chang Fon-Yean. School Teachers' Moral Reasoning [A]. Rest J R, Nrvaez D. Moral Development in the Profession: Psychology and Applied Ethics [C]. Hillsdale, NJ: Lawrence Erlbaum, 1994: 76.

[25] Maslovaty N. Teachers' Choice of Teaching Strategies for Dealing with Social-Moral Dilemmas in the Elementary School [J]. Journal of Moral Education, 2000, 29(4): 429-444.

[26] Shapiro J P, Stefkovich J A. Ethical leadership and decision making in education [M]. New Jersey: Lawrence Erlbaum Associates Inc. 2001: 11-24.

[28] Ehrich L C, Kimber, M, Millwater J, Cranston N. Ethical dilemmas: A model to understand teacher practice [J]. Teachers and Teaching: Theory and Practice, 2011,17 (2): 173-185.

[29] 弗兰克纳. 伦理学[M]. 关键,译. 北京: 生活·读书·新知三联书店,1987: 14.

[30] 斯图亚特·雷切尔斯. 杨宗元,译. 道德的理由[M]. 北京: 中国人民大学出版社, 2009: 12.

[31] 齐格蒙特·鲍曼. 后现代伦理学[M]. 张成岗,译. 南京: 江苏人民出版社,2003: 24.

[32] 杜威. 道德中的三个独立要素[A]. 涂纪亮. 杜威文选[C]. 北京: 社会科学文献出版社, 2006: 348.

[33] 契尔那葛卓娃,契尔那葛卓夫. 教师道德[M]. 严缘华,盛宗范,译. 上海: 华东师范大学出

版社,1982:215.

[35] Christopher M Clark. The Teacher and the Taught: Moral Transactions in the Classroom [A]. John I Goodlad, Roger Soder, Kenneth A Sirotnik (ed) The Moral Dimensions of Teaching [C]. San Francisco: Jossey-Bass, 1990: 264.

[36] Kipnis K. How to discuss professional ethics [J]. Young Children, 1987, 42(4): 26-30.

学校德育治理的伦理思考

刘竑波

(华东师范大学教育　管理学系)

一、"治理"——一个跨界的概念和理念

英语中的"治理"(governance)一词来源于拉丁文和古希腊语,原意是"控制、领导和操纵",和"管理"的最初词义相当。1989 年,世界银行会议在讨论非洲发展问题时,首次使用了"治理危机"这种说法。此后,"治理"概念开始广泛应用于各国的政治学、行政学和管理学领域,其内涵也在不断变化和发展中,逐步成为一种被广为接受的理念。在关于"治理"的各种定义中,"全球治理委员会"的定义显然具有代表性和权威性,该委员会在 1995 年发表了题为《我们的全球伙伴》的长篇研究报告①,其中对"治理"作出如下界定:"治理是各种公共的或私人的机构管理其共同事务的总和。它是使相互冲突或不同的利益得以调和,并且采取联合行动的持续的过程。它既包括有权迫使人们服从的正式制度和规则,也包括各种人们同意或认为符合其利益的非正式的制度安排。……治理的四大特征是:它不是一整套规则,也不是一种活动,而是一个过程;治理过程的基础不是控制,而是协调;治理既涉及公共部门,也包括私人部门;治理

作者简介:刘竑波,华东师范大学教育管理学系,副教授,博士。主要从事教育管理学研究。

E-mail: liuhongbo507@126.com

① 参见 The Commission on Global Governance. Our Global Neighbourhood: The Report of the Commission on Global Governance [M]. Oxford Press, 1995, 2-3.

不是一种正式的制度,而是持续的互动。"上述特征,在教育领域显然也是适用的,它很好地描述了教育的历程(持续性与长期性)与特征(政府-教育局-学校多元主体、校长-教师-学生多方协调、学校-家庭-社会多重互动),这就使得"治理"概念在教育领域的跨界使用成为可能(甚至变成一种全新的理念),虽然要真正实现其内涵还有很长的路要走。

二、办"有道德的教育"——追求学校治理的道德目的

1. "学校治理"首先必须成为"道德治理"

从"管理"到"治理",看起来只是一字之差,却包含着现代管理理念的重大变化:治理并非废除已有管理,而是更强调管理的多主体性、管理过程的民主性,以及多方协商、合作、协调以及管理者与管理对象的利益共生和目标共求。教育治理作为社会治理的重要组成部分,不仅承担着重要的公共使命,更是涉及千家万户的民生工程。因此,"教育治理"必须是"道德治理",但它无须放弃以往的积累与成就重起炉灶,只是强调应当比以往更加凸显管理的人本境界以及多元共治的可能性,同时也回归"道德"的本意,即对于管理领域中所有人的有效关注和平等尊重,借此发挥更大的学校系统效能,使"教育促进人的发展"的功用真正发挥到极致。在教育治理层面上,与其把"德育"看成学校工作系统中的一个组成部分,不如把它看成是"有德之育"的缩写,是统领学校教育的最高指导思想与终极目的。

2. 明确德育治理的现实目标:培育合格公民和合格职业人

"德、智、体、美、劳"作为学校教育目的的简洁表述,不管时代如何变化,仍有其合理性,代表着一个人全面发展的方向。在上述"五育"中,"德育"理应起到定位教育本质的作用。如果学校教育是有道德的,那么它必须为学生的未来发展指明方向、打好基础。因此,德育治理的现实目标是:实现对"应试教育"的大力纠偏,中小学生在校所受的所有教育,不仅是为了成绩去学习、为了升学去竞争,学校德育应当利用其集体教育的优势,帮助学生探讨并回答如下三个问题:"我是谁?"(自我认知)、"我想干什么?"(理想教育)、"我能干什么?"(生涯指导),使所有学生在青少年阶段就获得思考自

己的社会职责和发现个人职业兴趣的机会与能力,而深入思考并审慎回答这些问题,将能为有效实现教育的长远目标打下坚实基础,即,培养合格公民,打造合格职业人,这才是学校为社会和未来培养各行各业人才与接班人的真正出发点与恰当愿景。

三、真正实现德育伦理——须厘清教育内外部的多重治理关系

作为一种新的管理理论视角,行业"治理"尤其关注"治理关系"。21世纪初,各国学者对"作为一种理论的治理"提出了五种主要观点[1]用以解读"治理中的权力关系"形态:1.治理者意味着一系列来自政府又不限于政府的社会公共机构和行为者。权力中心从集中到分散。2.治理意味着在为社会和经济问题等寻求解决方案的过程中,存在着界限和责任方面的模糊性。3.治理明确肯定了在涉及集体行动的各个社会公共机构之间存在着权力依赖。4.治理意味着参与者最终将形成一个自主的网络。5.治理意味着办好事情的能力并不仅限于政府的权力,不限于政府的发号施令或运用权威。

上述观点指明了"理想治理关系"的特征:多主体、分散式权力;合作解决问题;权力间相互支持而非相互压制或消解;所有参与成员的自主、能动及创生;一元权威被削弱。

在上述理论表述中,强调了多重权力关系共生共存、相互作用与影响融合的状态,凸显了治理关系优于传统管理关系的优势及其带来的组织活力,这些特征也非常吻合于中文中"伦理"的语辞本意——指称人与人之间的"关系"、"条理",理顺关系、相处和谐即为"善",比如,作为中国古代社会行事准则的五伦。因此,实现学校道德治理的第一步是在"治理伦理"的视角下,对各种教育治理关系予以梳理,使之协调。基于这一视角看到的"政府与学校"、"校长、教师与学生"、"学校与家长"等诸多关系,势必有别于居高临下的管理形态中所见。下面对这些关系展开简要分析:

1. "政府(教育局)-学校-社会"之间的治理关系新形态

(1)政府、学校、社会实行"管、办、评"分离。这是近年来讨论最多的教育治理主题,这种新的教育管理循环——即政府管学校、学校办学、社会评价学校教育——为学

校能够面向社会依法独立办学打开了新思路。"管、办、评分离"能够成为"学校治理"的重要话题,本身就说明"治理"理念在教育领域已被普遍接受并正向纵深发展。

(2)教育集团化(亦称"教育联合体")。这一趋势也可以看成是对当代教育治理形态的一种注解。多主体的教育集团通常由地区名校(教育强校)主办(也可以是不同学段的几所名校强强联合举办),并由主办学校引领与集团内的其他学校分享先进的教育理念、实现师资交流和其他教育资源的集团内共享,切实带动并促进区域教育的同步发展。

(3)校际委托管理。这种区域教育共同发展的形态通常发生在优质学校和办学条件和基础相对较差的学校之间,在委托管理的历程中(通常是2~5年),通过双向、定期的领导沟通、教师团队合作研讨、优质校教师专业带教、两校学生交流,致力于谋求两所学校的共同发展,相互促进。

(4)大量新型办学主体的出现。这一变化极大丰富了学校类型,各级各类民办学校、中外合作办学形式的出现,极大丰富了教育供给,活跃了教育市场,满足了百姓的差异化教育需求,在现实中成就了多元主体办学的业态。虽然各类新型办学主体还有待规范与治理,但政府或地方教育局对这类学校的支持力度也在加大,教育的多主体发展与治理,正在成为现实。

上述种种教育治理的新思路和新形态,是"政府(教育局)-学校-社会"关系之当代发展的真实体现和创造性发展,体现了教育治理的道德本质,因为这些做法本身旨在解决教育治理历程中事关教育德性的紧要问题——办好老百姓需要的教育。与此同时,理顺多元办学主体之间的伦理关系,也保证了多主体办学的可信赖程度与相互支持的可能性,能够充分体现教育的公共使命与服务特质。

2. 德育治理的主体再认:校长、教师团队与学生的多主体共治

德育治理的主体再认意味着对于教育内部道德关系的再思考:人与人之间的平等、尊重、协商、协调、创生,发挥学校组织中所有人的积极主动性,方能构成治理历程的推进动力。在传统管理中,很少有人考虑"谁的学校"这样的问题,即学校是为谁而办的?谁又能决定学校的发展方向和管理形态?学校里的民主和尊重如何实现?但在"学校治理"的语境中,如何回答这些问题,却能考量校长和学校领导团队对于学校

治理主体的认知,也将直接影响德育治理的效能。在"一个好校长就是一所好学校"的理念依然大行其道时,谈论多元主体共治显然为时过早。所以,比之政府(教育局)与学校的治理关系,校长(管理团队)与教师、学生之间的治理关系更能体现其德育治理的实际水准,以及治理所应当包含的"协调性、过程性、互动性"特点。当校长和管理团队能够把教师和学生视为学校最宝贵、最有创造力的资源,并充分发挥他们的特长与优势时,三足鼎立的学校管理和德育治理模式才有可能。很多学校在上述方面已经进行了有益的尝试,德育治理的现实正在逐步呈现。比如,很多学校把校长及其管理团队的功能转变为"服务、引领、协调、保障",同时,在法治理念和标准化管理的框架下建设现代学校制度,明确了教师的责权利范畴、保护其教学专业自主权、确立教师代表大会制度、贯彻教师日常管理的评价、激励机制等等。而在学生层面,德育治理把学生视作迅速发展中的个体和未来社会的人才,赋予他们校园真正主人的权利。因此,学校言路畅通,各种"学生主人翁"活动蓬勃开展,他们切实参与学校管理、教师评价,并多方位提出改革建议[①]。因此,治理理念下的学校德育初见成效,成为当今德育治理的实践手段与有效途径。

3. 谋求合作、实现双赢:学校与家庭的教育治理合力

学生们来自于不同的家庭,是国家的希望、社会的未来;家校之间,是天然的同盟军,虽然教育角色有别,却有着共同的育人目标。在教育治理的理念下,作为公共教育力量的学校和作为私人教育力量的家庭如何充分合作,需要双方的深刻理解与相互支持。近年来,很多中小学构建了良好的家校关系,正在不断丰富着家校协同共治的图景。比如,学校家长委员会机构的规范运作和制度化建设;利用网络技术,实现家校沟通的多样化、合理化,既保留家长会、家校联系册、品德评语等传统手段,也打造并发挥智能化新型家校沟通平台多元、迅捷、通畅的效用;完善家长参与学校管理的项目清单,家长直接为学校治理建言献策;建设家长学校,定期邀请教育、心理专家参与家庭教育咨询;引进先进家庭教育理论,组织家庭教育论坛,探讨实际问题;家校双方合作为学生量身定制"家庭教育计划";利用家长资源,建设职业参观和实习基地,对各年级

---

① 如上海建平高级中学的"主题值周"活动、学生代表大会制度、学生评教制度等等。

学生进行生涯指导;定期由学校组织、号召家长参与社区亲子活动①。上述可见,家校合作在"协同共治"的理念下,能够实现双赢,并持久地造福于学生。

四、关注"治理的过程道德"——探索德育治理的伦理内涵

1. 强化大德育中的"道德教育":让德育治理落到实处

比之其他行业的治理,教育治理更需要认识、理解、实现治理历程中的伦理涵义,也即认清教育的道德内涵。因为教育面对的是成长中的个体、祖国的未来。德育治理作为学校治理的重要领域,尤其如此。学校德育只有致力于促进学生的道德认知力、道德思辨力和道德决策力成长,方能实现"道德教育"的目标。但在我国的学校系统中,由于历史传统的原因,我国德育的特点一直是"大德育",而非只包含道德的内容,它具有与西方国家学校德育不同的特点。在我国德育发展的不同阶段,学校德育重心不同、教学选择有别:

从建国之初到20世纪80年代初期,我国中小学德育完全等同于"政治教育";80年代中后期,学校德育经历了"德育即政治思想教育"到"德育即思想政治教育"的转变,作为人生观世界观的思想教育从政治教育中分化出来成为德育的一个相对独立的组成部分;80年代后期到90年代,学校德育概念的界定从"德育即思想品德和政治教育"(1988)②到"德育即思想政治和品德教育"(1993)③,再到"德育即思想、政治和品德教育"(1995)④,从中可见"品德教育(道德教育)"地位不断提高、比重不断增大的历程。1998年,我国德育成为"对学生进行政治、思想、道德和心理品质教育"⑤的大德育概念,在实践中更是包含多种知识内容,成为世界上内涵最丰富、外延最广泛的德育概念,也即,"道德教育"只占我国学校德育四分之一的内容。因此,在中小学中,要由只具备其他学科专业背景的中小学教师在他们较熟悉的政治、思想教育之外,实践以伦理学和心理学为基础的道德教育和心理品质教育,难度还是很高的。

---

① 参见家校互动新天地专辑.上海教育,2016(2AB)。
② 见《中共中央关于改革和加强中小学德育工作的通知》,1988,12。
③ 见《中国教育改革和发展纲要》,1993,2。
④ 见《中国普通高等学校德育大纲(试行)》,1995,11。
⑤ 见《中学德育大纲》,1995.2;《中小学德育工作规程》,1998.3。

那么,狭义的"道德教育"内容究竟是什么？伦理学是以道德作为唯一研究对象的学问,因此学校德育应当充分汲取伦理学的理论营养和思维方法。当代伦理学关注的五大道德主题是：生命、善良、公平公正、诚实(讲实话)、自由。古往今来,无论道德现象还是道德研究,都从来不是非黑即白,而是充满了歧义和两难问题,上述五个主题也不例外,对于每一个主题的解读都充满了复杂性、丰富性和多义性,但对于这些主题的体认与思考,将深刻地影响学生们的道德行为方式乃至人生选择与未来道路。因此,我国学校道德教育如何在这五个向度上展开,从课程体系到活动序列,从学科教师到班主任如何参与、引导,从知识内容到教学方法,从讨论方式到思辨形态……都可以视作德育治理的专业教学内容展开深入研究。同时,德育治理还需要在德育专业师资培养方面持续开拓。

2. 践行教学伦理,善用德育方法

近年来,我国的师德研究不断深入,教师的教学伦理也日益受到关注,这两方面的成效也将直接影响德育治理的结果。在德育治理的视野中,首先应关注中小学教师在日常教学和学校生活中所体现出来的"师德",它用"关系伦理"和"过程伦理"来阐释更为恰当,它以润物细无声的方式完成"耳濡目染-言传身教"式的有效德育；其次应考量不可或缺的"教学伦理",其重要的检测指标是：老师们能否让学生爱上他们所教的学科。

在德育治理中,方法的道德也极为重要。古往今来,在关于"道德的教与学究竟有何特质"的争辩与研究中,研究者们的基本共识是："道德之教"是"态度之教"而非"知识、技能之教",在"道德之知"(知之)与"道德之行"(为之)之间,必须有"信之"这一道德态度。因此,道德教育方法显然有别于政治教育方法("宣传、说教、灌输、洗脑"),而"要诉诸对人际现象和社会问题的主动探索、思考、反省、批判和讨论",道德教育与其说是有着现成答案的道德知识,不如说是一种思辨训练、一种自我价值观的辨识、一种没有唯一答案的人际探讨……这种德育历程,主要基于对于真实的生命、人生和社会问题的全面深入思考,学生们通过对这些重要主题的相互探讨,逐步理解人性,发现自我,学会沟通,了解社会。

总之,德育治理是教育治理不可或缺的组成部分,其丰富性和可能性将在教育治理的实践深化中得到最大程度的开拓,德育治理的正能量也将为教育治理的持续推进发挥重要作用。

参考文献:

[1] 格里·斯托克.作为理论的治理:五个论点[J].国际社会科学(中文版),1999,(2).
[2][3] 黄向阳.德育原理[M].上海:华东师大出版社,2010:84—86,14.

诚信教育的伦理审视

罗明星　刘林睿

（广州大学　政治与公民教育学院）

诚信教育是思想政治教育的重要内容，一直受到教育界的高度关注，特别是在诚信作为美德成为当代社会迫切性的价值需求时，诚信教育的重要性更加凸显出来。从伦理视野展开诚信教育讨论，就是基于诚信的伦理特质对诚信教育进行价值分析，旨在拓宽诚信教育的研究视野，并有效引导诚信教育实践。

一、诚信教育的伦理困扰

伦理困扰是诚信教育中面临的道德矛盾，对伦理困扰的揭示，可以为诚信教育提供问题指引，进而增强诚信教育的针对性与有效性。

1. 诚信的理性认同与诚信的经验直观的背反

诚信是普适性的传统美德，中国传统的蒙学教程里就有许多关于诚信的教诲，在当今中国的中小学德育课程里，诚信更是道德教育的核心德目。可以说，在认知层面，

作者简介：罗明星，男，广州大学政治与公民教育学院教授，法学博士，主要从事道德理论与道德教育研究；刘林睿，广州市教育局基础教育处，哲学博士，主要从事教育理论与教育文化研究。
E-mail：lmx1991@126.com

任何具有理性能力的受教育者,都基本了解诚信的价值意蕴,懂得诚信作为普遍性道德律令所具有的实践意义。人应该讲诚信,这几乎是小学生都懂得的道德常识。但是,当受教育者基于对诚信的理性认同走进生活世界时,诚信的经验直观却可能构成对诚信理念的现实否定。生活事实为受教育者提供的真实道德图景是,社会上许多人并不讲诚信,尤其在经济活动场域,不诚信的行为甚至还相当普遍,不诚信行为者往往并没有受到来自社会的惩戒,也没有为自己的行为感到内疚,甚至为自己的不当得利沾沾自喜。于是,诚信的理性认同与诚信的经验直观的背反客观地呈现在受教育者面前,受教育者开始怀疑诚信作为美德的价值。受教育者内在的道德悖论是:讲究诚信虽然成就了道德上的高尚但却可能蒙受利益上的损失,不讲究诚信虽然避免了利益损失但却会导致道德上的自责。诚信的认与知的不协调,不仅成为受教育者的道德心理困扰,也成为教育者的教育困扰。教育者面临的难题是,教导受教育者讲究诚信是作为自己天然的道德职责,是社会赋予教育者的道德使命,但让受教育者笃爱诚信,则可能使其成为社会生活中谎言的受害者。到底应该让受教育者接受怎样的诚信,在多大程度上接受诚信,成为教育者现实的道德教育难题。

2. 诚信的意识自觉与诚信行动资本匮乏的冲突

即便受教育者接受了诚信的伦理规则,并将外律性的伦理规则转化为自律性的内在德性,但是,受教育者的诚信自觉在走向道德实践时却可能面对行动资本匮乏的困扰。何为诚信行动资本?即受教育者履践诚信所需要的形而上与形而下的条件的集合。有人可能会问,诚信行动也需要资本?不就是说诚信的话、做诚信的人、办诚信的事吗?但诚信行动的确需要资本。说诚信的话,需要有敢于讲真话的勇气,勇气就成为诚信行为的资本;做诚信的人,需要信守承诺,兑现诺言需要有心情、时间或者金钱的付出,利益就成为诚信行为的资本;办诚信的事,需要有实事求是、一丝不苟的认真态度,认真态度就成为诚信行为的资本。特别是在一个缺乏诚信的环境里,受教育者诚信行为资本的匮乏会有更集中的体现。比如,受教育者是否有能力突破异化了的道德心理氛围而让自己保持道德上的头脑清醒?即便能够保持头脑清晰,是否有将自觉意识转化为现实行动的勇气?即便有勇气付诸行动,是否有能力接受诚信行动之后引申的利益后果?事实上,对受教育者而言,特别是作为受教育者的学生而言,年龄特点可能决定其心理的脆弱性,经济依附性则可能决定其行为后果承担能力的有限性。所以,受教育者诚信行动资本的匮乏,可能直接消解其诚信的自觉意识,降低诚信意识走向诚信行动的转化效率。

3. 家庭诚信教育的熟人取向与学校诚信教育的陌生人取向的间离

就像家庭道德教育与学校道德教育存在矛盾一样,家庭诚信教育亦与学校诚信教育存在矛盾,这种矛盾集中体现在家庭诚信教育与学校诚信教育在价值取向上的背离。一般来说,家庭诚信教育侧重熟人取向,即家庭教育以熟人作为诚信表达的主体边界,要求作为子女的受教育者对熟人特别是具有亲缘关系的人表达真诚和信任,对熟人以外的陌生人则保持怀疑和警惕,即便在情面上表示信任,但内心深处仍然要保持戒备。家庭诚信教育的熟人取向有历史和现实两个方面的原因。从历史视野看,以儒学为代表的传统中国伦理文化,是建构在封建血缘等级制基础上的入世文化,爱有差等,信有差等,道德的差序格局遵循由近及远的演变逻辑,父母兄弟、亲戚朋友、邻里乡亲自然成为最应该信任的人。从现实视野看,当代中国家庭教育是绝对的个人本位,不仅父母的生活以子女为中心,父母的教育也以子女为中心,父母不是根据社会需要而是根据子女的个人需要对道德进行诠释,诚信教育亦是如此,在整个社会缺乏心理安全甚至人身安全的背景下,将诚信的行为表达对象设置在熟人范围之内,成为中国式家庭不约而同的价值选择。然而,诚信教育的熟人取向具有显而易见的局限性,由于此种教育充满着对陌生人的怀疑,对熟人的诚信教育就蜕变为对陌生人的不诚信教育。然而,与家庭诚信教育不同,学校诚信教育既要求学生信任熟人,更要求学生信任陌生人,因为与陌生人交往是现代人的主要交往方式,唯有达成陌生人的相互信任,才有真正的社会和谐,才有真正的人的自由全面发展。所以,学校要求学生在社会交往中将"特殊信任"上升为"普遍信任",将陌生人也纳入信任范围。坚持诚信教育的陌生人取向,是学校诚信教育的必然选择,这是由学校教育的社会本位所决定的。尽管信任陌生人对受教育者存在可能的安全风险,但顺应社会发展的未来趋势,基于对社会伦理前景的美好预期,学校诚信教育仍然要对陌生人给予持续性的道德关怀。至此,家庭诚信教育的熟人取向与学校诚信教育的陌生人取向的间离已经不可避免,如何将二者的价值背离局限在可控的范围之内,并通过相互妥协避免伦理资源的无意义内耗,成为诚信教育面临的现实课题。但有一点显然应该被排除,即学校盲目迎合家长需要,联手家庭一块将陌生人驱逐出受教育者的信任空间,这表面上似乎最大限度地保护了受教育者安全,但实质上是最大限度地制造了受教育的内心孤独。

二、 诚信教育的伦理分层

诚信包括信任、诚实和信用等多种要素,基于诚信品质生成的心理特点和社会情势,诚信教育应该按照"有条件的信任——无条件的诚实——全面的信用"之程式展开。

1. "有条件的信任"教育

信任是诚信教育所追求的基本价值理念。有条件的信任教育,即诚信教育可以为信任预留变通的道德空间,信任作为受教育者的德性要求具有相对性。

福山对信任的社会价值进行了深刻揭示,将信任理解为"源于人性基础之上的社会资本",人们自发组织社群并进行各种互惠合作的天性和争取被认可的本性是信任实现的基础,而作为社会资本的信任不仅决定着人们的社会交往质量,甚至成为了一个社会文明程度的价值标杆。就个人而言,信任则是主体获得社会生存的基本方式,因为信任"构成了复杂性简化的比较有效的形式。"[1]在卢曼看来,社会的复杂性与理性的有限性,决定了人类不可能获取完整的信息,但人类可以通过信任来弥补理性的有限和信息的不完整,通过内在的确定性化解外在的不确定性,从而减少社会交往过程的复杂性,进而确保内心的安全感。正因如此,诚信教育尤其要重视受教育者信任能力的培养,信任既是受教育者应该具备的伦理情怀,也是构建和谐社会不可缺少的价值前提。

然而,基于对受教育者的责任,诚信教育推崇的信任又必须是有条件的。吉登斯认为,信任是"对一个人或一个系统之可依赖性所持有的信心,在一系列给定的后果或事件中,这种信心表达了对诚实或他人的爱的信念,或者,对抽象原则(技术知识)之正确性的信念。"[2]可见,信任来自对他人或系统的信心,只有外在对象具备了"外在的可预见性和内在的确定性"的时候,信任才可能真正达成。毕竟,就像科尔曼所说,信任是将自己的资源主动放在别人手里,信任本身是一种风险。尤其在公共心理安全普遍缺乏的社会情景下,建立包括陌生人在内的普遍信任既不现实,也不可能。所以,诚信教育必须放弃在信任问题上的道德浪漫主义,清晰地告知受教育者,社会上并不是每个人都应该信任,也不是每个人都可以信任。我们应该最大限度地信任交往中的人包括陌生人,但前提条件是,他必须是一个值得信任的人。

2. "无条件的诚实"教育

诚实是诚信教育的基本价值内容。无条件的诚实教育,即诚信教育不能为诚实预留变通的道德空间,诚实作为受教育者的德性要求具有绝对性。

诚实是一个人对已知的经验事实所秉持的客观态度,它既是外在性的伦理戒条,也是内在性的德性修养。在中国传统文化中,诚实是由自然法则演化而来的伦理美德,《中庸》有言:"诚者,自成也,而道自道也。诚者,物之始终,不诚无物。"(《中庸·第二十五章》),孟子曰:"诚者,天地之道也,思诚者,人之道也。"(《孟子·离娄上》),北宋周敦颐曰:"诚者,圣人之本。大哉乾元,万物资始,诚之源也。"(《通书·诚上第一》)通过形上之思寻求诚实的本体论证明,是历代先贤确证诚实美德合理性与绝对性的逻辑理路。正是由于诚实是"天道"生成的"人道",所以诚实作为精神实体具有化生万物的神奇,也因此成为"圣人之情"和至灵之"心",成为每个人都应该无条件遵循的道德操守。在西方,无条件地诚实也一直得到主流文化的认同,弗兰西斯·培根在《论真理》中就表达了对不诚实行为者的鄙夷:"即使那些行为并不坦白正直的人也会承认坦白正直地待人是人性的光荣,而真假相混则有如金银币中杂以合金一样,也许可以使金银用起来方便一点,但是把它们的品质却弄贱了。因为这些曲曲折折的行为可说是蛇走路的方法,蛇是不用脚而是用卑贱的肚子走路的。没有一件恶德能和被人发现是虚伪欺诈一般使人蒙羞的。"[3]今天,虽然我们的社会仍然存在不诚实的人和不诚实的行为,但不分时间、不分地点、不分对象,对任何人都要讲求诚实,仍然是诚信教育需要向受教育者表达的至关重要的价值理念。

其中,诚信教育应该特别注重通过诚信的判断力培养避免受教育者将善意的谎言作为失信的借口。洛克认为:"说谎是一种极坏的品质,是许许多多恶德的根源和庇护者,所以应使一个儿童从小到大极端地畏惧它。"[4]康德宣称:"谎言,即故意的不诚实,在任何情况下,'仅仅由于它的形式,就是人对于他自身的一种犯罪,就是使一个人在他自己眼中变得低贱的一种卑劣'。"[5]谎言的不道德之处在于,谎言在客观上构成了对交往对象的欺骗,伤害了交往对象的尊严,形成了对交往对象的人格侵犯。而且,谎言总是包含着某种程度的自私,说谎者之所以说谎,显然是因为说谎可以避免自己的利益损失或者放大自己的利益效应,道德装饰的谎言背后其实永远藏着一张不道德的面孔。那么,善意的谎言也是自私吗?答案是否定的,善意的谎言严格地说不是谎言,它只是用形式上的欺骗表达真诚,是诚信的委婉表达。与恶意的谎言不同的是,善意的谎言以他人为利益指向,是向着他人的心灵付出。但是,即便是善意的谎言,也应该是特殊境遇下的特殊道德选择,不能成为道德生活的常态。诚实的人不应该说谎,而且不能以善意的谎言为借口说谎,这是具有普适性的伦理规定,是每个人都应该遵循的道德的心灵法则。

3. "完全的信用"教育

信用是诚信教育的核心内容。完全的信用教育,即诚信教育要致力于教导受教育者对法治社会契约规则的全面遵守,任何时候任何地方都要讲求信用。

完全的信用取决于对信用价值的完全认知,所以,诚信教育应该让受教育者对信用的价值有全面而深刻的了解。信用既是传统社会日常交往中的伦理美德,更是现代法治社会市场交往中规范性的行为准则。信用的伦理内涵是:主体在市场活动中遵守契约,恪守诺言,诚实不欺,在追求自己利益的同时不损害他人和社会利益,并实现与他人和社会的利益共享。信用一直被视为民法领域的"帝王条款",古代的罗马私法就已经将"诚实信用"作为其内在灵魂,古典自然法的创始人格劳秀斯就宣布"遵守合同,履行诺言"是自然法的主要原则之一。马克斯·韦伯则将诚实守信作为资本主义精神的重要内容。19世纪的英国经济曾经是世界上最强大的经济,当时的杜庞男爵对英国经济的辉煌给出的评价是:支撑英国工商业霸主地位的不仅仅是勇气、聪明和活力,最重要的是他们的"诚信无欺"。可见,信用并不仅仅是个人的修养,同时也是一种国家力量。

完全的信用需要强大的契约精神支撑,因此,诚信教育应该通过契约精神培养铸造受教育者的信用意识。契约精神是西方文明社会的主流精神,也是当代法治社会通约性的价值共识。契约精神是契约实现的伦理保证，没有契约精神就没有个人信用，契约订立只能走强制主义路线，契约的遵守则必须依靠法律强制力保证实施。有了契约精神，契约遵守则可以通过个人信用来实现，讲究信用也濡化为约定俗成的道德习俗。当然，无论是契约精神的培养还是信用意识的养成，都要以诚实的美德为伦理基础，完全的信用依赖于无条件的诚实，在诚实的基础上致力于培养受教育者的契约精神和信用意识是诚信教育的关键所在。

三、诚信教育的伦理路向

基于伦理路向展开诚信教育，是诚信教育必要同时也是可行的选择。基于既有的社会诚信状况与诚信教育现实，特别强调以下几点：

1. 通过改变诚信状况的悲观性认知激发受教育者的道德信心

信心是一种精神支撑力量，是诚信意识和行为发生的动力基础，培植受教育者对社会诚信的道德信心，是培养其诚信美德的前提性条件。

激发受教育者的道德信心，关键是从根本上改变受教育者对社会诚信状况的悲观性认知。我们必须承认，当今的中国社会的确存在普遍性的欺骗行为，商业欺骗尤其是网络中的商业欺骗甚至已经成为民众日常生活的一部分。不幸的是，由于超频度的欺骗性刺激让大脑陷入信息反应的迟钝，或者对欺骗行为的反抗无力陷入精神上的疲惫，相当一部分人在社会的欺骗行为面前心理投降，甚至将欺骗看成是一种社会必然，完全失去了对欺骗的批判力。但是，难堪的伦理境遇导致的社会性伦理悲观，实质上是对欺骗行为自觉或不自觉的放纵，必然导致道德上的恶性循环。因为放纵，欺骗行为更加泛滥，而更加泛滥的欺骗行为则导致社会道德生态的更加恶化，诚信的人更加吃亏，结果是诚信的人也走向了欺骗。所以，阻断受教育者对社会诚信状况的悲观性认知，激发受教育者的道德信心，不仅是诚信教育的问题，也是教育者为社会承担的一份庄重的道德责任。诚信教育应该让受教育者懂得，尽管存在大量的欺骗行为，但我们的社会毕竟在法治条件下运行，主流的社会行为仍然运行在道德的轨道上，社会契约仍然被尊重而且绝大多数得到了良好的执行，市场经济的有序运作亦正在为诚信铺设良性的道德土壤。所以严格地说,我们的社会不是一个欺骗社会,而是一个存在欺骗现象的诚信社会,我们有足够的理由对未来的中国诚信保持信心。

2. 通过教育的诚信以实施诚信的教育

诚信教育的有效性以教育的诚信为前提。可以说,没有教育的诚信,诚信的教育永远是徒劳。教育的诚信,主要包括:(1)教育内容的诚信。教育内容的真实性和真理性,如对历史人物和历史事件评价的客观性、对社会事实描述的全面性和真实性等,直接表征着教育者对受教育者的诚信。不管基于怎样的理由,教育内容的不诚信将直接影响受教育者对国家、社会,以及教育本身的信任感。(2)教育主体的诚信。作为教育的传授主体,教育者对受教育者在诚信上的应然性要求与教育者实际行为的诚信度之间的一致性,直接关涉教育者的教育权威并影响着诚信教育的实际效果,只有诚信的教育者,才能培养出具有诚信美德的受教育者。(3)教育管理的诚信。教育管理是强有力的诚信教育方式,但显而易见的是,当今的教育管理人员很少意识到自己的诚信责任。典型且具有普遍性的表现如:以损害受教育者的知情权为代价,刻意掩盖或隐瞒负面信息,名义上是维护社会声誉,客观上是对受教育者缺乏信任。更有甚者,有的教育管理者基于功利考虑,以维护集体利益为名,有组织地要求受教育者参与教学过程的造假活动。教育管理的不诚信,是对受教育者诚信品质的无情伤害,严重点说,是一种教育上的道德之恶。所以,教育的诚信是对受教育者最好的诚信教育,关注并促进教育的诚信,是当代社会诚信教育的应有主题。

3. 通过诚信的日常唤醒机制让受教育者的诚信由自发走向自觉

诚信有自发和自觉的区别,自发的诚信是主体的随性而为,具有偶然性与随机性,同时具有强烈的不稳定性。自觉的诚信则是主体基于理性判断所作出的价值选择,是主体内在诚信品质的外象性表达,具有持续性和稳定性。诚信教育旨在培养受教育者的诚信自觉,其中,建立诚信的日常唤醒机制,将诚信落实到日常生活中,让受教育者从生活经验中感受诚信的必须和必要,欣赏诚信的安身立命价值,是培养受教育者诚信自觉的重要手段。以学校教育为例,就是要在课内课外的每一个活动环节,适时提醒学生的诚信注意,引导学生诚信认知、激励学生诚信判断以及鼓励学生诚信行动,通过培养学生道德知觉的敏锐性,增强学生诚信意识的自觉性。同时,诚信教育还要通过耻感意识的唤起反面促进诚信意识的自觉,通过群体性参与构筑起"诚信可贵,失信可耻"的舆论氛围,进而建立起诚信与受教育者之间的强纽带关系。当然,诚信教育不能陷入理想主义误区,要清楚受教育者的诚信自觉程度与社会期许之间的现实差异,承认诚信教育的有限性,并在有限之中寻求效果的最大化。

4. 通过诚信制度的权威性提升诚信教育的权威性

制度是具有强制力的行为规则,制度对人的行为进行规范的过程,也是制度教育功能的实现过程。所以,诚信教育应该注重制度的德育功能开发,通过诚信制度的权威性提升诚信教育的有效性。当然,诚信制度权威性的建构并不是简单对受教育者行为加以外在制约,而是通过制度的赏罚机制促进其诚信品质的内在养成并转化为对诚信的道德信仰。诚信制度的权威实现,应该注重制度供应、制度阐释与制度执行之间的协调性和连续性,保持人(受教育者)—制度—教育三位一体的道德统一性。诚信制度权威性的实现必须做到以下几点:其一是制度融合,即诚信制度的横向融通。不同的制度应该彼此支撑,应该避免在一种制度中规定为诚信的行为,在另一种制度中却被规定为不诚信,因为制度之间的冲突可能造成价值混乱,让受教育者无所适从。其二是制度承接,即诚信制度的纵向延伸。上位的规章制度在下位的规章制度中应该得到具体表达,上位制度与下位制度要价值链接,保证诚信制度的有效执行。其三是制度清晰,即诚信制度有明确的边界。如果各种制度之间边界不清晰,彼此可以互相替换,就会导致不同的执行人或者针对不同的执行对象,制度的适用条款及执行结果各不相同,制度将失去应有的权威性。所以,通过诚信制度的权威性来提升诚信教育的权威性,一定要避免制度文本相互冲突导致的价值弱化,也要避免制度与运行机制的割裂而造成的功能退化,只有实现诚信制度系统的良性循环,诚信制度的教育效益才能达至最佳。

参考文献:

[1] 卢曼.信任:一个社会复杂性的简化机制[M].瞿铁鹏,等译.上海:上海世纪出版集团,上海人民出版社,2005:10.

[2] 吉登斯.现代性的后果[M].田禾,译.南京:译林出版社,2000:30.

［3］培根.培根论说文集［M］.水天同,译.北京:商务印书馆,1983:6.
［4］约翰·洛克.教育漫话［M］.傅任敢,译.北京:教育科学出版社,1990:112.
［5］弗里德里希·包尔生.伦理学体系［M］.何怀宏,等译.北京:中国社会科学,1988:583.

教师道德理论研究

论教师的惩戒之善及其实现

蔡辰梅

（河北师范大学　教育学院）

在教师的日常教育实践中，惩戒的使用必不可少。然而，如何实现惩戒之善，让教育在惩戒中向善，让学生在惩戒中成人，却是教师面临的巨大挑战。惩戒是一柄双刃剑，善的惩戒可以唤醒儿童成为好人的愿望，而恶的惩戒则可能将孩子逼入报复整个世界的绝境。之所以会有这样的天壤之别，根本原因就是惩戒本身内涵的善恶之别。因此，对于教师而言，惩戒之善恶不可不察，对于教育研究者而言，惩戒之善恶不可不考。如此，才能使教育惩戒的实施更具专业性和科学性，也使教师在驾驭惩戒之善中，体验职业幸福，创造教育成功。

一、教师惩戒之善恶

在著名的教育电影《放牛班的春天》中，马修老师和校长哈森同样使用惩戒，而最

基金项目：河北省教育厅教育厅人文社会科学研究青年拔尖人才项目：教师专业伦理发展的学校诊断及其校本发展模式研究（课题编号 BJ2016065）的阶段性研究成果

作者简介：蔡辰梅，河北师范大学教育学院教授，教育学博士，硕士生导师，主要从事教师教育、教育伦理研究。

E-mail：cai772@163.com

终的教育效果却相去甚远。之所以会有如此的教育差异,最根本的原因是两个人的惩戒行为有着质的差别,即善恶之别。马修老师本身是善良的,处处想着如何保护孩子们内心善良的种子,如何激发他们内心的美好和潜质。他所有行为的出发点都是为了让孩子们变得更好,希望唤醒他们每个人内心深处的那颗天使般的心灵。所以,他会选择仁慈、宽恕、容忍、退让,以最柔、最暖的方式软化刚硬和温暖冷漠。正所谓"至柔者至刚",所以,他的内含着积极期望和信任的善的惩戒方式,能够触动孩子们的内心,唤醒他们成为好人的愿望,从而在孩子们的眼神中能够发现神奇的变化。而哈森校长则把自己的管理方便,以及职位升迁放在最重要的层面,只要有错就惩罚。而最常用的就是关禁闭和体罚。在惩罚的过程中最可怕的就是滥用惩戒,不遵循公正和适当的伦理原则。比如在马桑大爷受伤后,追查谁是肇事者的过程中,让马修老师随意点一个孩子作为替罪羊受惩罚;在蒙丹偷钱事件中,在没有确凿证据的前提下,就对蒙丹大打出手,在查清事实之后仍不能出于良知,站出来为蒙丹洗清冤情。正因为校长实施惩戒中善的缺失,导致他的惩戒不是让人变得更好,而是把好孩子推向了"以恶还恶"的毁灭循环。恶的惩戒一定难以达成善的教育效果,这是教育中的一个基本定律。

因此,教师的惩戒之善意味着教师基于善的目的,遵循教育伦理原则,而运用教育惩戒,并达成了善的教育效果,实现了预期的教育目标。教师惩戒是否是善的,最核心的评判标准就是,惩戒本身是否达成了善的教育效果。因为事实上,惩戒的效果并不总是与惩戒的初衷相一致的,有的时候甚至是事与愿违的。根据惩戒的效果的不同,可以将教育中的惩戒分为教育性惩戒、非教育性惩戒和反教育性惩戒三种不同的类型。

教育性惩戒是基于教育的目的,遵循学生成长与发展的客观规律,实施恰当的惩戒并达成预期的教育效果。惩戒的过程并不是为了制造学生肉体或精神上的痛苦,不是为了"整学生""治学生",而是给学生自我反省并承担自己错误责任的机会,让学生在错误中成长。教育性惩戒秉持人性本善的信念,保持对人的自我教育能力的信任,用宽容和积极的方式给人反省和改错的机会,从而令错误成为促人成长的契机。

非教育性惩戒是指那些既不庄重,也不深刻,轻描淡写、随心所欲实施的惩戒,对学生没有多少教育,也谈不上什么伤害。那些被教师轻易使用并且滥用的惩戒方法往往属于这种情况。例如,对于上课经常违反纪律的学生,一些老师常用的方法就是让他们在走廊罚站。而当学生对这种惩罚方式习以为常,他们会在走廊里继续玩儿,并不觉得什么。当罚站成为"家常便饭",这种惩戒方式既带不来羞耻感,也无法引发悔愧。教师只是避免了课堂被干扰,而并没有从根本上实施对违纪学生的有效教育。教师不去深入了解他们为什么会违纪,不去触及他们的内心进行激发和引领,不去了解他们学习上的真实困难并给予帮助。因为所有这些做法,都需要教师更多时间和精力的投入,而类似罚站这样的惩罚,简单方便并且能立竿见影。然而,教育里没有捷径。简单方便的惩罚,往往也就如沙地画画一样,很难在学生心灵中留下深刻的教育影响。没有用心的惩戒,也就难以抵达学生的心灵,难以产生应有的教育性。

反教育性惩戒是指有些惩戒因为其实施缺乏公正和仁慈,或者在时间、方式、程度等方面实施的不当,往往会造成反教育性的后果。在新加坡电影《小孩不笨》中,主人公杨学谦因为和老师打架,受到在全校师生面前公开鞭笞的惩罚。这种同时造成肉体伤害和舆论压力的惩戒方式,给学生的内心造成了巨大的伤害。杨学谦本是一个品学兼优的学生,但是这次惩罚的当天,他含着眼泪在自己的博客中写下了唯一的一句话——杨学谦已死。从此他改变了,走向了与学校和老师实施惩戒完全相反的方向。他开始接触社会上的小混混,并且参与偷盗甚至抢劫。这样的结果是与学校当初实施惩戒的初衷完全背离的。本来学校希望实施惩戒,使其认识错误,改邪归正。而由于实施惩戒的方式不恰当,严重伤害了他的自尊心而使他对学校和老师产生抗拒感,甚至是一种绝望,而最终走向相反的方向。这样的惩戒实施效果是反教育性的。

可见,教育惩戒的初衷和结果并非总是一致的,这就需要教育者反思如何使惩戒本身具有教育性,如何确保惩戒能产生良好的教育效果。

二、教师惩戒之善的边界

为了实现惩戒之善,实现其应有的教育价值,就需要为惩戒划定边界。惩戒的实施会触及三个层面的边界,即法律边界、伦理边界和教育边界。其中法律边界是底线意义上的边界,属于不可逾越的"雷池",是规范教师惩戒行为的硬性标准。而伦理边界则处于中间层次,会存在一些模糊地带,需要教师良知的调节,会受到不同教师思想道德境界的影响。教育边界则是高尚意义上的边界,教师的教育惩戒,在不触犯法律、不违背伦理的前提下还要实现理想层面的教育效果,通过规范和约束性的惩戒,使学生的行为朝向更完善的方向发展,使学生的潜能和价值得到更好的激发和触动,达成一种充分而全面发展的教育状态。

1. 不可触碰的底线：法律边界

教师在实施惩戒的过程中，在最底线的意义上，应该做到知法守法。知道法律对于教师实施惩戒的相关要求和规定，做到"不越雷池半步"。很多教师或者不知法或者"知而不守"法，从而做出违背法律的行为，对学生的身心造成不可逆转的伤害，也对自己的职业生涯造成毁灭性的打击。关于教师对学生实施惩戒的问题，《中华人民共和国未成年人保护法》中给出了明确的相关规定：

第二十条　学校应当与未成年学生的父母或者其他监护人互相配合，保证未成年学生的睡眠、娱乐和体育锻炼时间，不得加重其学习负担。

第二十一条　学校、幼儿园、托儿所的教职员工应当尊重未成年人的人格尊严，不得对未成年人实施体罚、变相体罚或者其他侮辱人格尊严的行为。

学校、幼儿园、托儿所教职员工对未成年人实施体罚、变相体罚或者其他侮辱人格行为的，由其所在单位或者上级机关责令改正；情节严重的，依法给予处分。

需要指出的是，关于教育惩戒问题，法律中虽然有相关规定，但是规定却不够明确和具体，导致教师在教育实践中无法清晰地区分"正当惩戒"与"变相体罚"，导致教育实践中的迷茫和困惑。因此，对于教育惩戒的法律边界，需要法律给出更加清晰的解释，也需要教师在内心有更清晰的理解。

2. 倾听良知的回响：伦理边界

教育问题总是与伦理问题如影随形，教育惩戒更是与伦理密切地交织在一起。在这里，伦理学中的动机论和效果论，能够较好地说明教师惩戒的伦理边界问题。很多老师所秉持的是"只要我是为了你好，我打你骂你都是正当的"，在"爱的名义下实施着伤害"。这种类型的老师只关注自己善的动机，而不重视善的结果。从而造成了哈耶克所说的现象——"通往地狱之路常常由善意铺就"。

为了让学生对自己的错误进行深刻反思，而让五年级的小学生写出1 000字的检查。老师只是想到了自己的初衷，但是却没有考虑到1 000字的检查对于五年级的孩子意味着什么，不能了解孩子的压力和痛苦。最终的结果是孩子选择了跳楼自杀。善的初衷造成了无法挽回的恶的结果。只有惩戒而没有心与心的交流,孩子只是感觉到被惩罚的冷漠,而体会不到教师的期望和关心。教育过程中温暖的缺失,无疑导致了孩子的失望甚至绝望。教师简单地使用了惩戒,却没有在伦理的意义上给人温暖和希望。

与之相反的另外一种类型的老师关注的是惩戒的效果,通过各种方式和手段达成教育应有的目的和效果。这里面需要注意到两种不同的情况就是,善的动机达成了善的效果,恶的动机达成了善的效果。也就是说,仅凭结果,我们无法推断动机的善与恶,但是至少我们在教育过程中,要尽力确保教育惩戒的结果是善的,是符合人性和教育的。我们努力追求的状态应该是,基于善的目的达成善的结果。

因此,教师实施教育惩戒的边界就是惩戒的行为符合人性,保持对人的尊严的尊重,在惩戒过程中能够遵循公正和仁慈的原则,最后在结果上通过惩戒减少错误行为,引导学生正确的发展方向,实现学生更积极的发展状态。

3. 达成人性的美好:教育边界

教师惩戒的教育边界就是,教师的惩戒要切实达成教育的目的而不是相反。

首先,教师在实施惩戒的过程中,要基于教育的目的而不是其他的目的。一些教师惩罚学生的目的,不是为了教育学生,而是为了解闷取乐。而有些教师则是在学生并不存在过错行为的情况下,由于自身的情绪不佳而拿学生出气或者发泄。这些非理性的教育惩戒偏离了教育目的,违背了教师的专业伦理。

其次,教师在实施教育惩戒的过程中,要使用符合教育规律和学生身心特点的方式和手段。一些教师经常因为学生在考试中出错,而进行严厉惩罚,这种惩罚往往会造成学生的委屈感和无助感,产生不利于教育的影响。因为,学生在一定阶段上知识掌握不牢固,或者因为粗心而做错题,都是很正常的教育现象。这些错误不属于学生主观故意的错误,教师提出的成绩要求,很有可能是学生力所不能及的。在这种情况下教师惩罚,违背了"罚其当罚"的教育原则。

最后,教师的惩戒行为能够在结果上实现了预期的教育目的,达成了积极效果。教师的惩戒行为在效果上要具有教育性,而不是反教育性。很多教师注重的是学生出错之后的惩罚行为,而忽视了惩罚结果的达成。这种情况下,教师往往缺乏对自己惩戒行为的反思和调整,影响惩罚的效果。反过来,还会造成惩罚的滥用,从而陷入一种恶性循环之中。因此,始终以惩罚的教育性效果的实现,来衡量和判断自己的惩戒行为,可以使教师在行为选择和实施上,更加谨慎,更加科学。

三、教师惩戒之善的实现

教师的惩戒行为是有善恶之分的。教师所要做的就是竭尽全力实现惩戒之善,避免惩戒之恶。而在教育现实中,我们很多时候都是为了惩戒而惩戒,在日益麻木的行为中,我们忘记了思考——我们为什么要惩戒?惩戒是否达成了我们想要追求的教育效果?惩戒是否是最好地达成教育效果的方法和手段?

所以,要实现惩戒之善需要从以下几个方面着手,以确保惩戒之善的达成。

1. 相信人性之善,善用"不罚之罚"的教育艺术。

教育惩戒的背后是教师的人性观。有的教师相信人性的善良和美好,相信可以通过教育在每一颗心灵中播下善的种子,相信以自己的宽容和爱可以唤醒良知,所以,他们在面对学生的错误时采取的是柔性的策略,用"不罚之罚"让学生反省自己的错误,让学生产生自责之心,让学生启动自我教育的机制。"此时无声胜有声",教师的高尚情操和境界,会成为一面镜子,让学生看清自己的内心,也让学生看清了正确的道德方向。苏霍姆林斯基对这种内在的心理过程进行了精妙的描述。"在一个人感到羞愧的时候,才会产生严格要求自己的愿望。当一个人在为自己不体面的行为感到羞耻的时候,他会想到别人在这一瞬间在看着他,这又一次地感到有一个理想的人在自己的心灵之中。羞耻往往比来自外面的最严厉的惩罚更有力,因为这是用自己的良心去惩罚自己的良心。培养孩子有羞耻感,这是每位老师需要掌握的一个魔杖。"[1]

在"不罚之罚"的教育过程中,教师会用自己的灵魂无声地碰撞学生的灵魂,而教育之中最深的秘密就是灵魂的触动和觉醒。不罚之罚是避免表面的教育而切入深刻的教育过程之中,就是唤醒学生的自我反思,给学生自己教育自己的机会,相信学生内心自我教育的力量。这种信任是教育中最重要最珍贵的信任。

而在实际的教育实践中,对于惩戒手段的随意使用和过度使用,剥夺了孩子自我教育的机会,弱化了教育过程自身的教育性。"体罚所带给孩子的影响,没有一样是父母所期望的。孩子受到的惩罚,会减轻他们对错误行为的内疚感,他们认为'惩罚'可以抵消他们的'罪行',可以心安理得地重复自己的错误。"[2]孩子们的心里有一个背负罪恶的秘密:他用父母的体罚来洗清自己的罪恶。但是,体罚是孩子最不需要的![2]孩子在自己的错误中体会到同伴的疏远,体会到内心的不安,内心的体验本身是具有教育性的,此时,并不需要外在的惩戒就能够自我矫正。让惩戒止于孩子悔愧的眼神,这是一种高超的教育境界。

为了实现"不罚之罚",教师还需要掌握一些具体的"替代惩罚的技巧",从而能够使自己的教育更加灵活多样,也更具专业性。美国教育学者阿黛尔·法伯等提出了具体的替代惩罚的7个技巧,对于一线教师颇具借鉴意义:

(1) 请孩子帮忙。

(2) 明确表达强烈不同意的立场(但不攻击孩子的人格)。

(3) 表明你的期望。

(4) 提供选择。

(5) 告诉孩子怎样弥补自己的失误。

(6) 采取行动。

(7) 让孩子体验错误行为的自然后果。[2]

2. 避免惩罚的误用,善于捕捉学生向善的内心

在日常教育生活中,教师的惩罚往往针对学生的错误行为,而很少去了解这个行为背后学生的想法。尤其是小学生,他们的思维方式和内心世界与成人很不相同,如果简单地以成人的角度判断行为的对错,往往会因为误解了学生行为的真实动机,而伤害到学生的心灵。这就需要教师尽最大的可能避免自己的武断和自我中心,蹲下来了解孩子真实的内心世界,并且捕捉孩子错误行为中向善的内心,从而避免惩罚的误用,避免伤害的产生。这类行为可以用"好心办错事"来概括,孩子的出发点是好的,但是由于对自己行为的后果缺乏认知,或者控制行为的能力的欠缺,而犯下错误。此时,教师首先需要的是了解,而不是急于实施惩罚。

苏霍姆林斯基曾经记下这样一个经典案例,极好地诠释了教师如何捕捉孩子向

善的心,而不是盲目粗暴地实施惩戒。

　　校园的花房开出了一朵最大的玫瑰花,全校的同学都非常惊讶,每天都有许多同学来看。这天早晨,苏霍姆林斯基在校园里散步,看到幼儿园的一个四岁女孩在花房里摘下了那朵玫瑰花,抓在手中,从容地往外走。

　　苏霍姆林斯基很想知道这个小女孩为什么要摘花,他弯下腰,亲切地问道:"孩子,你摘这朵花是送给谁呀?能告诉我吗?"

　　小女孩害羞地说:"奶奶病得很重,我告诉她学校里有这样一朵大玫瑰花,奶奶有点儿不信,我现在摘下来送给她看,看过后我就把花送回来。"

　　听了小女孩的回答,苏霍姆林斯基的心颤动了,他牵着小女孩的手,从花房里又摘下了两朵大玫瑰花,对孩子说:

　　"这一朵花是奖给你的,你是一个懂得爱的孩子,这一朵是送给你妈妈的,感谢她养育了你这样一个好孩子。"

　　如果单纯看到了孩子摘花的行为,就进行处理的话,按照学校的规章制度,小女孩的行为肯定应该受到惩罚。但是,苏霍姆林斯基并没有这样做。他更关注孩子行为背后的动机。以一个教育者的谨慎和善良,去对事情进行全面的了解,并捕捉孩子心灵中善的种子,并尽最大的努力给予呵护和培育,这就是教育家的教育智慧。苏霍姆林斯基在对老师们谈起这件事时说:"批评一个孩子所犯的错误很容易,可是,要呵护和培养一个孩子的爱心却不是一件容易的事啊!因为在孩子成长的过程中,他的爱心会慢慢地融化或吸纳他的错误,可无情的批评和处罚可能将毁掉孩子爱心的火花。所以,对学生来说:培养孩子的爱心远比对他们错误无情的指责重要啊!"

　　此外,教师在惩罚的过程中,要善于捕捉孩子内心的向善的渴望,及时调整自己的行为,满足孩子的心理需要,而不是一罚到底,熄灭了孩子向善的火苗。

　　在《放牛班的春天》中,男主人公受到惩罚——不允许参加合唱团。但是,当为伯爵夫人表演,小男孩躲在柱子后面,用充满渴望和羡慕的眼神看着同学们表演时,马修老师没有冷漠地对待他。而是用鼓励的眼神看着他,给了他强有力的指挥动作,让他参与进来。当天籁般的歌声响起时,马修老师第一次在孩子的眼睛中读到了"感激"。当一颗冷漠的心被融化,当孩子的眼神出现了神奇的变化时,那正是教育创造奇迹的时刻。也许这是孩子改变的决定性时刻,被宽容的孩子会珍惜,而始终被冷漠对待的孩子,可能会滋生加倍的冷漠。此刻,教师的宽恕和给予的展示机会,无疑促成了重要的心灵转向,为小男孩成为音乐家奠定了重要的心灵基础。

3. 承担惩戒之责,实现惩戒的教育价值

在整个教育环境提倡"赏识教育",家长对孩子的教育倍加关注的背景下,人们注重表扬和鼓励的作用,对于惩罚则产生了"谈惩色变"的心理。一些教师对学生错误行为采取"放任"的态度,在过度的表扬中,学生的基本规范和是非观念却难以养成。而事实上"人非圣贤,孰能无过",何况是处于成长中的学生呢?而有了过错就应该矫正并且承担应该承担的代价和责任。否则,会对学生的健康成长埋下隐患。对于惩罚的必要性,苏联教育家马卡连柯曾经有过坚定而清晰的表达。"不惩罚的办法只是对破坏分子有利,如果学校中没有惩罚,必然使一部分学生失去保障。""凡需要惩罚的地方,教师就没有权利不惩罚。在必须惩罚的情况下,惩罚不仅是一种权力,而且也是一种义务。"[3]与此同时,马卡连科提出了符合教育,具有教育价值的惩戒应该满足的条件:

(1) 惩罚不是目的,不应该只是使人的肉体受痛苦。

(2) 只有被惩罚者理解到全部的问题在于集体是在维护共同的利益的时候,换句话说,只有他知道集体要求他做什么和为什么这样要求他的时候,惩罚才是有意义的。

(3) 惩罚内容本身并不重要,重要的是惩罚事实的本身以及表现在这一事实上的集体的谴责。

(4) 惩罚应当是教育。被惩罚者应真正认识到,为什么要惩罚他,并且理解惩罚的意义。[3]

社会学家涂尔干也指出:"为纪律赋予权威的,并不是惩罚;而防止纪律丧失权威的,却是惩罚,如果允许违规行为不受惩罚,那么纪律的权威就会为违规行为所侵蚀。有远见的教育者还会意识到,只要存在利益纷争,社会就不可能没有规则和惩罚。"[4]因此,对错误行为的恰当惩戒是维护教师权威,保持教育过程有序、有效进行的必要手段。因为,如果恶得不到应有的惩罚,教师的权威就会受到威胁和挑战,善就会受到伤害。在小学课堂中,很多教师控制不了课堂纪律,甚至无法完成正常的教学任务。班级中的"歪气"压倒了"正气",大多数孩子的正常学习会因为少数人而受到影响。这种现象很多时候与教师不能有效地实施惩戒,维护自身的权威有关。正是在这一意义上,教育学者孙云晓指出:"没有惩罚的教育是一种不完整的教育,是一种脆弱的不负责任的教育。"

此外,教师在惩戒问题上的顾虑与部分家长对孩子的溺爱态度有关,一些家长对于教师惩罚学生的问题非常敏感,甚至抱着"护犊子"的心理,不允许教师对孩子有任何形式的批评和惩罚。在这种情况下,教师就会面临正当实施惩戒的困难。这就需要教师在更高的层次上理解自己的教育责任,通过与家长更加充分的沟通和对家长的引领,维护自己的教育惩戒权。钱文忠在其名为《教育,请别再以爱的名义对孩子让步》的文章中指出:"我们要告诉孩子,犯了错误要付出代价。我们这个社会最后一道防线是教育。教育不要轻易向社会让步,不要轻易向孩子让步,也不要轻易向家长让步。我们这个社会要赋予校长、老师更大的权利、更高的荣誉、更好的待遇,但是也应该赋予他们更大的责任。"[5]教师要对孩子的一生负责,教师要为一个国家的未来负责,因此,教师需要不折不扣地承担教育惩戒的责任,即使需要忍辱负重。

"在一个人童年时代就进行责备、批评,这恰恰是去抵制那些小的、初看起来不易觉察的坏毛病的出现。乍看起来,蕴藏着坏事的行为越是无关紧要、不易觉察,您对孩子的责备就越迫切,您的话在他们的心灵里留下的痕迹就越深刻。"[6]"在童年和青少年时期,当恶习没有成性和莠草刚刚生根之际,就要对他们进行谴责。谴责的语言——这是教育者最大的、无可比拟的责任。"[6]在苏霍姆林斯基看来,教育者必要的惩戒是对学生完善成长的悉心守护,像医生不允许病毒侵入人的身体一样,需要防微杜渐,防患于未然。这种守护中蕴藏着指向未来的深沉的责任感。因为,"我们在谴责恶习的同时,也就把人争取过来了"。[6]教师的惩戒是怀着对眼前的每一个人的深深的守望而进行的,让每一个人成长在正确的轨道上,冒着不被孩子们理解的风险和代价。

4. 令惩戒触及羞耻感,却不伤害自尊心

孟子曾言:"恻隐之心,人皆有之;羞恶之心,人皆有之;恭敬之心,人皆有之;是非之心,人皆有之。恻隐之心,仁也;羞恶之心,义也;恭敬之心,礼也;是非之心,智也。仁义礼智非由外铄我也,我固有之也。"人固有的善端,能够作为一种内在的力量调整人的行为,而教育者所要做的就是相信这种力量,并且促使这些力量发挥积极作用。这正是英国教育家洛克所说:"唯一真正合乎德性的约束,是因为做错了事,应受惩罚而感到羞耻。"[7]当教师对学生实施惩戒时,如果能够使学生认识到自己的错误,并且在内心产生了羞愧,想要悔改的心,那么,这样的惩戒就是有效的。也就是说,触及人的羞耻感是教育惩戒的初衷所在。

但是另一方面,学生的内心是非常丰富敏感的,在让学生感到羞耻的过程如果不能采取正当的方法,极容易造成对学生自尊心的伤害,惩戒的结果就会与教育的初衷相去甚远。一些老师在对学生实施惩戒的过程中,抱着"就想让你知道丢人的感觉"的想法,用各种方式"让学生出丑",创造出"羞辱仪式"[8]。这种方式会让学生感到羞耻,但却很难激发学生向善悔改的心,反而让学生心生怨恨,走向相反的方向。带着关爱的心让学生感到羞愧和带着冷漠的心让孩子出丑,孩子的感受是不一样的。因此,如何触及学生的羞耻之心却又能保护其自尊心,这是惩戒实现其教育性的关键所在。

为了使惩戒能够达到应有的教育效果,伴随着惩戒,教师应有相应的教育沟通,使学生理解惩戒的缘由,理解教师的良苦用心,使惩戒不至于被学生误解,使惩戒的效果更佳理想。马卡连柯明确提出了在惩戒前后与学生进行谈话的要点,具有现实的借鉴意义。

无论如何,在加以惩罚之前,必须和学生进行谈话。所有这些谈话所涉及的应当是学生的行为,而不是立即采取惩罚的形式。

在犯过之后立即进行谈话,并且邀请年长的同学参加,谈话应当是简短的、严肃的和正式的,并且要求犯过者解释自己的行为。

单独的谈话也是在犯过之后立即进行的。

延期的谈话。谈话应当在夜间较晚的时候进行,以便谈话不致中断。谈话的声调应当是和蔼的,详细地分析问题,细心倾听对方的解释,无论如何不要微笑,不要嘲笑,也不要开玩笑。在谈话中应当很好地向学生说明他的行为对于他自己和对于集体的害处,给他举出实例,介绍他应该读什么书。[3]

5. 实施公正的惩戒,避免不公之伤

惩戒能否在学生的心中产生预期的积极影响,取决于学生是否认同教师的惩戒行为,因此,公正就成为惩戒之善实现的最核心的要素。在教育实践中,惩罚的不公正包含两个方面,一方面是学生所受的惩罚与他的犯错行为不匹配;另一方面是,同样犯

错,不同的人受到了不同的对待。就第一方面而言,有的学生没有犯错,教师却误认为学生犯了错,在没有调查清楚事实的情况下就实施惩戒,造成对学生的冤枉。这样不公正的惩戒最大的危害在于让学生对教师的权威产生强烈的排斥和怨恨,甚至会产生对抗和报复的心理。在《放牛班的春天》中,蒙丹之所以会一把火点燃学校,就是在用报复的方式告诉人们自己因为被冤枉而产生的仇恨。因此,冤枉学生的不公正惩罚所造成的结果是灾难性的,教师应当尽最大的可能避免。在这里应该遵循"疑罪从无"的原则,也就是说,在没有充分证据的情况下,宁可放过学生也不冤枉学生。因为,放过学生,学生还可能会对自己的错误行为进行自我反思和自我教育,还可以通过其他方式进行引导和教育,而冤枉学生则会造成无法挽回的负面影响。也就是说,符合教育伦理的惩戒必须内含着公正,所受的惩罚和所犯的错误是匹配的。而教师最容易犯的惩戒错误就是"想当然"地推断肇事者,然后"自以为是"地相信自己的判断,最后使用暴力逼迫学生承认自己的错误,把学生逼迫到绝望和自我放弃的绝境。

此外,还有一种情形是学生所犯的错误很小,老师的惩罚却很重,学生心里也会不服。有的学生只是上课说话,老师却让学生叫家长或写检查。在学生看来并不是很严重的错误,教师却"小题大做",这种情况下学生不会产生改过之心,只会有委屈和怨恨之心。

惩戒不公正的另外一方面主要指教师的"偏向",教师会因为学习成绩、家庭背景、是否班干部等种种因素的影响而在实施惩戒时不能做到一视同仁。普遍存在的"成绩偏见",经常使教师产生一种偏差的行为取向——好事情更容易安在好学生身上,坏事情更容易安在差学生身上,于是制造了教育中的"马太效应",在宠坏好学生的同时,将"差生"逼到失望与灰心的绝境之中。同样是没有完成作业,对班干部网开一面,对普通学生则要罚抄写。同样上课插话,对好学生就认为是积极回答问题的表现,对差生就认为是故意捣乱而罚站。这些教学中的细节在教师看来往往很正常,但学生却很在乎。这些不公正的惩罚会让他们感觉愤愤不平,并且对教师的权威产生怀疑,对教师产生信任危机,当他们失去对教师的敬畏之心,无所顾忌的心会犯下更多的错误,这将是教师最难面对的情境。

因此,秉持公正之心"战战兢兢、如履薄冰"地实施惩戒,是惩戒之善实现的核心保证。教师越谨慎地行使手中的惩戒之权,学生越能从教师的谨慎中受益。

6. 保持理性,避免情绪性惩戒的反教育性后果

人本来是天使,但是情绪冲动可以使人在瞬间变为魔鬼。对于教师而言,避免"冲动的惩罚",保持教育的理性尤为重要。因为,在情绪状态下的惩罚往往偏离教育事实本身,在情绪的席卷下,教师的行为往往会失控。很多教师过分的惩罚行为都是在情绪状态下发生的。此外,情绪性惩戒由于理性的缺失而使学生看到教师"缺陷"的一面,而造成对权威的损伤。正如洛克所言:"他们很小就能区别愤怒与理智了;他们不能不尊重出自理智的东西,同时也会很快地藐视愤怒;即使愤怒可以一时慑服他们,但是这种慑服的力量很快就会烟消云散;出于天性,他们很快就会看不起这种缺乏理智、虚张声势的威吓。"[7]并且,"责备的话语应当严肃、和蔼而又庄重,应该说明他们的过失究竟有些什么不好或者为什么不合适,而不应当匆匆责骂他们几句了事;因为这会使他们分不清你之所以生气是不是针对他们的成分多而针对过失的成分少。盛怒的呵斥常常不免混杂粗暴低俗的言词,结果还会产生一个坏处,把骂人的话也教给了儿童"。[7]因此,情绪性的惩罚往往会改变惩戒的教育性质,造成教师未曾预料的消极示范和影响。此时的惩戒从形式到内容都会因为情绪的参与而扭曲变质。因为,"当教师因为自己在发怒而对学生进行惩罚时,这种惩罚通常会伴随着'我要让你们吃不了,兜着走'或'我们走着瞧谁说了算'之类的话语。这类话语并不意味着教师在故意把惩罚用作控制手段,这纯粹是发泄情绪"。[9]

所以,惩戒之善的达成需要教师修养自己的内心,善于把控情绪,用平和持重的教育理性面对学生的过错行为,采取恰当而充满正义的教育行为。正如马卡连柯所言:"学生所受的处分不管多么严厉,但绝不应当超出应当处分的范围。"

教育需要惩戒,但惩戒却不是最好的教育。因此,教师在实施惩戒时,需要将自己从习惯性的行为方式中拯救出来,让自己对教育方式进行清零性的反思。需要拿出足够的勇气对抗习惯性和环境性的力量。因为,即使周围的人都在使用体罚,也无法证明体罚就是最好的教育方法。

惩戒是底线意义的,禁止和消除人的行为,却不能激发人的潜能和价值,实现更高尚的教育境界。因此,好的教育仅有惩戒是不够的,还需要激励、引导、爱和宽容。需要教师用更丰富的知识和智慧在学生的心灵上播种,不让孩子的心灵因为无所事事而无事生非。因为孩子们的心灵就像土地一样,不长庄稼,就长杂草。教育者所能做,所要

做的就是用人类精神世界中最精华的东西充实孩子们的心灵,让他们充满激情和热爱地去做更有价值和意义的事情,发挥全部的潜能,让师生在精神的世界中徜徉、享受,将惩戒远远地抛在身后,这才是值得每一个教师追求的教育生活。

参考文献：

[1][6] 苏霍姆林斯基.怎样培养真正的人[M].蔡汀,译.北京：教育科学出版社,1992：163,206,207,209.

[2] 阿黛尔·法伯,伊莱恩·玛兹丽施.怎样说孩子才肯听,怎样听孩子才肯说[M].安燕玲,译.北京：中央编译出版社,2012：28,37,98,286.

[3] 马卡连柯.马卡连柯教育文集[M].吴式颖,等编.北京：人民教育出版社,1985：59,72.

[4] 涂尔干.道德教育[M].上海：上海人民出版社,2001：162.

[5] http://blog.sina.com.cn/qianwenzhong

[7] 约翰·洛克.教育漫话[M].石家庄：河北人民出版社,1998：61,60,60.

[8] 约翰·霍特.孩子是如何失败的[M].张惠卿,译.北京：首都师范大学出版社,2010：233.

[9] Thomas L Good, Jere E Brophy.透视课堂[M].陶志琼,等译.北京：中国轻工业出版社,2002：247.

师德公私之辩
——基于蔡元培的视野

肖绍聪

(井冈山大学　教育学院)

　　师德,即教师道德,它既包含教师作为一种群体的职业道德,也包含教师作为具体个人的个体道德。我国一直以来对于教师有着极高的道德期待,但由于对于教师有着近乎苛刻的道德要求,而往往容易淡化、忽视教师私人化、正当的生活需求与道德追求。这种选择性道德失允的现象,是我国对于教师道德领域公私不分的一种表现。其结果是导致在很长的时期内,在我国教育领域中出现了两种极端现象:对于师德的要求要么流于空泛过高的理想要求,如要求教师"捧着一颗心来,不带半根草去",使教师事实上成为一种蜡烛、春蚕式的悲剧性角色;要么沦于师德的底线标准,认为学校是社会的普通机构、教师只是一种社会职业,从而抹杀了教师职业的特殊性、崇高性。因此,必须区分教师的职业道德与个体道德的畛域,明晰师德中公德与私德的界限与联系,从而以恰当的标准去引导与规范师德行为,维护教师生活的完整性与个体尊严。在这一方面,北京大学"永远的校长"蔡元培有着其独到的见解,"蔡元培是现代中国最早倡导公民道德建设的人物",[1]他关于师德的公私区分的论述与灵活变通的道德方法,对于我们当前的师德认识与规范有着重要的教育启示。

作者简介:肖绍聪,井冈山大学教育学院教师。
E-mail:xiaoxixsc@126.com

一、公德与私德的区分是师德修养的基本前提

蔡元培在近代中国教育思想史上的重要贡献是秉持一种相对主义的教育哲学观，并将其运用于北京大学的改革实践中，从而引领了近代中国大学发展的新路向。在相对主义哲学观照下，他将道德作为教育的根本目的和终极关怀，颇有点类似康德赋予道德的"绝对命令"的地位的意味。在他看来，道德之为道德，就在于它源于人的良心、良知，始终有着有一种"绝对命令"式的约束力。因此，在蔡元培的教育思想体系中，道德是人的行为规范，更是人格完善和人性升华的通途。

在蔡元培看来，道德具有公德与私德的区分，它们是个体在不同生活领域里遵循的道德原则与规范，其区别是明显的，也是必要的。私德以个体私人生活为界限，是人们处理家庭血亲、亲朋好友等私人性关系时所遵循的道德原则与规范，例如家庭道德；公德则以开放性人际关系构筑的公共生活为舞台，是人们在公共场域中所应遵循的基本道德，例如职业道德、社会公德。就教师而言，教师在从教的职业活动中所体现的道德，即为公德；而教师在爱情、家庭、生活中所体现的道德，则属私德。"师德规范属于公德范畴，与私德规范有别。我国教育界似未顾及两者的差别……像尊老爱幼、夫妻和睦、勤俭持家、邻里团结之类的要求，是私人生活道德规范，属于私德范畴。"[2] 如果混淆教师的公德与私德的概念，模糊这两者的界限，就容易出现师德的公德化与私德化两种趋势，从而使得教师无所适从。师德的公德化是一种公德的泛化，会使职业伦理超越自身的范围，将公德的要求扩展到教师私人生活的领域，侵犯教师的个体生活；师德的私德化则是私德主导的伦理取向越界上升为职业规范，从而使教师职业道德的公共性受到质疑。总之，如果不能很好地区分教师的公德与私德，将拔高或降低了师德要求，既不利于维护教师的合法权益，也容易误导公众对教师提出种种不合情理的期望和要求。[3]

在蔡元培看来，私德和公德同样重要，个人道德的堕落，必导致整个社会的腐败。"今人恒言，西方尚公德，而东方尚私德；又以为能尽公德，私德之出入不足措意，是误会也。吾人既为社会之一分子，分子之腐败，不能无影响于全体。"[4] 在革命与启蒙双重变奏的近代中国，救亡图存是主旋律。提倡公德，有助于民族国家的复兴与富强。如那时代的严复所讲的"民德"、梁启超在《新民说》中所提的公德，其要旨都是一样的，都是以国家富强为目的来提出道德要求。在一般情况下，公德与私德是相互促进的。

在特殊情况下,若两者发生冲突时,蔡元培认为,应该"屈私从公",私德要服从公德。"朋友之交,私德也;国家之务,公德也。二者不能并存,则不能不屈私以从公德。"这是"国民所当服膺"的基本原则。公德维护的是公共利益,私德维护的是个人利益,若有冲突,个人利益应服从公共利益。事实上,良好的私德是良序的公德的基础。若私德不修,则人格不立,公德不展。而要完善人格,必从教育入手,教育为培养道德和完善人格的基本途径,德育是完全人格之本。从更宽广的层面来看,公德的维系有赖于群性的培养,否则,公共生活将陷于混乱之中。"群性以国家为界,个性以国民为界……自人类智德进步,其群性渐溢乎国家以外,则有所谓世界主义若人道主义;其个性渐超乎国民以上而有所谓人权若人格……盖群性与个性的发展,相反而适以相成,是今日完全之人格,亦即新教育之标准……故此后教育家之任务,在发见一种方法,能使国民内包的个性发达,同时使外延的社会与国家之共同性发达而已矣。盖惟此二性具备者,方得谓此后国家所需要之完全国民也。"[4]作为教育者,教师不但要肩负起培养学生群性与个性的重任,更要注意自身公德影响与私德修养,从而更好地为学生与世人在不同生活领域树立道德楷模。师德公德化或师德私德化都只放大了教师在某一方面的道德影响,这是极为片面的。

二、公私双修是师德完善的核心内容

公德与私德的区分主要依据的是不同的生活领域,这是一种横向上的区分;道德在纵向上也有着性质层次上的差别。蔡元培就将人的生活道德层次区分为消极道德与积极道德,"道德有积极、消极二者:消极之道德,无论何人,不可不守……然尚囿于独善之范围,而未可以为完人也。人类自消极之道德以外,又不可无积极之道德,既涵养其品性,则又不可不发展其人格也"。[4]所谓消极道德,就是指个体不去侵犯他人的合法权益,例如尊重他人的生命权、财产权、名誉权等,它类似于孔子所言的"己所不欲,勿施于人",蔡元培又称之为"公义"。所谓积极道德,是指个体并不只是独善其身,而是兼济天下,例如乐善好施、扶危济困、服务社会等,它类似于孔子所言的"己欲立而立人,己欲达而达人",蔡元培又称之为"公德"。"孔子曰:'己所不欲,勿施于人。'又曰:'己欲立而立人,己欲达而达人。'是二者,一则限制人,使不可为;一则劝导人,使为之,一为消极之道德;一为积极之道德。一为公义,一为公德,二者不可偏废。我不欲人侵我之权利,则我亦慎勿侵人之权利,斯己所不欲勿施于人之义也。我而穷也,常望人之救之,我知某事之有益于社会,即有益于我,而力或弗能举也,则望人之举之,则吾必尽吾力所能及,以救穷人而图公益,斯己己欲立而立人己欲达而达人之义也。"[4]蔡元培认为,公义与公德不可偏废,只有将遵守广义与光施公德结合起来,才能成就人生圆满;将消极道德与积极道德结合起来,践行孔子的两条"道德金律",既不做"法律上之罪人",又免于做"道德上之罪人"。

对于教师而言,消极道德是生活中所应当遵循的做人底线。消极道德促使教师努力维护个体在生活中的各种基本权益。例如,教师不能侵犯学生的生命权、名誉权,不能随意体罚、辱骂学生,不能"诋谤"和"诽谤"他人,这是教师立身之私德。"因而知教育者,与其守成法,毋宁尚自然,与其求画一,毋宁展个性。"[4]正是对"自然"、"个性"的珍视,教师更需要发挥消极道德以保障学生的自由。作为社会成员的教师,应当遵守法律和道德的规定,不去侵害他人的权利,以维护社会尤其是学校秩序的稳定。因此,为避免相互损害对方权益,蔡元培提出了"礼让"的道德原则,"礼让"即礼貌谦让,其实质是要文明礼貌待人。他说,"凡事皆有公理,而社会行习之间,必不能事事以公理绳之。苟一切绳之以理,而寸步不以让人,则不胜冲突之弊,而人人无幸福之可言矣","但如果凡事以礼让以为之调和,而彼此之感情,始不至于冲突焉"。[4]

与上相对,教师的积极道德其实就是教师的实践道德。教师的使命是教书育人,教师道德的核心是为人师表,这是教师最大的公德。"教育是帮助被教育的人,给他能发展自己的能力,完成他的人格,于人类文化上能尽一份子的责任。"[4]这里的"尽一份子的责任"就是尽自己的社会义务,也就是蔡元培所说的积极道德。事实上,教师的职业道德均属公德范畴,教育的目标是发展学生"完全之人格"。蔡元培认为,教师要做到为人师表,首先要"博爱"学生,以父母对子女无私之爱的境界去关爱学生。"师也者,代父母而任教育者也。"[4]其次,教师要严于律己,以身示范。"教员者,学生之模范也。故教员宜实行道德,以其身为学生之律度,如为生宜舀,束身宜严,执事宜敏,断曲直宜公,接人宜和惩忿而窒欲,去鄙倍而远暴慢,则显示日熏其德,其收效胜于口舌倍蓰矣。"[5]教师以自己的行为作为学生行为的准则,注重身教在道德教育中的重要作用,才能取得良好的教育效果。最后,教师还要做到因材施教,善于管理。蔡元培认为,教育的效果与教育方法和教育管理有很大关系。"教员者,启学生之知识者。"由于学生"个人特性不同,教育者所授与之知识,亦决不能完全相同"。[6]蔡元培将有知识但不懂教学管理之法的教师比作有水而倒不出来的"盂","故教员又不可不知教授管理之法"。[5]

作为修德者,教师要将消极道德与积极道德结合起来,两者是相互依赖、相互促进的有机道德整体,不可偏废。消极道德指向的是道德的自律,是道德的自我约束、自我调节,属于道德主观意识活动;积极道德指涉的是道德的自为,是在道德活动基础上形成的道德关系、道德人格,属于道德客观方面的范畴。如果仅是独善其身,只能算是消极道德了,而开拓个体能力、增进社会福祉,则可称之为积极道德。更为重要的是,个体人格的发展,必须经历消极道德的涵养才能长成,再经积极道德的扩张才能蕃盛。能够做到与人同乐,舍己为群,这就是公德了。"故修德者,当自消极道德始","又必以积极之道德济之"。[4]教师无论是在个体生活,还是在公共生活,都要兼顾消极道德与积极道德,使得私德与公德皆无让人指责之处。蔡元培就曾专门在北京大学组建进德会,勉励北大教师在公德与私德上的修行,端正北大师生的道德风尚;革除北大以往"细行不检"的恶劣习俗,提倡"不嫖、不赌、不做官"等,坚决清理那些道德品质败坏的教师,如将品行不端的"探艳团"团长、年轻英文教师徐佩跣等裁撤出北大。蔡元培自己是将道德作为人生目标和行为规范来实践的,完美体现了知行合一,从而做到"言为士则,行为士范";而反观陈独秀,一面提倡新道德,一面却去青楼嫖妓。这种言行不一、德行相悖的行为,实际上完全否定了道德;其私德不修、行为不检,更有悖于师德。

三、专业道德是师德的转换器

教师是专门以教书育人为职业的专业技术人员,教师的职业特性决定了师德并不等同于一般的社会道德。教师存在的合法性在于其专业劳动上,不论教师的私德是如何之高尚,或者教师拥有如何崇高的社会公德,但如果教师的专业素质水平不高,那他就是一位不合格的教师。因此,教师的专业道德才是教师德性的最终衡量。教师专业道德是教师在专业生活中形成的道德原则的总和,是调节教师与其学校里所从事的专业性的教育、学习和研究活动中各种主体之间关系的基本依据。[7]教师的职业与生活并不是截然分开的,而是合二为一的;教师专业生活具有道德实践的内在属性,教师"身为学生之律度",教师的言传身教对学生道德品质有着重要影响,育人不仅是在教室课堂内,还包括日常生活中。因此,私德与公德都糅合在教师身上,对学生产生教育影响。

蔡元培就极为重视教师的专业道德,并将其放在衡量教师标准的首要位置上。他在出长北京大学时就是以教师专业道德来延聘教师的。他说:"(一)对于学说,仿世界各大学通例,循'思想自由'原则,取兼容并包主义……(二)对于教员,以学诣为主。在校讲授,以无背于第一种之主张为界限。"[8]他还说,要"广延积学与热心的教员,认真教授,以提起学生研究学问的兴趣","总要请专门的,并要请愿意委身教育、不肯兼营他事的"。[6]由此可知,蔡元培在聘任北京大学教师时,其标准就是术有专攻、学有专长,而不太顾及其学术派别或政治派别。"我素信学术上的派别是相对的,不是绝对的;所以每一种学科的教员,即使主张不同,若都是'言之成理、持之有故'的,就让他们并存,令学生有自由选择的余地。"[4]事实上,蔡元培在北京大学时就聘任了不同学派的教师:如史学方面,有信古派人物陈汉章、黄侃等,还有疑古派人物钱玄同、胡适等;经学方面,有今文学派人物崔适,也有古文学派人物刘师培等。此外,蔡元培还不拘一格选择那些无足够学历但能自成一家之言的教师。如蔡元培曾就聘请了并无大学学历、自学哲学成才的梁漱溟到北京大学教授印度哲学。梁漱溟后来回忆说:"蔡先生引我到北大,并且一住就是七年,这表明蔡先生兼容并包之量,也说明蔡先生在用人上称得上是不拘一格的。只要符合他的办学宗旨,哪怕只有一技之长,他也容纳、引进,并给以施展之地。"[9]

在蔡元培的心中,大学就是纯粹研究学术之机构,大学教师的教学也就是一种学术活动。"大学不但是教育传授学术于学生的机关,而实在是教员与学生共同研究的机关"。[10]因此,大学教师如果在专业学术上不过硬,或者有德无学,那他就不配称为大学教师。"苟德之不修,学之不讲,同乎流俗,合乎污世,己且为人轻侮,更何以感人。"[8]蔡元培曾指出,教师中存在三种人:"教而不学"、"学而不教"、"不教不学"。教而不学是指教师只传授已有知识而不研究学问创造新知识;学而不教是指教师虽学有所长但不善于传授给学生;不教不学是指教师既不善于传授知识又无学术创见,误人子弟。蔡元培所希望的教师是又学又教、善学能教的进取型教师,能够"继续不断地研究所教的学科,以及所教的有关学科","还得研究教学的方法"。当然,这并不是说蔡元培只看教师的学术水平而罔顾德行。蔡元培是从人才难得、不能求全责备的角度出发,对那些德学难两全的教师,若是私德略有失检,只要不荒废功课,亦取自由主义的态度,"对于教员,以学诣为主……其在校外言动,悉听自由"。其前提是不能对学生有不良影响,"不诱学生而与之堕落"。这是一种不得已的妥协。

教师作为一种被社会赋予了极高道德期待、在现实中有着极为广泛道德影响的知识分子,他们一直追求自身个性张扬与社会不断规训要求之间达到一种公私兼顾、公私平衡的理想境界。蔡元培曾言:"非有出世间思想者,不能善处世间事。"教师,尤其是高校教师,正是这种有着高出世俗的能力与德性的人,他们的自觉追求使得自己不断从人性向神性的高度进发。蔡元培对教师公德与私德的论述,虽有其时代性,但作为一种伦理形态的师德公私观念,却是有着比较稳定的认知与价值判定,师德的公私之间孰轻孰重、平衡合理等基本定则,在当代中国依然应是可循的。

参考文献:

[1] 陈剑旃.蔡元培伦理思想研究[M].北京:北京大学出版社,2009:12

[2] 向阳.略论我国师德规范的重建[J].中小学管理,1998,(9):8

[3] 周晓静.师德私德化之流弊[J].教育探索,2005,(2):108

[4] 张汝伦.蔡元培文选[M].上海:上海远东出版社,2012:311,330,237,183,316,196,352,160,238,393.

[5] 中国蔡元培研究会.蔡元培全集(第2卷)[M].杭州:浙江教育出版社,1997:149.

[6] 中国蔡元培研究会.蔡元培全集(第4卷)[M].杭州:浙江教育出版社,1997:383,189.

[7] 苏启敏.论教师专业道德的实践品格[J].教育研究,2013,(11):121.

[8] 中国蔡元培研究会.蔡元培全集(第3卷)[M].杭州:浙江教育出版社,1997:576,9.

[9] 汪东林.梁漱溟问答录[M].武汉:湖南人民出版社,1988:35

[10] 中国蔡元培研究会.蔡元培全集(第5卷)[M].杭州:浙江教育出版社,1997:413.

论德性与教师德性的特征

黎 玮

(上海师范大学;江西师范大学)

教师德性对教育事业的健康发展的重要保障。近年来国家颁布了一系列加强师德建设的相关文件,取得了一定效果,但师德建设时效性低,仍然被诟病,一个不可忽视的原因是师德建设过于强调诸如师爱、教师责任等这样一些抽象的理念。经验论认为理念作为抽象出来的共相只能存在于一个个具体的现象中,教师德性也就蕴于教师的教育活动之中。着眼于教师德性在教育活动中如何形成、如何践行、有何特征、如何发展更能加强师德建设的针对性。

一、 德性与教师德性

德性,一词有两层内涵,一层是本体论意义上的德性,指万事万物的本源,是拥有生命力的,并依循一定的内在规律来生产、发展的过程,它蕴含着事物最优越的潜质。例如,中国古代"德"是"道德"的简称。"道"原指人行走之路,后来引申为万事万物运行的规律,"道者,万物之奥"[1]万事万物都有自身之"道"。万物由"道"而生,因"德"而

作者简介:黎玮,上海师范大学博士研究生,江西师范大学讲师,主要从事教育基本理论、德育研究。
E-mail:004482@jxnu.edu.cn

发展，有"道生之，德畜之，物形之，势成之。是以万物莫不遵道而贵德"。[2]在西方，最初德性（arete）不是伦理学的一个专属概念，既可以指万物的特长、功能、效用，也可以指人的品性、特点、才能、优点。另一层仅指伦理学意义上的德性，指人的道德品性。

仅从本体论和伦理学的一方面来理解德性都会失之偏颇。任何事物的存在都是"体"与"用"、"质"与"量"的统一，德性也是一样。德性的"体"是"道"所规定的万事万物存在、发展的依据和根源，具备不断自我完善的潜质，但"体"只规定了万物存在。"用"则不仅证明了万物的存在且"用"的效果证明者将"体"所蕴含的本质力量发挥的程度。德性的"用"表现为"德"在关系的视域下，遵道而行，才有所"德"。所以，德性指基于本质力量，在关系的视域中，遵道而为所形成的稳定品性。尤其在现代意义上德性一般是人的专属概念，人的社会性更决定了德性是"体"与"用"的统一：人在社会中被赋予不同角色，这些角色都与特定场域相对应，因此角色需要、场域属性规定了人的"体"；而人是否出色地展示该角色的功能则需要"用"，人是如何通过"用"来展现"体"，以及将"体"用到什么程度产生了何种价值则是人德性境界，所以人的德性人的力量与道德的结合。

关系性是德性存在的前提。道德源起于协调人与他者的利益冲突，正因为与他者发生了关系，才需要道德来协调彼此的利益。因此，关系性是德性产生的前提。不仅如此，人的本质力量的发挥要有所指向，即通过什么，对谁来使用自己的力量。这其中德性凭借的手段和所指对象都与德性的拥有者发生了各种关系。再者，德性在关系中完善。随着人的本质力量的增大，德性在关系中的运用所产生的效果也会增大。关系在一定意义上反映了人的主动性，另一方面人又要承受关系对象所引发的结果具有受动性。当人与他者发生的关系时，依循一定的"道"将其本质力量发挥，而形成的稳定品性，反过来，人所经验到的稳定性品性又提升人的角色能力，促进人在关系中更好地运用本质力量，这样的一种力量与道德的互动结合才称之为德性。

"道"是德性之所以为德性的依据。事物的客观性决定了人的主体性发挥的限度。人本质力量的发挥形成德性不能违背事物的客观性。事物的"道"就是其存在的客观规律，人的"道"即是人所属社会的人伦规定性。德性只有遵道而行方能有德，将之习惯化后成为人的一种品性，若"德"之不存"性"将何所附？

综上，避免对德性的狭隘理解，需要把握以下几点：（1）每一个人都具有德性之"体"，即人都有将其本质力量、潜能发挥的潜力；（2）关系性是德性发展的前提条件，没有关系性的存在,德性缺乏不能充盈发展的场域,养成不了德性;(3)德性发展的核心要遵"道"来"用"才是"道德"。因此,德性是本体性、关系性和道德性三者的统一。

教师德性是教师的专属德性。日常生活中将某人称为教师(老师)有三种情况:一种是此人正在教育学生,例如在学校中教学的人,学生称之为某"老师";第二种情况是某人曾经是教师,现已离开教职,人们仍旧习惯称呼此人为某"老师";第三种情况是某人当下的职业是教师,但现在并不属于其工作的时间,例如春节,春节时学生见到了此人仍称他为某"老师"。显然当教师没有教育学生时,人们称某人为"老师"只是习惯上的一种尊敬的表达方式,此时的"教师"仅是一个普通的公民,其行为可以不受到教师专业规范的约束。反之,当某人正在教书育人,此时才是正在展示其作为教师的本质力量的教师,才是教师德性行为发出者的教师。据此,本文认为教师是个特定的功能概念[3],它特指以教书育人为职业并正在将此功能付诸实践的人。故,教师德性虽然与教师个人德性(在此不妨称为私人德性)相关,但不是私人德性,而是教师在履行教书育人公职时所必须的职业德性,即"做教师"才需要和发展的德性。因此,教师德性具有时空上的有限性和专业上的强制性。

教师德性是教师与教育资源、教师与学生的的关系中形成和发展的德性。一方面教师主动去把握教育资源和认识学生,将对两者的认识转化为教育的力量;另一方面教育资源的更新和学生的发展又会提供给教师德性完善的新动力,正是这样的互动关系性才使教师将其本质力量更好的完善,德性趋向更高的层次。所以,教师德性因关系性存在,有发展的可能性、完善的必要性与效果的互动性。

教师德性所依循的道为:教书之"道"和育人之"道"。教师的教书之"道"就是书所承载的知识、技能,及其形成、发展和使用的客观规律性。教师道德的教书就要传递知识的真。教师育人之"道",即是学生身心、智慧发展所表现普遍性与特殊性。一个有德性的教师不仅表现在有高尚的品德,例如关爱学生、公平对待学生,更在于其所教的知识变为学生德性生命的一部分,能提升学生的生命能力、精神境界和审美情趣,使学生具备在社会上道德的生活的能力所需的健全的心智和技能。教师道德的育人就要通过知识、技能将善的种子播撒在学生心中,并使之生根发芽。所以在这个意义上说教师德性体现在教师"能教",即有教书的能力;"会教"指教师会依循教书育人之道来教;"道德的教",即用道德的方式处理教过程中产生关系性问题。

综上所述,教师德性就是指教师正履行教书育人的职能过程中,将其本质力量作用于学生或教育资源关系时,遵"教书育人之道"而行,形成的稳定的行为表征。教师德性的本体性表现为能教,关系性表现为如何教,道德性表现为怎样才是道德的教。教师德性由能教、会教且道德的教构成了三位一体动态发展的一个整体。

二、教师德性的特征

教师之所以为教师的规定性在于教书育人,因此是否具备教书育人的能力,即"能教",是教师德性的根"本"。教师如何教,是否"会教",是教师德性之"用",而教师德性的"体"与"用"都要以道德的方式表现出来,才能称之为教师德性,基于此本文从教师德性的构成:"能教"、"会教"和"道德"的教上的差异表现,分析教师的德性特征,为行文方便本文仅将教师分为合格教师和优秀教师。

1. 合格教师的德性特征

合格教师即符合教师职业标准,正将这些标准在教育活动中贯彻践行但尚未出色地履行教育职责的教师。

"能教"是指教师具备教书育人所需要的智力能力和情感能力。合格教师在能教的德性表现是:到达了教师职业标准的最低要求,具备了成为一个教师所需要的知识和智能。一般来说合格教师的知识结构是比较单一[4],他们可以根据标准要求来进行教育教学,但拘泥于学科知识本身,是处于"就知识教知识"的阶段,教学生学习的结果是堆积知识,他还没有达到对专业知识的自然运用和把握。合格教师将"教材或标准化答案"视为其教书应遵循的"道",不仅因为教材是经过专家精细挑选下来的学习文本,更为重要的是教材所承载的知识是学生学习和考试的主要依据。当教师把符合教材要求或标准答案要求的内容传递给学生时,教师认为较好地完成了教育学生的职责,否则,就会出现陈桂生先生说的:"教师,尤其是新手教师,备课时若不'面向书本',在这样的学习中如何能混得下去?"[5]与其说合格教师不敢逾越教材或标准答案所提供的知识,不如说是此阶段的教师力量还太小,小到其无法也不敢对规范或标准进行超越,所以,教师只能"他律"地被束缚在教材或标准所划定的知识界限内,不敢越雷池一步。总体上,合格教师的德性在教育能力的表现上具有一定的局限性和保守性特征。

　　合格教师的情感能力主要体现在个体教师对教师身份认同过程中所体现的情感和控制情感的能力,它的丰富和发展经历一个由外而内的变化过程。选择了以教师作为职业就意味个体接受教师专业德性的要求,将个人德性向教师专业德性的转变形成对教师的身份认同。人原本是自然界的一部分,当人运用自己的理性来认识自然界时,人将自己从自然中分离出来,成为"孤独的个体",为摆脱这种孤独,人选择"过生产性的生活",只有这样,"人才能使自己的生存富有价值意义;他也会懂得,只有一直处于警觉行动和奋斗的生存状态之中,才能摆脱人存在发展的局限,充分发展人的力量,在努力中立于不败之地"。[6] 人情感的孤独需要通过参与社会生活使情感有所依托。"做教师"意味着个体摆脱了情感的"孤独",将自身置于教师这个"精神共同体"之中,狄尔泰认为人完成理解"精神共同体"的任务,须经历移入、模仿、重新体验的过程。合格教师对教师职业的身份认同,一般经历由外在影响到自我体验的重新定位的过程。当开始进入教师群体之中时,教师把自己从孤立的人移入教师群体,此时学校的组织文化、自我的教育价值观、课程政策的变动等[7]都会影响到个体教师对教师职业的重新认识,而随着教师在教育过程中经验的教育现实会促使他重新建构对教师职业的认识,重新定位的职业目标、职业追求,"教师的身份认同是教师个体自我不断自主建构的过程"[8]。可见,合格教师的情感德性具有不成熟性和待发展的可能性。

　　"会教"指教师如何来教书育人,体现了教师遵循何种"道"来教。合格教师在教育教学上一般严格遵守教育计划,在他的思维图式中,"我如何教"是其教育教学的中心议题,因此他所遵循的教书育人之"道"就是"我"(教师)如何理解教育教学之道。例如有学者通过比较专家型教师与非专家型教师的课堂教学行为,发现"非专家教师的提问或讲解大多指向教师自己,只求自己讲完,较少考虑到学生的实际,学生互动较少",具有明显的"教师中心"导向,否则教学将无法进行。合格教师根据"预设"来推进教学[9],将教学控制在自己能掌控的范围内。可见,合格教师的德性之用上具有以教师为中心的控制性、欠灵活的特征。

　　"道德"的教,是指教师运用教育资源,来处理教学关系、师生关系时,是否是合道德。合格教师由于其本质力量太小,他还没有力量兼顾到学生的需求,所以一般以自我为中心来设计教学活动、控制教学进程以便完成教学预定目标。为此,学生被牢牢地处于教师的掌控之中,师生相处时,教师要维护其绝对的权威,他怕学生一旦脱离他的掌控,可能出现无法控制的局面。合格教师相信自己胜过于相信学生,他深知自己是可以控制的,学生是不可控制的,因此,他要通过发挥自身的控制力达到控制学生完成教育活动的目的。可能形式上,合格教师也会尊重学生的不同需求、倾听学生的意见表现教育中的形式民主,但现实的教育行动仍旧是以"教师"为中心,把教育活动牢牢地控制在"我"的能力范围之内。不难看出,合格教师的道德德性是通过控制教学达到专制的特征。

2. 优秀教师的德性特征

优秀是无止境的,它意味着个体不断地超越当下,将自己的本质力量更好的发挥,优秀内蕴于德性之中。我国优秀教师的别名有:专家型教师、卓越教师、特级教师等,本文没有对他们进行具体差异性分析,把他们统称为优秀教师。优秀教师是指将教书育人职责出色完成的教师。通过分析优秀教师的成长案例以及借鉴其他研究者对合格教师与优秀教师的研究,发现优秀教师德性在"能教"、"会教"和"道德的"教上有明显的特点。

优秀教师不仅能教而且能出色地教,之所以能出色地教的一个原因在于其能将知识超越学科界限形成融合。从知识结构上分析,优秀教师的学科知识、实践性知识、条件性知识、文化知识掌握的程度较高[10],他们拥有胜任教师职业所需要的知识储备,能自如地在多学科知识之间形成贯通融合。他们不拘泥于所教学科的知识点,而是立足于教材又突破教材,教材只他借以帮助学生建构他们的知识体系的一个支点,跳出单纯的知识点教学,将知识学习扎根于学生生活,建构服务于学生生活的知识网。可见,优秀教师将教学"集中在学生学习的过程"[11]为了学生更好的学而教知识,故,知识本身所具有的规律性是优秀教师教书之"道",所以,他主动去把握知识形成的规律,知识适用的条件,探寻知识运用的各种可能性。学生在教师传递知识引领下,由被动地学习知识变为基于对知识的热爱引发持续的学习兴趣。有了兴趣、发自内心的对知识的热爱,学习成了学生自我的内在需求。正是在此意义上杜威对兴趣的作用在三方面给予了肯定:"兴趣这个名词的通常用法有三种意义:(1)活动发展的全部状态;(2)预见的和希望得到的客观结果;(3)个人的情感倾向。"[12]优秀教师"能教"的德性的最大价值不正在于学生爱上学习,主动学习吗?

优秀教师之所以能出色地教还在于他们有乐观进取的情感能力。有学者分析获得"美国国家年度教师"荣誉的教师发现，他们"普遍具备积极的情绪状态。他们能够以乐观和积极的方式面对教学中的突发情况或不利事件"。[13]我国学者对37名中小学教师进行研究发现他们具有强烈的职业动力。[14]积极心理学的研究也证明人的积极情绪是推动人前进的强大精神动力，为人提供了强大的情感支持。优秀教师主动地寻求教书身份的认同，哪怕最初并非主动选择教师为自己的职业，例如李吉林老师和张思明老师，他们当初都非自由选择成为教师，但是强烈的自我成就动机和责任感也使得其能干一行爱一行，不仅干而且干好、干得出色，最终将教师视为毕生经营的事业。可见，引发优秀教师"能教"的德性在情感能力上具有强烈的乐观精神和调节适应性的特征。

优秀教师都是"会"教书育人的能手。衡量教师是否会教的标准有二：一，学生是否掌握了教师所教授的内容及掌握的质量如何？二，教师通过何种手段来进行教学？优秀教师的教书育人方式一般都化有痕于无痕，学生乐于接受教师所教而且快速地将教师所教内容内化。之所以会出现良好的教学效果除了教师多学科融合的知识为成功实现教学目标提供了保障外，更在于教师以"学生为中心""善于通过期望、鼓励和赞同对学生进行积极影响"。[15]

让学生经历学习。学生学习、成长的规律是优秀教师教书育人之"道"。学生已有的经验是优秀教师设计教学的背景，尽管对教学会有精心准备，但课堂中因学生的差异不可预料的情况时刻挑战着教师的专业素养，优秀教师并不惧怕挑战，他们视学生挑战为教育学生的好时机，因此在他们的教育现场经常会生成很多新的教育结果。可见，优秀教师不是死板地教，而是灵活地根据具体教育境遇适当地教。他们在用自己的教育智慧在教，教育智慧也成为教师德性的宝贵财富。所以优秀教师"会"教的德性特征具有灵活性和生成性的特征。

既然学生、知识技能本身发展的规律是优秀教师德性所依循的"道"，所以在处理与二者的关系时，优秀教师总是抱着开放的态度，民主地对待教育过程中的师生关系。杜威认为民主是一种生活方式。教师不以自我为中心，而以学生的需要为中心设计教学这本身就是民主在教学上的运用。以学生为中心，教师只是学生学习助力者，优秀教师会放弃自我的高姿态，根据学生的需求、发展的方向来引导学生学习，学生作为有尊严的人平等地与教师相遇在教育的世界里，没有了压迫，学生消除了对教师的恐惧，也会将真实的样态呈现在教师的世界里,这样师生都享受教育生活的美好,这是教师德性所追寻的目标。可见,优秀教师将"道德的教"变为一种民主生活的方式,贯穿在师生生活之中,民主性是教师道德德性最大的特征。

参考文献:

[1][2] 道德经[Z].第63章,第38章.

[3] 刘次林.师德的宽度、高度、核心与秩序[J].现代基础教育研究.2013,(12):23.

[4][10] 丁锐,马云鹏.小学数学专家教师与普通教师的专业知识水平与表现的比较研究[J].教师教育研究,2014,(11):47—53.

[5] 陈桂生.师道实话[M].上海:华东师范大学出版社,2004:19.

[6] 埃里希·弗洛姆.弗洛姆行为研究讲稿[M].吴生军,编译.长春:北方妇女儿童出版社,2004:5.

[7][8] 李茂森.教师的身份认同研究及其启示[J].全球教育展望,2009,(3):86—90;34.

[9] 王小平,邹逸.专家教师与新手教师的课堂教学行为与话语的比较研究——基于四位小学语文教师课堂实录的分析[J].基础教育,2013,(4):68—73.

[11] 李婉玲.教师发展——理论与实践[M].台北:五南图书出版股份有限公司,2005:14

[12] 约翰·杜威.民主主义与教育[M].王承绪,译.北京:人民教育出版社,2001:139.

[13] 龚兵,王丛丛.卓越教师之谜——聚集"美国国家年度教师"[J].中国教育学刊,2015,(4):92.

[14] 黄露,刘建银.中小学卓越教师专业特征及成长途径研究——基于37位中小学卓越教师传记的内容分析[J].中国教育学刊,2014,(3):100.

[15] 唐卫海,韩维莹,仝文.专家教师与新手教师教学行为的比较[J].天津师范大学学报(社科版),2010,(1):79.

教育歧视现象的审视与反思

贾婀娜

(华南师范大学　政治与行政学院；遵义医学院　珠海校区)

随着我国教育法律法规的不断完善和教师法律意识的增强，教师体罚学生的行为日渐减少。然而，另一种暴力形式——教育歧视，却悄悄地出现在我们的面前。教育歧视给学生带来的伤害更多是心理和精神上的，对学生的伤害不是即时的，而是深远和长久的。在以人为本、和谐发展教育理念深入人心的今天，作为教育工作者，更应该认清教育歧视的真面目，避免任何形式的教育歧视行为给学生带来的伤害。

一、教育歧视的概念

《汉语大辞典》对"歧视"的解释是："不平等地看待。"其中，"歧"是不一致、不相同，"视"是看待、对待。[1]虽然辞典并没有将它明确定性为贬义词，但是根据汉语习惯，人们在日常生活中使用"歧视"一词时，很少出现"不公平歧视"或"不公正歧视"的用法，这说明"歧视"一词本身就包含了"不公平"、"不公正"的意思。

所谓教育歧视，指教师凭借制度赋予的权力和自身的优势地位，通过语言、动作、

基金项目：教育部中青年教师择优资助项目："思想政治理论课问题意识研究"(12JDSZK033)

作者简介：贾婀娜，华南师范大学政治与行政学院在读博士生，遵义医学院　珠海校区。

E-mail: 277385816@qq.com

情感上的排斥、蔑视或者无视的态度,对学生进行精神和心理伤害的行为。

教育歧视的主体是指发出教育歧视行为的相应责任承担者。在学校,最主要的教育歧视是教师对学生的歧视。于光远指出:"整个教育工作搞好搞坏的责任是在教育者身上。"[2]教师问题成为"教育的根本症结所在"。

教育歧视的客体是受教育者,即学生。由于学生是接受教育的对象,在教育过程中则具有被动性和受教性,"人作为自然的、肉体的、感性的、对象性的存在物,和动植物一样,是受动的、受制约的和受限制的存在物。"[3]在这个过程中,教师对学生形成一种权威效应,学生则被动地接受,哪怕受到伤害,做了牺牲品,都无力反抗。

从心理学的角度讲,教师对自我身份的认同在心理上存在一种优越感,这种优越感凌驾于道德准则之上,并盲目放大职业身份职责,而由此造成一起又一起教育歧视事件。不良的心理状态和不准确的自我心理定位是教师实行教育歧视的内因,同时也是当前中国教育歧视事件屡禁不止的根源所在。

二、教育歧视的类型

对于学生来说,教育者具有天然的权威性,从教育者那里得到的情感反应对学生的情感感受有着巨大的影响。学生也需要从教育者的情感付出中得到认同,积累情感资本,并因此而自愿自觉地遵循教育意志。当获得积极情感时,学生的情感得到肯定与鼓励,激发积极的行为与意志;相反,当教育者传递给他的是负性情感,是教育歧视时,学生就会感觉情感受到伤害,产生消极的情感反应。教育歧视按照表现形式可划分为以下几种类型:

1. 语言歧视:教育者使用谩骂嘲笑、讥讽挖苦、威胁警告、批判贬低等侮辱性语言批评或评价学生,致使学生受到人格和心灵伤害的话语行为。语言歧视是一种用特定的声音符号发出的歧视,是语言的"异化",它向人传递一种负面的、消极的信息,久而久之会在人的内心产生很强的负向能量,造成对方的退缩、压抑、消沉、自卑、懦弱、孤僻,甚至会使人们产生暴戾和暴力行为。

2. 观念歧视:这是教育者从内心深处发出的对学生的无形的歧视。这种歧视表现为对学生的身份、地域、家庭背景、身体素质、成绩、性别、年龄、民族、种族等的歧视。教育者秉承着长久形成的、错误的教育观念,不能客观、公正地评价学生,学生被歪曲、刻板化,隐含在教育者观念中的偏见和歧视,潜移默化地影响着他们的思想和行为,教育者几乎不会进行审视和反思。

3. 动作歧视:是教育者用面部表情、肢体动作所传递的含义对学生进行的歧视。比如教育者斜眼看人、翻白眼、蹙额、手叉腰、干笑、鼻子发出"哼"的声音、表情愤怒冷漠,其实是在传达一种无声的歧视信息,是教育者盛气凌人、目中无人、看不起人的一种表现。

4. 漠视歧视:这是由于教育者的冷漠、不关心造成的歧视。教育者对学生采取冷漠疏远、置之不理、视若无物、不理不睬,将一些在学业和纪律上表现不尽如人意的"有过错"的学生当做"透明人",不过问他们的喜怒哀乐,对他们的心灵呼声置若罔闻,对他们的进步视而不见,甚至对他们的合理诉求也不予理睬,使一些学生长期被边缘化,不能融入班集体,备受冷落。这种歧视的错误不是教育者做了什么,而恰恰在于"他什么也没做"。实施漠视歧视的教育者既没有错误的言辞,也没有错误的行为,但正是这种不作为恰恰对学生造成了伤害。

三、教育歧视是对教育的本质属性的背离

"教育的本质属性在于引导完备人性的建构与发展"。[4]教育是通过开发受教育者的思想,启迪他们的心灵,把受教育者的积极、主动的行为趋向引导到一个具有连贯性的、正确的道路上来。[5]教育说到底就是引导性的活动,教育者通过引导学生改善思维品质来获取知识和丰富思想。教育的引导性是建立在承认和尊重学生的基础上的、以促进所有学生成"人"发展的。只有对学生的行为及心灵进行了恰当的引导,才是合教育性的。而教育歧视把违规的学生仅仅当作错误行为的载体,只看到行为的违规性,拒绝承认学生发展的可塑性,实质上背离了教育引导的初衷,阻碍了学生的发展。

也有些老师认为之所以会出现教育歧视是为了警戒、威慑违规学生及潜在的效仿者,以使他们改过迁善。不可否认,教育歧视具有警示和威慑的功能,但这只是歧视的一种派生功能。实际上,如果把威慑违规学生、警示其他学生当作教育歧视的唯一目的或合理目的,那么将会导致更严重的后果,即教育歧视的有效性是以伤害犯错学生的自尊心为代价。教师如果想以教育歧视来威慑其他学生,那么教育歧视就变成了一种工具,教师就有可能随意滥用歧视。因此,教育歧视的首要目的不是出于对违规学

生的改过迁善,而是把对违规学生的歧视带来的惩罚当作一种工具,去达到与违规学生的不相干的其他目的。具体来讲,教育歧视对教育本质属性的背离表现在以下几个方面:

1. 教育歧视拒绝承认学生的个性差异

教育承认要求教育者从事实上认可学生发展的本性和潜在的发展胚芽,认识到学生对引导的需要。教育歧视却拒绝承认学生,教育者习惯于以先入为主的刻板印象或评价标准来衡量学生,其蕴含的评价更像是一种语言,一种标记,一种犯有过失的人的标签。使得学生无法通过教育者对自己的承认而意识到并认同自己的品质和能力,难以形成自己的精神特殊性和自主独立性,更难获得自信,无法顺利实现精神成长。比如对上课不认真听课的学生界定为"坏学生",否定了这样一批有着"超现实行为"的学生其他方面的天分和才能。其实,这是教育者对学生的误读,教育者不愿意或者不能认识到学生本身的独特性和差异性,完全按照教育者心目中所认可的标准去评价和塑造学生,导致学生个性的丧失。

2. 教育歧视是对学生人格的不尊重

每个人的人格都是平等的,教师应当认识到,学生也是具有独立人格和个体价值的人。教与学的关系不仅仅是一种制度性的授受关系,也是一种人格上完全平等的人际关系。[6]然而,教育歧视却是对学生人格的蔑视和不尊重。教育者在身份上具有一种先在的强势,教育歧视中,教育者实际上是在居高临下地"俯视"学生,是在用一种否定的态度对待学生,无形中造成师生间上对下、压制与被压制、主动与被动的关系。学生从教育者那里得到的是负面的、消极的信息和评价,这些信息给学生的心理造成很大的压力,造成自信心、自尊心无法形成,个性无从建构,习惯于自我否定,甚至自觉寻求依附与放弃。在充斥着歧视的教育生活中,学生的生命价值受到践踏,人格尊严得不到最基本的尊重。

3. 教育歧视是对学生人性的压制

在教育歧视中,求同主义与社群主义思想意识的驱动使公正与正义的体验被个体超我的因素压抑在各自的意识深处,进而为不公正的教育歧视存在提供了合理性的观念基础。在此过程中,教育者实际上是充当了教育活动中的一个压迫者,而学生则成了被压迫者。并且,学生作为一个被压迫者常常还会习惯于教育者的这种压制。"被压迫者习惯了他们所处的统治结构,并且已经变得顺从这种结构,只要他们觉得不能去冒需要冒的风险,他们便会停止争取自由的斗争。"[7]在传统社会的师生交往活动中,学生行为表现的更多的是忍耐和服从。

四、教育歧视的危害反思

马卡连柯说:错误地运用腔调、语言、动作、表情等,会让学生产生压迫感、自卑感,甚至成为"一滴毒药",深深毒害学生的心灵。[8]教育歧视正是这一滴毒药,深深伤害着学生。

1. 教育歧视引发学生的心理危机

学生属于弱势群体,教育链条中处于弱势地位,对于外界实施的歧视抵御能力差,教育歧视的存在势必造成他们内心的恐慌,害怕学校,害怕老师,害怕同学,长此以往,会对学生身心造成严重的伤害。严重的教育歧视也会成为学生心理问题的罪魁祸首,如引发学生的焦虑症、抑郁症、社交恐惧症、强迫症等,有的则造成学生性格的变化,甚至因长久的压抑而无法承受导致自杀。教育歧视造成的影响可能会持续终生。

2. 教育歧视会造成教育资源分配的不公平

在现实教育中,教育者对学生的评价往往带有主观色彩,往往秉承着内心的某种标准来衡量学生的行为。因此,教育者有可能仅仅认可那些符合自己内心要求和喜好的学生,而排斥其他学生;教育者还常常"唯成绩论",以成绩的高低对学生进行定位、归类,那些分数低的所谓的差生则沦为被忽视,甚至被蔑视的地位,从而遭受严重的打击。即使获得了同等的受教育的机会,但被歧视的学生就失去了更多课堂回答问题的机会,失去了更多锻炼能力的机会,失去了更多从教育者那里获取知识的机会,失去了更多评优评奖的机会……说到底就是失去了更多教育资源享有的机会。

3. 教育歧视将造成等级歧视，引发新的歧视

教育者对某个学生的评价与态度常常是同伴群体对其评价与态度的依据与效仿对象。教师的歧视会形成一个强大的能量场，学生们处在这样的环境中，也会不自觉效仿。当教育者表现出对某个学生的歧视的时候，同学也会拿这个学生的缺点说事，嘲笑、取笑他，甚至讨厌他，对学生造成更深一层的偏见和歧视。因此，遭受教育歧视的学生，不仅要承受教育者的否定性评价和不公正待遇，还要承受来自同伴群体的讥笑、嘲讽，承受双重的心灵伤害。当然，反过来说，每个学生都期望老师的关注和承认，也有可能因为老师表现的过于喜欢某个学生，而引起其他学生的嫉妒或猜疑，反而也会引起同学对他的疏离和讨厌，造成另一种歧视。如此一来，得不到承认的同学会自卑，甚至自暴自弃，损害身心的发展。

4. 严重的教育歧视会导致校园暴力事件

教师与学生接触最频繁，教师的言语态度会对学生产生莫大的影响。教师对学生的歧视让学生无形之中感受到巨大的精神与心理的压力，会导致师生之间的隔阂。长此以往，师生关系未进一步缓解，学生压力无法排解，将导致师生关系的恶化，进而产生不可逆转的严重后果。教师的歧视行为可能无意中促成了校园暴力。对于任何一个人来说，都渴望得到一种公平的待遇。面对被歧视的事实，要么是被迫屈从，要么是奋起抗争。被迫屈从则导致奴性人格的形成，容易自轻自贱，不利于弱势处境的改善；奋起抗争则容易演化成校园暴力行为。因为"有了压迫的现实便有了压迫者与被压迫者的对立"，"受压迫越深，反压迫的意识就越强烈"。[9] 校园暴力行为很可能就是长期的教育歧视状态压抑之下的被扭曲的心理的畸形宣泄。

五、教育歧视蔓延的成因探讨

"只有当行动与反思不分离的时候，行动才是人类的行动。反思对于行动是必不可少的。"[10] 反思教育歧视蔓延的原因，有助于进一步消解教育歧视，促进教育本质属

性的回归。

1. 教育价值取向的偏离：狭隘的"听话论"

在教育价值取向上，历来存在教育社会本位论和教育个人本位论两种观点。所谓教育社会本位论是以社会为中心的教育价值取向，主张把社会需要作为教育的全部出发点和归宿点，把教育的一切方面全部纳入国家需求的轨道，其教育的目的在于培养建设者和接班人。教育的社会价值也被称为教育的工具价值。教育个人本位论是以个人为中心的教育价值取向，指出教育旨在促进受教育者身心素质的全面、协调发展。这种教育价值被称为"教育的内在价值"、"本体价值"。受计划经济体制的影响，社会普遍遵从个人对组织的无条件服从，相应地教育的本体价值被掩盖，教育的引导功能丧失，教育越来越缺乏对学生的尊重与关注，沦为"失掉了一半的人性，失掉了一半的教育"。[11]受社会本体论的影响，教育者也打着"为社会服务"的旗帜，扮演起了对学生模塑、驯服的角色。当学生不听从教导时，就采用羞辱、嘲笑等最直接的方式对学生进行规范和约束，学生只能被动地服从。

2. 教师职业素养的偏废：失却的教育善行

（1）教育者对职业尊严的迷恋与维护。人都有好面子、重尊严的偏好，任何否定自己主张的行为，都会使人产生挫败感，觉得伤了体面，失了尊严。在教师身上也有一种"师道尊严"的观念，使教师俨然成了一个领导者。这种师生交往范式，在传统社会尤为突出，但在现代社会中依然没有彻底改变，当教师的尊严遭到刺激或挑战的时候，就会引发教育歧视行为。"在权威主义的道德中，只有一种不服从的罪……事实上我们的教育系统和我们的全部价值系统的潜在判决是：不服从是一切罪恶的根源。"[12]教育者以主宰性地位支配着学生的言行，强制学生接受教育影响，扭曲和异化了教育者与学生的关系，导致教育歧视的发生。

（2）教育者教育理论素养的欠缺，使其教育行为缺乏科学理论的指引，流向简单粗暴，滑入暴力。教育理论素养即教育者对教育基本理论的掌握程度与运用教育基本原理思考、解决教育问题的自觉意识和能力。这是教育理念的一个重要组成部分，是各种教育观念的提升与概括，对教育行为起着指导与调节作用。具有较高的教育理论素养的人具有较强的理论敏感和自觉,善于接纳新的教育理论,对自己的教育行为进行有效反思。在具体操作中可以根据学生的身心发展特点和认知规律,根据教学大纲的要求,科学地确定如何教、如何才能达到更好的教育效果。而事实上,大多数教师只注重知识传授,把教育仅仅当作一种工作和职业,而不是视为一种事业。"他们很少思考也绝少学习,他们以随随便便的态度混日子。"[13]这种方式让学生产生了厌学、逃学的情绪,不恰当的教师行为加深了师生间交往的鸿沟,而滥用歧视的教师则将隔阂的师生关系推向无法修复的境地。

(3) 教育者缺乏反思的自觉与能力,无法提升自己的教育素养,致使其行为难以具有教育善性,导致教育歧视的发生。在长期的工作中,大多数教育者都形成了一定的思维定式,主要依凭经验和习惯从事教育活动,今天的活动不过是昨日工作的简单重复。上课前,教师考虑的是如何完成教学计划,而不是选择合乎学生发展需要的教育内容以促进学生的成长;上课中,他们无视学生的个体差异,一旦面临突发、偶发事件,便惊慌失措,不能迅速地采取合情合理的方式解决问题,而是流于简单粗暴的歧视行为;课程结束后,教师更多的是思考备课、上课之类的教学性活动;作为辅导员则疲于应付学生的各种日常事务工作,很少反思和评价自己的教育行为恰当与否。如此一来,教育歧视在教育者缺乏反思意识的状态下成了教育习惯,教育歧视不仅得不到遏制,反被翻新升级,越来越隐蔽,越来越防不胜防。

3. 教育行为的偏离:持存的隐蔽性特点

教育歧视不像体罚、殴打等教育暴力那样显而易见、后果严重和明显。教育暴力属于显性伤害,其行为一旦发生,即会留下可以验证的伤痕,随之而来的是家长的询问、媒体的曝光、学校的惩戒等一系列问题,这将导致教师职业生涯的坎坷和终止。在前途利益的考虑下,现在的教师一般都不采用明显的体罚、殴打等暴力行为,而转变为较为隐蔽的教育歧视。教育歧视不会带来学生身体上、可供鉴定的伤害证明,它对学生的伤害不易调查、取证和监察,教师无需担心教育歧视导致的自身利益的损害。教育歧视的隐蔽性赋予了其存在的自然合理性和超强生命力,使得教育歧视不仅得以存续而不断发展,形式趋向多样,手段趋于隐蔽,伤害趋于无形。教育歧视俨然成了合乎常理的事情,而乏人追究。

4. 结语

教育歧视行为无论对教师本身还是对学生乃至对整个社会的发展都是百害而无一利的。因此，迫切要求社会各界行动起来，清醒的认识教育歧视带来的危害，制定出切实可行的措施，从源头上改造教育歧视，扼制此行为的发生，从而使学生的合法权益得到切实保障，使我国教育事业得以健康地发展。

参考文献：

[1] 罗竹风.汉语大辞典(第5册)[M].上海：上海辞书出版社,1986：349.

[2] 于光远.我的教育思想[M].开封：河南教育出版社,1991：76.

[3] 马克思.1844年经济学哲学手稿[A].马克思恩格斯全集：第42卷[C].北京：人民出版社,1979：167.

[4] 鲁洁.道德教育的当代论域[M].北京：人民出版社,2005：10.

[5] 约翰·杜威.民主主义与教育[M].王承绪,译.北京：人民教育出版社,1990：28.

[6] 檀传宝.教师伦理学专题——教育伦理范畴研究[M].北京：北京师范大学出版社,2000：73.

[7][9][10] 保罗·弗莱雷.被压迫者教育学[M].顾建新、赵友华、何曙荣译.上海：华东师范大学出版社,2014：7,11,13.

[8] 安·谢·马卡连柯.论共产主义教育[M].北京：人民教育出版社,1981：389.

[11] 鲁洁.道德教育的当代论域[M].北京：人民出版社,2005：12.

[12] 埃里希·弗罗姆.生命之爱[M].王大鹏,译.北京：国际文化出版公司,2007：32.

[13] 杨旭东,蒋凯.教育危机新论[J].现代教育论丛,2000(5).

教师发展自律动力问题探讨

卫荣凡

(广西教育学院)

2014年9月9日,习近平同志在北京师范大学的讲话中讲到:每个人心目中都有自己好老师的形象。做好老师,是每一个老师应该认真思考和探索的问题,也是每一个老师的理想和追求。习近平同志要求好教师要有四个方面的共同特质:有理想信念、有道德情操、有扎实学识、有仁爱之心,即"四好教师"。作为教师,如何努力,如何发展,怎样才能成为一个好教师,其动力来自于哪里?

一、教师发展自律动力的本质

在教师发展的过程中,教师发展、教师发展自律动力、教师发展自律动力激发的问题,是一个相互联系、相互渗透和相互作用的具有内在联系的不可分割的重要问题。

所谓教师发展,指的是教师从主体性出发,向着所追求的发展目标,通过自身的自觉发展、能动发展和创新发展的过程,不断地升华教师专业化水平和自律境界。可以说,教师发展是一个终身努力的过程。在这个过程中,只有从教师的主体性出发,张扬

基金项目:广西教育厅科研项目"高校教师师德自律研究"(200712MS188)成果之一
作者简介:卫荣凡,广西教育学院教授。
E-mail: wrf5656@sina.com

教师的主体性，教师才能够在教育教学的理论学习和实践中，自觉、能动、创新的持续发展，不断努力和拼搏去追求发展的目标，以达到不断地提升自己的专业化水平和自律境界，做一个好教师。

所谓教师发展自律动力，指的是教师在教师发展外在要求和内在要求的相互作用下，自觉、主动、创造性地把教师发展的必然性要求内化为教师发展的自主要求，并且把这种自主要求外化为自主实践，持之以恒地不断地努力升华这种自主境界。如何理解教师发展自律动力的实质，可以从她所具有的特征去把握。其一，是外在要求与内在要求相互作用的统一。对于教师而言，外在要求的内容是多方面的，因为，教师担负为社会培养人才的重任，涉及社会的方方面面，这有社会的、学生与家长、学校的期待与要求，还有相关法纪、制度、管理及岗位等方面的要求。内在要求，主要是指教师把外在要求转化为自身发展的自主要求。这种外在要求与内在要求相互联系、相互影响和相互作用，不断地使外在要求转化为内在要求。这种转化的过程就是教师发展自律动力形成的过程。在这一过程中，教师不仅认识到外在要求的合理性与正当性，而且还认同这种外在要求为自己的自主要求，并且把她作为自身发展的动力源泉。其二，是自主要求与自主实践的统一。教师发展的自主要求，是教师在发展问题上对外在要求的认同，也是教师对自己的职责、义务、使命的认同。这种认同是教师对教师发展的要求进行深刻反思的基础上，由其自身内心深处产生对这种要求的真实信仰。这是教师主体的价值判断与价值选择的统一，理性活动与意志活动的统一，它体现了教师主体把发展要求当作自己的自主要求和需要，从而形成教师发展的精神支撑和动力。但是，在一定的意义上可以说，这种自主要求仍然是一种理性的活动，更为重要的是必须超越这一阶段，上升到自主实践阶段。只有这种自主实践，才能够体现出自主要求落到实处，才能够把自主要求转化为行动、实践活动，并且，经过反复地所进行的实践活动，才能使其成为自主实践。当然，这种自主要求与自主实践是相互渗透和相互作用的关系，并不是孤立存在的，两者是辩证的有机的统一关系。只有这种关系，教师在长期的教育教学过程中才有可能形成教师发展自律动力。其三，是自主努力过程与自主升华境界过程的统一。一方面，教师发展自律动力的自主努力过程，这不是一时一事的、静止的、某一阶段的努力，而是全面的、动态的、长期的自主努力过程；另一方面，这种自主升华境界的过程，指的是不满足现状的教师专业化水平和境界，不断地通过自己自觉自愿地努力，超远现有的专业化水平和境界，追求永无止境的高水平和高境界，使自主努力的过程与自主升华境界的过程达到高度的统一。

总之,教师发展自律动力是教师发展的自觉性、自主性、能动性、持续性和创新性,体现在精神动力对实践活动的支撑,体现在对教师忠实履行职责的支撑,体现在对教师持续努力做一个好教师的支撑,这种支撑就是教师发展的永不枯竭的动力源泉。

二、教师发展自律动力的价值

在现实生活中,教师发展是中华民族振兴的需要,是为社会培养高素质人才的需要,是提高教育教学质量的需要,是推进教育教学改革的需要,也是教师自身发展要求的需要,不言而喻,教师发展的价值和极其重要性是显而易见的。问题是,如何使教师能更好地发展,可以说,教师发展自律动力对于教师发展具有重要的价值。

1. 对教师发展目标定位的价值

不同类型的学校,由于其教育功能的各自特点,教师发展目标定位是有差别的,但是,当然,也有其共性,这个共性就是教师发展的自律动力问题。形成和具有教师发展自律动力,既是教师发展的目标之一,更是教师发展实现其发展目标的极其重要的推动力,特别是对于教师发展目标定位具有重要的导向作用。具体说来,一是具有对发展目标定位的上进性的价值。教师如何确定自己的发展目标,具有发展自律动力的教师,追求上进是他的本分,总能从高标准、严要求的角度来确立自己的发展目标,总能从当今时代的要求来考虑自己的上进性问题。相反,不会降低对自己的要求,不会随波逐流,不会马马虎虎与得过且过。对教师发展目标定位起到上进性的导向。二是具有对教师发展目标定位的前瞻性价值。随着教师的成长与发展,每一时期都面临着下一阶段前瞻性的未来发展。这种前瞻性的未来发展,如,前瞻性角色发展、包括前瞻性职责、前瞻性义务、前瞻性使命等。对于这种前瞻性的未来发展,具有发展自律动力的教师,在考虑教师发展定位之时,她不仅考虑教师在当时的发展目标,而且还考虑教师在未来的前瞻性发展目标。由此可见,教师发展自律动力具有对教师发展定位的前瞻性导向。三是对教师发展目标定位的实践性的价值。在教师发展目标定位的问题上,是否具有实践的指向性,是否具有实践的可操作性,是否具有实践效果的可预测性,是衡量教师发展目标定位是否具有可行性、指导性的重要标准。具有教师发展自律动力的教师,就能够从忠于职守、教育教学、为人师表、行为示范等实践活动方面,来考虑教师自身发展目标的定位,以求得其发展目标对今后教师实践活动的有效指导。

2. 对教师发展精神支撑的价值

教师发展自律动力就是对其发展的精神支撑力,体现了教师主体的能动性。一是教师发展自律动力具有善于学习的支撑力价值。具有发展自律动力的教师,在专业理论、专业知识和专业技能等方面的学习上,能够站在知识发展前沿,自觉地、能动地和创造性地学习,能够勤奋刻苦、持之以恒地学习和钻研,拓展自己的知识,不断地更新自己的理论、知识和技能结构,以适应当今教育教学全面改革与创新的需要。二是教师发展自律动力具有专注投入的支撑力的价值。作为教师,她也有普通人的一面,在生活、学习和工作中,同样有各种的事务、各种困难、各种干扰、各种压力以及各种想不到的问题产生。可以说,面对这些烦恼,具有发展自律动力的教师,她就能够正确地合理地处理好这些问题,能够专注投入到自己的学习和工作中,投入到教育教学活动中,能够投入到科研工作中,投入到教书育人的活动中,投入到社会服务的活动中,尽自己最大的努力争创优异的业绩。三是教师发展自律动力具有慎独境界的支撑力价值。教师发展自律动力的核心就是体现在慎独境界上。在现实生活中,由于社会风气的复杂性,行业不正之风的存在,各种诱惑的影响,使一些人、特别是一些领导干部不注重自身慎独境界的修养,走上了违法犯罪的邪路,这些惨痛的教训是发人深省的。可以说,具有发展自律动力的教师,能够努力地形成和升华这种慎独境界,不论在何时何处,不论是否有人监督,不论是否被人知晓,都能够坚守教师的正义与良心,能有效地抵制各种不正之风、各种诱惑的影响,能够忠于职守,自觉认真履行职责,注重自身的发展与完善,为社会风气的好转以身作则。

3. 对教师发展持续坚持的价值

教师发展成效的大小,最主要是体现在其发展能否持续坚持,持续坚持下去,就是终身学习和发展。在这方面,教师发展自律动力有着这几方面的价值。一是具有顽强意志坚守的价值。说到底,没有顽强意志的坚守,就不可能有教师发展的持续坚持。

具有发展自律动力的教师,在日常生活中,能够自觉地刻苦地锻炼自己的意志力,特别是能够把对教师的必然性要求能动地转化为自己的意志力,并且,以自己顽强的意志力克服自身发展过程中的各种困难,坚守终身学习的理念,持续坚持学习和磨练,不断地提升自己的素质和专业化水平。二是具有爱好兴趣培养的价值。具有发展自律动力的教师,能够自觉地依据对教师必然性的要求,一方面,主动地培养与自身发展相适应的相一致的兴趣爱好。可以说,如果不能把自身的发展培养成为自己的兴趣爱好,那么,这种自身的发展就难以持续坚持下去,就难以取得应有的成效;另一方面,能够通过自律的意志力来调控与自身发展不一致的相矛盾的爱好与欲望,使自己的爱好、欲望与理性相结合,使兴趣爱好与自身的发展相互促进、相得益彰。三是具有行为习惯养成的价值。教师发展自律动力的焦点和归宿,就在于形成与其发展相适应的行为习惯,俗话说,习惯成自然,这是含有哲理性的语言,也道出了习惯的本质。具有发展自律动力的教师,她能够在长期的学习、工作和生活中,把教师发展的内在需要与行为规范、行为准则、行为实践相统一;另一方面,不仅在静态上,而且在动态的过程上,把教师发展的相关行为养成自己的自觉行为习惯,使教师发展的主体性、能动性得以持续性地坚持下去。

三、教师发展自律动力激发的路径

教师发展自律动力激发的路径是多方面的,并且,由于教师各自所处的环境不同,各人的经历不同,以及个人的个性不同,不同的教师发展自律动力激发的方法,应该各有其特点。在这里,只就一些重要的共性的路径问题进行探讨。

1. 注重营造良好的校园环境氛围

社会环境氛围是影响人的极其重要的因素。当然,尽管学校作为社会的一个小单元,但是,校园环境氛围对生活在其中的教师来说,其影响力也是不能忽视的。由此,注重营造良好的校园环境氛围,对教师发展自律动力激发起着重要的潜移默化的作用。为此,一是要营造热爱学生的环境氛围。作为教师,热爱学生是神圣天职。如果,一个教师不热爱学生,她不可能被称得上是一个合格的教师。同理,在教师发展自律动力激发的问题上,热爱学生是一个重要的前提条件。在学校中营造良好的热爱学生的环境氛围,每个教师生活在其中,自然而然地受到这种环境氛围的熏陶,以自己的言行关爱学生,同时,对教师发展自律动力激发将起到积极的推动作用。二是营造爱岗敬业的环境氛围。爱岗敬业是教师发展的重要素质和目标,也是教师履行职责的重要精神动力,更是教师发展自律动力激发的重要路径。为此,营造良好的爱岗敬业的环境氛围,这有利于使教师认同爱岗敬业的要求,自觉地把这要求内化为自己的意识、情感、意志和信念,作为自己职业的内在需要,并且,把这种内在需要外化为自己的实践活动,这种内化与外化不断循环的过程,就是教师发展自律动力激发与形成、升华的过程。三是营造师德浓厚的环境氛围。师德是教师的灵魂,是教师忠于职守履行职责的动力,也是教师发展自律动力的重要内容。学校中良好的师德环境氛围,包括师德传统、师德文化、师德精神、师德风尚等,既是教师个体、教师群体的创造,也是教师培养高尚情操的大熔炉。由此,营造师德浓厚的环境氛围,这将从教师的心灵深处激发教师发展自律动力的形成和升华。

2. 注重构建人文关怀的管理制度

不同类型的学校,由于办学层次不同,管理的对象也不同,其管理制度也不尽相同,但是,对于教师的管理制度而言,注重构建人文关怀的管理制度,应该是相通的,对于激发教师的主体精神、张扬主体性,特别是对于教师发展自律动力激发,将发挥不可替代的作用。构建人文关怀的管理制度,其具体的内容是多方面的,在此,就三个方面的问题进行探讨。一是确立科学先进的管理理念。人文关怀既是一个历史的概念,更是一个与时俱进的概念,随着社会的发展,其内涵也将发生相应的发展变化。为此,构建人文关怀的管理制度,应该确立与时代相适应的科学先进的管理理念。在当今时代,对教师的管理,构建人文关怀的管理制度,其管理理念的核心应该是有利于教师的发展。可以说,以这种管理理念为指导,构建人文关怀的管理制度,对于教师发展,包括教师专业化的发展,特别是对于教师发展自律动力激发,将起到激励和鼓舞的重要作用。二是构建前瞻角色激励的制度。前瞻角色激励,就教师而言,指的是教师未来的职业角色应具有的各方面的条件、素质和履行职责的诸要素对教师的行为动机的产生、行为执行力和坚持力的推动作用。这样的管理制度,将能够有力地调控教师发展的生涯规划和今后的努力方向,对教师发展具有重要的导向作用。构建前瞻角色激励的制度,这种前瞻角色激励,立足于教师职业的现状,又要超越现状对未来的职业角色目标的期待。这种期待在本质上说就是一种鼓劲和动力。这种激励,能够促使教师在学习和工作的努力过程中,主动地形成一种自觉的精神和自律的境界,这无疑有利于教师发展自律动力激发,不断地激励教师发展和进步。三是构建教师团队管理的制度。教师团队,主要指的是为了实现学校某一方面的教育、教学、科研等目标,由相互合作的教师所组成的群体。团队管理,原是一种先进的企业管理模式,运用到学校来就成为一种教师团队管理的制度。在教师团队内部,其成员之间相互信任、相互沟通、相互合作、相互互补,由此,团队能够发挥较强的自主能动性和创造性。因此,构建教师团队管理的制度,它实行目标管理及柔性管理。团队内部其成员的主动性空间大,这有利于教师发挥其主体的主动性、能动性、积极性、自律性和创造性,这对于教师发展自律动力激发创造了良好的条件,作为学校新型的一种管理文化将发挥重要的作用。

3. 注重教师发展模式创新的推进

教师发展模式关系到教师发展成效的问题,探讨教师发展模式的创新,不仅对于教师发展具有重要的意义,而且对于教师发展自律动力激发也具有重要的作用。一是注重教师发展培养模式的多样性。教师从事的是一种学术职业,要熟练地懂得和掌握所从事学科的专业理论、专业知识、专业技能,还要充分了解所从事学科的学术新动向;要具有所从事学科的知识,还要担负起创新科学知识和应用科学知识的职责;要钻研所从事学科的学科学术问题,还要熟悉跨学科的相关理论和知识;更为重要的是,不仅要提升专业水平,而且更要提升师德境界;不仅要有坚实的基础理论知识,而且还要有教育知识和掌握教学技能,要有较强的动手实践能力,等等。可见,教师的学习与发展,其任务是很繁重和艰巨的。由此,应该注重教师发展培养模式的多样化。以适应教师发展的实际情况,除了传统的集中时间的教师发展培训模式外,更应该倡导教师发展的自主学习、研讨学习、兼职锻炼、访问学习、调查研究、课题研究和自主修养提高等模式。当然,不论是哪一种发展培养模式,都应该强化自主学习提高的主线。只有这样,使教师在这一学习提高的过程中,不仅能有效地促进教师发展,而且也能够创造相应条件有效地促进教师发展自律动力激发。二是注重教师发展专业角色的多元性。人们常常在讨论教师应该担任什么样的角色,如何认同角色,如何随着社会发展转变角色,等等。可以说,教师角色是一个较复杂的问题,其原因是教师承担着多种多样的职责,担任着多元的角色。的确,在当今时代,随着社会的变迁、教育教学的发展与改革,以及教师的身份、职责的多样性和职责的转换,教师担任的角色是多元的。如,教学组织者角色、教学交流者角色、教学创新者角色、教学引导者角色、教学管理者角色、科学研究者角色、生活咨询者角色、道德伦理者角色、思想政治教育者角色、教师示范者角色、职业指导者角色、文化传承与创新者角色,等等。在担任这样多元角色的活动中,注重教师对多元角色的认同,能动地实现不同角色的转换,自觉履行多元角色的职责。毫无疑问,这对于教师发展自律动力激发将具有内在的直接作用。

4. 注重教师发展思想教育主导性

切实加强教师思想政治教育主导性,充分发挥思想政治教育的功能,这对于教师发展自律动力激发是十分必要的。作为从事为社会培养人才的特殊职业的教师,要提升教师的素质、专业化水平和师德境界,除了必要的教师管理之外,更应该注重教师思想政治教育主导性问题。这是由教师的特殊职业、特殊心理、特殊角色所决定的。因此,应该加强教师的思想政治的导向引导,切实帮助教师树立社会主义核心价值观,加强民族精神、时代精神的培育,加强校园精神、校园文化的建设,加强师德的良好环境氛围的营造,提升教师师德的境界,等等。通过这一路径,才能有效地提升教师的思想道德素质,自觉地形成教师发展自律动力和不断努力升华自律动力的境界,为教育教学的全面改革和提高人才培养质量做出应有的贡献。

参考文献:

[1] 潘懋元.高等教育质量与大学教师发展[J].高等教育研究,2015,(1).

[2] 郑永廷.论社会意识形态与思想政治教育的内在联系[J].中国高校社会科学,2015,(6).

[3] 王晓梅等.道德自律的形成机制[J].伦理学研究,2016,(2).

[4] 卫荣凡.高校教师师德自律论[M].北京:中国社会科学出版社,2008.

立德树人：高校教师职业道德旨归

丁慧民

(合肥工业大学　马克思主义学院)

习近平总书记在党的十八大报告中指出："把立德树人作为教育的根本任务，培养德智体美全面发展的社会主义建设者和接班人。""立德树人"是对中华民族优秀传统文化的传承，是马克思主义同中国教育实际相结合的体现。习总书记的指示给高校发展指明了方向。高校教师的思想政治素质和道德情操直接影响着大学生世界观、人生观、价值观的养成，以及社会主义核心价值观的弘扬与践行。同时决定着大学人才培养的质量，关系着国家和民族的未来。因此，"加强和改进高校师德建设工作，对于全面提高高等教育质量、推进高等教育事业科学发展，培养中国特色社会主义事业的建设者和接班人、实现中华民族伟大复兴的中国梦，具有重大而深远的意义"。[1]

一、"立德树人"内化于心，外化于行

职业道德是由特定职业所规定的，不同于一般意义上的人际伦理关系道德。职业

基金项目：国家社会科学基金项目"网络'审丑'泛化与'审美'复归研究"(13BKS097)阶段性成果

作者简介：丁慧民，合肥工业大学马克思主义学院副教授，硕士生导师，主要从事马克思主义伦理学与思想政治教育研究。

E-mail：dinghm2008@163.com

的"业"与业务、专业的"业"的意思相同,职业道德的实质就是业务中的道德、专业中的道德。教师道德与一般职业道德相比,又有其特殊的规定性,这种特殊规定性就是它还包括了教师在非职业领域里的人际伦理关系道德。这种特殊规定性在我国教师道德理论与实践中表现得最为突出,与许多西方国家相比,这也是一种中国特色。我们的教师教育一向都被称为"师范教育",这个"范"指的就是道德的模范和榜样,即要求教师身正为范、以身立教、以身作则。这个"范"概括了我们传承千年的教育理解:教师为人师表、道德垂范就是最好的道德教育。也正是这种理解,支持了"师道尊严"学说,如《礼记·学记》中说的"凡学之道,严师为难,师严然后道尊,道尊然后民知敬学"。从语义上看,这是主张维护师道尊严,但究其旨趣却是倡导尊严师道。

高校职业道德,是调节教师职业活动中人与人的关系,是教师在教育教学活动中,应遵守的道德规范和行为准则以及与此相适应的观念、情操、品质、人格等的总和。高校教师肩负着为人师表、教书育人的重任,是社会主义核心价值观的传播者和建设者,更是大学生成长成才的引路人。立德先立师,树人先正己,培养和造就一支学高身正的教师队伍,是"立德树人"成败的关键。高校教师要成为应具有勤奋务实、开拓创新的精神,具有强烈的职业自豪感与无私的奉献精神。

"敬业爱生、教书育人"。"合格的老师首先应该是道德上的合格者,好老师首先应该是以德施教、以德立身的楷模。老师是学生道德修养的镜子。"[2]高校教师通过把国家、社会、学校发展,以及学生及其家庭等对我们高校教师的规范、期望,与自身的角色定位、职业发展的需要贯通起来之后,才能将"立德树人"真正内化为自己从业的高度自觉,从而履行自己职业生涯。即使在各种社会思潮的抗击中,能做出正确判断和选择,使自己真正成为引领学生思想健康成长成才的良师与益友。

马克思曾经指出:"一切以往的道德论归根到底都是当时的社会经济状况的产物"[3]总是从"他们进行生产和交换的经济关系中,获得自己的伦理观念"[4]。道德作为一种社会现象,其源于生活,又需要在生活中实施和建设。"立德树人,师德为范"。知识可以言传,德行需要身教。"立德",强调和注重的是把外在的师德希望、师德规范,通过师德主体——教师的认同、内化、提升,转化为自己职业的意识、信念和自励动力、自律能力,把这种内功的修炼与"树人"的外化实践融合、互动起来,使自己德行修炼不虚空与脱节,做到内化于心,外化于行。

既然我们选择了教师这一职业,都希望自己的职业发展顺利、持续,并在其中有所作为和建树，经得起从业历程中的种种诱惑、磨炼与挫折。尽管社会上各种思潮、压力、诱惑都会对我们形成各种干扰，甚至会屡屡迫使我们选择放弃。但我们只有在教书育人的实践中，逐步牢固确立起"立德树人"的职业信念与境界，我们才会使自己的职业发展找到方向与精神的支撑。

二、"立德树人"职业信念与旨归

"培养什么人，怎样培养人"，是教育的根本问题和永恒主题。高校教师是人类灵魂的工程师，是知识与文明的传播者，那么教师身上所担负的责任既有传授知识又有塑造灵魂的双重性。教师"立德"的内在修炼，不能脱离"树人"的外化实践，需要二者的结合与互动。高校教师要练就扎实的教育基本功，不断提高教育能力和技巧，做到因材施教、严慈相济、教学相长、诲人不倦。将"立德树人"的价值追求，融入到教育教学的具体活动中，有效地提升大学生的人文素养和科学精神，转化为学生优良的思想道德素质，把对高等教育的忠诚转化为对自己职业、岗位的热爱、敬重，并外化为用心提高从业素质。

我们在教学中要静下心来教书，潜下心来育人，言传身教，以身则，为人师表，真心和热忱去关爱、尊重学生，以自己良好的道德风范和思想去影响和培养学生，并在教学互动中与学生一起成长。教育家徐特立先生曾说过，教师有两种人格：一种是经师，教学问的；一种是人师，教行为的。高校教师所追求的就是要能够把经师与人师相融合，真正有助于学生的成长成人和成才。

教师这一职业，如果只为经师而不为人师，只注重知识和能力的传授而不注重从学生的和谐与长远发展去真心和用心育人，那么就会在工作中把自己变为一个"制器"而已，而非育人的人师。最终背离大学"立德树人"的本质，使教师的"授业、解惑"被扭曲与异化。有人曾这样评价说：能提升学生求知和做人境界的是大师；能教给学生求知与做人方法的是人师；只教给学生现成知识，视学生为盛装知识容器的是工匠。学生在这样的工匠那里，受到的只能是一种片面乃至畸形的影响，也防碍了大学生成长成人。可见，"老师是学生道德修养的镜子。好老师应该取法乎上、见贤思齐，不断提高道德修养，提升人格品质，并把正确的道德观传授给学生"。[5]

然而，我们也不可忽视，随着科学的发展与时代的进步，各种社会思潮相互激荡，各种文化相互交融,各种观念相互碰撞,对高校会渗透影响也是形形色色的。当以"立德树人"为核心的师德建设滞后时,在高校教师队伍中,出现了许多令人担忧师德失范的现象,值得我们深刻的反思。

经不起外界诱惑,热衷个人名利。在网络飞速发展的今天,价值取向的多元化辐射,高校分配制度改革的冲击,岗位与职称等的激烈竞争,以及急功近利之风的影响下,有一些高校教师可能经不起外界诱惑,顶不住不良社会风气,没法静不下心来潜心教学,而是把主要心思、精力都聚焦于投向如何才能获取更高的荣誉、职称和经济收入、怎样才能找捷径多出、快出科研成果等等功利问题上;在治学与科研中急功近利、弄虚作假,学术腐败、剽窃他人成果等问题;从而导致一些教师职业理想趋向实际,价值标准趋向实用,职业发展寻求实在,行为选择更注重实惠,使职业追求与"立德树人"的内外要求渐行渐远。

价值取向偏移、师德失范增多。一些高校教师从教不廉,受贿行贿;价值取向功利化、金钱化、利益化;很容易追求"票子"、"位子"、"车子"、"房子"等实际物质利益;有的教师消极怠工、干脆以荣誉来作为教学的动力。这些高校教师从观念、态度到行为表现为:理想信仰模糊、职业道德淡化、课堂言行失范,背弃教师职业道德,悖于人师,甚至也不配称之为教师;有的人甚至触犯法律法规。一些教师道德不端行为会损害教师严谨治学为人师表的整体形象,使一些涉世不深、辨识不强、心存困惑的学生受到消极影响而无心向学,重利轻义,价值观颠倒,甚至选择了错误的人生,与国家、人民和家庭的教育培养与殷切期盼背道而驰。

高校出现重科研、轻道德的倾向。一些高校只强调"建设一流大学,建设一流学科"要求,一味追求科研的评价标准,甚至出现了重科研轻道德的倾斜。现代大学教师除了要完成教学任务之外,还要承担相应的科研任务,而随着大学教育水平的提高与学科建设发展的推进,科研似乎成为衡量高校教师教学水平和学术水平的唯一标准,而本该成为评价教师优劣与否的职业道德因素和标准,在考评教师绩效和职称晋升中明显被弱化,甚至到了可有可无"不起作用"的地步。这种评价标准反映出在一些高校在教师管理制度上,形成了高校重科研轻道德的偏向评价趋势,对高校职业道德建设产生了负面影响。

因此,回归"立德树人"的角色定位,弘扬"立德树人"的指导思想,实为高校教师队伍提高自身从业境界,矫正职业道德取向和践行为师之道的当务之急。高校教师在职业发展中,不仅应该用"立德树人"去引领自己积极向"前"看,而不能出现唯利是图只向"钱"看的不良倾向。为此,高校师德建设应按照教育部发出《关于建立健全高校师德建设长效机制的意见》,必须建立健全高校教师违反师德行为的惩处机制,严格师德惩处,发挥制度规范约束作用。高校师德建设要在教学实践中去体验"德"、感悟"德"、实践"德",帮助教师树立良好的师德,规范教书育人的行为。强化教书育人职责,自觉履行师德规范。高校还可以建立"师德建设监督网站"与"教师职业道德考评指标体系",鼓励学生对高校的教师职业道德表现进行监督,帮助督促高校教师不断完善职业道德修养。

三、"立德树人"践行职业道德行为

当前各高校都在不断完善各自的教师职业道德规范和师德评价考核机制。为了使"立德树人"的要求规范化、制度化,并使之对广大教师形成有效的导向与激励,在《教师法》、《高教法》和《高校教师职业道德规范》的基础上,贯彻教育部《关于建立健全高校师德建设长效机制的意见》。然而,这种外在的规范约束和引导激励,要想真正、持久地发挥作用,最终还要取决于教师能否通过自己的接受、认同、内化、升华,提升为自己的职业道德的内在自律,并在"立德树人"教书育人的各个层面和细节中,去自觉贯彻、自觉体现。但是离开了这种自律,任何外在的规范和评价、考核,不仅难以真正和持久地发挥影响,反倒会使高校教师感到承受了束缚、压制,或者视之为一种不值得去认同的教条。在这样心态的支配影响下,"立德树人"思想就会失去内在的认同与追求,就不会转化为高校教师职业道德自觉行为,也就不可能使教师在"立德树人"践行中获得成就感。因此,师德建设如果缺少了内在觉悟与行为自律,那么对外在的要求与约束的被动服从,会形成对这种要求与约束的藐视和违反。

"学高为师,身正为范",知识或可言传,德行需得身教。教师肩负着为人师表、教书育人的重任,是社会主义精神文明的传播者和建设者,是青少年一代成长的引路人。教育的终极目标是育人,育人的主旨内涵是立德,立德方能正己,正己才能律人,教师立德树人,必须集传道、授业、解惑于一体,用高尚的人格,和蔼的态度,端庄的仪表,丰厚的学识去面对学生,培育学生良好的德性修养。"传道"是育人的核心。教师"传道"不可空泛而传,而是要积极培育和践行社会主义核心价值观,用学识、阅历、经验点燃

学生对真善美的向往,引导和帮助学生在多元价值观的判断中,树立正确的世界观、人生观、价值观。"授业"是育人的关键。教师"授业"不可盲目而授,而是要遵循教育教学规律,尊重学生主体地位,以学生的兴趣爱好、成长需求为导向,借助先进技术手段和时代元素传播现代文化,运用贴近学生的话语启蒙先进思想,提高育人质量。"解惑"是育人的重点。立德先立师,树人先正己,培养和造就一支学高身正的教师队伍,是立德树人成败的关键。严格的考核管理,健全的制度规范,在教师队伍建设中不可或缺。教师重要,就在于教师的工作是塑造灵魂、塑造生命、塑造人的工作。[6]需要高校教师要去系统把握和不懈修养,对照《高校教师职业道德规范》,就包括了教师应该如何对待国家、法律、职业、学生、教学、治学、社会和自己诸多方面。我们要将师德理想、从业信念以及将这种理想、信念和原则辐射、运用到教师职业生涯方方面面中去,潜心教书、精心育人。我们要应立之德从理想、信念、情感到行为层面作了系统的构建。对师德把握,有助于我们去全面地了解、规划和推进自己的师德建设,有效地诊断和发现自身存在的差距与不足。使我们的立德的思考与实践更加具有系统的眼光和理性的智慧,增强我们在以修促立中的自觉性、系统性、协调性和可操作性,摆脱盲目性片面性。为此,需要强化我们师德建设的主体意识,深化对师德内涵,结构的把握、内化,自觉地担负起师德自我修养的责任。

  立德树人,师德为范。规范道德即使可以规定、也能够真正遵守笃行,依然还有一个如何正确解读的问题。教育尤其是基础教育,是关系到天下兴亡、百年大计的人力资源的基础,是关系到中华民族伟大复兴事业的建设者的基础,而教师是教育事业的直接责任肩负者,对其道德或不道德的解读,是个复杂且意义深远的问题。如果只是依据急功近利的、狭隘的所谓成功与失败的标准来判断教师道德或者不道德,显然是不够的甚至是舍本逐末的。譬如单纯的学生考试成绩排名或者升学率高低、各种恶性竞争或者评估,就与教师道德没有太多关联,更确切地说,这里的成功还很可能与教师不道德相关。在如今功利主义盛行的情况下,我们需要对几乎没有异议的师德规范重新进行更高层次的判断,因而也就需要对遵守规范道德的境界本身进行新的解释。

  对"为人师表、以身作则"的规范道德,时下最需要辨析的是道德的价值与功能。在规范道德中,对此问题是从教育责任的角度来予以解释的。即教师的责任是育人,育人先育己,育己是为了给学生树立榜样。教师对学生的道德良心同时也是对自己的道德良心,教师不只是教育培养学生,同时也是教育发展自身。换句话说,教师不只是为了给学生做榜样才严以律己、宽以待人。教师以诚信待自己,这同时就是向自己负责,教师如果有自尊自爱之心,事事处处向自己负责,必定会自强不息地发展自我,自然也就能以身立教。

高校教师只有把对职业和角色的理解、认同进一步提升为的价值追求时,教师的意志行为才会进入更高的境界,才会获得更强大和更持久的精神动力,从而表现出执着追求。对于高校教师这种既崇高,又艰辛的职业来说,就更是如此。我们只有把对"立德树人"的理解、认同所获得的觉悟,在教书育人的体验、反思中,增强为人师表意识,养成反思自律习惯,不断提升为一种职业与人生的价值追求,才能成为"立德树人"的意志行为。在职业生涯中有信念坚定的支撑,才会有敬业爱岗的坚实根基;有教书育人的持久内在动力,才会有奋发进取的执着追求;有高境界的自我调节,才能成功抗拒和排除来自自己和外界的种种干扰。完成这样的提升,"立德树人"才能成为引领高校教师职业发展的灵魂。

高校教师要在"德为人先、学为人师、行为世范"共同追求的职业生涯中,不断提高师德水平与职业道德修养,把社会主义核心价值观和教师职业道德规范内化于心,自觉地用教师职业道德规范指导自己的思想行为。高校教师要进一步增强政治意识、大局意识、核心意识、看齐意识,坚定正确政治方向,进一步树立清风正气,严守政治纪律政治规矩;进一步强化宗旨观念,勇于担当作为。注重培养学生的"明戴德、贵诚信、尊传统、知敬畏"的道德意识。坚持"立德树人"思想引领,把"立德树人"思想融入高校教书育人全过程,增强"立德树人"、教书育人的责任感和荣誉感,争做有理想信念、有道德情操、有扎实学识、有仁爱之心并引领学生成长与成才的好老师,自觉履行立德树人、教书育人的神圣职责。

参考文献:

[1] 教育部.关于建立健全高校师德建设长效机制的意见〔2014〕10号[S].2014-9-29.

[2][5][6] 习近平在北京师范大学考察,号召全国广大教师做党和人民满意的好老师[N],人民日报,2014-09-10(01)

[3][4] 马克思恩格斯选集(第3卷)[M].北京:人民出版社,1995:435,434.

师德修养奠定教师专业发展基石

魏义华

(武汉市常青第一中学)

当前,伴随全社会对"名校"、"名师"的强烈追捧,培养"名师",造就"名师",促进教师专业发展就成了各个学校工作的重中之重。然而,过度追求教师教育技术的提高,忽视教师职业的教育性,片面、功利化的教师专业发展必然带来各种各样的问题,比如教师专业发展后劲不足、师德严重滑坡等等。丢掉了道德层面的教师专业发展是有缺陷的发展,是不完整的发展。促进教师可持续、健康的专业发展,师德的养成是关键。

一、教师专业发展的道德内涵

1. 教师专业发展是一种怎样的发展

教师专业发展就是教师专业性不断增强的过程。具体而言,这一过程包含以下几个方面的内容:

(1)教师专业发展是一个过程,这一过程强调教师意识和自我设定目标的参与。

教师专业发展是专业的积极的发展,这是一个有目的,还有意志参与的过程。教师专业发展有美好的愿景、清楚的规划、确切的目标、合理的策略、严谨的准则和有效

作者简介:魏义华,武汉市常青第一中学校长。
E-mail:cqwyh307@163.com

的评价指标。

(2) 教师专业发展是一个持续不断的过程。

教育是一个动态发展的领域,现代科学技术迅速发展,知识迅速更新,教师专业发展应该贯穿教师的整个职业生涯,教师专业发展的机会也无处不在。教师在自己的专业发展中随时学习、与时俱进。

(3) 教师专业发展是道德系统的、全面的发展过程。

教师专业发展是一个系统过程,这一过程首先表现在教师专业构成的各方面因素的整合发展,其次教师专业发展不是孤立、绝缘的过程,这一过程与教育的发展、学生的发展密切相关不可分割。

综合以上分析,我们可以将教师专业发展定义为:教师在专业信念的支撑下,根据确定的专业目标,以系统的科学文化知识和教育教学能力为前提,主动、积极地在整个职业生涯中持续不断更新自我的专业知识和能力,塑造专业道德,形成积极的情感态度和动机,获得更高的职业声望和自我发展程度的过程。

教师承担着教书育人、培养人才的重要社会职能。教师只凭借掌握丰富的专业知识和高超的专业能力,并不能真正地提高教师的专业性。教师还应该表现出高度的专业道德与人格素质,才能真正提高自身的教育水平和质量。

2. 教师专业发展折射出的道德内涵

首先,教师专业发展所表达的一个基本内涵是教师是专业人员。教育是教师共同的专业,教师的专业性突出体现在对教育科学的理解、掌握和运用上。教育不仅有真理的力量,而且有人格的力量。教师是人类灵魂的工程师,教师教育的专业性内涵着思想性和道德性,教书育人、爱生敬业、为人师表是教师职业道德的重要内容,是对教师素质的最基本要求,教师专业道德的发展是教师专业发展的重要组成部分,教师专业发展有着丰富的道德伦理内涵。同时教师专业发展离不开教育这一载体,一方面,它需要通过教育来提高自身的发展素质,另一方面,又需要通过教育实践来促进和实现自己的专业发展,而教育本身就是一个道德概念。教育的本义是一种使人为善的活动或影响。从古代教育到现代教育,从康德、赫尔巴特到杜威,一切教育的最终目的都在于形成品德,教育必然包含善的意图或道德的目的,没有道德的目的,就无所谓教育。道德与教育在逻辑上存在着必然的联系。

其次,教师是不断发展也需要发展的人。这个结论本身就具有道德价值,它反映了人类教育价值选择、价值追求的历史。长期以来,人们对教育价值的认识主要集中在教育传承人类文明、巩固社会政治体制等社会价值上,对个人的尊重和关注被淹没在对社会秩序的关心之中。现代社会,人们强调教育应以发展个人的各方面能力为目的,以促进个性的完善和个人的幸福为宗旨,但却大都只关注了学生的发展,忽视了教师的发展。然而,没有教师的发展,没有教师专业上的成长,何谈学生的发展。教师发展的最终目的即通过教师的专业发展,使教师成为一个能持续发展的专业工作者,培养教师健康的个性,促进教师幸福的生活。这一目标是对教师的人文关怀,体现了较高的伦理价值,同时与教师教育工作的目标具有高度的一致性。

二、当前教师专业发展面临的困境

笔者从事教育工作近三十年,目前所在的学校——武汉市常青第一中学,创办于2001年,是直属于武汉市教育局管理的一所单设高中,2004年被市人民政府教育督导室评估认定为武汉市示范高中,2015年被省人民政府教育督导室评估认定为省级示范高中,学校的迅速发展与学校教师近年来在专业上的快速成长息息相关,但纵观教师专业发展全局,有些问题还应引起我们的重视。

1. 专业情感困境:教师专业发展面临的角色"迷惘"

在经济快速发展背景下,教师职业的收入相对提高缓慢,从而使得教师职业社会地位相对暗淡。此外,随着生活成本的提高,教师群体的经济压力也逐渐增加。在多重压力下,教师的专业认同度、忠诚度都经历着严峻的考验。

重压之下,对专业角色的"摇摆"和"迷惘"往往引发教师专业情感困境。对于怀揣着理想走上教师岗位的教师来说,教育的理想往往遭遇教育现实的冲撞,在生活压力等多重压力作用下,往往产生对教育工作的失望感。在社会转型的当今,各种矛盾不断暴露出来,教育常处于矛盾的风口浪尖,负面舆论往往铺天盖地。舆论的误导以及压力,导致教师对自身工作的价值、意义产生怀疑。教师专业发展的情感困境带来的是部分教师对教育工作缺乏积极性和进取心,得过且过;对学生冷漠甚至无视学生的发展需求;教育管理方法简单粗暴等等。

2. 专业理念困境:教师专业发展面临"应试教育"的桎梏

"应试教育"的评价尺度只有一个,即"成绩",它缺乏对学生、教学、教师等方面系统、多维关照,在这一背景下,系统的教育理念体系被"肢解",教师们往往围绕如何应对考试和提高成绩,不断追寻技术层面的发展,而忽视其他方面的要求。

"应试"思维下的教育往往只关注作为结果的"成绩",忽视了"整个学生"的培养及发展。一些新的教育教学理念在"成绩"的压力下往往很难在实际的教育环节得以贯彻,教师专业理念体系建设和更新更无从谈起。疲于应付"应试"的环境下,教师也缺乏专业理念的反思,影响了教师专业理念的发展。如此,教师在教学活动中很难做到以"学生为中心",更无法帮助学生实现"全面而有个性的发展"。

3. 专业能力困境:教师专业发展面临"育人"能力的艰难提升

教师专业能力是一个科学、系统的体系,不仅包括教学能力,还包括班级管理和其他教育活动的能力、人际交往能力、自我发展能力。"教书"和"育人"是合二为一的,教学活动的目的不仅仅在于帮助学生形成良好的知识结构和积累,还包括帮助学生形成良好的学科思维、创新能力以及良好的思想道德素质。

教育管理能力,尤其是班级管理能力一直是许多教师的"能力"短板。面对不断发展变化的教育环境以及复杂多样的学生身心特征,要求教师不仅有科学的管理理念和丰富的管理手段,还要有丰富的关于"学生"的知识储备。育人能力的不足,往往导致教师对师生关系的认识缺乏深度,缺乏建立和谐、积极、科学的师生关系的意识和能力,缺乏科学处理师生关系突发事件及重大事件的意识和能力,常常引发师生关系紧张等现象的出现。

三、提高教师师德修养,奠定教师专业发展基石

当前教师专业发展面临的一系列困境与教师过多注重自身教学技术的发展,而忽

视了教育的特殊性,即教育的道德性有着很大关系。教师专业发展是专业技术与专业道德即师德发展的和谐统一,两者偏废任何一方面,都不可能使教师获得真正全面的专业发展。教师的专业发展关键应是师德的发展,这是由教师职业的独特性所决定的。

1. 提高师德修养,促进教师良好专业信念的形成

教师的专业信念与教师的教育信念是相通的,教师的教育信念可以是在教师受教育阶段获得的或者是教师在教育活动中累积形成的教育观念,也可以是先进的、合理的教育理念。教师的专业信念是教师关于自身和教育中的其他因素形成的稳定的和深刻的认知,是教师对教育理念、教育观念、教育教学理论的认知和确信。教师的专业信念建立以后,能够在较长的时间内保持相对稳定的状态,而且会影响教师的自我发展意识。

良好的师德修养能够在教师的专业信念的形成过程中起到重要的指向作用和调控作用。首先它能够使教师主动接受良好的、合乎道德的教育理念,形成有利于自身专业发展,同时也有利于学生发展和教育进步的专业信念。其次,良好的师德修养还能使教师主动摒弃错误的教育观念,形成良好的专业信念。

2. 提高师德修养,促进教师专业知识和能力的精进

教师的专业知识与专业能力,作为教师专业素养的重要组成成分,是教师安身立命的工具,也是教师职业生涯中最具有外显性的专业素质。教师的专业知识与能力是教师走向其岗位的基础,它的形成离不开师德的发展,在现实中两者的关系尤为密切。

具体来说,师德修养对教师专业知识和能力的运用有重要的导向作用,指导教师如何运用专业知识和能力,达到优良的教育效果。

教师的师德修养也会促使教师主动地、不断地追求专业知识与能力的精进,并克服专业知识与能力发展过程中遇到的阻碍,能够接受自己在专业知识与能力方面的错误与不足,并用积极、审慎的态度改正。

良好的师德修养使教师能够自觉地避免用错误的方式方法运用专业知识与能力,促进师生之间的良好关系的建立和维护,教师只有在良好的师生关系中,才能合理运

用自己的知识与能力教育学生,获得良好的教育体验和成果。

3. 提高师德修养,促进教师专业态度和情感的养成

人的态度和动机是人进行活动的动力,教师的专业态度和动机决定教师能否主动地追求发展,它关系到教师对于自我专业发展采取积极主动的态度还是消极被动的态度,教师是为自己而发展还是应社会和学校的要求而发展。教师专业态度和动机是否正确直接关系到教师专业发展的程度。

教师的专业态度和情感,是在教师理智的支配下,获得的积极的态度和情感,是一种控制的、选择性的态度和情感。师德修养就是通过教师的态度、情感、行为三方面表现出来的,它是教师专业态度和情感形成的基础。良好的师德修养能够对教师的态度和情感进行定向,抑制教师的不良态度和情感,这个定向的控制过程就是教师专业态度和情感的形成过程。

参考文献:

[1] 朱旭东.论教师专业发展的理论模型建构[J].教育研究,2014,(6).

[2] 林崇德.基于中华民族文化的师德观[J].西南大学学报(社会科学版),2014,(1).

[3] 郭清丽.浅议师德建设与教师专业发展一体化[J].教育与职业,2006,(7).

[4] 董岩芳.师德教育与教师的专业发展[J].浙江教育学院学报,2011,(1).

[5] 李蕾蕾.教师专业发展视阈下中职教师专业理念与师德研究[D].河北科技师范学院,2014.

师德建设理论研究

师德自觉是师德建设的内生动力

张自慧

(上海师范大学 哲学与法政学院)

在21世纪的中国,由于教育的产业化、市场化运作和价值观的多元化冲击,教育理想迷失、师道式微、师德滑坡、学术腐败等已成为校园常见之现象,师德建设面临严峻挑战和困境。对此,教育主管部门高度重视,并制定了相关的制度和规范,如教育部颁布的师德"红七条"等,但这些外在约束力并未有效提升师德水平。许多教师既不认同教育主管部门和学校制定的脱离实际、生冷刻板的师德规范,但其又对师道、师德认知模糊,缺乏师德自觉和自律。那么,师德问题的症结何在?师德建设的抓手在哪里?本文拟从师德自觉入手,聚焦内因,挖掘师德建设的内生动力。

一、师德自觉及其内涵

师德是教师的职业道德的简称,是教师在从事教育劳动过程中形成的比较稳定的道德观念、行为规范和道德品质的总和。它调节着教师与他人(主要是学生、同事、家长)、教师与集体、教师与社会、教师与自我的相互关系,既是社会对教师职业行为的基本要求,也是教师自身实现人生价值、追求幸福生活的德性基础。基于自身所承担的

作者简介:张自慧,上海师范大学教授、博士生导师,主要从事伦理学研究。
E-mail: zhangzihui@shnu.edu.cn

特殊社会角色和职能,教师需要师德自觉。那么,何谓师德自觉? 近年来,学术界对师德自觉的关注和研究付之阙如,在为数不多的几篇学术论文中,学者们对"师德自觉"这一概念大多是从功能角度泛泛论及,很少从内涵视角严格定义。① 师德自觉的现实景况和研究现状,对于其作为师德建设内生动力的地位来说极不相称。本文认为,师德自觉是教师对自身历史地位及作用的深刻认识,对师道和师德内涵的准确体悟,对自己肩负的社会责任和使命的主动担当。

1. 对教师地位和作用的认知

教师作为一种古老的职业,在中国有文字记载的历史已有三千余年。早在《诗经·小雅》中,已有关于教师的诗句:"赫赫师尹,民具尔瞻。"其意是,具备德行善道的"太师",是民众仰望的对象和心中的表率。在《尚书》中,亦有"天佑下民,作之君,作之师,惟其克相上帝,宠绥四方"(《尚书·泰誓上》)的记载。古人认为,上天为了帮助天下民众,为民设立君主和师长,希望他们能够辅助上帝,爱护和安定天下。荀子曰:"礼有三本:天地者,生之本也;先祖者,类之本也;君师者,治之本也。无天地,恶生? 无先祖,恶出? 无君师,恶治? 三者偏亡焉,无安人。故礼上事天、下事地,尊先祖而隆君师,是礼之三本也。"(《荀子·礼论》)将"隆君师"视为"礼之三本"之一,不仅表明"师"与"君"具有同等之尊,也意味着教师与国君一样是治国安邦的核心力量。汉代的《白虎通义》提出"三纲六纪",其中"六纪"即"诸父有善,诸舅有义,族人有序,昆弟有亲,师长有尊,朋友有旧"。[1]陈寅恪对其中的"师长有尊"评价极高,称"中国文化之定义,正是具于此说"。[2]清初学者廖燕对其阐释曰:"宇宙有五大,师其一也。一曰天;二曰地;三曰君;四曰亲;五曰师。师配天地君亲而为言,则居其位者,其责任不綦重乎哉!"[3]可

---

① 蔡娟、张赟认为,师德自觉是高校青年教师的文明素养,是社会主义核心价值观在教师身上的本质体现和外在表现,教师优的道德品行和道德习惯源于他们内在的素质自觉和外在的行为自律(《师德教育与增强高校青年教师师德自觉》,《山东青年政治学院学报》2014 年第 1 期)。周松峰认为,自觉是一种理性的展现,也是面对现实的自为与觉醒;对师德要作全面反省,对师德的未来规范与提升更要以前瞻性的眼光进行谋划,并在实践中自觉与自为(《高职教育的师德自觉与实践》,《今日中国论坛》2013 年第 8 期)。赵馥洁认为,大学教师要有高度的师道自觉和师德自觉,师道自觉要通过深入认识和恰当处理师与人、师与道、师与生三大关系去实现(《师道自觉与师德自觉》,《法学教育研究》2012 年第 8 期)。穆耕森认为,师德自觉必以广博的文化为底蕴,师德高尚的教师必是学识丰富、融会贯通的教师(《以文化提升教师的师德自觉》,《师德与德育》2014 年第 12 期)。

以看出,中国古代以教育为政治之基础,"师"与"天地君亲"地位同列、作用同彰,"尊师重教"是中华民族治国安邦之"重器"。

西汉思想家扬雄在《法言·学行》中说:"师者,人之模范也。"他认为:"人之性也善恶混,修其善则为善人,修其恶则为恶人。"(《法言·修身》)因此:"学则正,否则邪。师哉师哉!桐(童)子之命也!"(《法言·学行》)教师之作用,在于做学生的榜样,帮助学生"化性起伪",抑恶扬善,教化民众,倡扬仁义。正如荀子所说:"人虽有性质美而心辨知,必将求贤师而事之,择良友而友之。得贤师而事之,则所闻者尧舜禹汤之道也;得良友而友之,则所见者忠信敬让之行也。身日进于仁义而不自知也者,靡使然也。"(《荀子·性恶》)周敦颐在《通书·师第七》中说:"或问曰:'曷为天下善?'曰:'师'。曰:'何谓也?'曰:'性者,刚柔善恶,中而已矣。……惟中也者,和也,中节也,天下之达道也,圣人之事也。故圣人立教,俾人自易其恶,自至其中而止矣。'"[4]从历史维度看,教师始终是知识的象征和道的化身,一直发挥着人之模范、社会导师、人伦领袖的重要作用。同时,教师还是文明与文化的创造者和传播者。《周礼·师氏》曰:"师,教人以道者之称也。""大司乐掌成均之法,以治建国之学政,而合国之子弟焉。凡有道者,有德者,使教焉。……以乐德教国子,中、和、祗、庸、孝、友;以乐语教国子,兴、道、讽、诵、言、语;以乐舞教国子,舞云门、大卷、大咸、大磬、大夏、大濩、大武。"(《周礼·春官·宗伯·大司乐·小师》)可以看出,从西周开始,中国已有专职的教师和丰富的教育内容,教师已在道德教育、文化教育和音乐教育等方面发挥重要作用。

2. 对师道内涵的体悟

"道"是东方文化尤其是中国文化的大智慧,是规律和法则,是自在和本源。春秋时期的子产曾曰:"天道远,人道迩,非所及也。"(《左传·昭公十八年》)世界必有其规则,是为"天道";做人必有其价值追求,有人之为人的底线,是为"人道"。我国古代的"师道"与当时的所谓"天道"和"人道"一脉相通。《中庸》开篇曰:"天命之谓性,率性之谓道,修道之谓教。"意思是,人的自然禀赋叫做"性",顺着本性行事叫做"道",按照"道"的原则修养叫做"教"。在此,"修道之谓教"揭示了教育的规律和原则——按照人的自然禀赋进行引导和教化。古人认为,当"师道"连通"天道"和"人道"时,就"可以赞天地之化育,可以与天地参矣"。

那么,何谓"师道"?"师道"即为师之道,表面上指教师应走的道路或当行的道理,可引申为教师在职业生涯中应当信奉的理念、遵循的规律和坚守的规范。换言之,为师之道就是教师教书育人、为人师表的志愿和按照仁义原则、教育规律献身教育的自觉。我国古代"师道"的首倡者是开儒学之先、立道统之始的孔子。其后经由孟子、董仲舒、韩愈、朱熹、王守仁等的不断继承和发扬,逐步形成为师道传统。可以说,古代"师道"是由名儒大师们倡导和践行,并为当时广大教师所向往和追求的为师理想、风范和行为的总括。国学大师钱穆给中国之师道以极高的评价:"天地君亲以上,最尊尤贵者则为'师'。故唐代乃奉孔子为'至圣先师'。师以传道,即以传此尊天亲地尊君亲父之道。为君为父,亦同在此大道中,故为君为父者,同时亦仍必尊师。师道乃人生大道中之最尊。中国民族大群传统文化之得以绵延久长而不绝,则胥师道是赖。中国有师道,乃无宗教。亦可谓中国之宗教已师道化。"[5]当代学者王泽应在梳理师道、师德与中华文明关系的基础上指出:"中国传统是一个以志道据德和尊道贵德为基本价值取向的文明范型。'天地君亲师'成为最能够代表这一价值取向和价值追求的五大道德主体。"[6]中国社会的历史发展表明,师道尊则教育兴,教育兴则国运盛;反之,师道卑则教育衰,教育衰则国运弱。基于此,钱穆曾大声疾呼:"复兴文化,必当复兴师道。"[5]

3. 对教育本质的认知与教育使命的担当

教育不仅仅在于知识、智慧的再生产,教育的根本在于全面孕育个体人格,促进社会文明与教养的再生。东汉许慎在《说文解字》中对"教"和"育"两字的解释是"教者,上所施,下所效也","育者,教子使做善也"。这表明,所谓教育,就是施教者要以身作则,做好表率,以引领孩子做善人、行善事,这是教育本质之所在。《礼记·学记》云:"教乃国之本,师乃学之本。""玉不琢,不成器;人不学,不知道。是故古之王者建国君民,教学为先。"可以看出,古人把教育视为治国安邦之本,将教师的教书育人工作视为"建国君民"之手段和途径,教育和教师在古人心目中之重要地位可见一斑。古希腊哲学家柏拉图说:"一个人从小受的教育把他往哪里引导,能决定他后来往哪里走。"英国教育家约翰·洛克认为:"教育上的错误比别的错误更可怕。教育上的错误正和错配了药一样,第一次弄错了,决不能借第二第三次去补救,它们的影响是终身洗不掉的。"[7]因此,"教育决定着人类的今天,也决定着人类的未来"。[9]而"教育的关键问题是教师。对于教育,兴之抑或亡之,在于教师……根本问题是教师精神,是全人教养,是教师之道,是根性,是灵魂"。[8]为此,教师需担当起教育的伟大使命。

二、 师德自觉是师德建设的内生动力

教师是师德建设的主体,教师的师德自觉和参与师德建设的程度,决定着师德建设的成败。其中,师德自觉是师德自律的前提和基础,是师德建设的内生动力。

1. 教师对自身地位和作用的认知是师德自律的前提

教师对自己行为的约束,离不开对自身地位和作用的认知。一个教师如果意识到自己所从事的劳动是"太阳底下最光辉的职业",认识到自己的职业被誉为"国民精神的父亲",认知到自己承担着"使人向善"、"宠绥四方"的使命,他就会产生强烈的职业自豪感和尊严感。而为了捍卫自己的地位和尊严,教师就会产生师德自律的要求。因此,教师为了承担起社会导师、人伦领袖的重任,为了发挥与"天地君亲"一样的治理邦国的作用,就会主动提高自己的业务素质和道德品行。同时,教师要成为"人之模范",要教化民众,就需要自身耿介拔俗、率先垂范和为人师表。与其他职业不同,教师是通过自己的人格和品行来影响和引导自己的劳动对象,因此,为人师表是教师应有的职业德性和职业自律。哲学家迪福将教师比喻为城楼上的"大钟",他认为,"如果一个人自己的表不准,它所骗的只是你一个人;如果主楼上的大钟不准,那它就会骗了全城的市民。教师就是这个'大钟',就是走时准确、不会骗人的'大钟'"。[10]这就要求教师严于律己,严守师道,不仅做好"经师",更要做好"人师",善行不言之教,运用"人格感化"的手段来教育引导学生。这将促使教师不断提升自己的人格境界,努力践行教师伦理规范,以做到师德自律。

2. 教师对为师之道的科学认知是师德自律的基础

教育学家陈桂生从外延上将"教师道德"分为"师道"与"师德":"凡涉及教师的教育价值追求与敬业精神的称为'师道',而专指教师行为准则或因准则要求而产生的行

为是'师德'。"[11]师道是深层次上的师德,是教师的为师之道、为学之道、为人之道;师德是表层次上的师道,是教师必须遵循的专业道德行为规范。然而,在现实中,人们常将教师职业道德简单化为"师德",而遗忘了"师道",从而使师德建设缺失了来自内因的动力。

师德与师道是密不可分的,韩愈的"道之所存,师之所存也"就蕴含此意。教师的本职是"传道、授业、解惑"。这里的"道"既有"师道"之"道",亦有"学生之道";既有知识讲授中对社会之道、自然之道、人生之道的"言传",也有通过教师的行为举止、语言谈吐、仪表仪态等对道德人格的"身教"。韩愈"虽然没有明说,教师的价值不在于授业,却毫不含糊地认定,教师存在的价值在于传道"。[12]其《师说》对"师"与"道"所作的剥离与关联,揭示了"尊师"是为了"重道"、"师严而后道尊"的真理。与"师德"侧重于外在规范和准则不同,"师道"更多地体现为师者所应具有的内在的教育理想、教育信念和德性人格。总体说来,教师伦理规范是师道与师德合一的结果。如果说"师德"是一种"约定"的"义务",那么,"师道"就是一种人格的、愿望的"自然"之德,是教师的精神价值与理想追求。对师道、师德的科学区分和关系梳理,特别是对师道精神价值和理想追求的认知与体悟,有助于教师树立牢固的职业理想和崇高的德性人格,从而引导教师走向师德自律。

3. 教师对为师之德的全面认知是师德自律的根本

长期以来,学术界和不少伦理学教科书多将道德定位为一种"规范",或者是"行为规范的总和"。受这种传统"规范说"的影响,教师道德自然就等同于"师德规范",由此推理,师德就变成了纯粹从外部来管理和约束教师的条条框框,而内在于教师的德性自觉则完全被忽略,这样一来,师德建设就失去了重要的内生动力。事实上,师德从内涵上可以分为教师德性和教师规范两个方面。德性是教师对自我生命道德意义的概括与表达,是教师精神的核心与灵魂;规范是教师对社会存在和社会规则的适应与认同。教师德性内在于教师个体的品性,具有个体性特征;教师规范则是特定时代与社会对教师职业行为的整体规定,具有普遍性特征。外在的教师规范只有内化为浸润师者生命的教师德性,师德才能有根基,师德建设才能有成效。麦金太尔在《德性之后》中强调了德性的重要以及"规范"不能取代"德性"的原因,他指出:"德性是一种获得性人类品质,这种德性的拥有和践行,使我们能够获得实践的内在利益,缺乏这种德性,就无从获得这些利益。"[13]德性是那种能使我们懂得并努力追求美好的人类品质,按照中国儒家的观点,德性就是"人之为人"的品性。麦金太尔认为,在道德理论和道德实践中,当"规则"取代"德性"成为道德基础时,我们在道德生活中所使用的道德语言就只是一个破碎了的"道德传统"所遗留下的残章断句。可见,德性的养成是遵守道德规范的前提和基础,没有德性就没有道德自觉,没有教师德性就没有教师的师德自觉。"我们不仅要从规范层面把师德理解成一种外在的行为要求,还应从个体实践层面把师德理解成一种内化于心灵的德性、一种教师职业人生中的实践精神。"[14]因此,教师德性的养成是师德自律的根本。

三、增强师德自觉,为师德建设提供强大的内生动力

当下中国的师德建设问题,是社会大变革时期的师德转型问题,仅仅靠教育主管部门下达几条"师德禁令"、划出一条"师德底线"、抨击一些反面典型、宣传一些育人楷模,是不能真正破解师德建设难题的。从深层次看,师德建设必须紧紧围绕师德自觉,从弘扬传统师道、满足教师利益诉求、规范教师专业伦理、构建"层级化"师德规范体系等多维度入手,方能收到综合治理的效果。

1. 弘扬传统师道,为师德自觉提供精神"培养基",为师德建设开掘精神动力

中国古代拥有丰富的师道文化,弘扬师道精神,有助于形成尊师重教的浓厚氛围,有助于提升教师的尊严感和自豪感,为师德建设开掘精神动力。

尊师敬学,以教师尊严助推师德自律。师道之弘扬,贵在尊师敬学。《学记》云:"凡学之道,严师为难。师严然后道尊,道尊然后民知敬学。"古人把"尊师"与"敬学"相连,认为只有教师受到尊敬,然后规律和真理才会受到尊重;只有规律和真理受到尊重,然后民众才懂得敬重学业。在古代,国君不以臣子之礼对待下属的情形有两种:一种是在祭祀中臣子担任祭主、居于尸位时;另一种是臣子当君主的老师时。后者是为了表示对老师的尊教。王安石在给仁宗皇帝上课时,坚持自己坐讲,皇帝侍听。目

的是让皇帝率先垂范,尊行师道,并引导民众"严师"、"尊道",以实现"民知敬学"的社会教化目标。一旦社会形成尊师敬学的浓厚氛围,教师的地位和尊严就有了保障。而优渥的待遇和崇高的尊严将为师德自律提供经济支撑和精神动力。

"人性化"标准,让师德建设"接地气"、有实效。尊师之要,贵在以"人性化"标准要求教师。尊师是敬重教师,但不是"神化"教师。几千年来,中国的教师就是一个被神圣化的职业,教师成为"道德家"、"圣人"和"完人"的代名词,其在"万世师表"和"人类灵魂的工程师"的盛名之下,失去了独立"人"格,拥有了被绑架的"神"格。倘若有教师为自己争取物质利益或工资待遇,就会遭到世人的侧目。教师头上高高"悬置"的道德桂冠和身上光彩夺目的标签,使其个性被束缚、人格被"圣化";同时,大量文艺作品和媒体塑造的一心为公、只求奉献、不求索取的"高大上"教师形象,也在呼吁广大教师向"英雄"和"楷模"看齐。这些脱离普通教师实际的光辉形象,虽然感人但难以效仿,虽然可敬却不太可亲,最终成为高居道德金字塔之巅的"贡品"。这种失却了"地气"和道德普适性的"榜样式"道德建设模式,并未收到应有的实效。我们承认,教育是神圣的,但神圣的教育是否能将所有的教师都变成"圣人"? 教师应以"万世师表"为理想追求,但这是否意味着每个教师都要成为道德家? 显而易见,主张任何教师都必须是最高道德拥有者的思想和做法,是脱离实际和违背人性的,会导致教师道德的畸形发展。诚然,由于教师职业的特殊责任与使命,社会可以鼓励教师为人师表,但不宜过分拔高其道德标准。"假如把牺牲性的行为看成是只对别人有意义而对自己毫无意义的行为,这恰恰意味着自己只不过是一件工具而不是一个显示着人的价值的人,如果一个人自己是无价值的,那么他所做的牺牲也就成为无道德价值的贡献。"[15] 当前,中国社会明显存在着"不正确地将对教师高标准的个人道德要求误置为普遍的职业道德要求"[16]的现象,这种泛化和拔高教师道德的做法,对师德建设是有害而无益的。只有让师德标准回归理性和实际,师德建设才能见实效。

2. 满足教师的利益诉求,为师德自觉提供物质支撑,为师德建设提供原始动力

人是物质需要和精神需要兼有的存在,教师的利益诉求自然包括满足生存发展之需的物质利益和满足尊严人格之需的精神追求,其中物质利益是广大教师努力工作的

原始动力。因此,要增强师德自觉,推动师德建设,就必须关注和满足教师的物质利益诉求。

国家的教育政策要关注和满足教师待遇,为师德建设提供动力支撑。教书育人不仅仅是一项散发着荣光的高尚事业,也是每位教师谋生的职业,一份与国民经济发展水平相适应的薪水待遇,既是对教师劳动付出的回报与承认,也是对师道尊严的捍卫,更是对教师追求高尚人格和教育理想的动力支撑。马克思曾指出:"正确理解的利益是整个道德的基础。"[17]一个不能"安居"的教师,自然不能"乐业";一个生活捉襟见肘的教师,必然斯文扫地。倘如此,教师就不可能安心育人,不可能充满自信,更遑论仪态端庄、人格丰满。两千多年前,孔子在招收弟子时要求其"自行束脩以上"(《论语·述而》),即要学生送十条肉干儿做见面礼,以保障自己的基本生存所需,但这并未贬低孔子"万世师表"的美名。可见,社会满足教师的物质利益诉求是天经地义之事。教育政策是政府保证社会教育资源配置和教师利益诉求的重要手段。美国著名行政学家戴维·K·哈特认为:"公共行政并非一项专业技能,而是一种社会实践道德的形式。"[18]"实行师德治理的一个根本手段是要将非制度化的教育价值理念、教育伦理精神渗透到制度化的教育政策中去。"[19]因此,如果用不合理的教育伦理价值理念支配教育政策的制定,实际上就是对教师利益的不合理分配和引导。

当今社会存在着违背常识的错误认识,一些教育主管部门基于教师职业的崇高精神地位,误认为教师更注重精神需要的满足,因此忽视教师的物质待遇,一味要求教师乐于奉献,淡泊名利。这是一种"既要马儿跑得快,又要马儿不吃草"或者"马儿少吃草"的可笑逻辑。岂不知,教师物质生活得到何种程度的满足不仅关系到他们的职业认同与职业信念,而且关系到他们的人生价值和人格尊严。在市场经济的今天,教师在付出辛勤劳动之后,有权利获取自己的合义之利。如果社会对教育职业有比其他职业更高的要求,最重要的不是喊脱离实际的道德口号,而是遵循权责对等的原则,一方面提高教师职业准入的门槛并加强监督,另一方面给从业者更高的待遇和尊重,以吸引最优秀的人才来从事它。反之,倘若社会无视教师合理的利益诉求,并不切实际地对教师道德抱有高期望、提出高要求,就必然造成对教师的不公平,导致教师道德自律与社会道德愿望之间的落差。这种落差是目前影响师德建设成效的一个重要原因。因此,国家的教育政策应关注并解决教师待遇偏低的问题,为师德建设提供动力支撑。

3. 成立教师专业伦理协会,助推"教师职业道德"向"教师专业伦理"的转轨

目前,我国的教师职业道德多限于道德规范维度,缺少伦理维度;多留于私德层面,尚未成为教师群体的公德。事实上,教师是一种职业,有其职业道德规范;但教师更是一种专业,有其专业伦理要求。只有从专业生活质量提高和教师专业发展的角度去理解师德建设,才能有效推进教师职业道德和专业伦理建设。教师职业道德是教师群体的公德,而非某一个教师的私人道德。在此,我们有必要区分一下"道德"与"伦理"的不同。何怀宏认为:"'伦理'更具客观、客体、社会、团体的意味。而'道德'更倾向于个人的行为规范,更多含有主观、主体、个人、个体的意味。"[20]黑格尔认为:"'伦理'比'道德'要高,'道德'是主观的,而'伦理'是在它概念中的抽象客观意志和同样抽象的个人主观意志的统一。"[20]教师职业道德不是个人私德,而是教师群体之公德;不是针对个体的道德规范,而是针对以教师为中心所形成的多种关系的伦理准则。同时,教师的专业伦理要求高于一般的职业道德要求,这主要表现为更高的道德情怀——仁爱天下、做人素养、沟通能力、健康心态和良好形象。因此,师德建设必须重视教师的专业伦理,必须关注教师作为特殊专业人员的专业责任和专业精神等内在的伦理品性,以实现从"教师职业道德"向"教师专业伦理"的转轨。当然,要实现这种转轨,仅有教师自身的努力远远不够,需要相关的职业组织进行指导和引领。如成立教师职业伦理协会倡导和引领教师的职业自律,提升教师的职业理念和职业精神。以美国为例,1857年在费城成立的"全国教师协会"(简称NTA);1896年,乔治亚州教师协会颁布的教师专业伦理规范;20世纪初美国开启了教育职业伦理较为系统、规范性的研究。当时,一些学者用实证的研究方法,比较系统地分析教师的品质人格,他们归纳概括出教师职业应有的25项品质。1929年,美国全国教育协会通过了《教学专业伦理规范》,从而使教师职业道德成为一个专门的领域。1948年全美师范教育委员会,向全国教师发表了题为《我们时代的教师》的报告,对教师应当具备的职业道德提出了13项详细的要求。在此基础上,1996年美国制定了《优秀教师行为准则》。这些都对美国教师的职业道德和专业伦理产生了较大的影响。我国学术界对教师专业伦理的研究相对滞后,特别是缺乏教师专业伦理协会这样的教师组织。只有建立和完善教师专业伦理规范,才能为师德自觉和师德建设提供有效指导和制度保障。

4. 构建"层级化"师德规范体系,实现"圣人化师德"向"平民化师德"的转向

在文化多样性、价值多元化时代,教师职业承受着来自市场经济的冲击和诱惑。与农业社会自然经济相适应的圣人化的师德标准,面临着转型的难题。师德需要从由单一的"圣人化"的教师人格——万世师表,走向层级的"平民化"教师人格——底线师德和高尚师德并存。这种转型是与教师队伍数量的快速膨胀、教师个性、独立性的张扬以及教师的生存需要相适应的。

师德建设应兼顾和平衡师德的崇高性和底线伦理。随着我国义务教育的普及,特别是大学的跨越式发展和大规模扩招,教师人数急速增加,大量的非师范学校的毕业生涌进教师队伍,教师的入职门槛不断降低,教师队伍的整体素质也日渐下滑。今天的教师队伍已不是人们心目中的社会精英,今天的教师职业已不再是与"天地君亲"并列的被神化的"圣职",而是许多人谋生的饭碗。因此,对教师整体的道德境界不能高估,而应作"层级化"理解。这种层级化差异表现为教师价值取向的多样性和德性水平的多层次性,具体体现为教师群体中不同价值观的并存。我们可以赞颂那些堪为师表的优秀教师,理应谴责教师队伍中那些唯利是图、师德失范、品德败坏的害群之马,但不能贬低或抨击那些把教职作为谋生手段的普通教师。因此,只有兼顾和平衡师德的崇高性和底线伦理,才能为师德建设提供持久动力。

师德应具有"人人应做,人人能行"的特质。鲁迅在《我之节烈观》中指出:"道德这事,必须普遍,人人应做,人人能行,又于自他两利,才有存在的价值。"有学者指出:"从道德境界来看,职业道德居于社会道德的基础层面,建立在社会大多数成员一般道德觉悟水平基础之上。它不是只有具有崇高道德境界的人才能自觉做到的'英雄道德',而是在市场经济条件下每个职业人员应当遵守的'群众道德'"[21],因为,"无私奉献"式的"英雄道德"毕竟只有少数人能够做到。"对于任何一个社会职业道德来说,需要有自己的'英雄道德'或'圣人道德'鼓舞,然而它们是一种'责任外的美德'。对于这种'责任外的美德',大多数的人敬佩却不信仰,感动却难以行动,也不可能普遍履行。"[21]而合理的职业道德属于"群众道德"范畴,是"责任内的美德",这种"责任内的美德",是每个努力追求的人都能做到的。

既然教师职业道德是教师群体的公德,而非个别教师的私德,那么,教育主管部门和社会舆论就不能用一个高标准来要求全部教师。这种社会的高标准不仅会使老师不堪重负,而且会使社会公众丧失评价师德的正确准绳,引发不必要的社会伦理冲突;同时,这种高标准还因其脱离教师实际而挫伤教师的道德进取心,抑制师德建设的内生动力,最终使师德建设成为教育主管部门的"独角戏"。正确的做法是,构建"层级化"教师道德规范体系,让符合教师实际的职业道德规范成为对大多数教师的底线性的要求,这类底线道德在实践中要严格执行,对违反者绝不姑息;同时,制定出一套高标准的师德规范,以引领教师树立职业理想,指导教师群体中的优秀者实现其理想人格,乃至追求"万世师表"的职业至境。教师职业道德只有"人人应做"、"人人能行",又于"自他两利",才能成为全体教师普遍实行的群众性道德。"在当下我国职业道德建设中,如果只热衷于'英雄道德'式的职业道德宣传和教育,而忽视'群众道德'式的职业道德建设,就如同建造大厦忙着盖金灿灿的屋顶而没有去扎扎实实地打基础"[21]。总之,教师底线伦理规范旨在实现师德从"私德型"向"公德型"的转化,实现从"圣人化师德"到"平民化师德"的转向,目的是让师德建设从高悬的空中降落地面,使广大教师从旁观者变成主力军,为师德建设提供强大的内生动力。

当代教育家叶澜指出,中国教育的"转型性变革,必须读懂教师。只有真正读懂,才能真正知道该如何更好地促进、帮助教师成长。读不懂教师,不改变教师,则一切都是空话"[22]。今天中国的师德建设也必须读懂教师,只有从师德自觉入手,才能唤醒教师自身蕴藏的师德建设的内生动力,才能找到师德自律的突破口。我们相信,通过倡导和弘扬传统师道、满足教师的利益诉求,可以为师德自觉提供精神"培养基"和物质支撑;通过成立教师专业伦理协会、构建"层级化"师德规范体系,有助于推进"教师职业道德"向"教师专业伦理"的转轨和"圣人化师德"向"平民化师德"的转向。

参考文献:

[1] 陈立.白虎通疏证·三纲六纪[M].吴则虞,点校.北京:中华书局,1994.

[2] 陈寅恪.王观堂先生挽词并序[A].吴学昭.吴宓与陈寅恪[C].北京:清华大学出版社,1996.

[3] 廖燕.续师说(一)[A].廖燕全集(上)[C].上海:上海古籍出版社,2005.

[4] 徐洪兴.《周子通书》导读[M].上海:上海古籍出版社,2000:34.

[5] 钱穆.中国之师道[A].钱穆.文化与教育[C].台北:联经出版事业公司,1998.

［6］王泽应.遵师道以安身立命铸师德以教书育人——关于师道与师德内涵本质的思考［J］.探索与争鸣,2014,(4).

［7］约翰·洛克.教育漫话［M］.徐诚,杨汉麟,译.石家庄：河北人民出版社,1997.

［8］习近平.做党和人民满意的好老师［N］.中国教育报,2016-9-10.

［9］小原国芳.小原国芳教育论著选(下卷)［M］.北京：人民教育出版社,1993：46—47.

［10］朱永新,袁振国.中国教师：专业素养的修炼［M］.南京：南京师范大学出版社,2003：174.

［11］陈桂生.师道实话［M］.上海：华东师范大学出版社,2009：1.

［12］孙培青.隋唐五代教育论著选［M］.北京：人民教育出版社,1993：454—455.

［13］麦金太尔.德性之后［M］.龚野,戴扬毅,译.北京：中国社会科学出版社,1995：241.

［14］唐凯麟,刘铁芳.教师成长与师德修养［M］.北京：教育科学出版社,2007：4.

［15］赵汀阳.论可能生活［M］.北京：生活·读书·新知三联书店,1994：76.

［16］甘剑梅.教师应该是道德家吗——关于教师道德的哲学反思［J］.教育研究与实验,2003,(3).

［17］马克思恩格斯文集(第1卷)［M］.北京：人民出版社,2009：333.

［18］丁煌.西方行政学说史［M］.武汉：武汉大学出版社,2007：419.

［19］王正平.寻求破解教育伦理危机与师德困境之道［M］.探索与争鸣,2014,(4).

［20］何怀宏.伦理学是什么［M］.北京：北京大学出版社,2002：8—9,11.

［21］王正平.职业道德：人人应做,人人能行［N］.解放日报,2015-8-30.

［22］叶澜.读懂教师,才能真正帮助教师［M］.人民教育,2016,(2).

互联网环境下我国高校教师伦理的建构

王 健　范佳昕

（东北大学　马克思主义学院）

教师伦理即指教师在教育教学工作中所应遵守的职业规范和行为准则。教师伦理为教育实践中各种关系的和谐运行，发挥教育的各项功能，起到了基础性的作用。随着互联网信息技术的发展，互联网引起了整个社会生产、生活方式的巨大变革。在教育领域中，同样对高校教师的教育教学活动产生了巨大的冲击，高校教师伦理也急需适应时代做出相应调整变化。本文针对互联网下我国高校教师伦理建构问题，依照德性伦理学与规范伦理学相融合的原则，提出了完善教师理论体系、建立"共同体责任"机制、完善网络学术行为监督机制建构途径。

一、互联网对我国高校教师伦理的新诉求

高校教师伦理是高校教师共同体承担的道德责任，目的在于使教师在行使职权或进行教学科研时，明确自己的职权范围及行为准则，是高校教师专业化的价值取向和应遵循的伦理原则和规范的总和，体现着教师团体的专业自律。[1]"生产力决定生产关

作者简介：王健，东北大学马克思主义学院教授，主要从事伦理学研究；范佳昕，东北大学研究生。

E-mail：zhaiyuanqi@126.com；neufanjiaxin@126.com

系",马克思指出:"各个人借以进行生产的社会关系,即社会生产关系,是随着物质生产资料、生产力的变化和发展而变化和发展的。"人与人之间各种伦理的生成也是人类在改造自然的活动中产生而发展起来的。随着生产力的不断发展,人类社会先后经历了手工业时代、大机器工业时代直至今天的信息化时代,互联网技术的广泛应用令教师的教育教学活动不断展现出新特点,使得传统意义上高校教师伦理不再能满足当前的物质生产活动需要。因此,互联网环境对高校教师伦理产生了新的时代诉求。

探析互联网环境对高校教师伦理的新诉求,分析当前时代我国高校教师伦理应然状态。必须首先要理清高校教师伦理的内涵。刘伟在剖析高校教师伦理内涵时指出,"高校教师职业伦理主要包含教学伦理、学术伦理、社会伦理以及师生伦理等四个方面。"[2] 教学伦理主要体现为高校教师在传授知识的同时,更要注重学生道德教育,培养学生成为德才兼备的人才;学术伦理主要体现为高校教师要潜心提升科研水平;社会伦理主要体现为高校教师要积极关怀并参与社会事务;师生伦理主要体现为高校教师与学生的关系。互联网具有资源共享性、虚拟性、信息多元性等特点,使得社会对教师的要求、教师的社会角色与师生关系等都发生了变化,教师伦理的各个方面受到冲击。

1. 互联网时代需要一种"教导结合"的教学伦理

"教学伦理是以现代道德哲学和现代教学为视角,审视教学过程中的伦理现象,揭示其深刻的伦理内涵和师生所应遵循的伦理规范。"[3] 教学伦理研究的内容主要包括几个方面:课堂中教师言行的规范性;教学内容的教育性;教学全方位的伦理性等。[3]

重视教学责任是最基本的教学伦理要求,高校教学活动肩负着重要的责任意识和行为,着力培养德才兼备的高素质人才。李秉德、李定仁主编的《教学论》中提到教学的九条原则:教学整体性原则、理论联系实际原则、启发创造原则、有序性原则、师生协同原则、积累与熟练原则、因材施教原则、反馈调节原则、教学最优化原则。[4]

过去信息技术不发达,教师与学生多为面对面交流,所谓言传身教,学生所学之"道"与"业"大多源于教师本人,在"互联网+"时代下,教师职能发生了很大改变,教师从学习资源的提供者转变为资源整合者,根据学生的不同需求收集各种学习资源和信息,并对资料加以整理和分析,以多媒体和网络的形式有选择地呈现给学生;[5] 同时,教育教学资源得到最广泛的共享,"慕课"等网络授课模式应运而生,学生可以通过网络选择更优质的教学资源进行自主学习,教师角色逐渐从台前走向幕后,网络时代背景下的教学模式也使得学生能更好地通过网络技术去获取相关学科知识和提高分析解决问题的能力,这不仅改变了传统的以教师为中心的讲授模式,也大大增强了学生质疑和独立思考的能力,因此互联网下教师教学模式应由"重教轻导"转为"教导结合",作为互联网环境下的高校教师更应关注对学生成长成才的引导,激发学生学习兴趣,寻找合适学习方法,培养学生善于运用各种丰富学习资源的能力。

2. 互联网催生自由、平等、民主为主又不失尊重的师生关系

伦理,是指人与人以及人与自然的关系和处理这些关系的规则。教师在教育教学活动中,势必要和其教育教学对象即学生产生交往和交流,师生在这个过程中分别承担着各自的伦理责任履行不同的伦理义务,这就是师生伦理。所谓师生伦理,系以人道来树立师道,复以此为准来导正学生的为人之道。[6]

回顾中国古代,教育源于上下代际的亲情关系,正如孟子所说,"师也,父兄也"。人们将师生关系比作父子关系,这种相处模式饱含着浓厚的亲情和尊师重教的传统美德。荀子"天地君亲师"的提法更是将尊师重道和国家的兴衰联系起来。除此之外,传统师生伦理关系也提及民主与平等,"道之所存,师之所存";柳宗元提出要"以师为友",认为师生之间应是朋友,这种师友观无疑具有师生之间民主、平等的思想。然而时下,传统教师伦理中"尊师重道"的主体地位产生了动摇,互联网环境下师生关系的平等与民主越发重要。其一,正如陈峻珂所说,"互联网改变了以往的交往方式与教学模式,突破了教育环境的时空限制,拓宽了学生的视野",[7]"传统的教学方式,基本上是一种"传递—接受"的教学模式。在这种情况下,教师和学生的地位是不平等的"。[8],教师掌控着话语权,具有绝对的权威性,学生被当作知识灌输的对象,被动接受教师的教学内容。随着现代网络技术的发展,师生可以通过网络上共享的教育教学资源学习到相同的知识,师生之间的教学模式应当愈加自由、平等、民主;其二,网络具有言论自由的特点,高校教师和学生可以匿名在网上自由发表言论,阐述学术思想、表达自己的认知等,师生之间的交往模式应当愈加平等;其三,由于互联网的虚拟性和开放性,各国不同文化涌入学生视野中,也不乏如一些暴力、不实、恶搞等网络煽动信息,

冲击着学生尚未成熟的思想,影响其价值观判断,不再尊师重道,"对传统的亲子代际间不平等关系的矫枉过正"[9],过于追求偏激的平等与民主。如贾俊玲所言,"即使在宣扬、提倡师生民主、平等的现代师生伦理关系中,'尊师'也是极为重要的"。互联网环境下的高校教师师生伦理应当打造以自由平等为主,又不失尊重的师生关系。

3. 互联网对自律严谨的学术伦理提出更高要求

当代高校教师伦理与传统不同,在进行教育教学活动的同时,更承担着科研创新的责任。学术研究要求独立思考、自由表达,高校教师必须把学术自由与社会责任很好地统一起来,以追求真理、提升学术水平为己任,秉持严谨、诚信、自律的态度从事学术研究工作。客观地说,学术不端问题早已有之,互联网的应用并不是其产生的根本原因,互联网环境的资源共享性成为了学术不端行为日渐泛滥的催化剂。近年来,随着网络的普及和发展,期刊、报纸乃至硕士和博士论文,都融入了网络世界,登上网络平台,浏览者在学术期刊网上随便输入一个关键词,便可搜出一系列相关的学术论文。加之,高校教师为了追求科研成果,追求名利权利等,学术不端现象屡见不鲜。互联网环境下,更应建立自律严谨的高校教师科研学术伦理。

4. 互联网需要培育高校教师"共同体责任"意识

"共同体"概念发端于古希腊哲学,人类学家认为,人们基于一定的目的和需要,通过一定的形式结合在一起的共同活动,形成一定的共通性和稳定性的关系,在此基础上建立起来的人的共在共处的组织化形式称为"共同体"。

目前的教师伦理理论和道德界说主要指向个体,而不是将之作为一个道德共同体来看待的,事实上教师在高校德育中的作用是以群体或集体为单位来发挥作用的,一个学生成才也绝不是单靠教师个体的作用,而是靠教师集体的共同作用。正是缺乏这种对高校教师共同体主体性的整体认识,高校德育在很多时候都停滞在纯粹理性的王国,因此高校教师的共同体主体性应该放进高校教师职业伦理研究中,应该将纯粹道德的思维形式深入到实践理性层面。为了改变高校德育疲软的现状,作为个体的高校教师需要一种"共同体"责任意识。

互联网的出现使教师伦理中同行关系成为至关重要的一部分。网络教学为学生提供了不受时间和空间限制的学习资源,但同时也失去了此位线上教师的"实时"点拨和反馈,这就需要其他线下教师的"解惑",可以说一位学生的学习成长是多名教师的共同责任。因此,教师在高校教育中的作用是以群体或集体为单位来发挥作用的,一个学生成才也绝不是靠单一教师的作用,而是靠教师集体的共同作用。教师在处理同行关系时,应抱有谦虚学习、共同进步的态度,持有共同道德信念和价值取向。使得教师行业内呈现出一个学习的、关怀的、探究的状态,共同帮助学生成长、推动学术进步。

二、互联网环境下我国高校教师伦理的滞后性

美国社会学家 W. F. 奥格本在《社会变迁:关于文化和本性》中指出,文化作为一个整体包括物质文化和非物质文化,在文化整体变迁过程中,各个部分的变迁速度并不一致,物质文化的变迁最快,而制度与精神文化变迁的出现滞后,他将这种现象称为"文化滞后",伦理作为一种精神文化现象往往在作为物质文化的技术发生变迁的时候出现某种程度上的"滞后",如果这种"滞后"长时间得不到解决,就会引发诸多的社会问题。互联网时代,互联网技术的广泛应用使传统的高校教育模式发生了巨大的变化,原有的高校教师伦理文化结构被打破,新的教师伦理还没有真正形成,因而出现了互联网条件下教师伦理的滞后现象,这一问题在我们高校表现的更加突出。

1. 以"学生为主体"教学伦理认识还未形成

互联网环境下的教学实践情境要求"以教师为主体"的教学伦理向"以学生为主体"的教学伦理转化,但目前我国高校的现实状况是大部分教师在教学实践中还是以"知识传授"为主要目的,使用的方法还是"灌输式"课堂教学,就是引进了互联网的教授模式也多半是作为课堂教学的辅助手段,仅仅起到扩充教学内容,活跃教学氛围的作用,教与学的伦理关系基本上还是以教为主,教师起主导作用的"主从型"伦理关系,评价一个"好教师"的标准依然是知识教授效果的好坏,大多教师依旧"重教轻导",还没有形成自觉把学生作为教学实践的主动参与者的意识,还是停留在将学生作为被动的接受知识传授的"受教育"者教学伦理认识中。

2. 以"尊重"为基本原则的师生关系伦理受到冲击

教育的核心是人与人之间情感的交流,任何技术手段都不能替代人与人之间那种温度感。巴西著名的教育家、哲学家保罗·弗莱雷认为,"没有了对话,就没有了交流,没有了交流,也就没有真正的教育"。互联网环境下,改变了教师与学生之间的交流方式,以往教学活动中的面对面的交流方式逐渐转变成借助计算机网络的远程交流,在网络环境下的教学中,教师与学生以计算机及网络为界面,采用人机对话的方式在一种虚拟教育环境中进行教与学的教育教学实践,在这样的环境中师生之间面对面的情感交流,思想碰撞,心灵沟通越来越少,2007年11月,《中国青年报》(教育版)开辟了"高校师生关系渐行渐远"的话题公开讨论,一位大一的学生如是说:"老师懒得管我们,我们也懒得让老师管,进校两个多月,只见过班主任两面,连长什么样儿都没记住。"一位毕业几年的学生也同样说:"师生关系根本就不存在,他甚至记不起老师的名字。"[10]一些大学课堂,学生缺课现象严重,课下师生之间缺乏沟通、交流,彼此互动的机会较少,更缺乏同情性理解,相互疏远、淡漠自然产生;学生对教师形同路人,而且上课说话、发短信、吃东西已不鲜见,尊师重道观念淡薄。

3. 互联网环境下教师的学术不端呈上升趋势

学术伦理失范已成为全球学术界共同面临和关注的问题。继震惊全球学术界黄禹锡学术造假事件之后,2008年韩国又连续发生了教育科学文化首席秘书郑镇坤学术抄袭案、教育科技部准部长安秉万(原韩国外国语大学校长)涉嫌抄袭学生论文事件。[11]美国卫生与公共服务部所属的研究诚信办公室,在1994~2003年的十年间,共收到1 777个有关学术诚信方面的举报,仅2004年全年就收到了267个。[12]剑桥大学学生报Varsity 2008年访问了校内逾一千名学生,调查结果显示,超过百分之四十九曾有抄袭别人的著作、虚构统计资料或考察内容,以及购买论文等学术违规问题。在我国,"拼凑抄袭,造假浮夸;热衷社交,注重创收;师生一气,互搭便车"更是学界中的"潜规则"。[13]2006年清华大学医学院副院长刘某的学术造假事件,上海交大微电子学院院长陈某的学术造假和欺骗事件,同济大学生命科学与技术学院院长杨某的学术造假事件;[14]2007年复旦大学3学院的9名师生(包括博导、年轻教师、博士后、博士研究生等)教材抄袭、论文抄袭案;[15]华中师范大学"校园明星"剽窃论文被学校开除案,[16]

等等。

互联网的资源共享性为学术不端行为提供了便利条件。在这种情况下,一些教师,面对科研的压力,便利用网络提供的便利条件,搜索到自己研究课题所需要的学术界现有的系统研究成果,然后简单拼凑出自己的论文。一些教师为了晋升职称、完成考核指标、获得荣誉等,而不惜抄袭剽窃他人科研成果;用金钱换取他人学术成果;或者出卖自己的学术成果换取金钱和利益。

三、互联网环境下我国高校教师伦理建构的途径

1. 加强互联网环境下教师伦理的理论研究,完善教师伦理体系

互联网为高校教育教学带来了诸多挑战,使得传统的教师伦理理念,伦理原则以及教师职业规范都发生了新的变化,因此,急需通过大量的理论研究将互联网环境下的教师伦理科学化、系统化,逐步建立一套完善且行之有效的教师职业道德规范体系,使高校教师职业道德准则更加科学和客观,并具有较强的操作性。帮助每一位高校教师树立以人为本的教育理念,具备基本的职业道德要求,提升教师对职业道德规范和准则的认同感,自觉贯彻执行规范和标准。真正考虑到互联网环境下高校教师的教育教学特点,约束其网络教学行为和同行交往行为,构建程序化、层次化、清晰化的规范标准和执行保障机制。

2. 培养高校教师"共同体"意识,建立"共同体责任"机制

"共同体"作为近代发展为一个社会学的概念而受到关注,后被伦理学、政治哲学、宗教学等人文社会科学所广泛借用。[17] 目前的教师伦理理论和道德界说主要指向个体,而不是将之作为一个道德共同体来看待的,事实上教师在高校中是以群体或集体为单位来发挥作用的,尤其是在网络教学盛行的时代,学生成才再也不是靠一个教师的作用,而是靠教师集体的共同作用。因此个体的高校教师需要建构一种"共同体"意识,建立"共同体责任"机制,明确线上线下教学分工,将每一位学生的发展看做是整个教师共同体的责任,更是自己的责任。线上教师教育和线下教师跟踪相结合,真正做到对学生负责。

3. 完善监督机制，抵制网络环境下的学术不端行为

在互联网环境的催化下，高校教师的学术不端行为日趋频发，在提升科研工作者学术道德意识的同时，更应从客观角度完善网络学术监督机制。首先，强化和实化高校内部的监督力量，充分调动高校内部监督机构的主体能动性，做到信息的公开化和透明化，提高群众参与度，发挥民主监督的力量，使其不受行政权力干预；其次，提升同行业内部监督意识，鼓励同行业内部监督，建立举报者保护机制和奖励机制；再次，改善举报受理后的调查机制，各类学术不端行为的举报应由非当事人所在高校组织调查，或组织第三方调查机构，以保证调查过程和调查结论的公正、客观；最后，加大对学术不端行为的惩罚力度，采取"零宽容"的政策态度，制定相关法律法规并切实做到违法必究，对该行为主体进行严厉处罚。

参考文献：

[1] 田小凤.高校教师伦理困境的现状分析及策略研究[J].中国成人教育,2015,(13)：122—124.

[2] 刘伟.转型期高校教师职业伦理的建构路径[N].光明日报,2015-01-10,(8).

[3] 汪刘生.论教学伦理[A].熊川武,郑金洲,周浩波.教育研究的新视域[C].沈阳：辽海出版社,2003.

[4] 吕朝夔.教学过程中伦理问题探究[D].西北师范大学,2004.

[5] 周旭.大数据时代下的教师职业伦理——访清华大学经济管理学院院长钱颖一[J].辽宁教育,2015,(1)：5—7.

[6] 赵莲英.师生伦理的反思与前瞻[J].天津成人高等学校联合学报,2001,(2)：44—46.

[7] 陈俊珂.互联网对教育的影响之利弊探析[J].现代远距离教育,2004,12：23—24.

[8] 赵玉言.网络视域下高校教育教学新特点及师德建设着力点[J].山东理工大学学报,2012,(07)：15—16.

[9] 贾俊玲.论我国现代高校师生伦理关系的异化[J].考试周刊,2010,(37)：184—185.

[10] 周慧霞.高校师生关系的伦理问题及保障[J].内蒙古师范大学学报(教育科学版),2009,(1)：76—78.

[11] 韩准教育部长被疑抄学生论文[N].环球时报,2008-07-11,(12).

[12] 科研诚信,一个复杂的科学管理话题[N].光明日报,2006-11-09.

[13] 张显峰.学术界被谁"丑化""妖魔化"？[N].科技日报,2006-09-03.

[14] 保婷婷.盘点2006学术道德：靠制度抵制学术不端[EB/OL].2007-01-15.

[15] 周凯.复旦大学通报学术剽窃抄袭事件处罚3名教授[N].中国青年报,2007-12-24.

[16] 王小晗,刘佳婧.华中师范大学"校园明星"剽窃论文被开除[N].楚天都市报,2008-10-11.

[17] 许烨.当代高校教师职业伦理及其建构研究[D].湖南大学,2014.

高校教师社会服务伦理的提升

徐廷福[1] 刘 惠[2]

(1. 韶关学院 教育学院；2. 韶关学院 马克思主义学院)

当今社会,高等学校肩负着人才培养、科学研究、社会服务三项基本的职能。一方面这是社会发展的历史选择；另一方面,也是高等教育自身发展历史所证明的必然选择,符合高等教育的发展规律。归根结底,这是教育的本质所决定的。因为任何层次的学校,其基本职能就是培养人才,高校也不例外。

诞生于中世纪的大学,最初大多具有行会组织的性质,为行业培养人才是其基本职能。19世纪初柏林大学的改革,由德国著名的高等教育思想家和改革家洪堡主持,摈弃了传统大学守旧的理念,追求教学与科学研究的统一,引领了德国大学及世界大学的潮流,产生了极其深远的影响——使高等教育具备了教学与科学研究两项基本职能。进入20世纪,范海斯((Charles R. Van Hise)于1904年出任美国威斯康星大学校长,宣称"服务应该成为大学的唯一理想"。他认为大学,尤其是州立大学除了知识传播和科学研究外,还应担负起本州经济服务的使命,知识传播和科学研究也应考虑到本州区域经济的需要。在担任威斯康星大学校长的15年间,范海斯将大学"直接为社会服务"放在头等重要的位置,由此形成了威斯康星大学办学模式,并将这一服务"理念"扩展到全国甚至国外。由此可见,大学由单一的教学职能拓展到今天的教学、科研

作者简介：徐廷福,韶关学院教育学院教授；刘惠,韶关学院马克思主义学院副教授。
E-mail: xutf66@163.com

和社会服务三位一体,表明高校与社会互动发展的办学模式已成为高等教育发展的趋势和方向。

高等学校的社会服务职能从观念到实践,必须解决"服务的内容与形式"、"谁来服务"、"什么样的服务才是好的服务"以及"服务与回报"等一系列现实问题,同时还涉及高等学校自身的办学理念、社会担当与自身服务能力等问题。本文将从教育伦理学角度,分析高校在社会服务过程中存在伦理方面的主要问题,探讨在当前社会条件下高校如何提升社会服务的水平和伦理高度问题。

一、我国高校社会服务的现状及存在的伦理问题

高校为社会提供服务,形式可以多种多样。按照首开先河的"威斯康星大学模式",大学为社会服务主要采取两条基本途径——传播知识与专家服务,前者包括函授、开办学术讲座、辩论与公共研讨、提供一般的信息与福利等;后者则是指大学学者直接参与政治、经济和文化发展方面的咨询及策划、管理工作。此后很长一段时间,世界各国的大学都按照这一思路履行着高等教育的社会服务职能。随着信息技术革命和全球一体化的不断向前发展,高等教育与整个社会发展深度融合,客观上要求高等教育为社会服务的内容与形式也必须符合社会发展的新要求,高校整个社会服务体系也需要不断拓展与完善。为此,在我国颁布的《国家中长期教育改革和发展规划纲要(2010—2020年)》中,明确指出高等学校要"增强社会服务能力。高校要牢固树立主动为社会服务的意识,全方位开展服务。推进产学研用结合,加快科技成果转化,规范校办产业发展。为社会成员提供继续教育服务。开展科学普及工作,提高公众科学素质和人文素质。积极推进文化传播,弘扬优秀传统文化,发展先进文化。积极参与决策咨询,主动开展前瞻性、对策性研究,充分发挥智囊团、思想库作用"。[1]在此,高校的三大职能已拓展为四个方面,增加文化传承与创新这一新的历史使命。从上面的表述中可以看出,我国新时期高等教育如何更好地服务社会,必须基于社会对于高等教育基本职能的定位,在社会服务的内容上全覆盖,形式上则尽可能多样化。

对于高校的社会服务职能在理论认识上可以一步到位,在实践操作层面的具体落实则需要时间且受到具体条件的现实制约。不可否认,我国的各级各类高校,尽管在社会服务的形式与内容上不尽相同,但都积极服务社会,为地方经济和整个社会的发展起到了一定的推动作用，值得肯定。若将我国高等学校的社会服务工作置于国际视野，与发达国家高校社会服务工作的差距仍然存在，而且差距不小。主要表现在以下几方面：

1. 在服务理念上存在重"当前服务"轻"长远服务"，缺乏长远的眼光和社会担当

大学教师搞科研创新、发明创造、申请专利的确非常重要，不可否认这也是大学为社会服务的一种重要形式。今天我国的许多高校，尤其是说研究型大学热衷于此，无可厚非。但是应该明白，这种形式的社会服务不是高校社会服务的唯一。并且，这样的服务关注的是高校当下的研究创新能力，与真正的社会服务存在着明显的差距。更为重要的是，这样的服务只是为社会的"今天"发展服务。不要忘记，大学同样也要为社会的"明天"服务，这就要求大学不仅要重视为社会发展具有现实意义的应用研究，更要注重具有长远价值的基础研究。也就是说，大学更应该为社会的"后天"着想，把培养创新型人才放在更为基础和重要的位置，才能为社会发展注入源源不断的动力。大学如果仅仅偏重"今天"，罔顾"明天"和"后天"，必然造成服务后劲不足，对社会的可持续服务能力就弱化了。

2. 在服务内容上重"经济"轻"综合服务"，缺乏对社会的引领作用

改革开放以来，以经济建设为中心已经深入人心。在当前普遍看重功利的氛围中，高校之间的竞争攀比，一定程度上也存在着以"对地方经济增长的贡献大小论英雄"的片面现象。一方面，它可能导致大学学科专业发展的不平衡，即"热门专业"门庭若市，"冷门专业"则门庭冷落；另一方面，可能导致学术研究只注重与经济活动密切相关领域的研究，忽略对社会各方面问题的综合研究，导致对社会问题的认识缺乏广度和深度，进而危及到社会各方面的全面协调发展。如果把视野进一步扩展，试想大学如果只注重能够带来直接经济效益的应用研究，忽视基础研究和科技创新，甚至忽视了人才培养这一教育的根本目的和第一要务，就会偏离社会服务的正确轨道，陷入狭隘的个人利益或小团体利益之中，对共同富裕和整个社会的和谐发展产生不良影响，这样的服务注定会被人诟病。

从当前我国的高校社会服务情况来看,无论是政府和高校自身,还是服务对象,都热衷于经济的增长。因此,各个高校通过各种方式向地方提供咨询服务或输入科学技术,通过短平快的方式,实现地方经济总量的提升,备受各方面的欢迎。但是,高校社会服务活动却对当地的文化发展少有问津,即使是现有的文化服务项目,也是以推动当地经济发展为目的的,如对各种自然景观和人文资源的开发,都以实现增长民众和政府收入为目的,缺乏对文化长远发展的考虑。这往往造成一些负面后果,经济发达了,民众的素质却没有得到根本的提升;物质收入提高了,民众的道德水准却出现了滑坡现象;金钱增多了,当地优良文化传统却消失了。经济主导的当前社会,如果没有大学的价值理性把关,必然会迷失方向。况且,从社会的长远发展来看,对文化的任意破坏所造成的文化消失,后果都是非常严重的,不但会增大当地社会整体的运作成本,而且也会使民众精神和文化生活面临着极大的考验,甚至有精神坍塌的危险。

3. 在服务动机上大多受世俗利益动机驱动,缺少了知识分子的精神气质和社会责任感

改革开放后,我国经济快速增长。与此不相称的是,中国教育投资总量一直处于较低水平,导致教育领域欠账太多。就高等教育而言,大部分高校(985、211高校除外)办学经费只能维持基本的运转,教师的教学、科研条件一直没有得到改善。相对于社会其他阶层的收入水平而言,高校教师待遇偏低,许多教师感到了心理失衡,工作积极性受到影响。为此,为改善教学、科研条件和生活水准,一些有知识、有能力的教师或个体自发、或者成团体,采取自主创业或兼职的形式走出校门,寻求在社会上获得相应报酬。在市场经济大潮的冲击下,高校教师通过社会服务改善自身的经济条件,本身无可厚非。但是,当高校教师参与社会服务,在市场经济大潮的洗礼下,自然免不了会受到外部不良环境的影响,在缺乏道德自觉的前提下,继续要求高校教师以圣洁的身份出场,只讲责任不谈报酬,便成为一种奢谈。事实上,无论高等学校团体还是高校教师个人,其参与服务的动机都比较明确。作为团体组织的高等学校,通过参与社会服务改善自身的办学条件、扩大在地方的影响力是主要的动力因素;对高校教师个人而言,通过参与社会服务改善自身的经济条件、提升个人的知名度是其动力所在。也就是说,利益取向甚至利益至上,是高校社会服务的外部动力,导致高校在社会服务的

过程中迷失在经济大潮中。

二、高校社会服务伦理的提升

2011年12月23日,教育部、中国教科文卫体工会全国委员会颁布了《高等学校教师职业道德规范》(以下简称《规范》)。《规范》共有"爱国守法、敬业爱生、教书育人、严谨治学、服务社会、为人师表"六条,有关"服务社会"的具体要求是:"勇担社会责任,为国家富强、民族振兴和人类进步服务。传播优秀文化,普及科学知识。热心公益,服务大众。主动参与社会实践,自觉承担社会义务,积极提供专业服务。坚决反对滥用学术资源和学术影响。"进一步讲,高校教师服务社会道德的理想是"勇担社会责任,为国家富强、民族振兴和人类进步服务"。其高校教师服务社会的道德原则是:"传播优秀文化,普及科学知识";"热心公益,服务大众";"积极参与社会实践,自觉承担社会义务,主动提供专业服务"。其道德准则是"坚决反对滥用学术资源和学术影响"。作为高校教师,在服务社会的具体过程中,自己还必须清楚"为谁服务"这一方向性的根本问题,在服务内容与方式上也要符合"服务伦理"的要求。

台湾高校对教师社会服务伦理要求更加明晰,如《国立台湾大学教师伦理守则》明确规定:教师除教育与学术之基本职责外,还应致力促进大学以知识服务人群,并导引社会风气之功能。在服务社会的内容方式上则要求:"参与外界活动应以本身专业领域相关者为主,并致力藉知识服务社会、促进知识之传布;参与外界活动时,应致力促进本校与社会之沟通与交流;与外界互动时,宜以社会正义、社会公益及本校需要为优先考虑。"台湾政治大学1998年通过的《国立政治大学教师伦理守则》中也规定:"教师基于知识良知引领社会风气之理念,享有从事服务之个人自由。教师从事服务时,应恪遵服务、自律及爱校等三项原则,积极维护本校声誉。"有关"自律",即从伦理方面提出了七方面的具体要求:"(1)对社会具有正面示范作用;(2)避免滥用本校名义或自我塑成本校代言人,导致外界误解本校立场;(3)避免怠忽对本校应尽责任;(4)避免对本校声誉或发展造成不利影响;(5)避免利用本校声誉或资源图利私人;(6)参与推广教育或建教合作,避免经营不当私利;(7)校外兼职、兼课报校核可。"由此可见,高校教师社会服务的根基在于自己精深的专业素养,离开了"专业"谈社会服务,自然就缺乏了社会公信力。积极参与社会公益,体现出对社会人文关怀的知识分子特质,也是高校教师社会服务伦理的核心要求。

当前,我国要致力于提升高校教师社会服务的伦理水准,需要做好以下几方面的工作:

1. 全面履行高校的各项基本职能,努力提升高校教师社会服务能力

高校聚教学、研究、社会服务三大职能于一身,是高校作为社会一员在长期的与社会互动过程中逐渐形成的。因此,高校应当充分履行自己的各项职能,不可偏废。不过,由于我国高校自身的生态结构——存在着研究型、教学型、应用型等不同类型的高校,办学定位的不同决定了不同高校在三大职能发挥的过程中应当是有所偏重。譬如研究型大学,应当把科学研究放在首要位置;应用型大学则应把培养学以致用的操作性人才作为主要目标。进一步讲,高校三大职能需要高校的教师群体来落实,这并不意味着每一位高校教师都要成为教学、研究、社会服务都能胜任的全能型教师。事实上,高校教师群体中的合理分工、扬长避短、发挥各自优势,是从整体上更好地发挥高校三大职能的现实选择。因为,高校的每一位教师,从其各自的素质构成和能力特长来说,应当是各有所长。因此,高校教师内部合理分工、让教师在自己所擅长的岗位上发挥各自的优势,从而在整体上充分发挥高校的各项职能。2010 年浙江大学的一项改革,将高校教师岗位分为教学岗、研究岗、社会服务岗三类,应当是比较可行的办法,值得借鉴。

进一步讲,单就高校教师的社会服务能力而言,并非"与生俱来"。从高校教师专业发展的历程看,教师高水平的社会服务,不仅要求其具备与之相应的通用能力和可迁移能力,还必须拥有前瞻能力、捕捉信息能力、成果转化能力以及与实践话语的融通能力等。同时,高校教师高水平社会服务能力的生成,既需要在高校外部营造有利于教师服务能力发展的良好氛围,也需要在高校内部处理好教师教学、科研与社会服务等职责的关系,不断增强教师服务社会的责任感,改革现行的教师专业发展制度与教师服务评价制度,建立起较为完善的教师服务学习制度。[2]

2. 努力形成有利于高校教师积极参与社会服务的激励机制

在我国目前的高校生态环境中,无论高校之间的竞争还是高校内部教师之间的竞

争,放在突出位置是科研能力和研究水平;相对而言,教师的教学、社会服务等放在次要的位置。并且,目前高校的社会服务过多地注重短期效益和经济效益,不重视长远规划和社会效益,学校和社会之间还远没有形成比较稳定的供求合作关系,导致部分教师有服务社会的良好愿望却找不到合适的平台;另一方面,高校内部在追求内涵发展的过程中,大多忙于新增专业,加入争夺生源,开拓市场的行列,人才培养质量得不到有效保证,社会服务项目的含金量也明显不足。高校教师个人也大多忙于发论文、搞课题,将职称晋升放在头等重要的位置。在此背景下,高校教师的社会服务明显不足且层次不高,很难达到社会的要求。如何扭转这种局面,当务之急就是要建立鼓励教师积极参与社会服务的激励机制。这是高校现在的突出社会效益和长远利益,综合评价教师参与学科建设、人才培训、科技推广、专家咨询和承担公共学术事务等方面的工作。鼓励引导教师积极开展科学普及工作,提高公众科学素质和人文素质。鼓励引导教师主动推进文化传播,弘扬中华优秀传统文化,发展先进文化。充分认可教师在政府政策咨询、智库建设、在新闻媒体及网络上发表引领性文章方面的贡献。建立健全对教师及团队参与社会服务工作相关的经费使用和利益分配方面的激励机制。

3. 高校社会服务的回归与超越

高校的社会服务,表面上看是服务本身的形式与内容尽可能多元化的问题,实质上却是高校如何坚守本职,充分发挥好各方面职能的问题。在我们看来,高校社会服务的根在人才培养,科学研究是其重要抓手,学以致用则是社会服务的"魂"。因此,高校的社会服务,首先要回归高等教育的基本职能,让高校的各项职能得到尽可能的发挥。离开了人才培养和科学研究来谈社会服务,就是无源之水,无本之木,即便形式多么花俏,也会很快枯萎。

在市场化主导的现实利益诉求中,无论高校自身还是高校教师个人,在履行社会服务职能的过程中都应当把家国情怀和社会责任扛在肩上,适度超越眼前利益和一己之私,展现出知识分子的精神气质。具体说来,高校教师的超越应当表现在以下三个方面:"一是超越具体个人利益,进入无我境界;二是超越具体时代利益,进入永恒境界;其三是超越具体空间利益,进入普适境界。"[3]从表面上看,进入上述境界是非常困难的,因为也是活生生的人,追求幸福美好的生活是人之常情。但是如果换一个角度看,高校社会服务伦理的超越性资源可以从儒家天命观中获得,也可以从道家的逍遥境界中获得,即道德的内生性在深受中国传统文化浸润的高校教师身上,完全可以自求自得。

总之,改革开放是一场深刻的社会变革,市场机制是所有变革中的主旋律。因此,高校社会服务活动需要通过市场运行机制才能调动他们积极参与其中,并在获取市场资源的过程中适应市场的伦理规范。这一过程需要高校自身的伦理自觉和道德坚守,所以"今天的大学:一是要回归大学主体,二是要回归教育本性,三是要回归辐射本能"[4],才能让大学的社会服务职能充分的发挥。并且,只有那些把国家民族福祉、人类社会进步看得高于一切,心系人民群众,投身社会公益、勇担社会责任、甘于无私奉献的高校教师,才能成为青年学生的道德榜样,成为提升高校社会服务伦理水准的中坚力量。

参考文献:

[1]国家中长期教育改革和发展规划纲要(2010—2020年)[M].北京:人民出版社,2010.

[2]曹如军.高校教师社会服务能力:内涵与生成逻辑[J].江苏高教,2013,(2).

[3]李树军,薄存旭.我国高校社会服务面临的伦理冲突及其出路[J].教育发展研究,2011,(23):48—51,65.

[4]韩延明.探高校社会服务伦理拓高等教育研究新域——《高校社会服务伦理研究》评析[J].山东社会科学,2015,(5):5.

当前师德培训的价值重构与实践创新

戴双翔　林　倩　高　洁
（华南师范大学）

当前，中央和各地不断加大师德建设力度，明确提出将师德培训纳入教师教育体系，并颁行了多个指导性文件。应该说，作为师德建设重要现实途径的师德培训，目前取得的成效无疑是显著的。但我们也注意到，由于对师德培训价值问题缺乏科学、系统的思考，部分机构在开展师德培训时，尚存在较大价值争议与种种实践混乱。为增强师德培训的实效，当前必须在师德培训价值、内容以及实践模式等方面展开科学思考与实践创新。

一、价值迷失：传统师德培训的困境

师德培训的重要性是不言而喻的，但在现实中，仍有少部分人怀疑目前的师德培训是否还开展得下去。他们提出，师德培训虽然校校搞、年年搞，但师德低下现象依然

研究项目：2014—2016 教育部中小学教师培训课程标准研制项目"中小学教师师德修养课程标准研究"成果

作者简介：戴双翔，教育学博士，华南师范大学基础教育培训与研究院副研究员、硕士生导师；林倩，华南师范大学教育科学学院硕士研究生；高洁，华南师范大学基础教育培训与研究院研究生。
E-mail：13660164153@139.com

突出,"禽兽教师"似乎依然层出不穷,这说明师德培训问题重重、很难有成效。我们体会,这一现象恰好说明师德建设不是不重要而是太重要,师德培训不是不要开展而是应大力开展。目前师德培训面临的困境,首先是源于长期以来师德培训价值的重重迷失。

一是过于强调师德为政治服务。道德是提纯社会风习、升华个体生活境界的规范系统。在过去"行政吸纳社会"的大背景下,人们心目中的师德,往往呈现出过于强调为政治、为社会服务的价值倾向。由此,师德培训也被赋予了强烈的政治色彩,成为教师思想政治教育与职业道德建设的重要一环。另一方面,在传统意义的思想政治道德规范的高调指引下,社会伦理文化表现出对教师圣化形象的极大渲染。教师长期以来被隐喻为"春蚕""红烛""工程师"等物件,被神圣化地供奉于高高的祭坛,教师个体、个性的要素远远地褪隐于其后。这种情形下,师德培训更多地是强调其社会性价值、政治性价值,而忽视了其另一面,即师德修养的个体性价值,忽视了师德对于促进教师职业生活幸福、改良人际关系、提升教师内心修为的意义。

二是强调条条框框的内容体系。有一种观点粗暴地认为,讲师德、搞师德培训,再多的柔情蜜意也枉然,当前必须依靠国家、社会与政府的推动,主要通过外在的规范系统,以清晰律令、道德条框、细致要求的方式,向教师全面宣扬、宣讲国家社会对教师职业的重重规范与要求,同时也给师德划出一些不可触碰的"红线"与"雷区"。唯其如此,广大教师才能遵守执行、改善提高,部分师德低下的教师才能畏惧这些条框、服下这些药方,从而使师德培训达到"教育一批、威慑一批、清理一批"的效果。只有这样,才能增强教师的自我约束力和控制力,促使教师模范地遵守师德规范,做好人、行好事。

三是流于简单粗暴的运动式培训。就像僧侣日日要修行一样,师德本来应该是浸润到教师日常教育生活点滴的自思、自省与自为,但长期以来,传统的师德培训主要是由政府、教育行政部门、学校等"上级部门"自上而下地开展,随阵阵社会道德建设之风的运行而运动式地铺开。而在具体的培训方式上,单向性的理论宣讲,布道式的内容授受,高大全的榜样示范等等,则会让教师感到这样的培训既遥远又冰冷,无法抵及教师内心的想法与需求,更无法点燃教师内心的那团人性之火。"上级部门"花了九牛二虎之力设计的培训,本希望能浇灌出教师的师德之花、师爱之泉,最后却往往缺乏教育性,使教师陷入"无感"。

正是上述重重师德培训价值的迷失,致使师德培训实践中目标、内容、方式的失当。事实上,唯有以科学的培训价值为前提,才能演绎出生动精彩的培训实践。当前师德培训首要而关键的一环,就是切实反思、科学重构师德培训的价值核心。

二、德性关怀:师德培训的价值重构

我们体会,当前的师德培训价值核心,应该走向德性关怀为关键词的、重点关注教师德性发展和关怀教师生活幸福的"大师德"。据此,目前至少要实现以下三个转向。

1. 从政治化走向人本化

传统的师德视野中,教师很少敢、能或者会追求自己的利益。一个教师强调个人需求、个人利益自我关怀,极有可能被视为境界低下、师德缺乏,有辱"春蚕""园丁""工程师""人生导师"等光荣称号。然而,当社会进入转型发展时期,社会政治、经济、文化都发生着革命性的变革,与之相对应,一种"自我渐趋完善,超我适当弱化"的社会心理结构早已形成,人们早已不再讳言个人利益,个体自我意识愈益觉醒,此时,对个人利益、自我发展的关注和追求都已经是天经地义的事情。从这个角度来说,把握教师自主发展愿望、个体利益需求来搞培训是非常必要的。但传统的师德培训,恰恰忽视与蒙蔽了这一块。政治化倾向严重的价值导向,自然显得软弱无力。因此,当前的师德培训,首先要从服务于政治的价值取向转向关心教师自我发展的人本化价值取向,让教师走下祭坛、回归凡间,让教师从僵化的重重隐喻做回一个活生生的人。培训应该定位与着眼于教师作为一个"人"的自身发展与生活幸福,以教师的自我实现和终身发展作为价值核心。

2. 从规范伦理走向德性伦理

在过去很长一段时间里,人们总是强调道德的工具性价值,认为师德培训应该强调从教育现实出发,研究和提出针对教师行为改进提升的普遍道德原则和规范,进而来约束教师行为。这是现代规范伦理在师德培训中的反映,一定程度上来说,这种伦理选择具有合理性,但理论上的合理性并不能对教师丰富多彩的道德生活实践做出全面的解释。诚如有论者提出的,"'现代性'的规范伦理学——无论其理论的'可普遍性'程度多么高,其实践的'普适性'多大——都无法充分料理现代人日益稀罕却又日益复杂的'私人'道德生活问题"。[2]与之相反,德性伦理将教师德性的养成、美德的培育看成教师道德生活中最重要的事情。依据此理论视角判断教师的道德价值,就不能简单地考察他是否遵守职业道德,更要看他是否具备这种内心的德性。这种德性,内存于教师个体自身,是一种自身对于教育职业、教育生活的价值体认、信念坚守与自觉践行。可以说,内心具有什么样的德性,自然就会外在地表现出什么样的德行,它比外在强加的种种道德规范对一个人的道德约束更具有确定性和稳定性。因此,当前的师德要求,必须从外在的规范转向教师内在的德性。

3. 从规范律令走向生活关怀

在政治化和规范伦理的价值视野下,师德培训总是站在道德制高点,以外在性要求、律令的方式,向广大教师宣讲国家社会对教师职业的道德要求,给教师提出种种硬性要求,注重对教师施加外在影响,强调规范行为的遵循,却忽略了教师作为一个"人"的现实生活本身。这样的培训观念,也就是科尔伯格等人所批判的,用刻板的灌输、管理、训练等方法强制他人去服从各种道德规范,即"美德袋"式的"传统道德教育"。从本质上来说,这种不关心教师现实生活的师德,没有将师德扎根于具体教育教学与生活情境,不关注教师的内心真实需求,缺乏对教师真实生活的关注关怀。研究表明,只有充分考量与顾及每一位行为主体的本身的利益,才是师德建设的关键。[3]当前师德培训非常重要的一点,就是要从规范律令走向教师的教育生活关怀,从道德规训走向对教师的生活关怀与心性温暖。可以说,师德培训首先是一个暖心工程,培训只有做到了暖人心窝,才能打动人心,才能使教师从抵触、抗拒走向接纳、移情与感染,从而去温暖学生、温暖教育。

三、幸福指向:师德培训的内容创新

道德就其本质而言是一种关系性的存在。在共生性的存在状态下,人与人之间的道德系统,构成了以自我为圆心的多元动态关系圈,师德内容系统也是如此。当前师德培训内容的建构,必须看到以教师为圆心的这种多元动态关系圈的存在,进而实现师德培训课程体系的转向,由以往那种清规戒律、奉献牺牲、鞭笞挞伐型的"小师德"培训,走向一种综合关注教师生存境遇、专业发展、教育幸福的"大师德"培训。

首先,这种"大师德"的培训内容,应立足于教师发展,追求一种引导教师走向自我完善的人文关怀。立足于"回到教师发展本身"的师德,表现为两个方面:一是对教师生命、职业的关怀。生存是教师生物生命得以存在的基础,教师作为一种职业,首先是满足生存的需要。教师也是一个普通的人,其身心承载力是有限的,教育教学工作不能建立在牺牲教师身心的代价之上,更不能用简单、粗暴的方式(如严重消耗透支教师的生理能量)来表达或考量师德。我们尊崇教师的牺牲奉献精神,但绝不能一概提倡以种种牺牲与重重不幸为代价的"悲情式"师德。二是注重教师精神的成长。这是实现教师幸福的更高层次。教育的作用是不断提升人的需求层次,由生物需求向心理需求、伦理需求发展,使人过上有尊严的生活。师德培训作为教师接受继续教育的平台,活动的初衷就是引领教师不断实现自我改造完善,过有德性的幸福生活,因而教师精神的成长是不可或缺的。总之,这种"大师德"的培训内容,应强调教师主体性的回归,引导教师具有完美的人格、高尚的心灵、坚定的信念,从而超越一切世俗功利的束缚,达到真善美的崇高人生境界。[4]

其次,这种"大师德"的培训内容,应着眼于教师与外部世界形成积极健康的道德关系,引导教师在不同的交往场景中,增进知识、扩展智慧、提升能力、陶冶情感与彰显德性,实现自主发展与生活幸福。教师劳动的特点之一就是劳动关系的复杂性,这一特点决定了教师在工作中要处理各种复杂的人际关系,主要表现为教师与自我、教师与学生、教师与同侪、教师与学校、教师与家庭、教师与社会之间的关系。基于"人—人关系"研究视角来看,师德就是在教师协调种种教育人际关系时得以体现与实现的。因而,师德培训必须以教师关系圈为基点,整体建构培训内容。"大师德"培训内容,应以这些道德关系的科学结合与合理处理作为培训的起点,鼓励教师主动参与,引导教师学会如何正确判断、选择,在道德冲突中找寻出路,从而形成与学生的热爱关怀关系、与同侪之间的竞争合作关系、与学校领导的民主友好关系、与家庭的和谐融洽关系以及与社会的积极互动关系等多种和谐道德关系。

四、温暖践行：师德培训的策略选择

目前，人们为提高师德培训有效性而不断探索的具体策略很多，基于个人实践和工作感悟，我们体会，德性关怀型的师德培训策略，至少可以从以下两个方面着力。

1. 坚持师德培训的核心原则：激发与传递感染力

师德培训作为一种特殊的教师培训实践，一种特殊的德性实践活动，它不能仅仅止于道德知识的授受、道德智慧的增进，也不能仅仅满足于道德情感的陶冶，更重要的是，它本身应该成为一个道德体验、道德践履、实践感悟的过程，也就是一个师德知、情、意、行综合修炼的过程。这种修炼，必须要靠一种道德实践、道德感染来完成。师德感染主要源于两个方面：一是培训者通过自身的魅力、亲和力使得教师有较高的学习积极性和主动性。以往的师德培训，培训者总是站在道德制高点，往往摆出一副板起面孔开展道德训教的样子，这显然是缺乏温度与感染力的。正所谓"亲其师，信其道"，真正有感染力的培训者，必须在培训中能够对教师进行情感熏陶和价值影响，从而获得不同的情绪和感情体验，并迁移到自己的教学实践中去。二是培训过程具有感染力。培训需求分析是开展培训工作的前提。要增强培训过程的感染力，就必须充分了解教师的道德困境，分析其原因，从而研究教师对师德培训的真实感受、具体要求，按需施教，抓住教师内心德性中最柔软的部分，通过培训获得唤醒教师对教师事业的那份关乎良知、责任与使命的初心。事实上，从外在的角度强调与施加感染力是远远不够的，因为师德培训的最终落脚点在于教师的践行，因此，感染力不止于外在的"输入"，更需要教师内心的点燃、激发、被唤醒以及"输出"。这就要求教师努力成为自身道德实践的反思者，因为反思是感染力加速激活的助推器。[5]惟有如此，才能实现师德知情意行的统一。

2. 践行师德培训新模式：在体验互动中传递温暖

在激发与传递感染力的核心原则指引下，有效的师德培训应该坚持参与性的"体验互动"培训模式。这种模式提倡在研修主题指导下，以任务驱动为导向，让教师在培训过程中忙碌起来、动起来，在培训活动中抱团取暖、感受与传递温暖，进而让教师被

激起的师德感染力在更大区域内传递,让美善的师德种子落地生根、发芽开花。体验互动式培训主要由创设情境、主体参与、分享交流和反思提升等阶段构成。创设情境需要培训者结合培训课程的具体要求,充分考量教师需求、特点与兴趣,灵活多样地设计教师乐于参与的教育场景;主体参与强调的是教师应作为教育活动的主体,主动、积极、有效地参与到种种场景之中,将培训活动视作培训者与参训教师共同建构、共同演绎的舞台;分享交流需要教师在培训过程中能做到时刻敞开心扉,在集体、小组、个人分享活动中乐于参与、积极交流,相互碰撞激发,相互传递人性与师德的温暖;反思提升是要求教师做到主动反思反省,通过被唤醒、被点燃,激发其教师内心的发展与改进动力,并将培训收获贯彻落实到自身特别是自身工作实践之中。在这个意义上说,只有真正的改变,才有真正的培训。

总之,要提高师德培训的实效,当前需要在转变师德培训价值取向的前提下,立足德性关怀,构建着眼于教师幸福的"大师德"培训内容,让教师在体验互动中感受与传递温暖,在道德实践中激发与传递师德感染力,引导教师做一个温暖的师德实践者。[6]

参考文献:

[1] 凤凰网.国内十大缺德行业排名出炉[DB/OL]. http://edu.ifeng.com/news/detail_2011_03/19/5249537_9.shtml.检索日期:2015-11-20.

[2] 万俊人.关于美德伦理学研究的几个理论问题[J].道德与文明,2008,(3).

[3] 赵敏.近30年来我国师德建设伦理学思想的冲突与交融[J].教育研究,2011,(2).

[4] 伍叶琴,李森,戴宏才.教师发展的客体性异化与主体性回归[J].教育研究,2013,(1).

[5] 戴双翔.师德培训的核心原则:激发与传递感染力[J].教育科学研究,2016,(3).

[6] 戴双翔,王本陆.教师职业道德养成:做一个温暖的师德实践者[M].北京:北京师范大学出版社,2009.

论地方高校人才培养目标的达成
——作为地方高校回归自身的一种道德辩护

黄富峰　王胜利

（聊城大学　发展规划处）

　　确保人才培养在高校工作中的中心地位,已经成为我国各层次高校的共识。然而,对于大部分地方高校而言,一方面在教育大众化过程中承担了主要的扩招任务,学生数量规模迅速扩大,教学工作受到很大冲击;另一方面因为学科建设和科研水平直接制约着学校获取办学资源的机会,很多高校有着迅速提升学科建设和科研水平的强烈冲动,一定程度上弱化了人才培养。所以,如何确保教学的中心地位,提升人才培养质量,切实做到"以质谋强",对于地方高校而言更显迫切。但是,在学校"以量谋大"发展惯性的作用下,真正做到这一点,却并非易事,其最直接的抓手就是高度重视人才培养目标的达成,在落实人才培养目标的过程中重树教学工作的中心地位。因为全方位落实人才培养目标的过程,就能使学校领导和教职工的精力聚焦教学、制度安排支撑教学、工作评价导向教学、办学资源整合围绕教学、校园文化氛围引导教学、各相关部门配合教学等。本文拟从七个方面就地方高校如何落实人才培养目标做一讨论。

基金项目：山东省社会科学规划项目"我国高等教育发展的伦理问题及对策研究"（13CJYJ01）
作者简介：黄富峰,聊城大学发展规划处教授,主要从事高等教育学研究;王胜利,聊城大学发展规划处讲师。
E-mail：hff@lcu.edu.cn（黄富峰）；E-mail：wangshengli@lcu.edu.cn（王胜利）

一、发扬教学为本的学校文化

在地方高校中,有的是从专科层次的学校升格而来,有的是从行业专门学校转化综合而成,还有的本身就是师范本专科院校,在升格或转化综合之前,就是以教学为主,形成了行之有效的教学模式和教学方法,有着重视教学的深厚传统。但在扩规模、上专业、改校名、提规格的外延式发展过程中,很多学校把办学精力和办学资源过多用在了学科建设和科研上面,一定程度上弱化了教学。再加上在校生规模的迅速扩张,生源和教学质量的下滑,从学校领导和普通教师都在一定程度上适应和认可了人才培养的现状,重视教学的深厚传统没能得到较好传承和发扬。但国际国内高校发展的大趋势要求学校必须"兴学重教",教书育人才是学校的本质属性,这都要求地方高校已经到了下最大决心重视教学、解决好教学所遇到问题的时候,否则,学校就背离了自己的本质,学校就不成其为学校。"针对中国高校普遍热衷于搞科研、找经费的现状,杨福家再次呼吁:'我们的大学应该将学生培养放在第一位!'……综观世界名校,无一不将'育人'作为办学的头等大事。"[1]地方高校如何给自身美好的过去一个光明的未来,重拾并发扬重视教学的优良传统,既要靠倡导,更要靠制度和行动。如在制定大学章程时,把教学工作的中心地位作为一个根本性制度明确下来,把保持最高水准的教学作为学校学术发展的目标,正确处理教学与科研的关系,使科研服务于教学,发挥学校重视教学的传统优势。例如,《聊城大学章程》中就明确规定:学校以人才培养为根本,坚持以教学为中心,全面实施素质教育,营造良好的教风学风。在学校具体的制度设计中,让专心教学而且教书育人质量上乘的教师在荣誉获得、奖励绩效、职称评定等方面有出路、不吃亏。不仅有制度规定,更要有切实的行动,其中的关键是学校领导带头,知名教授上阵,学校领导班子拿出更多时间研究教学,知名教授带头上本专科生的基础课,促进教师和学生有更多接触,师生有更多交流。如此,就能围绕既定的人才培养目标,重拾和发扬重视教学的优良传统,重视人才培养就会成为从学校领导到普通教师的自觉行动,形成以教学为本的学校文化。

二、制定体现人才培养目标的教学方案

准确解读人才培养目标内涵,制定具有学校特色的教学培养方案。以本科教学培

养方案为例,它作为本科人才培养的总体设计,是学校人才培养目标的具体化和可操作化,也是学校组织教学活动和从事教学管理的主要依据。它形成的前提是摸清国内外同类专业的发展状况和院系自身存在的真实问题,作好扎实的前期准备工作。由教学管理部门牵头统筹安排,院系牵头作各专业调研,相关部门作学生学习情况和教学支撑情况的调研,分专题形成调研报告,最后形成整体调研报告。然后在国家关于高校人才培养目标要求的指导下,根据学校自身的办学历史、办学类型、办学层次、服务面向等,在反复讨论的基础上,形成本科教学培养方案。本科教学培养方案通过课程体系来完成,在课程、课程与课程的逻辑结构(包括课程所包含知识点和课程呈现的时间)中体现人才培养目标的内涵和要求。课程结构一般由通识(素质)教育课程、基础课程和专业教育课程等主要板块构成,如条件允许,各专业可设置一定数量的任意选修课程,供学生自行选修。课程结构不仅要有内在的逻辑结构,做到紧扣人才培养目标,对应本专业的知识谱系,克服随意性,更要突出每一类课程的特点,与学生的学习心理密切结合。通识(素质)课程在于使学生获得正确的价值观,锻炼逻辑思维能力和观察判断力,形成健全的人格,获得人生的幸福。"通识教育提醒我们,独立生活是大学生的本质需要,独立生活以健全的人格为基础,有了根基才能'立人',才能形成良好的人生观,保持理性的生活态度,处理好生活的基本关系,获得生活的幸福。"[2]地方高校在人才培养方案中也要高度重视通识(素质)课程,逐渐完善通识(素质)课程的设计,把通识(素质)教育贯穿到人才培养的全过程,因为它已经不是目前人才培养中的一种"奢侈"性安排,而是一种必须的要素。基础课在于使学生获得严格的学科基础训练,掌握较为宽厚的基础知识,为进入专业课学习奠定基础。专业课使学生获得必要的专业知识和技能,是一个专业成其为自身的标志。其中,在专业选修课的安排上尽量突出本校本专业的特色,或者发扬本专业的传统优势,或者与学校所在的区域经济社会发展紧密结合,或者与专业所对应的交叉学科的创新相对接等。创新创业课程,要突出科教融合、产教融合,将科研成果、先进技术、企业培训课程及时转化为教学内容,也要聚焦某一学科发展过程中的创新或突破对相关行业发展带来的重大影响,加强与行业企业的合作,培养学生的创造性思维,激发创新创业灵感。另外,有条件的院系在某些优势专业,也可以尝试开始一些深度课程,为有学术兴趣的同学提供尽早接触学术研究的机会。

三、构建有效课堂

课堂是实施人才培养方案的核心环节,但它又不是简单的一个上课地点,而是教师激活和创新课程体系中所包含的知识,学生接受知识、创新知识和发展能力的组织过程,其本质是基于共同课程目标的师生交流和互动,是知识、情感和意志的激发过程。课堂本应是一所高校最有活力、最为引人入胜的地方,但在一些高校师资不充裕的情况下,很多教师疲于上课,没有充足精力对课堂教学进行反思与改进,再加上生源质量的下滑,不少教师对课堂、对教学改革和创新失去了兴趣,教学方法大多以单向的"广播式"为主,学生学习的积极性不高,课堂效率低下。面对问题,抱怨没有任何用途,要用积极的态度和适当的方法去解决。越是在困难时期,越能找到问题之所在,越是大有可为的时期。学校教学管理部门可以通过相应的制度设计,鼓励教师探索适合所教授课程特点的课堂教学方法改革,集中一线教师的智慧,共同破解课堂低效的难题。例如,可以在课堂上推行成效为本的教与学,区分描述性知识和工具性知识,引导学生由浅层次学习迈向深层次学习,"陈述性知识是关于事物的知识,以文字或其他符号形式表达;功能性知识是学习者以行动呈现的知识。过去,大学重视的是陈述性知识,甚至在职业导向的人才培养上仍强调陈述性知识"。[3]在此区分的基础上,做到每门课的教学任务清晰,教师明白教什么,学生明白学什么,学生学的怎样通过恰当的考核体现出来,这样就可以避免教师盲目地教,学生盲目地学。还有,在信息化时代,网络也可以成为课堂教学改革的有效工具,借助网络就可以有效创新课堂教学模式和方法,如使用翻转课堂、在线混合式教学、慕课等。再如,有条件的学校可以恢复或试行助教制度,助教作为课堂主讲人的助手,帮助组织课堂、辅导、作业、讨论、考评等工作。助教既可以是新进校的青年教师,也可以是在校研究生,甚至高年级本科生。他们要经过严格筛选,加以培训才能上岗。在助教的帮助下,就可以有效解决大班上课问题(目前英美一些高校为了使学生接触到名师也实行大班上课),使更多学生接触名师,同时可以实现小班讨论,有效避免大班教学带来的弊端,提高课堂教学的效率。

四、提升教师职业能力

教师是落实人才培养目标的主体,培养什么样的学生,就需要什么样的教师。所以，按照人才培养目标要求提升教师职业能力就成为学校重视教学工作的应有之意。但这并非是要求每一位教师兼具人才培养目标所对应的所有素质和能力，而是在尊重教师个性发展的基础上进行有效整合，做到学校教师队伍在职业能力体系建设上与学校人才培养目标要素相契合。对于教师个体而言，其职业能力大于其教学能力，包括其职业道德素质、人格、科研能力、教学能力等，其中关键点还是教学能力，这是作为一名教师的看家本领，也是学校落实人才培养目标的必要条件。教学能力包括教学理论能力和教学实践能力，这两个方面都很重要，它们相互促进。"大学教师对各自学科的理论了如指掌，但是很多教师并没有一个清晰的、构架合理的理论来指导他们学科的教学。"[3]"如果说，学习新的教学技术好比是今天的餐桌提供的鱼料理，那么转化性反思的实践就如同一张渔网，它能够为你整个余生都带来美食。"[3]在不少地方高校，教师职业能力的提升问题还没有引起应有的重视，教师职业能力的提升也存在很大空间，不仅表现为教师本人因为教学科研任务的繁重而不愿意参加有关教学研修活动，也表现为学校重视程度不够，提供给教师发展自身教学能力的条件不够充足等。教师教学能力的发展不仅需要学校从制度层面进行适当约束，更为关键的是能够为教师教学能力提升各种便利条件，进行积极引导。如可以成立教师教学发展中心等专门机构，配备专业人员，制定规划，提供经费保证，通过一系列具有专业水准的教师研修活动，如教师教学发展研修班、青年教学竞赛、教学能力提升工作坊等，为教师的教学能力发展提供有效帮助，切实解决教师在教学活动中遇到的各种困难。在教师的教学能力提升上，前提是要求教师能够理解学生的学习过程，把促进学生从学会到会学的转变作为有效教学的重要目标。在学生的学习过程中，学会是指学生对教学内容的熟练掌握和应用，会学则是指学生掌握了学习的方法，在此基础上形成学习的兴趣、志趣甚至志向，进入自我学习状态，自我感到不足，自我确定学习目标，自我确定学习内容和方法，自我检验学习效果，使学习成为学生的一种生活方式甚至是生存方式。实现学生从学会到会学，目的在于学生，手段在于教师，其前提是教师会教，关键点是教师教学能力的提升。教学能力是教师职业能力的基础，它与每位教师的个性等因素相结合，就可以形成教师职业能力的特色。另外，教学督导方法的改进也是促进教师职业能力的必要条件。教学督导的目的不仅仅是在规范教师的课堂行为，更为重要的是给教师的课堂教学解决问题，是帮助而不仅仅是监督。如此，才能不断创新教学督导的方式和方法，消除督导人员和一线教师的对立，得到更多教师的理解和支持，真正发挥教学督导作用,促进教师职业能力的提升。

五、促进教学相关利益的制度化

教学"过软"的问题几乎成为了地方高校的通病,如何解决,方案多种多样,很多学校决心很大,但落实力度不够,如在职称评定时,虽然下决心将教学与科研同样对待,但最终还是不自觉以科研成果等所谓硬条件为标准,虽然加大了对教学的奖励力度,但仍然存在与学科建设、科学研究成果奖励力度不平衡的问题等。究其原因,大多是在教学领域内解决教学问题,对与教学相关的利益考虑不够。所以,从促进教学相关利益入手,完善相关管理制度,是有效解决教学工作"过软"的问题重要路径。《国家中长期教育改革和发展规划纲要(2010—2020年)》指出,立德树人是教育的根本任务,对于高等学校而言,要"牢固确立人才培养在高校工作中的中心地位,着力培养信念执著、品德优良、知识丰富、本领过硬的高素质专门人才和拔尖创新人才"。因此,人才培养作为立校之本,是国家对学校整体工作的根本要求。教学工作是学校的中心工作,其他工作都应为教学工作来服务,凡能够促进教学发展的利益都应得到切实的保证,而且还要通过制度将其固化。例如,可以改变教学绩效分配方式,进一步提升质量因素在绩效分配中的权重,最大程度地促进各院系重视教学(也包括教师因教学而得到的个体化的切身利益)。教学绩效可以包括基本教学绩效和专项教学绩效两部分:基本教学绩效主要用于激励院系开展与教学相关的常规工作,依据院系基本工作量以及教学相关考核结果进行测算;专项教学绩效主要用于激励学校层面建设推进的专门项目,依据各项目的具体要求测算。学校有了绩效分配的导向,院系就可以以学校的政策导向为依据,制定各院系的教学绩效分配办法,采取各种措施使教学工作"硬"起来。专项教学激励直接发放到任课教师个人,也可以极大激发任课教师进行教学改革的积极性。还可以从教师最关心的职称评定入手,使教学本身就成为职称评定的"硬件"。这需要让专心从事教学的教师拿出高水平的教学成绩,使学生、同行对教师的评价成为硬通货,可以是由全体毕业生投票选出的"我心目中的好老师"、"教学达人"等称号,也可以是学校、省和国家举办的高校教师教学竞赛中的获奖等。对此,学校要拿出勇气,通过制定相关政策来落实。但需要指出的是,重视教学不是不要科研,不要学科建设,高校的专业没有学科作为支撑,专业的发展就会缺乏厚度和特色,高校教师缺乏了科学研究,在一定程度上就不是大学教师。在制度设计上将两者紧密结合,使教师从事教学和科研活动能够获得的利益趋于平衡。"不仅强调科学研究成果,而且要重视研究方向与所在学科的关联性、科研选题与教学的结合性、学生参加教师主持课题的情况、科研成果引入课堂教学的情况等。"[4]促进教学相关利益的制度化,关键是行动,但切忌照抄照搬其他高校的做法,必须进行改造性吸收和创新,找到适合学校自身特点制度和措施。

六、全方位推进教学研究

全方位推进教学研究,才能及时解决教学过程中出现的问题,对照学校人才培养目标,不断校正教学管理和教师的教学行为。"尽管我国大学教育教学改革在不断推进中,但短板软肋仍明显存在。教学方法改革的小打小闹,甚至不屑一顾,便是大学教改的一大败笔……实践与理性都在不断警示:不进行一场教学方法的革命性变革,不足以搬掉阻碍人才培养质量提升的一大屏障,不足以焕发大学教育活力青春。"[5]只有将教学作为反思和研究的对象,才会对教学本身有更为清醒的认识,有条不紊地做好教学工作,提升课堂效率,减少教学中的失误。更为重要的是,通过反思,还可以发现教学中的不足,开阔眼界,吸收国内外最先进的教学经验和做法,在解决不足中促进教学的完善和进步。因此,以教学为主的地方高校,更要围绕自身的人才培养目标定位,开展多层次、多维度的教学研究,不仅要研究教学活动本身出现的问题,也要研究教学管理中的问题,不仅要发动一线教师反思自身的教学,也要求教学管理人员进行教学研究活动,不仅要有自发的、个体化的研究,也要有意识、有组织地进行研究,这样才能使教学活动和教学管理中的问题不断凸显出来,并及时解决这些问题,促进教学及教学管理水平的提升。例如,学校可以通过发布课题的方式鼓励教师结合自身的教学实践进行教学研究,这不仅有利于解决自身教学中遇到的问题,同时还可以培育申报上级各类教学研究课题。教学管理部门人员也要根据教学管理中遇到的问题进行相关研究,如学生评教系统的优化设计、现代信息技术对教育教学的影响等。教学管理部门还可以通过向全校招聘特邀研究员的方式,使更多有志于教学研究的教师加入到教学研究队伍中来,围绕日常遇到的教学问题展开跨专业的合作研究,聚集全校力量,获得有针对性的教学研究成果,为学校教学管理制度的制定提供依据。有高等教育研究机构的高校，教学管理部门应积极与之联合，开展教学实践和教学管理等相关研究，提升研究的针对性和理论高度，并积极进行研究成果的转化。学校还可以通过组织和承担国内外教育教学会议，邀请国内外的大学、研究机构、教育行政部门等，围绕某一主题进行讨论，推进学校的教学研究和教学改革。同时，教学管理部门积极参加各种国际教育教学会议，积极与同行的交流，把握教育教学研究动态，汲取有利于改进学校自身相关工作的教育教学研究成果和经验等。

七、各相关部门积极协助人才培养

教学工作不仅仅是教学管理部门的事情，需要其他相关部门的积极配合。在高校的人才培养、科学研究、服务社会、文化传承与创新等四项基本功能中，人才培养是中心要素，它决定了学校的本质属性，是学校得以存在的根本依据。科学研究是为了产生新的知识并将产生知识的方法和新知识传授给学生，服务社会也是通过为社会做贡献来获得更多资源反馈于人才培养，文化传承与创新更是为了促进学生的人格健全和全面发展等。没有了教学，没有了学生培养，学校就不再是一所学校。因此，教学工作是所有工作的核心，学校的一切工作都应围绕人才培养来展开。各相关部门在谋划本部门工作时，应紧密联系学校既定的人才培养目标，助力教学工作。例如，学校发展规划部门应处密切关注本校在国内外高等教育进程中的地位和变化，及时发布国内外有关人才培养的前沿信息，积极谋划人才培养在学校发展规划中的中心地位；人事部门应立足于学校的人才培养目标定位，着力吸引国内外的一流师资加盟学校，注重双素质型师资的配备，为教学储备各种人才，构建有利于教学发展的绩效分配制度和充满活力的人才管理体制机制，营造浓厚的人才成长环境；科研管理部门应以助力教育教学为出发点，倡导科研服务于教学的理念，将科研成果转化为教学资源，努力实现教学与科研的相互促进；对外联络部门应充分发挥校友和教育基金会的作用，在教学实践、学生就业、困难学生帮扶等方面促进人才培养；学生工作部要把第二课堂与第一课堂紧密结合，围绕学生的人格健全和专业培养开展学生活动，做好学生管理工作等。所以，在学校综合改革中，在学校的顶层设计中，在各职能部门工作定位中，一定要把教学工作，特别是本科生教学，把学生培养放在第一位。如果一项工作的开展与学生培养无关，是否就要考虑，这项工作的出发点出现了偏差。如此，教学这条生命线在学校工作中的中心地位才能真正确立起来,才能更好地实现学校既定的人才培养目标,学校才能立得住,才能发展得好。

参考文献:

[1] 杨福家,等.博雅教育[M].上海:复旦大学出版社,2014:66.

[2] 甘阳,孙向晨.通识教育评论[M].上海:复旦大学出版社,2015:15.

[3] 约翰·比格斯,凯瑟琳·唐.卓越的大学教学:构建教与学的一致性[M].上海:复旦大学出版社,2015:56,33,36.

[4] 李喆.谈地方高校内涵式发展的八对关系[J].中国高等教育,2012,(8):17.

[5] 陈浩.不屑于教学方法:大学教改抹不去的痛[J].决策与信息,2016,(3):117.

师德建设实践研究

高校青年教师师德建设长效机制探究

廖志诚

(福建师范大学　教师伦理委员会)

党的十八大提出,把立德树人作为教育根本任务,培养德智体美全面发展的社会主义建设者和接班人。高校承担着培养高级专门人才的重任,高校教师不仅要以其广博精深的学识教学生以知识,还要以优良的道德品行引领大学生坦诚为人。近几年高校教师队伍的结构发生了重大改变,青年教师日渐成为高校教师队伍中的主力军。据教育部统计数据显示,截至 2010 年底,我国高校 40 岁以下青年教师人数已超过 86 万,占全国高校专任教师总数的 63.3%。[1] 由此可见,高校能否实现立德树人的根本任务,青年教师举足轻重。因此,研究高校青年教师师德形成的基本规律,建立健全师德形成的长效机制,促进我国高校青年教师的师德建设是十分必要的。

一、当前部分高校青年教师师德失范的具体表现

虽然高校青年教师的师德状况主流是好的,但我们也必须看到,部分高校青年教师的师德失范现象也时有所见,必须予以重视。

作者简介:廖志诚,福建师范大学马克思主义学院副教授,主要从事教师道德研究。
E-mail: lzc12302@fjnu.edu.cn

1. 理想信念模糊,价值观念偏离

现在的高校青年教师几乎都拥有研究生及以上学历,都接受过良好的高等教育,理论上应该都怀揣崇高的理想信念,应该都具有正确的世界观、人生观和价值观。但是,现代社会充满了激烈的竞争和无限的挑战,在市场经济的激烈竞争中,高校青年教师作为一个社会群体融入其中,也接受着市场经济所带来的一切正面与负面的影响。其中,负面影响之一就是对青年教师的价值观造成了重大的冲击,使个人主义的价值观深入部分教师的心里,他们崇尚个人主义而排斥集体主义,盲目追求个人的需要和自由的实现,强调自我保护和自我实现,过分重视个人的奋斗和发展,把个人的地位、荣誉和物质的享受作为追求的目标,他们总是从自己的利益和需要出发,并且以此来作为其行为选择的依据。他们在与其他教师同事的协作和共事中表现出强烈的个性特征,忽视他人的存在,否定他人的研究成果,对其个人的水平和能力过分自信,团结协作意识薄弱,破坏了同事之间的和谐合作关系。部分教师的这种行为产生了不良的社会影响。

2. 敬业意识淡薄,奉献精神缺乏

部分青年教师仅仅只是把高校教师这份职业当做是基本的谋生手段,他们没有对教师职业的自豪感和神圣感,不以其为长远的目标或是终身的归宿,因而工作不专注,缺乏进取心。部分青年教师不注重继续学习和更新补充知识,不注重吸收新近的教育理论和改变固有的知识结构,教学内容单调陈旧,教学形式千篇一律,教案没有及时充实更新,教学效果欠佳。甚至有部分青年教师对本职工作当做副业,将兼职当作主业。有调查显示,有14.2%的受访者承认以兼职收入作为主要的经济来源。[2]这样,他们便没有多余的时间备课、查阅资料,无法做好课前准备,也无法将所学知识更好地传授给学生。2011年5月22日,长江日报记者报道,云南大学某青年副教授公然在全国性学术研讨会上发表惊人言论:"大学教师全心投入教学是种毁灭。"此言论立刻引起了各方面的争议。这位教师甚至自豪地表明其花在教学上的时间和精力仅占三分之一,而且在课堂上向学生炫耀自己的座驾和移动设备,对在上课时接听电话的学生用刻薄尖锐的话语公然进行侮辱。[3]这样的出格言论是部分青年教师敬业意识淡薄和奉献精神缺乏的缩影。

3. 育人意识弱化,表率观念缺失

教师的职责在于"教书育人",顾名思义,其有着"教书"和"育人"两方面的内容,"教书"指的是教师通过课堂讲授,传递给学生专业知识的过程,而"育人"则是指在课堂内外,给学生在为人处世和自我认识方面进行教化和指点,"教书"和"育人"是分别从专业知识和为人处世两个方面对学生进行教育和提供帮助。但是在当前的现实中,部分高校青年教师仅仅认为教师的主要职责就是教书,完全忽视了育人这一重要的责任,他们认为只要不违反学校的规章制度,能够顺利完成规定课程,教给学生必要的专业知识,就已经是履行了教师的职责和义务。对于学生的困难和需要缺乏关心,与学生没有基本的沟通和交流,有些教师完全不知道学生的思想动态,甚至认为关爱学生以及对学生进行思想教育仅仅是辅导员的工作,这样的教师对学生的教育只能停留在浅显的知识灌输的层面上,而无法对学生的内心发展和正确观念的形成提供帮助。在《中国高校青年教师调查报告》中,58.9%的受访青年教师表示,自己"不太了解学生的心理状况",40.7%的人表示自己跟学生有距离感,能保证一周至少交流一次的带研究生的青年教师仅有32.8%,29.5%的人坦承自己与研究生"交流很少",一个月也不能保证一两次。[4]

4. 功利意识强烈,学术造假时有发生

众所周知,高校教师的职称晋升与其科研成果密切相关,科研数量和质量是职称晋升的硬指标,而教师的收入又与职称的高低紧密相连,职称高收入就高利益就大,职称低收入就低利益就小。面对沉重的生活压力,同时仅仅依靠单一的工资收入来维持生活,高校青年教师们唯有努力追求岗位和职称的晋升,因此在科研方面投入了大量的时间和精力。然而,部分青年教师却想以走捷径的方式取得成功,便不惜以剽窃抄袭他人研究成果或篡改他人研究数据的方式发表文章。也有部分青年教师攀附著名的专家学者,以其为噱头进行自我包装、自我宣传,骗取学术奖项和学术名誉。据《中国高校青年教师调查报告》显示,学术不端行为几乎遍及被调查的绝大部分高校,其中受访高校青年教师认为最常见的学术不端行为按照普遍程度从高到低依次是:"在课题评奖时拉关系、走后门","学校职称评定论资排辈","在没有参与的科研成果上挂名","发表论文交纳非正常版面费","一稿多投、多发","剽窃他人研究成果"和"伪造数据"。[5]这些现象不仅给高校青年教师自身的发展带来了巨大的冲击和影响,同时也使整个高校教师队伍的声誉受到严重破坏,对整个学术界的整体声誉产生不良影响。

二、部分高校青年教师师德失范的机制归因

当前部分高校青年教师师德失范现象的成因是多方面的,既有社会环境影响的因素,也有个人自身素质不佳的问题。本文着重从师德形成机制的角度探讨这一现象。

1. 师德教育培训机制不健全

目前,许多高校在教学和科研方面都制定了比较系统、完善的规章制度和管理体制,教育教学管理成效明显,教学科研水平也有了显著提高。然而,在师德教育方面,一方面,针对性、系统性的教育制度还是不够完善。有些高校制定了针对本校教师的职业道德规范,但在实施过程中缺乏规范性和系统性的师德教育培训安排,师德教育方面的工作极其薄弱,即使有些高校安排了师德教育培训,但对于师德教育内容和形式没有进行深度的考量,仅仅是机械地按照师德规范进行灌输,流于形式,起不到真正的教育效果。另一方面,我国各高校内部对于高校师德教育的责任主体不明确以及师德教育具体任务和责任不清晰,也使得师德教育一直停留在形式而无法发挥实质性作用。一般而言,高校师德教育的主体分别有各级教育主管部门、高校的教学科研部门以及各级的领导干部,他们都对师德教育负有一定的责任,可是具体如何分工、责任如何承担,这些问题却常常得不到解决,使得师德教育始终无法落到实处。

2. 师德宣传示范机制不健全

长期以来,在师德宣传报道方面存在两种现象,一是把教师的道德形象神圣化,一些媒体不恰当地抬高教师楷模的道德高度,把其塑造成为不食人间烟火的道德圣人,在宣传报道中过滤了这些楷模的生活现实,给公众展现了一个高度理想化的教师道德境界,并将其作为评价教师师德的重要标准和价值参考,这给高校青年教师带来了巨大的心理压力,也给他们套上了一层无形的道德枷锁。"《竞报》2005年9月9日公布了一份由中国人民大学公共管理学院与人力资源研究所和新浪教育频道组织的对近

9 000名教师进行的'2005年中国职业压力和心理健康调查',结果显示,有34.6%的被调查者反映压力非常大,47.6%的被调查者反映压力比较大,两者加起来占到被调查者的82.2%。而这些压力更多地来自学校、社会和家长的过高期待。"[6]二是把个别教师的师德失范现象进行妖魔化报道,丑化高校教师的形象。一些媒体在报道教师师德失范形象时采用形象生动的语言描述,往往把教师描述成为流氓、禽兽等等。这种对教师负面形象过分夸大的报道与对教师神圣化形象过分渲染的报道一样,都背离了教师原本的真实,给教师师德培养带来了巨大的消极影响。有学者曾做过相关调查,指出在互联网上关于教师的查询结果约是33 300项,其中关于教师高尚师德形象的正面报道不到1 000项,其余全部都是教师师德失范的负面报道。[7]无论是神圣化的教师师德形象还是恶俗化的教师师德形象的塑造,媒体不恰当的残缺报道都给教师在角色的正确认识和判断上带来了巨大的影响,并且使得师德宣传榜样的概念和形象荡然无存,使教师和社会陷入榜样危机之中。媒体没有可以遵循的师德宣传制度,没有可以参照的报道内容和形式,也没有强大的外部监督力量,这样的师德宣传不仅不能带来正面的引导效果,反而使教师自身陷入迷茫和慌乱,以至于资历尚浅的青年教师无所适从。

3. 师德评价考核机制不健全

当前,我国高校主要从师德、教学和科研三个方面对教师进行考核与评价,虽然师德在评价要素体系中居于首位,但是在具体的评价考核实施过程当中,师德考评却往往是无足轻重的,教师的科研成果和教学工作量才是考核评价的重点,而教师的行为表现、育人效果和敬业精神这样的软指标却没有得到应有的重视,教师若没有重大的行为道德问题或是严重违反纪律,那么在"德"方面的评价一律高分,所有教师的得分基本上没有什么差距,领导也力争做到不偏不倚,皆大欢喜。但是,这样的考核评价结果就失去了其原有的价值和意义,无法客观体现高校各教师间的职业道德水平的高低,无法尽早发现部分教师的不当行为,无法根据评价结果进行必要的教育与整顿,师德也在教师考核评价中失去了其重要性,师德"一票否决制"也就成一纸空文。另外,师德评价只重视结果而忽视过程,只重视筛选而忽视对结果的分析探讨,以至于师德评价成为了教师争取先进的手段,而非真正体现师德水平的客观依据。

4. 师德监督惩处机制不健全

目前,师德监督惩处没有相关的法律规范和规章制度作为依据,主体多样且有效性低,形式单一且漏洞繁多,没有明确行使权力的责任部门,且各部门协调不当,这些现实都表明了现今高校师德监督惩处没有形成一定的机制,无法有效实施,这样便无法及时发现并通过说服、教育、规劝和帮助等方式对师德不良行为进行纠正,从而导致更严重的师德失范现象的出现,同时没有对师德失范行为的教师进行必要的惩罚,以致部分青年教师对师德失范的行为后果没有正确认识,从而产生更多的师德失范现象。

5. 师德内化自律机制不健全

师德由外在的社会规范转化为内在的道德良知并外化为良好的行为习惯,必须依靠强有力的外在支撑和道德主体自身向善的动力支持。当前,由于整个社会的功利主义色彩较为浓厚,周围弥漫着"天下熙熙皆为利来,天下攘攘皆为利往"的铜臭气息,"英雄流血又流泪"的现象让人心寒,道德冷漠现象时有所见,人们难以在道德实践中感受到行善的乐趣,对道德空场或缺位的状态见怪不怪。高校青年教师面临组建家庭、事业成长等多方面巨大的现实压力,对于锦上添花的道德并无深刻持久的兴趣,甚至是无暇顾及。当道德与利益发生冲突时,部分高校青年教师便难免利字当头,道德失范。

三、健全和完善高校青年教师师德建设长效机制的主要措施

高校青年教师师德建设长效机制并不是单一、简单的一项制度或是一种规范,而是一个复杂的体系,它承载着许多要素和分支。我们必须对这些保障性要素和分支进行深入研究,在制定和完善各项保障性制度的基础上,努力形成师德教育培训、师德宣传示范、师德评价考核、师德监督惩处以及师德内化自律的分支机制,才能有效地促进高校青年教师师德建设长效机制的形成、健全和完善,切实保障师德建设的成效。

1. 形成师德教育培训长效机制

（1）制定师德教育培训的规范化制度。制度的制定和实施是机制形成的必要条件，制定规范化的师德教育培训制度需要明确以下三个方面的内容：第一，师德教育培训的阶段安排；第二，师德教育培训的教学内容；第三，师德教育培训的主要目标。阶段安排就是之前所说的职前师德教育和在职师德教育，在师德教育培训制度当中，我们还必须明确体现岗前培训中的师德教育份量，并且师德教育内容必须体现在培训结业考试的内容当中。对于教育内容，岗前培训中应主要侧重于师德规范的教育和教师职业信仰及爱岗敬业意识的培养，而在职师德教育应该主要以强化师德意识、培育师德素质以及提高师德水平作为主要内容。我们应当明确职前师德教育的主要目标是给教师灌输并且陶冶为人师表、热爱学生、热爱教育的师德意识，确立教书育人以及培养国家新一代接班人的价值导向，而在职师德教育的主要目标应明确为巩固树立教书育人及培养接班人的师德意识，实现爱岗敬业、为人师表等师德素质的显著提高。同时，在师德教育培训制度当中还应该明确各相关部门的具体责任，建立专门的师德教育培训机构，保障师德教育培训制度的有效实施。

（2）创新师德教育培训的内容和形式。师德教育培训内容的改革和创新在于教师角色意识的强化和教师职业情感的培养。教师角色意识的强化应该成为今后师德教育培训内容的重要部分，只有形成明确的角色意识，教师群体才会以社会要求的师德准则要求自己，才会不断调节和完善自身的行为。职前师德教育的内容应主要侧重教师的角色认知部分，角色认知实际上是教师对自身的行为规范和社会地位以及对与社会其他角色的关系的具体认识，其认知程度的高低决定了教师能否胜任这一角色，同时也决定了师德教育培养的成效。在职师德教育的内容则主要以解决教师的角色冲突并形成积极的角色体验为主，角色体验指的是教师在各方面给予教师这一角色的期待和评价中产生的一种情绪体验，积极的角色体验是强化角色意识的关键。教师角色的多样性决定了教师在工作中必然会发生角色冲突，因此，在职期间关于解决教师角色冲突的师德教育是十分必要的。在师德教育过程中，对青年教师角色意识强化的同时，也必须对其职业情感进行辅助教育。个体的道德行为、道德评价以及道德品质等都与情感紧密相连，在师德培养和塑造中，情感教育是极为重要的，而职业成就感的培养是青年教师职业情感培养的关键所在。在师德教育的形式方面，应当改变传统的课堂讲授和讲座的灌输方式,化有形于无形,将师德教育的内容融入校园文化活动当中,在活动过程中培养他们的职业兴趣和情感,以期获得更好的效果。

(3)保障师德教育培训工作的常态化。教师师德的培养以及道德品质的完善是一个长期、反复、逐渐起效的过程,并不是一蹴而就的,只有当知、情、意、行四个部分得到了整体全面的发展时,教师才具备了一定的师德品质,然而在教师个体身上,这四个方面的发展总是无法平衡一致的,从发展的不平衡到相对平衡,通过一个或两个教育培训是无法真正起效和达到目标的,因此,青年教师必须要进行长期性的师德教育培训,从小方面入手,从具体出发,有计划地进行,才能够使青年教师的师德水平得到一定的提高。

2. 形成师德宣传示范长效机制

(1)制定师德宣传示范的指导性制度。规范和指导媒体的师德宣传模式和内容,形成师德宣传示范长效机制是当前师德建设的一项重要内容,而制定切实有效的师德宣传示范的指导性制度则是规范媒体行为、保障师德宣传示范长效机制形成和完善的基础。在师德宣传的过程中,我们除了期望媒体拥有一定的道德自律以外,还必须建立相关的指导性法律制度,从约束层面上规范媒体在师德宣传报道方面的行为,防止产生由于各种原因所造成的对师德问题的不实报道。师德宣传示范制度的制定,应当明确媒体报道必须建立在"以事实为依据"的原则基础之上,应当规定媒体新闻报道的审核标准,还应当体现对在报道过程中有失实现象以及不当行为的媒体进行处理的措施的具体条款,通过制度性条款的约束作用,指导并规范师德宣传的相关行为和内容,形成师德宣传示范的长效机制,促进师德建设的稳固发展,提高青年教师的师德水平。

(2)先进典型示范和反面典型教育结合。先进典型示范和反面典型教育是师德宣传示范长效机制形成和完善的两个重要方面。道德榜样和典范是道德规范和道德原则的形象、生动的现实体现,对于教师道德人格的形成有着引导性、示范性的作用,而先进典型示范对青年教师来说尤为重要,这有助于他们在踏上工作岗位后在较短的时间内树立起学习、奋斗的目标,也能够提高其进行师德修养的积极性。另一方面,反面典型教育也是必不可少的宣传示范内容之一,它不仅能够对广大教师起到一种提醒、警示的作用,同时也是一种有效的师德教育的方法。师德宣传示范长效机制的形成和完善不仅要依靠规范性、指导性的制度规定进行规范和保障,还需要将先进典型示范和反面典型教育相结合,双管齐下,促进师德宣传示范机制的有效实施。

(3) 营造师德修养的良好氛围。良好的师德修养环境和氛围能够使教师相互帮助、相互感染、相互激励和相互监督,使他们将道德认识由理论自觉地转化成实践,由情感转化成信念,由信念最终转化成行为习惯。一方面,要形成良好的校园师德修养环境和氛围。我们应当大力加强校园文化建设,通过不间断地积极开展经验交流会、学术交流会以及各式各样的体育文化活动,来调动教师的精神和动力,营造良好的师德修养氛围,同时要通过扬善抑恶的方式来净化校园空气,形成良好的校园舆论环境,要对爱岗敬业、认真负责、道德高尚的教师进行广泛宣传和大力颂扬,以物质奖励和精神鼓励相结合,使其成为教师们学习的榜样和羡慕的对象,要对学术不端、不求上进、师德不良的教师进行批评教育以及严厉处罚,给教师引以为戒的效果,形成鲜明的道德价值导向。另一方面,要在全社会形成良好的师德修养环境和氛围,促进教师的师德修养不断提升。我们应当充分发挥媒介的力量,形成正确的社会舆论导向,大力宣传优秀教师的高尚人格和先进事迹,引导教师形成符合社会普遍要求的行为和品质。同时,对于师德失范、行为不端的部分教师,坚决揭露和批判,引导社会大众对不端行为严厉谴责,形成人人否定的局面,使广大教师学习及反思,使社会环境得到净化,从而使高校教师的师德水平在良好的社会环境中得到提高。

3. 形成师德评价考核长效机制

(1) 完善师德评价考核的标准性制度。师德评价考核的统一标准性制度应当从师德评价内容、标准及方法三个方面进行规范和定义。首先,坚持内外统一的价值取向。师德评价的内容实际上是由师德评价的价值取向所决定的,而教育价值取向又与师德评价的价值取向密切相关,我国的教育价值长期以来主要侧重于外在的价值,其着重强调教育作为社会进步的工具性价值,而往往忽视了教育的内在价值,外部价值取向强于内部价值取向,从而使得师德评价的内容偏重于外部价值取向的方面。其次,细化考核标准,增强可操作性和指导性。从教师发展来看,我们应该将师德评价标准按照适应期、发展期、成熟期的不同阶段进行分类定义,对于处在适应期的高校教师,应当按照师德评价的底线标准进行定位,如果此时对教师有过高的要求则容易打击积极性;而对于处在发展期的教师的评价,则应当适当上升一个档次,不能只停留在底线标准;对于已经步入成熟期的教师,则应该以较高的理想性标准进行评价,促进激发其完善自我的动力。再次,实行定性与定量相结合的师德评价方法。对于师德评价考核中的教师行为是否道德的评价以及教师道德水平高低的评价,有一些评价的要素是可以量化的,而运用定量评价的方法也能够客观地反映实际,但是也有许多要素是无法用量化的标准进行评价的,例如教师的思想、意志或是情感都是模糊的概念,显然无法用精确的数字进行评价表达。因此在师德评价考核的标准性制度的制定中也要明确地对定性和定量的标准进行分类归纳,而且可以增加其他通过实践证明有效可行的评价方法,以制度性的标准指导各高校有效地进行师德评价考核。

(2)重新考量硬指标和软指标的比例。师德评价标准中的"外部标准",在一定程度上是师德评价依据的准绳,在进行师德评价过程中具有较强的可操作性,但是,它事实上只是师德评价的一种底线标准,是师德评价标准中的较低层次的标准。师德评价实际上还存在着一种"内部标准",这种内部标准是指以教师的内心修养所达到的境界作为师德评价的标准,其主要表现为教师道德的表率作用以及教师对于职业幸福和自由的追求。教师是否能够对学生从内心出发作出表率,是否能够把信念和信仰融入到教育活动当中,这样的软性评价标准是不确定且模糊的,同时也是具有一定弹性尺度的,教师的师德修养水平达到什么程度,能否达到标准,在评价当中很难以分值直接体现,因此我们应当尝试将这样的软标准具体化,例如可将"言行一致"、"踏实进取"作为内部标准具体化的指标,两者皆能够较为形象地表达教师道德的表率以及教师对职业幸福和自由的追求,以此将无法量化的软指标加入师德评价的实际当中,使得师德评价的标准更加具体化,也使得评价结果更加具有指导性意义。

(3)发展性评价与结果性评价相结合。师德评价事实上有两种基本类型,即发展性评价和结果性评价。发展性评价是一种重视评价过程,注重结果反馈、促进教师发展的的评价类型,发展性评价不是短暂的评价,而是在一定的环境中对教师采用发展、动态的眼光所进行的持续性的评价。发展性评价关注教师的个体差异,在评价过程中,其不是将教师的行为和表现同某一个统一的标准进行对照来判断是否合格,而是将教师的行为和表现同这位教师的原有基础进行比较,必须关注和明确教师师德的原有基础和相关背景,重视记录每位教师日常行为表现中点点滴滴的进步,对于处在适应期、发展期、成熟期的不同阶段教师,针对各自的特点及缺陷提出针对性的整改意见,同教师一起根据不同岗位职责来制定下一阶段的发展计划和目标,使教师通过评价对自身的职业道德进行反思。结果性评价主要关注的是对教师的行为结果进行的评价,是通过评价以及评价后所采用的奖惩措施来调控教师的行为。结果性评价事实上并不能被理解为对于教师师德的最终评价,而是对教师的阶段性师德状况给予的一个对应的成绩标准,这个阶段性的成绩可以作为评优评先、职称评定以及职务晋升等教师发展的参考标准,可与教师的绩效工资等奖励挂钩,通过物质、精神激励的方式有效运用结果性评价成绩,使教师也能够清晰地对比自身不同阶段的考核结果,激励自己进一步地加强师德修养,提高师德水平。

4. 形成师德监督惩处长效机制

(1)完善师德监督惩处的可操作性制度。师德监督惩处的可操作性制度的建立和完善,应该注重三方面的内容:明确师德监督惩处各主体的责任;制定师德监督惩处标准;评定师德惩处级别和规定相应惩处措施。首先,师德监督惩处主体责任的明确是师德监督惩处工作开展的前提。明确各主体和部门职责,强化各主体和部门管理,促进各主体和部门分工合作是师德监督惩处可操作性制度必须体现的重点。其次,师德监督标准的制定是师德监督惩处工作开展的最根本基础和根据。具体、具有可操作性的监督标准才能够为监督主体提供指导依据,如果我们把标准定得过于理想化,则青年教师面对遥不可及的标准要求将会失去信心,如果我们把标准定得过于笼统,那么这样的标准也无法成为可靠的监督依据。因此,对于师德监督标准的制定,应当从"底线要求"出发,并且明确师德相关的各个方面的具体标准。再次,在师德监督惩处制度当中体现如何评定师德惩处级别和规定相应惩处措施,是实现师德监督工作有效性的保障。什么行为达到师德不良,什么行为达到师德失范,对于师德不良和师德失范的行为如何区分程度的轻重,对于不同程度的师德不良和师德失范行为应当实行什么处罚措施,这些问题在师德监督惩处制度当中都应当进行明确规定,从而使得师德监督惩处工作能够有效地顺利开展,有章可循,有法可依。

(2)加强监督信息的收集和监督结果的反馈。监督信息的有效收集在师德监督过程中是一个核心环节。高校应当专门成立师德建设工作部门,其中必须下设监督管理科,监督管理人员对全校教师统一进行定期检查和不定期抽查;同时,给每一个院系安排一个监督管理联系人员,如有发现教师师德不良、师德失范等行为,应当立即与监督管理联系人员取得联系并汇报情况;另外,可设立师德监督信箱和师德监督网站,鼓励学生、教师同事等监督主体通过信箱和网站有效地传递监督信息。师德建设部门对于所收集到的监督信息必须通过反复地考察验证来确保真实性和有效性,应当与教师个人和所在院系进行沟通交流,遵循"二次确认原则",使监督信息和监督结果符合客观性并且摆脱人际关系方面的影响。监督结果的反馈是师德监督过程中的一个关键性环节,它使得师德监督不仅仅只是一个单向性的监督行为,而是构成了一个闭合性的监督系统。师德监督的最终目的就是通过对于教师日常师德行为的监察和督促,培养教师的师德品质,提高教师的师德水平,如果缺少监督结果反馈这一关键性环节,那么监督结果也就仅仅是一份报告,而无法起到实质性的效果。师德建设工作部门在获取监督信息以及确认信息真实性而得到监督结果后,应当及时地将监督结果反馈给青年教师本人以及所在单位,促使其能够及时发现错误并采取整改措施;同时,应当为每位教师建立师德档案,每一次的监督结果都应当在师德档案当中体现。为确保监督结果的客观性,也应该遵循"二次确认原则",即教师如有师德不良或师德失范行为,第一次可不记入师德档案,如同样问题再次发生则记入档案。另外,师德档案必须永久性跟随教师本人,各个高校在引进及录用教师时都应以师德档案作为参考依据。

(3) 师德不良则及时劝诫,师德失范则严肃处理。在所获得的师德监督结果中,我们应当根据所出台相关制度的规定对违反师德的行为进行级别划分,对于被评定为"师德不良"的教师应当给予及时的劝诫。而针对已达到师德失范行为的教师,学校应当给予严肃处理,学校应当根据法律法规的相关规定,对具有这些师德失范行为的教师进行降级、降职,扣除绩效奖励,甚至解聘的处理。只有这样,师德监督惩处长效机制才能够真正地形成,监督、惩处才能够真正起效,才能够对师德建设提供保障性的辅助。

5. 形成师德内化自律长效机制

(1) 制定青年教师师德承诺的使命性制度。如果教师个体不善于自查、自省、自律,不情愿或者不能够将外在的道德要求内化为自身的道德素养,他们也就不能自觉地用师德规范来调整和改善自身的行为,也就无法真正提高师德水平,师德建设长效机制也就无法真正形成。这一制度必须有效地规定青年教师自学、自查、自律的相关要求,例如规定教师定期学习有关教师职业道德的文件材料,定期进行自我检查和自我剖析,并且上交自查报告和心得体会;制度还应当拟定青年教师师德自律宣言,要求每一位青年教师签订自律宣言,促使青年教师对师德修养产生一种使命性意识,进而培养教师的师德情感,坚定教师的师德信念,锻炼教师的师德意志,最终形成教师良好的师德行为。

(2) 加强自我学习,提升师德修养的自觉意识。教师的自觉意识对师德内化自律长效机制的形成和完善是十分宝贵的,有了自觉意识,教师才能在教育实践当中处处注意,利用一切机会锻炼和培养自身的师德品质,严格要求自己,陶冶高尚的师德品格;有了自觉意识,教师才能及时、虚心地改正已有的师德不良行为,举一反三,对师德失范行为防患于未然。培养青年教师的自觉意识就必须通过其对自身在师德建设中的重要性认识,充分提升其主体性意识来实现。青年教师在师德建设当中不仅是对象,同时也是师德建设的主体,其自我学习、自我教育和自我修养在师德建设长效机制的形成和完善过程中起着重要的主体性作用,青年教师应当明确自身的主体性意识,认识到自身在师德建设当中的重要作用,才能够意识到师德建设不仅仅只是体现在他们被管理、被要求、被强迫去遵守规范、履行义务,师德建设的最终目的是通过他律促使教师能够内化师德要求,真正形成自律。

(3) 引导自省自励,促进师德在实践中养成。自省自励,是指教师在自己的内心深处用师德标准来检查自己、反省自己,找出与师德标准不符合的思想和行为,进行自我批评,自我激励,努力改善自身的行为,使其逐渐符合师德的标准。自省自励的过程,是教师通过不断地调节心理活动并且调整身心出现的不平衡现象使得教师的个性、品德逐步完善的过程。青年教师的自省自励必须有针对性地时常解剖自己,加深对自己的了解和认识,找出自身存在的缺点和不足,并且认真听取领导、同事以及学生的批评意见,从而针对不足之处进行积极地调整和改进,必须自觉地依据师德规范和标准对自己的思想行为进行自我批评。除此之外,青年教师还应当注重"慎独"的修养。"慎独"是师德内化自律的极高境界,不可能一蹴而就,需要经过长期的修炼,逐步完善自我才能够达到的境界,因此,青年教师应当以此作为目标努力,自觉的教育、完善自己。实践是人类道德品质形成的基础,而师德正是在长期的教育实践中形成和发展起来的,师德在实践中的形成发展反映了客观的教育活动对教师所提出的思想行为要求。在师德内化自律的形成过程当中,从加强师德认识、培养师德情感、坚定师德信念、锻炼师德意志到形成师德行为习惯,自始至终都是在社会实践和教育活动当中完成。我们必须要求青年教师把师德认识付诸实践,并且将其化作自己的行动,再在实践当中对自身的行动进行反省和认识,促使他们更加热爱教育事业,最终能够从内心深处自觉地履行师德义务,自觉地完善师德行为,自觉地养成高尚师德。

参考文献:

[1] 廉思.高校青年教师思想状况调查[N].学习时报,2011-10-24.

[2] 王梦婕.调查显示高校青年教师自比为"工蜂"[N].中国青年报,2012-9-14.

[3] 朱建华,罗琴.云南大学副教授:教师全心全意投入教学是自我毁灭[N].长江日报,2011-5-22.

[4] 王梦婕.超六成高校青年教师认为做课题比给学生上课重要[N].中国青年报,2012-9-14.

[5] 王梦婕.超七成高校青年教师认为学术不端系评价制度驱使[N].中国青年报,2012-9-14.

[6] 檀传宝,等.走向新师德——师德现状与教师专业道德建设研究[M].北京:北京师范大学出版社,2009:94.

[7] 吕岚,林玉连.浅议网络时代的教师形象塑造[J].中国教师,2008,(23):41.

厚培师德师风　铸造基础教育软实力

湖南省东安县教育局

叶圣陶先生说:"教育工作者的全部工作,就是为人师表。"近年来,东安县教育局重师德、抓师德、强师德,培厚师德师风,铸造基础教育软实力,取得一定成效。2015年获得"全国师德建设实践与创新基地"、"湖南省教师教育宣传工作先进单位"、"湖南省教育厅教育阳光服务优秀单位"等国家、省市级以上荣誉奖项19个。我们的主要做法是:

一、读懂使命,强化责任,同心同力抓师德

县教育局立足本职读懂师德使命,强化责任担当,坚决贯彻《教育部关于进一步加强和改进师德建设的意见》,坚决落实县委、县政府教育政策,统筹全县各级各类学校,同心同向同力推进师德师风建设。

一是争取重视,营建师德建设大氛围、大环境。经过教育系统全力作为、奋力争取,县委、县政府把教育工作上升到富民强县重大战略的高度,县委常委会、县政府常务会议分别每年议教3次以上,教育投入力度逐年加大,全县一线教师工资年增长6.6%以上,大力实施《乡村教师支持计划》,全县教育经费投入近年来一直超过GDP4%的标准。2016年,新一届县委推行"扩容、安心、提质"教育工程,吹响全面建设教育强县、基本实现教育现代化集结号。"党委的方向就是前进的方向",在全县范围内营造了尊师重教大氛围、大环境。

二是凸显作用,强化局机关师德师风建设策划。做好师德建设制度顶层。建立健全了《进一步加强教师职业道德建设实施方案》,制订师德师风建设中长期工作规划及年度计划,把师德表现作为教师绩效考核、职称评审、岗位聘用、进修深造和评优奖励的硬杠杆,并严肃严格年度师德考核,实行一票否决。搭建师德建设平台载体。常年组织开展"四明星一功臣"评选活动,县财政每年安排资金50万元对全县明星学校、明星校长、明星教师、明星学生和重教功臣进行奖励。

三是优化师德建设微环境。学校是师德建设的主阵地。我们从培育新型师生关系、校园文化建设、培养教师道德自觉等多个维度,多管齐下抓师德。深入开展"爱职业、爱学校、爱学生""三爱"教育活动,凝聚师德师风正能量。抓实"师德师风建设年"活动,围绕社会主义核心价值观教育,赋予活动全新内涵和时代精神,打造师德师风建设升级版。

二、读懂时代,升级管理,建章立制抓师德

市场经济条件下,各种价值观兴起,尤其是重利取向给师德师风建设带来新的课题和挑战;社会进入数字时代,"九零后""零零后"作为数字原居民,与老师形成"代际鸿沟""数字鸿沟",构建教师亲和力、权威性面临巨大挑战。教育管理部门与时俱进,升级管理,建章立制,打造师德师风建设加强版。

一是注重党建引领。2012年以来,在全县各学校开展"星级党组织"、"星级党员"评选活动和"立德树人一校一品"党建工程,充分发掘学校党建资源,努力开展学校党建工作个性化、特色化创新,在创建党员明星教师工作室、创新"互联网+教育党建"模式等方面打造教育党建工作品牌,激励和带领广大一线教师争做有理想信念、有道德情操、有扎实学识、有仁爱之心的"四有"老师。

二是抓好校长关键环节。师德师风建设,校长是关键。为提高校长以德治校境界和水平,2016年,县教育局特别创设了"校长论坛"平台,每月举办一次。在活动中坐实校长责任主体,倡导和培育校长队伍的专业精神、担当精神和标杆精神,树立以德治校导向。

三是注重教师专业成长。2014年,投入1.8亿元在全省率先建成县级教师发

展中心,走研训一体化、理论与实践一体化道路,为全县教师大规模提高素质、学习实践创设了优质平台。疏通教师培训大渠道,先后邀请魏书生等国内教育专家、教坛名师86人到东安讲学、传经送宝,组织2 800多人次分期分批到全国各地名校参观学习,汲取先进经验。2012年至2015年,县财政教师培训经费支出分别达到310万元、320万元、360万元、420万元。注重特色发展。适应学生全面发展的要求,调整"教育指挥棒",将音体美教学纳入考核内容,提升教师的专业教学能力。

四是升级管理,做实师德师风考核评价。完善师德师风建设预警机制。打造教育阳光服务中心,每年发放教育连心卡12万张,完善学校、教师、家长、学生、网络"五位一体"监督机制,及时收集来自学生及家长、网络舆情等渠道的批评建议,及时预警和处置师德失范现象。健全师德师风测评体系。将师德师风建设情况纳入考核评价,采取教师互评、学生评教、家长参评的方式对教师进行民主测评、科学测评。实行校长师德师风建设第一责任人制度。根据师德师风建设情况考核结果坐实责任追究。五年来,因师德师风建设渎职撤换校长6人,处分涉及教育"三乱"教师35人,通过教育督导通报批评154名老师,通报表扬236名教师。

三、 读懂教师,注重创新,关怀关心抓师德

师德师风,教师是主体。读懂教师,关注教师合理关切,创新师德教育、师德宣传、教师激励、教师关怀,让师德建设在人性化、柔性化、科学化轨道上进行。

一是落实支持激励。对乡村教师住房公积金和各项社会保险实行全额兜底,并根据乡村学校的偏远程度给予乡村教师每人每月50—1 000元的生活补助,提升教师职业含金量。探索乡村教师终身荣誉制度,让吃苦者吃香,有名有位有利。

二是创新师德宣传。积极挖掘和宣传全国优秀教师、"湖南省最可爱乡村教师"吴才有、全省最美乡村教师蒋松山、兰旭霞、桂爱国等20名先进典型,将他们先进事迹和照片印制成新年挂历或编撰成书,赠发全县教职工,组建模范教师宣讲团,讲好师德模范暖新闻好故事。

三是实施温暖行动。募集社会捐款340万元,成立了教育基金会,基金会每年对全县贫困教师人均资助1—2万元,把集体温暖精准传导到最需要的家庭。全县每个

教职员工生日时,都以组织名义赠送一束鲜花和一个生日蛋糕,把组织的关心落实到生活细节上。县教育局每年组织一次全县青年教师联谊会,为农村青年教师搭建结亲交友、交流教育教学经验的良好平台。目前,已有 61 对教师在此牵手走进婚姻殿堂。

弘扬行知精神　抓好师德建设

南京晓庄学院

南京晓庄学院是伟大的人民教育家陶行知的教育思想发祥地、是陶行知师德理念的实践地。建校90年来,学校大力弘扬行知精神,践行陶行知生活教育思想,传承师德优良传统,采取各种有效措施抓好师德建设。

一、 弘扬"四种精神",传承师德优良传统

习近平总书记在视察北京师范大学,同师生代表座谈讲话中引用陶行知的"捧着一颗心来,不带半根草去""千教万教教人求真,千学万学学做真人""出世便是破蒙,进棺材才算毕业",提出了好老师的"四有标准",这与学校一贯秉承的行知精神相一致,与行知师德理念十分吻合。随着办学规模的不断扩大和办学水平的不断提升,学校不断赋予行知精神以新的时代内涵,不断丰富其师德学说,践行其献身精神、师表精神、大爱精神和创造精神。

1. 弘扬献身精神,做不忘初心的良师

学校是中国近代乡村教育的发轫之地,陶行知以乡村教育为己任,在旧中国为救贫困的农民孩子于水火之中,毅然脱下西装,一手执鞭、一手挥锄,播撒教育救国的理念。他鞠躬尽瘁、为国为民的献身精神,一直是晓庄人团结奋进、砥砺前行的强大动力。

2. 弘扬师表精神,做教人求真的人师

陶行知认为,"教人求真"是教师的职能,"学做真人"是教师的使命。教师只有"学做真人"才能真正"教人求真",这样,教师就必须有明确的师德意识和良好的人格素养,达到"人师的地步"。

3. 弘扬大爱精神,做以身传教的导师

陶行知以"伟大的人民教育家"名世,其一生在困苦局面下矢志不移推进大众教育,其志坚情满,无私投入,"爱满天下"更塑起一座师德丰碑。教师不仅是知识的传播者、创造者,更是学生学习、生活乃至人格养成的导师。

4. 弘扬创造精神,做开拓创新的能师

陶行知是具有远见卓识,勇于实践,勤于探索,富于创造精神和开拓精神的一代师表。创造精神及其创造思想是他生活教育理论体系定库中的精髓,也是师德思想的重要内容。

二、立足"四个抓好",突出师德实践养成

学校党委在师德建设中坚持把教师的思想政治建设和道德品质教育放在首位,积极引导教师树立正确的价值观。

1. 抓好制度建设,规范引导师德师风

学校把制订并完善有关师德建设的各项规范及其评估指标体系的过程作为统一思想、提高认识、形成共识的过程。先后讨论出台了《南京晓庄学院教师师德规范和职工道德规范》《南京晓庄学院教师教学工作规程》《南京晓庄学院教学事故认定及处理办法》等文件,印发《师德手册》《师德警示录》,这样就为师德规范的确立和实施奠定了坚实的思想和群众基础。

2. 抓好入职培训,汲取行知高尚情操

学校重视新上岗教师的入职培训,坚持以教师职业道德修养为培训的主要课程,

关心和帮助青年教师,组织新教师参观行知园,拜谒陶墓,进行入职宣誓,汲取陶行知先生"爱满天下"的高尚情操;邀请优秀教师与新教师面对面共话人生理想与职业道德;为每一位青年教师配备一位德才兼备的专业发展导师。

3. 抓好岗位实践,增强优质服务意识

学校强调全体工作人员立足本职岗位,践履职业道德。教师要严谨治学,严格执教,关爱学生、教书育人,为学生的成长成才提供全面帮助。机关职能部门要改进工作作风,增强服务意识,为教师的教学科研工作提供服务,"共产党员示范岗"活动开展以来,首问负责制、承诺践诺制等一站式服务师生的举措深受好评。与教师工作和生活密切相关的图书馆、医务室、后勤等部门坚持定期开展"创优质服务、建文明窗口"活动,为教师的工作和生活提供优质服务。工会、学校教代会、院部二级教代会依法维护教师的合法权益,为教师排忧解难办实事。

4. 抓好评价考核,强化激励约束效果

教师工作的直接对象是学生,教师师德表现如何学生最具评判权。学校定期召开学生评教座谈会,发放学生评教测评表,是对教师师德表现进行阶段性考核测评的渠道。结合教师的岗位聘任,要求教师每年进行一次认真的自我总结,院部考评委员会每年对教师的履职情况特别是师德表现进行一次综合测评,并据此进行奖惩,以强化激励和约束效果。学校每年开展评选师德先进个人、师德先进集体、"我最喜爱的教师、辅导员(班主任)、管理服务人员"活动。

三、坚持"四个结合",拓宽师德培育途径

高校师德建设是一个长期化系统性工程,需要多部门、学院通力合作,齐抓共管。南京晓庄学院师德建设责任明确,学校精神文明建设委员会一直承担着师德建设的指导职能,具体负责学校师德建设工作的总体部署;党委宣传部作为校党委负责宣传思想工作的职能部门,牵头协调师德建设工作;各学院党政负责人是二级学院师德建设的责任人,承担二级学院师德建设工作的领导责任。在师德建设中,学校坚持做到以

下"四个"结合,不断拓宽师德教育途径。

1. 把师德建设与党员教育和基层服务型党组织建设结合起来

学校明确提出把党员所在的岗位建成师德建设示范岗、通过党员承诺践诺评诺,提升教师良好形象。各党总支也围绕师德建设积极开展了各具特色的教育活动,从而使师德建设在组织上有了骨干队伍的保证。

2. 把师德建设与教育教学管理结合起来

师德建设既集中体现在高校教学科研中心工作上,也是对完成中心工作的有力支撑,必须通过建立规范要求、加强考核监督等行政手段来切实推进师德建设,使其落到实处。为此,学校把师德建设纳入教学管理的全过程,建立了校院两级教学视导组织,定期对教学工作进行专项检查,并结合每学期期中、期末的教学检查开展学生评教活动,从而使师德建设在过程上有了长效管理的载体。

3. 把师德建设与思想政治教育研究结合起来

学校认为加强师德师风建设,必须以先进的理论为指导,积极探索师德形成的规律,正确把握加强建设的科学方法。学校紧紧抓住学校思想政治工作研究会这个群众性的学术团体,几年来会员自选课题开展了一些研究,并申报了省级以上社科课题。学校组织会员就辅导员、班主任在大学生德育中的作用开展专题调研,从中找出师德建设方面的不足,并提出解决问题的对策。还通过思政研究会年会形式组织论文交流,从理论和实际结合的角度进一步推进师德建设的理论研究,从而使师德建设在理论上有了科学研究的指导。

4. 把师德建设与创建幸福、快乐从教生涯的生态环境结合起来

学校认为,加强师德建设,不仅要对教师提出要求,也要帮助教师创造达到这些要求的条件,从教师工作和生活实际出发,切实关注教师的利益需求,把师德建设工作同解决教师的实际问题结合起来,使其多有用武之地,少担后顾之忧。近几年来,学校通过深化劳动人事制度改革,调整奖金分配政策,鼓励中青年教师在教学科研上脱颖而出,使一部分教学骨干在政治上得到荣誉的同时也在经济上得到实惠。

传承先贤遗风　打造师德品牌

北京实验学校

    北京实验学校原名香山慈幼院,是一所百年老校,由民国总理、著名慈善家、平民教育家熊希龄先生创办。

    "百年大计,教育为本。教育大计,教师为本。国家繁荣、民族振兴、教育发展,需要我们大力培养造就一支师德高尚、业务精湛、结构合理、充满活力的高素质专业化教师队伍,需要涌现一大批好老师。"正如习近平总书记所说,师德建设是学校工作的基础,下面我将我们学校此项工作的思考与实践和大家进行分享。

一、传承先贤遗风,凝结学校精神

    1920年10月,熊希龄先生将自己全部家产捐出,在北京香山静宜园创办香山慈幼院,收容灾后无家可归的儿童,免费提供教育。熊院长极尽自己的能力,让贫困的孩子享受到当时最新式最先进的教育。毛泽东同志曾这样评价熊希龄:"一个人为人民做好事,人民是不会忘记他的,熊希龄是做过许多好事的,是一个大好人。"熊院长为我们今天的教育改革、特色办学提供了优秀的经验,更重要的是他用他无私的大爱,完美地诠释了"师德"的精髓,为我们每一位后继者树立了榜样。

    所以,我们集合教师智慧将"忠诚教育、关爱学生、教书育人、为人师表、严谨治学"确定为我校教师的核心价值观。忠诚教育是指忠诚于党和人民的教育事业,甘为人梯,乐于奉献;关爱学生是指关心爱护全体学生,尊重学生人格,公正对待学生;教书育人是指遵循教育规律,实施素质教育,促进学生全面发展;为人师表是指坚守高尚情操,淡泊名利,自尊自律;严谨治学是指崇尚科学精神,诚实守信,终身学习,不断提高专业素养和学术水平。

学校教导处还向全体教师征集了"德高为师,身正为范"的感悟心得,编著了《北实铭言》,给每位教师以警醒、激励,进而凝结成一种学校精神。

二、建立长效机制,打造师德品牌

师德建设是一项系统工程,《国务院关于加强教师队伍建设的意见》明确指出,要"建立健全教育、宣传、考核、监督与奖惩相结合的师德建设工作机制"。

首先,加强师德宣传教育。我校以《教师职业道德规范》为准绳,以魅力人物评选为载体,通过开展签订"师德承诺书"、"师德演讲比赛"等主题教育活动,树立师德典型,用身边的人、真实的事激发全校教师教书育人的积极性,为全校教师树立学习的榜样,引导广大教师敬业爱岗、乐于奉献、为人师表、教书育人,塑造教师的良好形象。

其次,健全评价和激励机制。我校将师德考核纳入《教师岗位绩效考评》范畴,激发广大教师不断锤炼师德的内在需求,营造师德建设的浓厚氛围。考核内容按职业道德规范要求,在爱国守法、为人师表、爱岗敬业、关爱学生、教书育人、终身学习等6个方面细化,对教师违反师德规定的行为提出了明确的界定,且保证了教师申诉的权利,最终建立师德档案记录考核结果。

第三,落实监督和奖惩制度。完善学校、教师、家长、学生、社会"五位一体"的师德监督网络,定期调查了解教师思想和心理状况,坚持解决思想问题与解决实际困难相结合,建立面向教师、家长、学生、社会的意见箱、投诉电话等监督举报渠道和反馈平台。凡师德考核优秀者,才具有参与表彰奖励资格;凡师德考评不合格者,实行"一票否决"。

我们将以"全国师德实践与创新基地"建设为契机,加速完成学校师德品牌建设,让每一位北实教师成为"打造中华民族'梦之队'的筑梦人"。最后用曾军良校长的一段话作为结束语:我们的教育要给孩子无私的高尚的爱,让孩子们在爱中奋勇前行,而我们的教师也因此过上一种完整而幸福的教育生活。追求高尚而幸福的教育生活,我们在路上……

实践为途 理论为根 特色创新 不断求索

张 勤

(江苏第二师范学院)

自挂牌以来,江苏第二师范学院注意在师德实践创新方面做努力。

一、结合师范院校特点加强师德实践基地建设

1. 立足院情,强化师德建设

江苏第二师范学院有70%以上的师范专业,主要为基础教育培养合格教师、卓越教师,培养、培训骨干教师、特级教师等,被称为人民教育家、特级教师的摇篮。

目前,在校学生8802人。其中师范生6312人,占71.7%。毫无疑问,大多数师范生将来主要从事育人工作。这样的校情和学校发展史让师范人感到肩上的担子沉甸甸的:如何让师范人有好的师德;如何破解师德难题;如何创新师德实践,让师范人无愧于社会和家长的期待。

为此,校党委、常委召开专题研讨会,研究二师院师德建设问题。目前学校结合章程制定、制度修改和各种委员会的改选等,把师德问题列入其中,作为重要内容以章程和制度形式规定,通过各种委员会落实。

作者简介:张勤,江苏第二师范学院副院长、教授,主要从事思想政治教育工作。
E-mail:l:Zhangjy_2005@163.com

2. 面向社会,进行师德实践探索

在教育面临综合改革的今天,越是改革的深化、教育的现代化和国际化,越需要开展师德建设工作。我们以中学为依托,通过校内校外联动,促进师德建设的深化,向校外延伸,辐射社会。目前,我们利用江苏省教育干部培训基地和教师培训基地,面向全国和全省开展师德专题研讨、培训,使师德建设在顶层、校长层面和特级教师、骨干教师层层面进行调查研究和专题研讨。已做的问卷调查范围有苏北农村骨干教师、苏南特级教师、西部农村教师;还做了一定代表面的师德问题访谈录。一线教师的师德状况、师德问题、师德见解都是进行师德实践和进行师德理论问题研究的重要资源。另外,我们还利用江苏省教育科学研究院和校内教师发展研究中心平台发布师德问题研究课题,开展专项研究。

3. 面向师生,落实师德行动计划

(1) 教师上岗第一课

学校将师德师风专题作为新进教师"始业教育"的第一课。除了专题讲座,还为新教师配备职业导师,实行"以一带一"制度。党员教师、骨干教师发挥示范作用。目前,二级学院都挑选了德高望重的具有高级以上职称、教学经验丰富、教学效果好的教师与新教师结对,帮助新进教师增强"立德树人"的意识,提高育人能力和水平。

(2) 身边榜样的效应

"我最喜爱的老师"、"三育人"标兵、"教书育人先进个人"、"教学、科研双优奖"等评选,浓郁了"立德树人"氛围,他们释放的正能量是师德建设的效果。如,数科院院长徐新萍、教科院王铁军教授等多次获得江苏省优秀教育工作者、全国优秀教师。他们是身边的榜样,也是师范人的骄傲。

(3) 开展教师核心价值观研究

承担的教育厅重大课题《当代教师核心价值观研究》自2014年9月出版以来,被入选教育部思想政治教育研究文库。此外,学校党委书记李洪天被任命为新一届"陶行知研究会"会长。全院师陶、研陶活动深入推进了陶行知教育思想的研究,也弘扬了新时期"师德教育融入生活、在生活中陶冶师德精神"的师德实践理念。

(4) 师德考核的新导向

学校制定了《关于建立健师德建设长效机制的实施意见》、《江苏第二师范学院学术道德规范实施细则》、《江苏第二师范学院教师教学工作年度考核办法》、《江苏第二师范学院二级院(部)考核办法》等新规章。近年来,学校引进人才除考察其学历、职称、业务能力等基本条件,更注重教师的政治素养、师德素养的考察。总之,师德成为年度考核、职务聘任、派出进修和评优奖励的重要条件,"师德一票否决"成为实在的行动。目前,因师德考核不合要求而劝其改行的有两人。通过这些考核,校园内日益涌现出一批"德""才"双馨、"德""艺"双馨、"德""技"双馨的好老师。

二、 面向未来,不断创新师德特色

师范院校的育人效果需要从人才的质量方面去检验,需要从师德的高度去衡量。当前,构建"立德树人"的教育体系显得很重要。江苏第二师院做到:

1. 以特色课程为载体,加强师德理论武装

(1) 思想政治理论课是师德教育的主渠道。我们有师德教育专题,有德主题系列活动,有师德实践问题探讨,促进师范生职业认同。

(2) 师德模块的设置是师德教育的重要载体。根据教学计划和教学大纲进行理论讲授和案例教学,有利于加强师范生师德教育的认同。

(3) 通识课程的开设是师德教育立体化的关键。目前,我校开设了富有特色的教师教育通识课程。如:面向一、二年级的师范生开设名特教师成长系列课程;面向二、三年级的师范生开设名特教师教育教学思想系列课程;面向三、四年级师范生开设基础教育改革系列课程。

(4) 根据全校女大学生比例71%和女教师比例达51%特点,全校开展了"弘扬师德,展示女教师风采"活动,为塑造大学生健全人格提供了特殊的资源和文化环境。

2. 以实践教学为途径,加强师德教育的体验

(1) 走近大师、名师

一是坚持让学生和大师、名师对话。邀请省内外(以省内为主)基础教育和学前教

育的名教师、特级教师和基础教育改革研究领域的专家为师范生低年级学生举行系列讲座,让名教师、特级教师给师范生现身说法,让师范生聆听其成长故事,亲身感受名特教师"风范"。二是坚持让学生讲师德故事。组织学生收集、整理大师、名师的师德故事,并讲述大师、名师的生动故事,提高他们自我教育的能力和水平。

(2) 利用平台开展师德教育

江苏是教育大省,优质教育资源比较丰富。一是利用本校的"中国陶行知研究会"平台,为学生开设"陶行知教育思想研究"课程,让学生体认教师的师德精神。二是利用学校申报成功的省级智库平台"教育现代化研究院",研究思考教育现代化与师德现代化问题。三是组织学生在学校的"石城讲坛"上与名师、大师对话、互动,感受大师、名师的师德风范和人格魅力。

(3) 在创新中增强师德教育的获得感

学校设立了大学生创新基金项目如,"苏派教育名家研究"专题,鼓励大学生研究名家的教育思想,感受其高尚的师德。

学校牵头组织的实践教学探索,使师范生师德教育取得了明显的效果。在大学生中开展的"教师美德"征集中,学生对关爱、真诚、责任、奉献等关键词高度认同。为此,有的开展专题调研;有的让学生顶岗实习;有的利用假期走访。这些实践教学活动让师范生在实践中体验师德对育人的意义。有的院系让高年级学生设立校外导师制,拜师学徒,全面感受师德、师能、师风的重要。这些学生走上工作岗位适应性强,受到好评。每年的六城区小教、学前教师入职考试,第一名的大部分是我校毕业生。

作为面向基础教育、功能完备的教师教育管理服务体系的师范院校,先后培养了包括江苏四分之一的教师、四分之一的人民教育家培养对象和一大批中小学特级教师等在内 20 多万师范人才。

三、关于师德实践基地建设的设想

1. 理论与实践的结合

师德实践需要理论指导,更需要实践。一是从实践到认识。来自一线教师的师德工作是师德理论建设的主要来源,要把访谈内容整理提炼。二是以问题为导向,针对师德实践中存在的问题,逐一破解。三是在实践的基础上,将师德实践工作体系化,使师德实践从实践到认识,有理论指导,从认识到实践,在实践中检验理论、发展理论,再实践、再创新、再实践、再发展,促进师德实践取得新的成果。

2. 职前与职后的融合

抓好在职师范生的人才培养。学习课程知识,更要践行师德理论。以师范文化影响大学的成长和发展。让党的教育方针在新时期的教师教育结出新的果实,促进大学生德、智、体、美、劳全面协调发展。抓好职后教师的培训,让教师在提高技能的同时,提升教师的师德修养和育人境界。保持职前与职后的师范教育畅通、融通。

3. 民间与政府的互补

根据国情,完全民间化的推进,师德工作有一定难度;完全政府化的指令,师德效果不太明显。民间操作,政府支持。一个事关国计民生的师德建设工作需要堂而皇之、大大方方、大张旗鼓地开展工作。如,师德成长、发育的环境因素;师生关系和谐的可能性问题、家庭教育的伦理观、农村教师职业幸福感等,需要全方位关注。有政府的支持、推进,师德建设的步子会迈得更强劲,有基层民间的回应,师德建设会接地气、效果更好。

师范教育之路,亦是师德实践探索之路,我们的探索永远在路上。

师生关系与师德评价研究

"以分为本"的学习评价价值观：价值分析

王中男

（上海师范大学知识与价值科学研究所　上海师范大学教育学博士后流动站）

自1977年恢复高考制度以来，"以分为本"的学习评价价值观已逐渐生成。基于文化分析框架①的四个维度来审视，我们会发现：该价值观在"思想观念"维度上表现为"以分数论英雄"；在"行为方式"维度上表现为"为高考而行动"；在"民族心理"维度上表现为"以分数为本，惟考试而重"；在"社会制度"维度上表现为"从只看'冷冰冰的分'到关注'活生生'的人"。总而言之，"以分为本"已成为我国当前学习评价价值观的基本取向。

那么，我们究竟应该怎样审视这种价值观？笔者拟尝试基于"价值批判"、"价值辩

基金项目：上海师范大学校重点学科"教育评价学"研究成果之一；中国博士后科学基金第58批面上资助项目"学习评价价值观的转变研究"（2015M581639）的研究成果之一

作者简介：王中男，教育学博士，上海师范大学知识与价值科学研究所助理研究员，上海师范大学教育学博士后流动站博士后，主要从事课程与教学论研究，研究方向为学习评价价值观、课程评价文化。

E-mail：youyougu_841215@126.com/wangzhongnan@shnu.edu.cn

① 分析文化需要借助一定的文化分析框架，而文化分析框架如何得来则需要倚重于对文化的认识。笔者认为，文化是一种"历史地凝结成的生存方式"，它体现为人的生活方式和社会运行机制，因而，可以从"人的生活方式"和"社会的运行机制"这两个维度来分析文化。从"人的生活方式"的维度来看，文化可表现为内隐的思想观念与外显的行为方式；从"社会的运作机制"的维度来看，文化可表现为隐性的民族心理与显性的社会制度。故而，"思想观念、行为方式、民族心理、社会制度"，可构成文化的分析框架。

护"的双重维度,实现对"以分为本"学习评价价值观的价值分析。

一、追逐功利,导致应试:对"以分为本"学习评价价值观的批判

以下篇幅,笔者拟先从"分数的背后是什么"这一问题入手,指出分数表象背后的实质是功利主义价值观;继而指出"以分为本"体现功利主义,功利主义导致应试教育,应试教育引发诸多问题,以此实现对"以分为本"学习评价价值观的价值批判。

1. "分数"的背后是什么:从"表象"到"实质"

我们不禁想追问,分数的背后究竟是什么?

本文认为,"分数"表象的背后隐藏着更为深层的"实质"——功利主义价值观。那么功利主义价值观是怎么体现的?这一价值观以"终极性目的、过程性途径、结果性途径、表象性结果"为框架展现了其运作机制,以"资本、知识、考试、分数"为载体实现了其运作路径。具体而言,"以分为本"学习评价价值观背后的"终极性目的"是获取社会资本,具体表现为获取社会资格和社会资源,这无疑是功利主义价值观的体现;这一功利主义价值观实现的"过程性途径"是依靠"知识",即通过掌握知识来获取社会资本;这一功利主义价值观实现的"终结性途径"则依靠"考试",即通过考试来检测知识的获取程度;这一功利主义价值观形成的"表象性结果"则是"分数",即以分数这一形式来表现考试结果。故而,以"资本、知识、考试、分数"为关键词的"学习的最终目的是获取社会资本,获取社会资本的前提是掌握知识,知识掌握与否的检测途径是考试,考试结果的表现形式是分数"这一思维逻辑,向我们清晰呈现了"分数"表象背后的"实质"——功利主义价值观。

(1) 终极性目的:获取社会资本

"以分为本"学习评价价值观的终极性目的是"获取社会资本"[①],而"获取社会资本"正是功利主义价值观的一种体现。

其实,当前"以分为本"学习评价价值观将"获取社会资本"作为其终极性目的,有着深厚的历史渊源。自古以来,读书人考试入仕的主要目的就与获取社会资本有着莫

[①] 这其中的"社会资本"又可以进一步细化为"社会资格"和"社会资源"。

大的关联。如其目的指向于"修身、齐家、治国、平天下",那么这一目的的实现前提即获取一定的社会资本;如其目的指向于"追求功名利禄、享受荣华富贵",那么这一目的的实现本身亦即获得社会资本的表征。可见,无论古代学子读书入仕的目的何在,"获取社会资本"都是一个必经的途径,是一个绕不开的话题。此外,无论古代学子读书入仕的目的为何,这一目的的实现都得通过"刻苦读写、参加科考"这一基本途径来实现,而这一目的的实现过程亦是读书人获得社会资本的过程。唯有通过科举考试,读书人才能获得"入仕"这一社会资格;而只有获取社会资格之后,其才能继而收获相应的社会资源。

而今,历史又在现实中重演了一遍。"以分为本"学习评价价值观背后所隐匿着终极性目的,依然指向于"获取社会资本";终极性目的实现的基本途径,依然是"刻苦读书、参加考试",只不过这其中的"读书",不再是"四书五经",而指向于"语文、数学、英语、政治、历史、地理、物理、化学、生物"各学科;这其中的"考试"不再是"科举考试",而指向于"高考"以及唯高考马首是瞻的基础教育领域内的各学科考试。这其中所内隐的思维逻辑,是显而易见的:只有通过读书学习,才能获得知识;只有拥有知识,才有实力参加考试,才有资格取得高分;也只有取得高分,学习者才能脱颖而出,才有机会获取继续接受优质高等教育的资格;而只有拥有了这一资格,学习者才能出类拔萃,才有资格享受与一定社会资格相对应的社会资源;亦只有获取这些社会资本,学习者才有资格在社会等级结构中向上浮动,出人头地,成为人上之人。

(2)过程性途径:以知识来获取社会资本

"以分为本"学习评价价值观之终极性目的的实现的过程性途径,是通过掌握知识来获取社会资本。其实,通过掌握知识来获取社会资本,既是一种内在途径,亦是一种过程性途径,而且是一种必经的途径。

古往今来,"掌握知识"从来都是"获取资本"的必要条件。古时科举时期的学子为通过科举考试而获取社会资本,需得掌握大量的知识,这一点我们从科举考试的范围和内容,即可看出。以明清时期为例,该时期科举考试的考试范围是儒家经典,考试内容是"四书"、"五经"。"四书"指的是《论语》、《孟子》、《大学》和《中庸》,"五经"指的是《诗经》、《尚书》、《礼记》、《周易》和《春秋》。此外,考生还需参考程朱理学的《五经四性理大全》》^①这一注疏，在答题时遵循八股文^②这一标准文体。上述种种仅是极具针对性的考试范围和内容，我们可想而知，考生自幼及老为准备和参加科举考试又该积淀多少丰厚的知识储备。

时至今日，"通过掌握知识来获取社会资本"依然是学习者实现目标的必经之路。现今学习者为通过高考而获取社会资本，亦需掌握大量的知识，这一点我们可从高考的范围和内容看出。相较于古时的科考，现今高考的范围和内容无疑宽广了许多。其一，考试范围。如果说科举考试的考试范围仅仅聚焦于儒家经典，那么高考的考试范围则可说是需"上知天文，下知地理"，最好是无所不知。其二，考试内容。如果说科举考试的考试内容仅仅指向于"四书五经"，那么高考的考试内容则扩大化为"语数外、政史地、物化生"，"四书五经"只能说是"语文"学科考试里面的一个点而已。由此可见，现今学生为参加高考、获取社会资本，需得学习和掌握多少知识。再遥想这18年间，为了给高考夯实知识的根基，学习者从学前到高中，从课内到课外，又该学习了多少相关的知识？由此，现今学生为在高考中取得好成绩而学习的知识容量，可见一斑。

综合古今，只有通过勤奋不懈的读书、刻苦认真的学习，学习者才能获得真正的知识。唯有拥有知识这一武器，学习者才能在竞争性考试中击败对手，脱颖而出；唯有拥有知识这一资本，学习者才能在选拔性考试中取得高分，崭露头角。由此可见，掌握知识是学习者获取社会资本的必要条件、必经之路，亦是内在途径、过程性途径。

(3) 结果性途径：以考试来检测知识

"以分为本"学习评价价值观之终极性目的实现的终结性途径，是通过考试这一基本方式来检测知识的掌握程度。其实，以考试这一方式来检测知识的获得，既是一种外在途径，亦是一种终结性途径，而且同样是一种必经的途径。

---

① 《五经四书性理大全》是程朱理学注释"四书五经"的汇辑本。
② 八股文是明、清科举考试的标准文体。作为一种文体，八股文由宋代经义发展而来；至元代，由于考试内容局限于"四书"、"五经"，故加速了八股文的形成；至明成化之后，经义文体愈发趋向程式化和标准化，于是，一种专门用于科举考试的文体——八股文，应运而生；到了清代，八股文走向极端，已然失去了其考察考生知识和能力的初衷，而堕落为一种形式主义的文字游戏。那么，究竟何为八股文？八股文主要分为两部分，第一部分是引论，包括破题、承题、起讲、领题；第二部分是正文，包括起股、中股、后股、束股。由于八股文题目只能在"四书"、"五经"范围内给出，且文字必须规范在八股文体的形式中，所以八股文日益僵化，走向了空洞的形式主义，通过八股择选贤士的初衷难以实现了。此段引自：王中男，《考试文化研究》，华东师范大学博士学位论文，2012：39—40。

从古至今,考试都是检测知识掌握的主要和重要方式。古时科举时期的学子为了"入仕"从而获取社会资本,就需要通过科举考试这一必经之路。然而科举考试并非一次考试就可结束,作为一个庞大的系统选官工程,其运作体现为分层级考试,这一点我们可从其考试程序上得知。以明清时期为例,该时期科举考试的程序步骤依次是"童试、乡试、会试、殿试"。亦即,考生只有经过了"童试"这一预备性考试,才有资格参加"乡试"这一省级考试;通过了"乡试"这一省级考试,才有资格参加"会试"这一中央级考试;通过了"会试"这一中央级考试,才有资格参加规格最高的、由皇帝亲自主持的"殿试"。而且每一层级的考试亦非一次考试就可结束,如乡试和会试均需连考三场,每场三天,共计九日。无疑,考生获得上层级别考试资格的前提是通过了这一层级别的考试,而通过这一层级别考试的前提,则是掌握了必要的知识。由此可见,在科举时期,科举考试是考生进入仕途的基本途径,亦是王朝政府检测考生知识掌握程度的基本手段。

迄今为止,考试依然是检测学习者知识掌握程度的重要方式和主要手段。与古时科举时期何其的相似,现今时期的学习者为了获取社会资本,亦需要经历数次大型的考试——中考、高考、硕考、博考等。而在这些重要的考试中,尤以高考为最。于考生而言,通过高考、取得高分、上好大学、找好工作,的确能够改变一个人的命运;于高校而言,通过高考,的确能为高校选拔出适合接受高等教育的学习者,能为高校选拔出适合在某一专业领域继续接受专业教育的学习者。故而,高考的确是以知识掌握程度来甄别和选拔学习者的一种非常重要的方式。除却高考这种高利害性的选拔性考试之外,普通级别的课堂测试、日考、周考、月考、期中期末考试等考试,亦是检测学习者知识掌握情况的有效有段。因为考试作为评价的一种方式,除却甄别、选拔功能,其亦有检测学习者知识掌握情况的诊断性功能。而考试的这一诊断功能,无疑能够检测出学习者知识掌握的深浅程度和基本情况。

(4)表象性结果:以分数来表征考试

"以分为本"学习评价价值观之终极性目的实现的表象性结果,是以分数这一形式来记录考试结果,以分数这一形式来表示考试成绩。

学习质量的优劣可通过考试结果视之,考试结果的优劣则可通过考试成绩视之,这已是古今以来的普遍共识。所不同的是,考试成绩的表现形式在古今存有差异。

以古时科举时期为例,科举时期考生考试成绩的表现形式主要是等级制。具体而言,自隋朝创建科举考试制度以来,考生就逐渐开始重视考试成绩。到了唐朝,科举考试成绩开始以"等级制"[①]形式出现。自此之后,从唐至清(不包括清末1902年之后的)这一整段漫长的科举时期,科举考试成绩的表现形式一直未出"等级制"其右。

直至清末1902年,这种情况才发生了转变。1902年(清光绪二十八年)清政府颁布的《钦定学堂章程》中规定:"评定分数以百分为满格,通过各科平均计算,每科得60分者为及格,不及60分者为不及格。"[1]自此之后,"百分制"开始出现在人们的视野中,并且再也未与我们远离过。即便在政局动荡的民国时期,百分制依然在文官考试制度中得以了极大的运用。

1949年新中国成立后初期[②],虽然我们曾一度舍弃"百分制"这一考试评分制而选用前苏联的"五分等级制",但这一时期并未持续太久,仅到了20世纪60年代便已恢复了"百分制"。甚至在整段文革期间,"百分制"考试评分制亦未中断,而是一直沿用着。自1976年恢复高考制度以来,"百分制"考试评分制更是迎来了春天。到了80、90年代,百分制的变异形式——150分制度更是在我国一度风行。可以说,高考制度恢复以来就迎来了"分数制"的黄金时期。进入21世纪以来,若不是由于"分数制"所间接导致的应试教育与我国政府在新世纪所欲深化的素质教育相悖,"百分制"这一公正、客观、有效的考试评分制,很难会被政策所逐步抑制。然而我们还应看到,虽然从2001年、2002年到2013年,小学成绩评定发生了从"应实行等级制"到"全面取消百分制"的政策导向上的转变,2005年亦作出了"高中录取用的考试成绩应以'等级'形式呈现"的政策规定,可是,"百分制"不仅没有立即淡出了公众的视野,反而早已汇聚为"分数本位"的价值观,体现于人们的思想观念和行为方式上,并且早已深深内隐于民族心理中,牢不可破,坚不可摧。

纵观考试评分制的历史演变,我们会发现,自1902年"百分制"评分方式进入我国视野以来,百余年间始终相伴,未曾远离。虽然20世纪50年代曾一度被暂停,进入21世纪后又屡遭政策导向上的转变,然而"等级制"的短暂出现始终无法撼动"百分制"的主体地位。而依附于"百分制"这一考试评分制出现的则是分数。故我们会看到,以分数来记录考试结果、以分数来表示考试成绩,不仅是百余年分数历史的惯性操作,更早

---

① 具体而言,主要表现为"等级制"、"合格制"、"等级+合格"三种形式。
② 主要指20世纪50年代。

已成为一种思想观念、行为方式、民族心理、社会制度了。可以说,"分数文化"已然在华夏大地上悠然生成并根深蒂固了。

综上所述,"以分为本"学习评价价值观的背后,隐藏着一种功利主义价值观:通过考试和分数来获取社会资本;获取社会资本的主要途径是掌握知识;鉴别和检测知识是否掌握的基本手段是考试;考试结果的表现形式则是分数。由此,以"资本"为核心的"终极性目的"、以"知识"为核心的过程性途径、以"考试"为核心的结果性途径、以"分数"为核心的表象性结果,共同构筑了"分数"表象背后的"实质"。

2. 价值批判:"以分为本"体现功利主义,功利主义导致应试教育
(1)"以分为本"的背后是"功利主义"

综上所述我们应该看到,追逐分数的目的在于获取社会资本,而获取社会资本正是功利主义价值观的体现。由此我们可以得出结论:"以分为本"的背后是"功利主义"。

"天下熙熙皆为利来,天下攘攘皆为利往",功利主义无所不在,更深藏于人性之中,教育领域亦如此。为了成为人中龙凤,拥有财富和权势、身份和地位,学习者必须获取社会资本;为了获取社会资本,学习者必须掌握知识;如何以知识来选拔人才,必然通过考试;考试结果如何为选拔服务,要看分数的高低。如此,为了获取社会资本,谁人敢轻视分数?受之功利主义的驱使,谁人敢不重视分数?所以我们会看到,为了追逐高分,无论个体还是社会,都趋之若鹜。

(2)"功利主义"导致"应试教育"

然而,这种功利主义却直接导致了应试教育。为了成为社会等级结构中的人上人,坐拥财富权势,尽享荣华富贵,个体就必须通过学习来获取社会资本。而社会资本的获取又兼需作为内在过程性途径的知识,以及作为外在结果性途径的考试。简言之,成为"人上人"需要社会资本,社会资本的获取有赖于知识的拥有,知识是否拥有则需要依靠考试来鉴别。故而,"能否在考试中取得高分"真切成为了个体实现其功利主义价值观的关键环节。

为了能在考试中取得一个好成绩、好分数,追逐高分一时成为了个体、学校、家庭、社会的奋斗目标和关注焦点。从个体角度来看,为了追逐高分,学习者无冬无夏、没日

没夜,只为了多学一些知识,以在考试中取得高分。从学校角度来看,为了追逐高分,学校曾一度陷入"片面追求升学率"的泥沼。而今"片追"的批评虽已不在,然而"高分"依然是每所学校都喜闻乐见的事情,"升学率"亦从来都是衡量学校①综合实力的重要指标。从家庭角度来看,在"望子成龙,望女成凤"的价值观引导下,为了让自家孩子在考试中取得高分,从小学到高中,家长付出了多少心血,难以计量。为了自家孩子能在高考中高分夺冠,家长恨不能将最好的人力、物力、财力都奉献出来,只求孩子好好发挥,考出好成绩,考出好分数。从社会角度来看,整个社会对分数已极为敏感。只要一提及考试,我们就会条件反射般地追问一句"考得怎么样"抑或"考了多少分",由此可见整个社会对考试结果的重视,以及对分数的高度关注。

由此可见,在功利主义价值观的引导下,整个社会陷入了"应试教育"的泥沼。不仅"考试"由"手段"一跃而成为"目的",整个学校教育亦以"应试"之为学校最大事项,甚至整个基础教育阶段都陷入了"考什么、教什么、学什么"的怪圈。

在这种"应试之风"的强力肆虐下,学习者的学习目的不再是增长本领、提高素质,而是异化为"应试";学校的头等大事不再是"促进学生素质发展",而是转变为"应试";家庭的生活重心不再是让孩子健康成长、开心学习,而是扭曲为"应试";社会的读书风气不再是围绕修身养性、陶冶情操,而是充斥着"应试"的紧张浮躁之风。

综上所述,"以分为本"、"追逐分数"这些表象的背后,体现着"功利主义"价值观这一实质。本来,功利之心乃人性使然,教育的适度应试倾向是可以被理解的。然而,在"考试"与"发展"这一"手段、目的"范畴中,当"应试"喧宾夺主,当"发展"本末倒置时,"应试教育"本身所存在的价值问题,及其所导致的诸多沉重的问题,都不值得再为其辩护,而需要逐一严肃批判了。

二、维护公平,兼具效率:对于"分数"的价值辩护

由于"分数"表象的背后隐藏着"功利主义"价值观,且该价值观导致了"应试教育"的出现,"应试教育"又引发了诸多问题,故而许多人毫不犹豫地将批判的矛头直指"分数",认为是"分数"导致了"应试教育","分数"是造成"应试教育"诸多弊端和恶果的罪

---

① 此处主要指高中学校。

魁祸首。针对这一普遍认识，笔者不得不对无辜的"分数"作以价值辩护。首先，"分数价值中立，其本身不导致应试教育"，这是我们对待"分数"应有的态度。那么导致应试教育的是什么呢？导致应试教育的是支配和操控"分数"的"功利主义"价值观，这一价值观表现在学习评价领域就是"以分为本"的学习评价价值观。其次，在这一应然态度下，我们还应看到分数所存在的价值：分数是维护考试公平的有力途径，分数是表征考试结果的有效方式。

1. 应然态度：分数价值中立，其本身不导致应试教育

由于"分数"的背后隐藏着"功利主义"价值观，而"功利主义"价值观又导致了"应试教育"，因而有人将"分数"与"应试教育"建立起了直接的关联，认为是"分数"导致了"应试教育"，"应试教育"又导致了诸多问题。故而认为，"分数"是万恶之源[1]，应对"分数"进行大肆批判。

笔者认为，对分数的横加指责和妄加批判是不对的。因为：其一，分数本身是价值中立的，不关涉任何价值色彩。其二，应试教育并不是由分数所导致的，与分数本身并无关系。其三，导致应试教育的是人们对于分数的态度和方式，是"以分为本"的学习评价价值观，是躲藏在分数背后的最深层的功利主义价值观。鉴于上述原因，我们不仅不应该对无辜的分数肆意批判，反而应该秉持理性的态度，看到分数的价值。

存在的就是合理的，分数存在的合理性正是其价值性的体现。那么，分数的价值是什么？我们可以从效率和公平两个维度加以审视。

2. 价值辩护：基于双重维度的审视

（1）效率维度：分数是表征考试结果的有效方式

从"效率"的维度来看，分数是表征考试结果的有效方式。

考试结果的表现方式主要有分数和等级两种方式，其中，"分数一直是世界各国最

---

[1] "可是为什么很多时候我们都会把分数和应试教育等同起来呢？而且总是把分数说成万恶之源呢？因为教师、学生、家长普遍认为读书就是为了分数，努力就是为了得高分；分数成为学生、家长、教师追求的唯一目标。为此，人们自觉或不自觉的就给分数打上了应试教育的标签；其次应试教育的唯一目标就是分数，过分追求分数，攀比分数，分数也就成了学生、教师和家长评判教育的全部内容和唯一尺度，导致很多人一提到分数就想到应试教育。"引自：陈从旺《分数＝应试教育？》. 教书育人·校长参考，2015，(7)：55.

常用的评定学生学业成绩的工具"[2]。从"操作过程"这一角度来看,分数无疑简单、便捷,具有实用性强、操作性强等优点;从"表现结果"这一角度来看,分数又清晰、明确,具有区分度高、对比性强等优点。故而,在学习评价领域,分数一直是"根深蒂固"的东西,被认为是"理所当然"的事情。[3]比如,有研究者就认为,作为考试结果记录符号的"分数"有着广泛的意义作用[4]:"一是考试记录作用;二是考生区分作用;三是人才评价作用;四是教学评估作用;五是教研参考作用"。

然而,由于在"目的"上将分数作为实现个体功利主义价值观的跳板,在"手段"上将分数作为学习者学习评价的几乎唯一方式,在"结果"上将提高分数、获取高分作为教与学的直接追求,故而,很多人将对分数的不合理使用所导致的"应试教育"与"分数"本身相等同,认为就是分数导致了应试教育,继而引发了诸多问题,认为分数就是罪魁祸首、万恶之源,因此对分数横加批判、大加指责。

这种对分数的集体无意识批判能有多严重呢?以至于前苏联教育家阿莫纳什维利所开展的"取消分数"教学评价改革实验,自推出伊始就引发了全民关注和国际反响。阿莫纳什维利在其《学校没有分数行吗?》一书中指出,分数是片面的评价结果,具有很大的危害性,并指出了分数的七大弊端。鉴于此,阿莫纳什维利主张"取消分数"。

但是对于该实验,我们应该看到:其一,取消分数不代表取消评价;其二,重要的不是取消分数这一形式,而是改变支配分数背后的功利主义价值观;其三,取消分数不等于否定分数,不等于我们可以否认分数的价值。其实,阿莫纳什维利本人也没有盘否定分数,其所否认的只不过是那种不公正、不恰当、不合理的分数。

故而在对分数漫天的批判中,我们应该始终保持一种科学、理性的审慎态度。既应看到误用分数所导致的应试教育恶果,又应看到分数作为考试评分制的重要方式所秉持的巨大价值,还应看到更为重要的是"使每个分数都具有教育意义,都成为学生前进的一种动力,这便是现代崭新的分数观,也是我们对分数所应采取的唯一正确的态度。"[5]

(2)公平维度:分数是维护考试公平的有力途径

从"公平"的维度来看,分数是维护考试公平的有力途径。

正所谓"考试时刻一决雌雄,分数面前人人平等",考试是维护教育公平的有力途径,分数则是保障考试公平的重要方式。

1) 考试是维护教育公平的有力途径

"一部中国考试史,实际上是一部中国人追求公平与效率的历史。"[6]"在考试选才方面,甚至可以说中国是一个过度追求公平的国度。"[7] 由于"考试的基本原则是公平、公正",因而,考试是维护教育公平的有力途径。从人才选拔制度这一角度来看,相较于先秦时期的"世卿世禄制"在制度起源上就与公平的绝缘、汉魏时期的"举荐制"①在制度执行中与公平的异化,以科举时期②的"科举考试制度"和新中国成立以来的"高考制度"为典型代表的"考试制度",可谓最大程度地以"考试"这一方式和途径,维护和保障了教育的"公平"。

① 科举考试制度:"有司考试,只在至公"

首先,"从隋唐至明清的科举时代,许多人将科举考试看成是一种'至公'的制度。"[8]唐宪宗元和三年(808),白居易在主持制科考试的复试时便言明选仕的标准——"唯秉至公,以为取舍"。[9]"唐宣宗大中元年(847)复试进士敕文也声称'有司考试,只在至公'。"[10]"到宋代,科举制已成为一种'至公'的制度。"[11]比如,北宋欧阳修就认为:"国家取仕之制,比于前世,最号至公。无情如造化,至公若权衡"[12]。到了明代,科举制已被人们视为天下最为公平的一种制度,甚至有这么一种说法:"科举,天下之公;科举而私,何事为公?"[13]到了清代,"科举制度为保证考试公平、防止作弊,其复杂严密程度更是登峰造极,可以说没有研究过科举制的人无法想象它的严密精巧,研究过科举制的人无法忘却它的严密精巧。"[14]对科举考试公平性的重视程度"远轶前代"的清朝,"不仅制定了严密性几乎达到滴水难漏地步的《钦定科场条例》,而且对科场舞弊事件刀挥斧砍,制造了一起起惊心动魄的科场惨案"[15]。甚至"元明清时期,各省贡院中都有一座名为'至公堂'的建筑,将'至公'理念具体化,也是考试公平性的象征。"[16]

其次,即便科举考试制度被废除后,依然不乏对其公平性的赞誉。比如,举人李蔚然认为,科举"亦有至善之处,则公平是也。"孙中山认为,科举制度不但合乎"平民政治",而且优过"民主政治",是"极端平等政治"[17]。胡适认为,科举制度"十分公正,是

---

① 具体而言,主要指汉朝时期的"察举制"和魏晋南北朝时期的"九品中正制"。
② 主要指从"隋初科举考试制度的创建"到"清末科举考试制度的废除"这一段历史时期。
  刘海峰. 高考改革中的公平与效率问题[J]. 教育研究,2002(12):80.

一个公正的制度"。费正清认为:"在一个我们看来特别注重私人关系的社会里,中国的科举考试却是惊人的大公无私。"[18]刘海峰认为:"科举是等级森严的封建社会中难得的一项具有公平精神的制度。"[19]

② 高考制度:公开、公平、公正

高考与科考何其的相似,如果说科举考试的"至善之处"是其"至公",那么高考的最值得称道之处则是其"三公"——公开、公平、公正。具体而言,"三公"指的是:考试起点上的公开选拔,考试过程中的公平竞争,考试结果后的公正录取。在我国这样一个关系社会、人情国家,拥有一项公平的考试制度是多么的重要。

从历史的视角来看,"在人才选拔过程中,由于受到'人情'与'关系'的制约,以'推荐+考试'作为运转机制的汉代察举制和魏晋九品中正制,最终沦落为豪门望族假公济私、植党营私的手段,终究没有逃脱出被世家贵胄牢牢控制的宿命,制造了'上品无寒门、下品无世族'的景象。文革时期废止高考,改用推荐,其结果是'走后门'之风愈刮愈烈,乃至'推荐'几乎异化为'走后门'的同义语,不仅失去了人才选拔应有的公平精神,而且导致了社会风气的衰败和道德的失范。"[20]也正因为此,当1977年恢复高考的文化考试时,全国人民"欢声雷动"、"奔走相告","570万考生满怀热望走进了期盼多年的考场"[21]。毫不夸张地说,"1977年的冬天,既成为一个国家和时代的转折点,也成为千千万万中国人命运的转折点。"[22]

而今,高考制度依然在追逐"公平"的改革道路上不懈前进着。自恢复高考制度以来,在这40年的时间里,国家已对高考进行了诸多改革,如招生体制改革、会考制度改革、考试方法改革、考试内容与形式改革、保送生制度改革、录取制度改革、高考移民改革、自主招生录取改革等。改革的最终目标都首先指向于"公平"①,改革之路可谓不忘"公平"之初心;围绕改革所引发的争论焦点亦指向于"是否公平",因为国人在考试方面向来是"不怨苦而怨不公"。从另一个角度而言,"自1952年高考建制以来,关于高考的争论就未休止过","而废除高考制度的呼声似乎更是从未消停过"。然而,即便"废除高考"的"振臂一呼"多么强烈、多么有感染力,高考制度依然稳健存在着。这是因为,首先,在我国这样一个注重"人情和关系"的社会,尤其需要高考这样一种"铁面

---

① 在"公平"的大前提下,才会兼顾"效率"。可谓,"首保公平,兼顾效率"。

刘海峰,等著.高校招生考试制度改革研究[M].北京:经济科学出版社,2009:111.

无私"的公平制度。其次,即便废除了高考制度,我们未必能找到一种比现今高考制度更加公平的选拔制度。其三,即便这种新的制度出现了,谁又能保证它在运行中不会产生比高考更加多的弊端和问题?也正因为此,高考虽然始终被批判,却一直存在着;而公众虽然一直指责高考,却始终相信高考。在将来,几乎可以预见,高考依然会在"公平"指引的改革道路上阔步前行着,而公平选才的高考制度依然会被民众所倍加珍惜着。

2) 分数是保障考试公平的重要方式

古往今来,考试之于公平的追求,可谓有目共睹。如果说科举考试的公平体现为"一切以程文为去留",那么高考制度的公平则体现为"分数面前人人平等"。"分数"无疑是保障考试公平的重要方式,我们可以从"人才选拔制度"和"考试评分制度"这两大视角来加以审视。

① 人才选拔制度:为何用"考试制度"而不用"举荐制度"?

在"有考试而不用考试、有分数而不用分数"的文革时期,由于废止了高考制度、取消了文化考试,而在高校招生和人才选拔中秉持"依靠推荐、不靠分数"的原则,其造成的严重后果是不仅"使高校招生的公平性受到践踏,公正有序的干部选拔工作亦被帮派林立、任人唯亲、任人唯派的混乱局面所取代,中国社会的发展水平因此严重倒退了若干年。"[23]而自1977年恢复高考制度的文化考试以来,以"考试"作为考生获取社会资本、改变自身命运的机会,以"分数"作为考试结果的公正且客观的表现形式,为国家选拔出了大量优秀的可造之才。

在这里,笔者并非刻意批判举荐制度而颂扬考试制度。然而,举荐制度和考试制度同为我国人才选拔的制度,为何这两项制度的执行在同一制度环境中竟产生了截然相反的两种结果?这是因为,我国既人口众多、优质资源稀少,又是一个关系人情社会。那么,在竞相争夺稀少优质资源的过程中,很难会不受到人情关系的干扰。也正因为此,初衷本非常好的举荐制度会在执行过程中完全异化,这一点我们可以从汉魏时期的察举制和九品中正制的最终异化看出,亦可以从文革时期取消高考制度而用推荐制度所造成的严重后果看出。故而,基于我国的特殊国情,基于公众对于公平的渴望,我们需要考试来维护公平,需要分数来体现公平。

② 考试评分制:为何用"分数制"而不用"等级制"?

"以考试来维护公平"已是一个无需争辩的普遍共识,那么从"考试评分制"的角度来看,分数制①和等级制同为考试评分制的两种方式,为何在高校招生选拔和学生学习评价中,更多地倚重于"分数"而非"等级"呢?从等级评分制本身的特点来看,其主观性强、模糊性强,评分过程空间大、不明朗,不如分数评分制客观性强、区分度高,评分过程划分细致、可比性强。简言之,等级制不如分数制更能体现对公平的追求。故而,在大规模、高厉害性的选拔考试中,多用分数制,而对考试结果作客观定量描述的分数制,的确更能满足公众对于考试公平的诉求。

正因为我们太需要以考试分数来维护公平了,而且分数是个体获取社会资本、实现功利主义价值观的前提和基础,因而公众在追逐高分的过程中引发了应试教育,应试教育所带来的严重后果又引发了公众对于分数的苛责批判。对于"无辜的分数"这一问题,笔者在前文已从"价值辩护"的角度论证了分数的存在价值,此处拟从"建设路径"的角度探讨如何才能更大地发挥分数的价值。

分数无疑是一把双刃剑,如何使用会造成不同的后果。如果将分数当作实现个体功利主义价值观的手段,那么这种"以分为本"的学习评价价值观极易导致应试的教育,带来应试的恶果;如果将分数用于促进个体素质发展的途径,那么这种"以人为本"的学习评价价值观将是素质教育理念的体现,而分数将成为促进学习者综合素质全面发展的有效途径。故而,对于"分数"这把双刃剑,如何趋利避害、以科学理性的态度审慎使用,才是关键。笔者认为,就分数制和等级制这两种考试评分制而言,可依据"考试年级、考试内容、考试性质"这些维度来大致划分其使用范围。具体而言,在考试年级维度上,低年级阶段的考试评分可尽量多使用等级制,高年级阶段的考试评分可尽量多使用分数制;在考试内容维度上,认知领域的考试评分可倾向于多使用分数制,非认知领域的考试评分可倾向于多使用等级制;在考试性质维度上,大规模选拔考试的考试评分应多使用分数制,小规模甄别考试的考试评分可多使用等级制。

结语:从"有分无人"走向"分中有人"

以上篇幅,笔者首先基于"价值批判"的维度,批判了"以分为本"的学习评价价值

---

① 主要指百分制。由于我国高考的评分在20世纪80、90年代曾使用过150分制,因而为避免概念狭隘,此处使用"分数制"而非"百分制"。但无疑,"百分制"是"分数制"的主体。

观。指出"分数"表象背后的实质正是功利主义价值观;功利主义价值观导致了应试教育,应试教育又引发了诸多问题。继而基于"价值辩护"的维度,辩护了"分数"所存在的价值。分数价值中立,其本身不导致应试教育,这是我们对待分数应有的基本认识和应然态度。此外,从"效率"和"公平"的视角来审视,分数是表征考试结果的有效方式,分数是维护考试公平的有力途径。如此,基于这正反双面的批判和辩护,笔者完成了对"以分为本"学习评价价值观的价值分析。

还应指出,就"以分为本"的学习评价价值观而言,价值分析的目的是为了发现问题,价值分析的结果是为了解决问题。继"以分为本"学习评价价值观的价值分析之后,应该看到:当前"以分为本"学习评价价值观所存在的根本问题是"有分无人";而解决这一问题的根本路径则是转向"以人为本"的学习评价价值观,以最大限度地实现"分中有人"。

参考文献:

[1] 徐敏.中考成绩评定制度研究[D].福建师范大学硕士学位论文,2007:37.

[2][3][5] 余文森."取消分数"抑或"奖励分数"——以评分制为焦点的现代教学评价改革比较研究[J].比较教育研究,1994,(6):21,21,25.

余文森."取消分数"抑或"奖励分数"——以评分制为焦点的现代教学评价改革比较研究[J].比较教育研究,1994,(6):21.

[4] 赵印奖.关于考试、分数、百分制三个问题的思考[J].教育实践与研究,2014,(26):7.

余文森."取消分数"抑或"奖励分数"——以评分制为焦点的现代教学评价改革比较研究[J].比较教育研究,1994,(6):25.

[6][7][8][10] 刘海峰.高考改革中的公平与效率问题[J].教育研究,2002,(12):80.

刘海峰.高考改革中的公平与效率问题[J].教育研究,2002,(12):80.

[9] 白居易.论制科人状[A].白居易集[C].卷58.

刘海峰.高考改革中的公平与效率问题[J].教育研究,2002,(12):80.

[11][14][16][19] 刘海峰.科举停废与文明冲突[J].厦门大学学报(哲学社会科学版),2006,(4):70.

[12] 欧阳修.论逐路取人札子[A].欧阳文忠公集[C].卷113.转引自刘海峰.高考改革中的公平与效率问题[J].教育研究,2002,(12):80.

[13] 张萱.西园闻见录(卷四四).礼部(三)选举·科场[M].

刘海峰.科举停废与文明冲突[J].厦门大学学报(哲学社会科学版),2006,(4):70.

[15][21][23] 刘海峰,等.高校招生考试制度改革研究[M].北京:经济科学出版社,2009:107,33,111.

刘海峰.科举停废与文明冲突[J].厦门大学学报(哲学社会科学版),2006,(4):80.

[17] 陈兴德.二十世纪科举观之变迁[M].湖北:华中师范大学出版社,2008:145.

[18] 费正清.美国与中国[M].孙瑞芹,陈泽宪,译.北京:商务印书馆,1971:41.

刘海峰.高考存废与科举存废[J].高等教育研究,2000,(2):39.

[20] 王中男.考试文化研究[D].华东师范大学博士学位论文,2012:60.

刘海峰,等著.高校招生考试制度改革研究[M].北京:经济科学出版社,2009:33.

[22] 晓宇.恢复高考30年[N].潇湘晨报,2007-04-06.

论师爱素质

陈　宁　汪海彬

上海师范大学青年研究中心；黄山学院教育科学学院

　　情感是人的固有属性，人是情感性存在，不存在没有情感的人，也不存在没有情感的教育。教育活动中最宝贵、最纯洁的情感，莫过于教师对学生的爱。"师爱"是教育实践中的常见术语，为古今中外的人们所深情讴歌，中外师爱思想也可谓源远流长，但长期以来，无论是教育理论界还是教育政策层面，主要是从师德视角来研究师爱、认识师爱、要求师爱，鲜有从教师专业素质范畴对师爱的理论探讨，诚如肖川教授所指出的，教师是否能做到与学生之间的自然真诚的交往，是否有发自内心的对学生的热爱、信任与宽容，当学生犯了错误的时候，是不是光有说教而没有理解与宽容……这些，都不是用"师德"两个字所能涵盖的，而是教师专业素养范畴内的事。[1]鉴此，本文尝试从教师专业素质角度提出原创性的"师爱素质"概念，并就其地位、内涵、特点、概念意义等基本理论问题予以初步探讨。

基金项目：2016年上海市教育科研市级课题"上海市中小学教师师爱素质的发展特征与培养模式研究"阶段性成果

作者简介：陈宁，上海师范大学青年学院、上海青年管理干部学院副教授，教育心理学博士，主要从事教师心理与教育心理学研究；汪海彬，黄山学院教育科学学院副教授，教育心理学博士，主要从事教育心理学研究。

E-mail：chenning323@163.com

一、师爱素质是奠基性的教师专业素质

教师不仅仅只是一般意义上的职业,而是属于专业性的职业范畴。教师为顺利完成其专业工作——教育教学实践活动,需要具备哪些素质呢?国内外在教师素质结构方面已经进行了大量的研究,各国教育部门也纷纷制定了教师素质方面的要求或教师专业标准。本文认为,不仅应将师爱素质纳入教师专业素质结构之中,而且应将师爱素质视为奠基性的教师专业素质。该命题包含两层意思:第一,教师专业素质是教师成功地担当职业角色、有效地履行工作职责所必须具备的综合性素质,它是一个由道德、情感、知识、能力、身心健康等素质有机组成的结构系统;第二,教师专业素质结构中,师爱素质处于基础性、奠基性地位,这是因为教师对学生的爱的情感,不仅是教师职业道德的核心,也是教师职业情感的源泉和教师职业行为的根本动力,而教师对学生的爱的能力,不仅本身就是教师能力的核心元素,也是全部教育教学能力发挥实际效用的前提。

作为奠基性专业素质的师爱素质,其作用突出地体现在师生关系中。教育是在人与人的关系中进行的,教师工作具有鲜明的关系属性。教师在教育活动实践中需要建立、应对、优化多重关系,其中,师生关系是最为基本、最为重要的关系。苏霍姆林斯基曾指出:"我坚信,常常以教育上的巨大不幸和失败而告终的学校内许许多多的冲突,其根源都在于教师不善于与学生交往。"这一精辟见解强调了师生关系和师生交往在教育活动中的重要性。然而,在教育活动实践中,因教师不理解学生引起的误会频频出现,因教师不善于沟通导致的师生间冲突时有发生。尽管教育者事后做出道歉或受到相关处理,但事实上已经在不同程度上伤害了学生心理,给师生关系蒙上了阴影。尽管这些事情发生的原因多种多样,但都往往与教师的师爱素质有根本关系:教育实践中,一些教师要么对学生缺乏关爱和温情,要么虽认识到师生关系的核心成分是爱——师对生的热爱和生对师的敬爱,但由于不懂爱生的艺术、欠缺爱生的能力,所以导致师生和谐融洽关系的破坏、师生误会冲突的发生。

国内外已有研究者对师生关系中的师爱素质相关问题进行了探讨。据上海进行的一项关于师生关系现状的调查报告显示,有58%的教师说自己"很爱"或"尚爱"学生,可只有5.61%的学生明白地感受到这种"爱","不注意、不知道"的占了46.5%。这就是说,教师付出的"爱",只有十分之一左右被学生"领情"。[2]无独有偶,美国女子

军团(Girl Scouts of America)所作的一项调查显示,一百个孩子中就有一个表示,没有感受到成人是真正地关心他,只有三分之一的孩子称教师关心他们,且孩子们年龄越大,感受到师爱的人数越少。[3]可见,或者不是真正的爱生情感,或者缺乏爱生的能力,总之,师爱素质不足、低下,是现实教育实践中师生共情鸿沟、师生人际冲突的主因。

师生关系本质上是人与人的关系,是主体与主体之间的关系,是主体间关系,进一步说,是教师作为主导性主体和学生作为主动性主体之间的关系。这种主体间的关系固然是一种教育关系、伦理关系,但根本来说,由于情感是人的存在属性,因而师生关系是一种情感关系,是教师和学生在教育活动中逐渐形成的态度和感受以及在此基础上产生的心理联系,是以爱的生成、爱的传递、爱的体验、爱的回馈为核心机制的情感关系。由于教师在师生关系中的主导性主体地位,因而教师对学生的爱的情感以及爱的能力——即师爱素质——就成为和谐、融洽、温馨的师生关系的关键变量。师爱素质水平高的教师,会促进师生情感交融,产生"安其学而亲其师"的效果,反之,则可能使师生情感关系恶化,出现"隐其学而疾其师"的局面。

二、师爱素质的内涵

概念是理论建构的砖石,而新概念的生成和建构是科学领域知识生产的基本维度,也是进行理论创新的重要方式,这已为教育学、心理学等众多学科理论发展的实践所证明。概念的建构和生成有多种方式,概念组合即是其中之一。从认知心理学角度看,所谓概念组合,是将两个或两个以上原有概念组合成一个新概念的认知过程,通过概念组合过程形成的新概念即为组合概念。随着社会生活发展和科学技术进步,通过概念组合方式生成新的概念显得越来越重要、越来越普遍,诸如"情绪智力"、"情感素质"等概念,便都是经概念组合形成的新概念。"师爱素质",就是概念组合而生成的新概念。

从概念的语词构成角度来看,师爱素质由名词"师爱"和名词"素质"构成,属于名-名组合概念。与此相应,从意义生成角度看,师爱素质是由两条路径有机组合形成的新的概念,具有了新的概念意义:一条路径是"教师情感——教师的教育爱——师爱",该路径构成师爱素质的限制性意义,即师爱素质并非一般的教师素质,而是教师对学生的爱的方面素质;一条路径是"教师专业素质——教师心理素质——教师情感

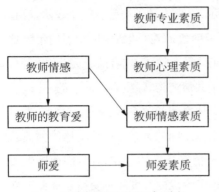

图1 师爱素质概念的"组合"路径

素质",该路径构成师爱素质的隶属性意义,即师爱素质的上位概念是教师情感素质(图1)。

首先从第一条路径来看。教师情感,是教师在其专业工作——教育教学实践中所形成、发展并体验的情感,它是具有多层次、多侧面的教师心理现象,其中,表现为对教育教学实践活动和教育对象的给予式的积极情感,就是教师的教育爱,它主要体现为教师的爱岗情感和爱生情感两个方面。爱生情感就是师爱,这是一种教师对学生的给予式的积极情感,从操作性角度来看,也就是在教育实践中形成发展并体现出来的教师乐于与学生交往、真诚关心爱护学生、主动为学生发展投入的积极情感。再从第二条路径来看。教师素质是教师在遗传和环境共同作用下经教育教学实践形成的具有相对稳定性、基础性方面的特点,包括生理素质、心理素质和社会素质三个层面。其中,教师心理素质是教师在遗传和环境共同作用下经教育教学实践形成的相对稳定的、基本的心理特征,它由认知素质和非认知素质构成,后者的主要体现就是教师情感素质,是指教师在遗传和环境共同作用下经教育教学实践形成的相对稳定的、基本的情感心理特征。教师情感素质,实际上本身就是概念组合的结果,它是由"教师情感"和"教师心理素质"有机构成的名-名组合概念。

总之,师爱素质是教师的情感心理特征,是体现在师爱方面的情感心理特征。要而言之,师爱素质就是教师对学生的爱的素质。但是,这一定性的表述并未揭示出师爱素质的确定性特征,出于科学研究和实践培养的目的,还需要给出师爱素质的操作性界定。戈茨(Goertz)曾提出概念的"内涵-维度-指标"三层次理论,他认为,概念的基本层次是理论命题中所使用的那些概念,即通常所谓的概念本质和内涵,第二个层次是概念的构成,即概念的外延、结构或维度,第三是操作化层次,即具体的测量指标和题项,由此可以进行数据的搜集。[4]戈茨的概念层次理论,从研究设计的角度看,实际就是概念化和操作化两方面的问题。鉴此,本文将师爱素质界定为:它是教师在教育实践中形成发展并体现出来的乐于与学生交往、真诚关心爱护学生、主动为学生发展投入的积极情感心理特征,对应的英文为"teachers' love quality"。从概念的隶属关系来看,师爱素质的上位概念是教师情感素质,进一步,又属于教师专业素质范畴,它是奠基性的教师专业素质。这种素质是与教师工作特征——教育教学实践活动所具有的向善尚美属性、主导性主体要求和复杂性特征——相适应、也是为其所要求的专业素质,是教师成功、有效地完成其专业工作,成为合格、优秀的教师所必须具备的素质。上述界定无疑揭示了师爱素质的本质和内涵,但它又是理论内涵的一定超越,是概念化和操作化的某种结合——实际上,该定义中已经初步体现了戈茨所言的概念的第二个层次,从而使得这一内涵界定具有操作性定义的特点,这就为今后研究中进一步实证揭示师爱素质的结构、进而对师爱素质发展水平实施科学的测量,奠定了基础。

三、师爱素质的特点

师爱素质的特点既是其概念内涵的体现,又为对其进行科学研究和有效培养提供了理论依据。

1. 师爱素质的社会属性

首先,师爱的社会属性决定了师爱素质无疑具有社会性。教师对学生的爱,不是以获取个人的回报为出发点,而是以学生的健康成长、人格健全、生命丰富为唯一旨归,它面向全体学生,具有明显的广泛性,是一种稳定的爱。这种崇高的目的和彻底的无私,使得师爱首先是一种具有深刻社会内容的道德情感,它对学生和教师的发展具有正价值,是教育中的基本善。此外,师爱具有人类之爱的关系属性,存在、发生和回荡在教育实践活动中的师爱无疑是一种具有社会关系属性的情感,正如我国学者所认为的,爱表征的是爱者和被爱者之间的一种关系,爱是一种关系品质,爱将教师与学生放置在一种关系之中,放置在彼此最真实的生命存在之中。[5]其次,师爱素质的发展也体现出社会属性。由于素质本身就是在先天基础上经环境、教育的影响在实践过程中形成发展的,心理素质如此,情感素质如此,[6]师爱素质自然也会受到社会环境、社会实践的重大影响。师爱素质发展过程中的这种社会属性,无疑为师爱素质的后天培养提供了理论依据。

2. 师爱素质的职业特性

首先,师爱的教育性,根本上体现了师爱素质的职业特性。从师爱的目的性看,它指向学生的健康成长、人格健全、生命丰富,这与教育目的是完全吻合的。正是因为这种目的,因而教师仅仅有爱学生的情感还不够,还需要具有爱学生的方法。魏书生认为,仅仅强调教师要爱学生是不全面的,还应具体研究怎样去爱学生。他说:"想爱还要会爱,如果不会爱,原来想爱,后来也会变得不爱。"他强调教师要走入学生的心灵世界去,尊重和发展学生的人性和个性。[7] 也正是因为师爱的教育性,因而它是一种"生产性"的爱,这一爱的过程不仅是自觉地"施爱",也是在自觉地"育爱",这就从根本上规约了师爱素质的职业特性。其次,师爱素质是在现实的教育实践活动之中发展并体现的。熊川武教授曾经指出,即使形成了深厚感情的教师,一旦脱离真实的教育世界,虽然他们仍有可能对教育怀有深厚感情,但那不再是身临其境的真情实感,无论是内心的体验还是外在的表达都不再那样确切生动鲜活。[8] 教育感情如此,师爱和师爱素质同样如此。只有置身于现实的教育情境中,教师自觉意识到作为教师角色所肩负的使命与责任,其人性之爱才能转化、升华为对学生的爱,也唯有在教育实践活动之中,这种爱才能慢慢沉淀为相对稳定的情感心理特征。这一点,苏霍姆林斯基说得非常清楚,他指出,爱孩子的能力是在一个人参加社会生活的过程中,在与他人的相互关系中锻炼出来的。但就其本质讲,经常跟孩子们交往的教育活动本身就在不断加深对人的热爱和信任。师爱素质的这一特点,无疑在师爱素质的培养上给予启示:教师需要置身于教育实践,沉于其中,深度卷入。

3. 师爱素质的可测量性

内隐与外显相统一是师爱素质可测量性的依据。师爱是教师的高级社会情感,具有稳定、含蓄、内隐性特点。但师爱的内隐性是相对的,在具体的教育情境中,教师对学生的爱总是以一定的面部表情、肢体语言、行为选择、行动方式乃至衣着装束等表现出来。师爱素质是教师爱生方面的素质,自然同样是内隐和外显的统一。由于这种外显性,因而师爱素质不仅可以为学生所真切地感知到——于是可以通过学生视角间接测量,而且可以对教师直接进行测量,以了解师爱素质的状况。总之,可测量性是师爱素质概念内涵所蕴含的固有特点,综合运用多种方法、从多种角度进行测量,既是必须的,也是完全可能的。

4. 师爱素质的可发展性。

师爱素质是稳定性和可塑性的统一。一方面,情感特别是高级社会性情感,具有稳定的特点,师爱素质是教师情感而非情绪方面的素质,因而必然具有一定的稳定性;另一方面,师爱素质是教师素质结构的一部分,素质是相对稳定的、不易改变的,因而师爱素质必然具有一定的稳定性。这就使得作为教师情感心理特征的师爱素质自然具有稳定性,它已经镶嵌在教师的个性心理结构之中。但稳定是相对的,无论是情感还是素质,在一定的条件下都是可以发展变化的。随着教师工作实践的不断增加,随着教师工作能力的不断增强,随着教师获得的反馈性体验不断丰富,师爱素质必然会发生变化。弗洛姆(Fromm)在论述爱的理论时,就认为爱是可以通过积极的训练、专心致志的投入和富有坚韧的耐心,可以掌握的一门艺术。[9]当然,师爱素质的发展并非是一个自发的过程,恰恰相反,唯有有目的、有计划地自觉培养,师爱素质的提升才是可能的,其中学校和社会的情感关怀、教师培训研修等教师发展支持平台和教师学习更新以及教师自我修养等综合构成的教师发展生态系统的构建和优化,是师爱素质提升的关键。

四、师爱素质概念提出的意义

教育大计,教师队伍是根本;教师发展,教师素质是关键。在这一教育发展战略重大需求的背景下,本文突破传统师爱研究视角的藩篱,将师爱纳入教师专业素质框架之中,原创性提出"师爱素质"概念,虽然尚未就其结构、发展机制等问题展开讨论,但这一概念的提出已然彰显重要的理论和实践价值。

1. 师爱素质概念提出的理论价值

理论是观察现象、分析问题的工具,概念又是理论的高度浓缩和升华,反映理论的本质。因此,概念之于理论是必不可少、非常重要的。不仅如此,概念建构和新概念的生成过程,往往会带来理论的发展丰富甚至是突破。首先,无论是教育学还是教育心理学,对教师情感的研究仍是薄弱环节,作为教师最宝贵、最纯洁的职业情感的师爱,更是很少得到应有的理论观照,实属教育科学研究中的弱域,目前国内外教育学和心理学词典中,即便是"情感素质"的条目也没有,更没有"教师情感素质"条目的任何收录,遑论"师爱素质"。但是,教师情感、师爱又是教育实践中客观存在的,也是必不可少的。因而,从素质视角研究教师情感、并提出教师情感素质概念,进而在教师素质和教师情感素质框架下研究师爱、并提出师爱素质概念,不但是教育实践的客观反映、教育活动发展的必然要求,而且对更科学地细化和丰富教师专业素质,对扭转传统师爱研究的单一师德视角,为更全面、深入地研究师爱发展和培养问题,搭建了理论分析和学术研究的框架和平台,对拓展教师心理研究、特别是教师情感领域的研究,必将发挥积极的作用。

同时,师爱素质概念的提出,丰富了教师研究的范式。在科学发展过程中,一些概念的诞生不仅预示着理论的丰富、拓展甚至突破,有时候概念本身就成为新的研究范式,诸如教师专业素质、教师生涯发展等教师研究中的核心概念,本身就是重要的研究范式。本文提出的师爱素质概念,是师爱和素质两个概念的有机组合,围绕这一交叉性新概念,可以开展一系列研究:对概念的内涵和结构进行规范性、本体性研究,对师爱素质的影响因素及因素间的关系机制进行生成性研究,还可以从教师职业生涯视角对师爱素质的发展变化进行历时性研究,等等。总之,师爱素质概念的提出,为教师素质研究、教师生涯发展研究、教师情感研究提供了新的视角、新的切口,这对丰富教师研究的范式,必将发挥积极的作用。

2. 师爱素质概念提出的实践意义

首先,促进教师从专业素质的高度认识师爱问题。师爱之于教育活动、之于师生双方的重要意义,古今中外不乏真知灼见、不乏美丽讴歌。但长期以来,我国一直将师爱纳入师德范畴,从而对教师提出师爱要求和规范。诚然,师爱和师德密不可分,师爱作为教师道德情感,可谓是教师职业道德的核心。但师德与师爱并非同一个概念,师德属于道德范畴,而师爱属于情感范畴,师德强调明确的外在约束性,而师爱更具有内在的自觉性。对教师师德的规范性要求显然不能代替、也不足以代替师爱的培养和提升。师爱素质概念的提出,将师爱从传统的师德范畴剥离出来,将其明确纳入教师素质的范畴,突出强调作为教师素质构成部分的师爱素质的可发展性、可测量性,从而使教师从专业素质的高度来认识师爱问题,这对于强化师爱培养的意识、指引师爱培养的方向、提供师爱培养的路径和方法,从而避免师生共情鸿沟、促进师生发展、优化教育效果,无疑具有直接的现实意义。

师爱素质概念提出的实践意义,还表现在教师教育实践方面。教师教育是职前培养和职后培训的一体化教育,旨在培养高素质的教师队伍。教师教育的课程设置直接关系到教师知识的获得、建构和优化,直接关系到教育质量的提高。然而,我国传统教师教育课程设置中存在重学术轻师范、重理论轻实践、职前和职后相脱节、认知和情感不协调等诸多问题,这些问题即使在教师教育改革蓬勃发展的今天,也未能有太大的改观。师爱素质概念的提出,无疑对丰富教师教育课程中有关情感特别是师爱方面的内容、丰富有关教师专业素质中师爱素质方面的内容,具有现实的价值。

参考文献:

[1] 肖川.教育的智慧与真情[M].长沙:岳麓书社,2005:33—34.

[2] 钱焕琦.论师爱之过当与恰当[J].道德与文明,2002,(4).

[3] 内尔·诺丁斯.学会关心——教育的另一种模式[M].于天龙,译.北京:教育科学出版社,2003:7.

[4] 加里·戈茨.概念界定:关于测量、个案和理论的讨论[M].尹继武,译.重庆:重庆大学出版社,2014.

[5] 高伟.爱与认识:对教育可靠基础的追问[J].教育研究,2014,(6).

[6] 卢家楣.论青少年情感素质[J].教育研究,2009,(10).

[7] 魏书生.班主任工作漫谈[M].桂林:漓江出版社,2002:317.

[8] 熊川武.教育感情论[J].教育研究,2009,(12).

[9] 弗洛姆.爱的艺术[M].刘福堂,译.北京:工人出版社,1986:89—90.

面对00后大学生所需要的师爱

李 玢

(闽南师范大学)

00后大学生已经出现了,这是一个什么样的群体,他们有什么样的特征,他们有什么样的需求……作为高等学校的教师应给予他们什么样的引导、什么样的关爱等一系列问题都已随之而来了。

所谓00后大学生,是指在2000年以后出生的大学生。他们出生在21世纪的中国,这是一个信息时代,是一个开放时代,是一个竞争时代,是一个效率时代……这一特殊的时代造就了特殊的一代。00后大学生以他们特殊的时代定位,带着开阔的视野,解放的个性,突出的自我,经营的头脑等特征向我们走来了。

一、00后大学生的特征

1. 00后大学生具有开阔的视野

00后大学生成长于新媒体时代,是以智能手机领军的各路数字媒体逐渐发展壮大的时代。电子产品以及手机终端能够较为便捷、海量地获取信息,知识在软件上实现了高效率智能化和网络化。对于充满激情和活力的大学生来说,这种新媒体以信息

作者简介:李玢,闽南师范大学教授。主要从事德育教育研究。

E-mail: 6372901@qq.com

容量大、内容资源丰富、传递交流快捷方便、可以在一定程度上摆脱时间和空间的限制等优势,促成了他们思想新潮、行为时尚。他们时时刻刻都可以与新媒体处于时尚、互动、平等、开放的共享之中,手机、WIFI几乎成为他们的"身体器官",QQ、微信、微博、BBS成了他们的生活配置,极大地拓展了大学生的学习生活空间,为大学生营造了新媒体式的学习生活环境。使大学生可以在一定程度上摆脱时间和空间的束缚。00后大学生的视野完全是全方位的、多维的、发散的……

00后大学生的学习完全不局限于课堂与书本的范畴。新媒体带来了宏大的知识储备,它对传统的课堂教学是一个极大的挑战。它打破了传统教育阵地相对封闭狭窄的工作格局,而是以海纳百川的气势展示在大学生面前。他们能够拥有更多的知识积累和更快的知识更新,并表现出思维敏捷善于和乐于思考。他们对所接触的知识会有更特别和更前沿的想法,对课堂教学内容的质疑,可利用新媒体的各种方式进行求解与考证,并可以放宽至古今中外。因此,00后大学生的想象力和创新精神得到了充分的发掘和展示。

00后大学生的生活完全不局限于教室与校园的空间。新媒体的交流带有符号和虚拟色彩,可以充分借用相对隐蔽的网络身份作保护,为大学生思想交流提供更加广阔平等和安全的平台。此时此刻他们可能身在宿舍,但是他们的情感交流、观点碰撞、理论探讨的对象可能处在四面八方。因此,他们的所思、所想、所愿完全不是教师所能掌握的。

2. 00后大学生具有解放的个性

00后大学生具有解放的个性。他们反对统一标准,反对说教,反感遵循统一的模式,喜欢过自己的生活,不喜欢穿同样的衣服、说同样的话语,常常以标新立异的装束和独特的言谈举止来显示自己的与众不同。

00后大学生是在独特的发展环境中成长的,他们面对的、接受的、向往的太多太多。他们与传统教育所形成的小绵羊人格有着天壤之别。他们多数为独生子女,享受着良好的教育,习惯以自我为中心去思考问题,个人利益至上,团队意识和集体观念较差。他们性格鲜明,爱憎分明,敢于挑战权威,敢于质疑权威,他们甚至会通过通讯终端微博微信等加以宣传造势。

他们勇于竞争,但内心敏感脆弱,挫折承受能力较差。他们自信果敢,乐于通过竞争展现和锻炼自己。同时,因为没有经历过社会动荡和时代磨难,缺少独自面对困难和压力的机会,缺乏自我调节和心理建设的能力,心理问题比较容易堆积和爆发。因此,00后大学生具有突出的心理价值取向,突出自我和追求个性。为了彰显自我和追求个性,经常违逆甚至仇视一切传统价值取向。

00后大学生为了彰显自我和追求个性,可以充分利用各种形式来满足自我展示的心理需求。从小到手机铃声、个性签名、微信头像,大到QQ空间、博客、DIY影视音频,处处彰显自我的各种形象。他们衣食住行的每一个小新奇都要在微信朋友圈里晒晒。他们特别喜欢反主流,并以反主流而自居。他们可以"头上长草",可以"身上长刺"。

3. 00后大学生具有异化的价值观

00后大学生表现突出的自我。"以我为中心""存在就有它的合理性"在他们的价值观中十分突出。后现代主义思潮对他们产生了深刻的影响。所谓,"后现代主义"就是一种无聊、游戏、非信仰和反道德的精神。后现代主义的特征是多民族、无中心、反权威、零散化、无深度概念,是非连续性、分裂性、非稳定性、非因果性、反整体性的。00后大学生在很多方面与后现代主义思潮正相吻合。例如,他们认为道德标准是多元化的,不存在确定的永恒的价值原则,倡导价值判断多元化,他们追求差异性和多元化,主张自我个性张扬。表达一种"不确定性"、"模糊"、"不可捉摸"等精神状态和思想品位。这就使得部分大学生的道德世界由以往的道德理想主义向着道德相对主义和多元化方向发展。日常学习生活中,经常能听到他们这样的选择:跟着感觉走、凭着心情干、围着利益转、向着实用看。

可见,00后大学生呈现出了政治上的实用主义、情感上的感觉主义、理性上的怀疑主义和选择上的世俗主义等种种异化的价值观,并表露出了理想与现实的剧烈冲突,由义务向功利的倾斜,从集体到个人的选择取向,由一元到多元的价值判断标准等等。

二、00后大学生所需要的师爱

师爱是教师职业道德的灵魂。师爱是教师必须具备的美德,也是教师的天职。师爱是指教师对学生的爱,是一种自觉的、纯洁而真挚的、普遍而持久的爱。师爱是分层次的:第一层次表现在教师和学生亲近,让学生感受到"老师注意我,老师关注我",这是较低层次的师爱。第二层次表现在教师理解、尊重学生,让学生感受到"老师懂我、支持我",这是较高层次的师爱。第三层次表现在教师对学生抱有一定的期望,非常在乎学生的进步、发展与前途,将自己与学生融为一体,从而收获真正的"教师情结",这是更高层次的师爱。作为高校教师来说,尤其是面对00后的大学生,表现低层次的师爱应该是最起码的师爱基本要求,而真正要体现的是高层次的师爱。内尔·诺丁斯的关怀伦理强调被关怀者需要的重要性,她认为,教师对学生的关注应该是接受性的(敞开自己的心灵,拥抱被关怀者的情感),而非投射性的(将自己的情感投射于被关怀者)。00后大学生最需要的是被理解、被尊重、求进步、求发展。因此,当代高校教师的师爱则应该着重体现在理解、尊重学生,关怀学生的进步与发展。

1. 00后大学生需要体现自主性的师爱

面对00后大学生的师爱一定要让大学生感受到教师的可爱。现实生活中之所以有一些教师得不到学生的爱戴是因为教师不可爱,这其中有个重要的原因是有些教师是被道德绑架的教师。例如:有一些教师批评学生的时候往往喜欢上升到道德的层面,丢了垃圾就是不道德,说了脏话就是没教养,旷课就是不负责任等等。其实我们用道德标准评价别人时往往会把问题扩大化、严重化,我们把学生置于道德的对立面了。在现实生活中我们也经常会看到丢了垃圾的大学生也经常会助人为乐;说了脏话的大学生也经常会关心集体;旷课的大学生经常会在忙着学校的活动。所以,高校师爱的情感切入点一定是不要做一个被道德绑架的教师,而是选择相信学生会自我修正。因为00后大学生需要的师爱不是强制的爱,而是体现大学生自主性的师爱。

首先,要给大学生话语权。教师要走下权威的、不可批驳的神坛,走近大学生内心深处去倾听、去疏导,去开启一种全新的教育方式。大学生的话语权在新媒体中会被数倍放大,并隐去真实身份,代之以大学生主体意识所倾向的某种网络虚拟角色,大学生的言论和表达会异常活跃和流畅,这一方面让教师能够获取大学生们内心的真实想法,跟踪他们的思想动态;另一方面也会促使教师进行有针对性的关爱。

其次,要给大学生选择权。在传统的教育中,基于对教育目标及学生角色的认识,教师把师生关系的价值定位于教育与受教育的范畴,形成了过分注重权威与控制的师生关系,其目的是为了把学生塑造成社会所期待、教师所期待的人。为了实现对学生的塑造,教师往往通过自己的权威来实施对学生的有效控制,以使学生按照教师的选择与指引而完成学业和人格发展。面对00后的大学生,教师是大学生的引导者、领路人。在多元价值观并存的现实中,教师与学生要处于相对平等的互动地位,建立一种公平的、开放的、和谐的师生朋友圈。

2. 00后大学生需要体现自尊性的师爱

传统道德教育主客体之间缺少平等机会,教师是权威的象征,学生处于被动地位,导致了道德教育效果大打折扣,而在新媒体时代,教育者与受教育者之间的平等互动打开了交流的窗口,双方在人格、权利和地位上的相互尊重,相互信任达成了亦师亦友的相处氛围。在这样的氛围中,教师容易呈现出体现大学生自尊性的师爱。

首先,教师要引导学生学会积累并提升自尊的资本。现实生活中有相当一部分大学生,他们有强烈的自尊需求,却不知道去提升自己并为自己积累自尊的资本。00后大学生突出自我的特征反映出他们的"本真性"。他们特别想"做自己"和"成为你自己"。他们希望对于"成为什么样的人"、"以什么为事业"、"和谁在一起"、"过什么样的生活"这些问题在根本上都应当是由他们自己来选择和决定,从而体现出他们对"自尊性"的渴望。因此,教师要紧紧围绕这一点让他们懂得当自己有了自尊的资本,方可实现自尊的渴望。而真正的自尊的资本来自于火热的现实生活中,来自己于个人的综合素质与能力。

其次,教师要引导学生挖掘自己的内在潜能。教师一定要把大学生对自尊的需求放在心上。这种师爱要表现在较多的关注大学生的亮点、潜能,并且要引导学生利用各种条件去展示自己的亮点,去挖掘自己的潜能。我们说,每个学生都会有他们独特的潜质。但是,往往由于没有条件或没有人发现、没有人点拨,导致这些潜质得不到挖掘。生活中有些成功者,正是当年某位老师的一句点拨、一句肯定、一句赞扬,从而激发了某个学生对自己的重新审视并一往无前。

3. 00后大学生需要体现发展性的师爱

对于00后大学生来说,低层次需要的满足已经不是问题了,他们需要更多的是高层次的需要,是发展性的需要。教师的师爱就要体现出关注大学生发展的重要问题之中。教师应当帮助学生建构更为理性和成熟的有关"自我实现"的高层次需要的观念,使个体既能拥有"本真性"伦理所追求的自主自决的独立人格与人生态度,同时也能理性地关照和承担社会责任,并且不把这两者对立起来看待,而是把后者当做真正的自我实现和人性完善的不可或缺的一部分。

以往我们认同人的最高需要是自我实现的需要,也是人生价值的实现,是人的高层次的幸福体验。因此,在日常的学习生活中成为大学生对人生幸福的积极追求。但是,正是这种追求却导致了大学生出现了许多烦恼与困惑。心理学家认为:在幸福的生活中,"得到"更多;而在充满意义的生活中,"给予"更多。这便是问题的实质所在。大学生真正关注的是个人的幸福与快乐,更多的希望是得到而不是给予。其根本的原因是没有对生命意义的追求。因此,对于00后的大学生来说,引导他们对生命意义的追求才是人生发展的最高需要。

当前在世的顶级心理学家马丁·塞利格曼认为,追求有意义的生活,就是"用你的全部力量和才能去效忠和服务一个超越自身的东西","那些不追求生命的意义,而只追求幸福的生活,通常意味着相对浅薄、利己甚至自私的生活。在这种生活中,一个人的各种欲望和需求总是能被轻易满足,人们总是逃避困难和负担"。在现实生活中,那些一味追求幸福的人有一个显著的特点,那就是自私。他们只想着"得到",却不知"给予"。心理学家对此也给出了进一步的解释:幸福就是满足欲望。如果你产生了一种欲望或需求,比如你感到了饥饿,你吃了食物,填补了饥饿感,于是你感到幸福。人们感到幸福,换句话说,就是欲望得到了满足。而人并不是唯一会感到幸福的物种。动物也有欲望和需求,当它们的欲望得到了满足,它们也会感到幸福。

当那些一味追求幸福的人正在忙不迭地满足自己无穷无尽的欲望之时,那些追求生命意义的人早已超越了自我。那些追求更高生命意义的人,更愿意伸出双手去帮助那些有需要的人。"总之,纯粹地追求幸福,只意味着对需要帮助的人视而不见。"人生而为人,其独特的一生就是为了追寻生命的意义。把私利放在一边,为了超越自我的某人某物而服务。多"给予",少"索取",才是生命的真正意义。

因此,师爱的最高体现是引导大学生去追求生命的意义。

参考文献：

[1] 舍勒.爱的秩序[M].林克,等译.北京：三联书店,1995.

[2] 苏霍姆林斯基.怎样培养真正的人[M].蔡汀,译.北京：教育科学出版社,1992.

[3] 内尔·诺丁斯.学会关心——教育的另一种模式[M].于天龙,译.北京：教育科学出版社,2003.

[4] 陈力,林崇德.试论师德建设的内容[J].思想政治课教学,2005,(5).

论师生关系维系与重建的信任变量

王永明

(山东师范大学教师教育学院)

中国社会正处在急剧的转型时期,人们的生活方式、交往方式和价值观念正经历着巨大的变化,熟人社会的解体,传统文化的断裂,昔日道德伦理的失效,加上现代性和后现代性的撞击,新的完善的社会体制和道德伦理的缺失,使当代中国人的生命存在流浪无根、无所依赖、无可预期、无可奈何,无数的"不确定"沉重地压在每个人的心头,风险似乎无处不在,由此产生了深刻的信任危机。这种信任危机也反映在教育改革中,改革意味着某种程度上的自我否定,而自我否定引发了教育主体的生存危机。一些后现代主义的鼓吹者更使"教师"岌岌可危,面对改革,许多教师不知所措,有的因循守旧,有的直接抵制改革。建构教育中的信任势在必行,而师生关系是教育改革的重要方面,是通向教育信任的"虫洞",信任对于师生关系的建构也有着自身独特的现实意义。

一、师生关系的现代解读

1. 以人为本的关系导向

以人为本,就是以人的生命、文化、智慧、创造、幸福和自由为本,发展人的价值、能

作者简介:王永明,山东师范大学教师教育学院讲师,主要研究方向为课程与教学论。
E-mail: wyming11@163.com

力和尊严,实现人之为人的本性和需要。

教育中的以人为本是以学生和教师为本,特别是以学生为本,同时教师的为人之本也是非常重要的,如果没有教师的教育智慧和创造,就没有学生的智慧和创造力的发展,教育改革的归宿是以学生为本,而教育改革成功的关键是使教师返回人之本真。

2. 民主平等的对话关系

对话是教师和学生的自我表达和相互交流,它不是一种形式,而是真正的沟通,是师生开放而有序的表达与争辩,是真诚的交流和心灵的交往。"民主平等"是话语权和对话方式的"形容词",是保证真正的对话的重要条件,专制的或机械的"对话"徒有其表。

民主平等是要明确教师和学生的责任、义务和权利,双方都能尽到自己的责任和义务,尊重彼此的权利,并且师生都有对这些文本进行监督、探讨甚至修改的权力。

3. 亲密和谐的"我-你"和"我们"关系

"我-你"表达出师生各自的独立性和独特性,而"我们"表达出师生的一体性和共同性,师生之间不仅是主体特异性关系,还有主体同一性关系。良好的"我-你"和"我们"关系是融入了人之美好情感而带有亲密和谐特质的关系,亲密和谐不表示没有冲突,它是冲突解决后所呈现的状态或结果。

4. 共享共生的合作关系

教师和学生组成学习共同体、道德共同体和创新共同体,为了实现共同的教育目标,在"我"和"你"的对话中,把各自的知识、经验、智慧、情感等表达出来,释放到同一时空中,彼此碰撞,实现视域的融合,创造出"我们"共同的知识、经验、智慧和情感,"我"和"你"都从中摄取精神营养,跨越自我封闭圈,走向开放与合作。

是什么保证了师生能以"我-你"相称?是什么保证了畅所欲言的"对话",实现分享共享、"精神契合"、"灵魂交流"?是什么保证了辩驳批判存在而和谐依然?是什么保证了课堂民主而有序？是什么保证了师生友爱亲密、团结合作？我们认为是信任，信任是所有这些实现的基本条件。而极度的不信任如同让所有人都恐惧的瘟疫，使这一切都成为不可能。那么，什么是信任呢？

二、信任的意义追寻

信任发端于人们对经济、政治和社会问题的关注，第一个对此研究的是德国社会学者齐美尔，而后尼克拉斯·卢曼奠定了信任研究的理论基础，此后信任的研究成为社会学、经济学和政治学研究的热门，但我们的教育还没有给予"信任"以足够的关注。

1. 信任的内涵及其作用

吉登斯、艾里克森等人对信任的内涵等做了深入的研究和剖析。我们认为，信任和不信任都来自于个人对于某种期待的判断。信任是指个体面对可能存在的风险，持有对未来的良好期待和对其实现之可能性的肯定判断，以及建立在此基础上的相应的行为，如授权、服从、合作等。不信任则反之，将导致专制与过度控制。

信任可分为自我信任、人际信任和系统信任三种类型。这三者之间有特定的逻辑关系。

2. 信任与不信任

信任对人和社会的生存是不可或缺的，然而不信任亦有其存在的合理性。不信任使人去质疑、批判、抵制，动摇事物存在的根基，这为创造和创新提供了机会。

信任度[①]不同，社会、人际和个人的思想和行为就会有不同的方式、模式和特征（图1）。

---

① 这里对信任度的赋值不是严格意义上的统计学赋值，只是以 0 和 1 代表从不信任到信任的模糊过渡。

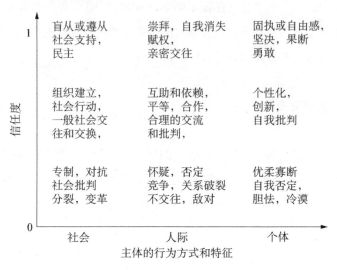

图1 信任度与人的行为方式和特征之间的关系

3. 信任与教育时空

教育空间中的人、制度、组织、知识体系、专家系统等都与社会现在和未来的发展直接相关,教育空间中的信任直接影响到现在和未来社会的信任,并且信任的三种类型都存在于师生关系之中,与师生的关系模式和品质息息相关。

师生关系是一种特殊的社会人际关系,其特殊性在于其教育性,它构筑了师生思想、情感和行为的社会空间。一个良好的师生关系形成一个良好社会空间,促进效教育教学的开展,反之,从工具性价值来说会极大地减弱教育教学的效力,从本体性价值来说会严重影响师生教育生活的幸福感。

师生关系所生成的社会空间可分为规训性空间和自由性空间。规训性空间与自由性空间之间存在着一个过渡性空间,它联接着这两极空间。信任对三类空间的性质、样态、变动等有很大影响作用。

四、基于信任的新型师生关系建构

一种新的关系模式的确立首先要做的是建立人们对这种新的关系模式的信任,因而,如何建立对现代师生关系的信任是现代师生关系建立首先要回答的问题。实际上,新型师生关系建构的过程也是信任建立的过程,两者是共生共长的。

1. 信任与新型师生关系建立的可能性

现代师生关系的建立以信任为基本条件。以人为本的现代师生关系的内在基础是对积极的、前进的、具有建设性的人之本性的基本信任。

首先,信任促进教学权力和机会的合理分配,使民主平等的对话关系成为可能。

其次,信任使沟通顺畅无阻,有助于师生的相互理解和尊重,使亲密和谐的"我-你"和"我们"关系成为可能。

最后,信任可以提高个体的本体性安全感和责任感,有助于深度的交往与合作,使共享共生的合作关系成为可能。

2. 信任与新型师生关系建立的现实性

第一,明确共同的目标和价值取向

共享的价值观和共同的目标是信任和新型师生关系建构的核心。

第二,建立共同的制度和规范

共同的制度和规范是信任建立的基础,也是处理师生关系的依据。

第三,创造良好的关系品质和文化氛围

师生关系品质和文化氛围是信任产生和存在的机制和空间。

第四,正确发挥教师的作用

教师是师生关系中的领导者,必须充分发挥教师的领导作用才能建立起现代师生关系中的信任。

第五,处理好传统与现代的关系

传统的突然断裂将引发教师和学生的生存焦虑,生存焦虑会严重影响师生的信任,所以必须处理好传统与现代之间的关系。

现代师生关系将为信任创造条件、指明方向,将建立起新的信任模式,并为提高社会信任做出有力的贡献。现代师生关系作为一种新生的适应时代发展趋势的教育关系,为提高师生的自我信任、人际信任和系统信任提供了良好的关系条件。

参考文献：

[1] 李瑾瑜.布贝尔的师生关系观及其启示[J].西北师大学报(社会科学版),1997,(1)：9—14.

[2] 吴康宁.学生仅仅是"受教育者"吗？——兼谈师生关系观的转换[J].教育研究,2003,(4)：43—47.

[3] 安东尼·吉登斯.现代性的后果[M].田禾,译.南京：译林出版社,2000.

[4] 王飞雪,山岸俊男.信任的中、日、美比较研究[J].社会学研究,1999,(2)：67—82.

[5] 尼克拉斯·卢曼.信任[M].瞿铁鹏,李强,译.上海：上海人民出版,2005.

[6] 杨宜音."自己人"：信任建构过程的个案研究[J].社会学研究,1999,(2)：38—52.

[7] 李伟民,梁玉成.特殊信任与普遍信任：中国人信任的结构与特征[J].社会学研究,2002,(3)：11—22.

[8] 王本陆.关于教学工作中师生关系改革的思考[J].课程·教材·教法.2000,(5)：47—50.

[9] 齐美尔.货币哲学[M].陈戎女,耿开君,文聘元,译.北京：华夏出版社,2002：178—179.

[10] 高兆明.信任危机的现代性解释[J].学术研究,2002,(4)：5—15.

[11] 弗兰西斯·福山.信任：社会美德与创造经济繁荣[M].彭志华,译.海口：海南出版社,2001：12.

[12] R.K.默顿.科学社会学(上册)[M].鲁旭东,林聚任,译.北京：商务印书馆,2003：365.

弑师惨剧与教师社会形象重塑

刘宏森

(上海青年管理干部学院《青年学报》)

近年来,弑师惨剧频发,[1]舆论哗然,社会关注。面对惨剧,人们往往首先追问:青少年何以向恩师举起滴血的刀子?在我看来,同样需要追问的则是:千百年来,教师职业一直被视为"阳光下最崇高的职业"。既如此,教师何以频频成为受害者?

弑师惨剧鲜血淋漓,触目惊心,但平心而论,这些惨剧只是一些极端的个案,并不意味着剑拔弩张就是当下师生关系基本状态、普遍情况的真实写照。事实上,绝大多数青少年是尊师的,当下的师生关系总体上也是融洽和谐的;血淋淋的个案,更不能说明"现如今的教师安全缺乏法律的足够保护,国家亟需出台一部教师专门保护法来保护教师的人身安全"。[2]然而,弑师个案不仅戕害了那些教师的生命,令人深深同情和惋惜,也蛮横地践踏了尊师重道的悠远传统;不仅以一种极端化的形式集中暴露、凸显了当下一些青少年身上存在着的问题,也血淋淋地、曲折地警示着全社会关注教师,关注教师的社会形象问题。

作者简介:刘宏森,文艺学硕士,副教授,《青年学报》主编,主要从事青少年问题、社会文化批评、文艺学研究。

E-mail: zihang63@foxmail.com

一、把握教师社会形象需要突破思维瓶颈

自古以来，人们一直倾向于以一些美好的词汇描绘教师，诸如"园丁""蜡烛""春蚕""阶梯""灵魂工程师"等，甚至把教师高高放到祭拜之位，所谓"天地君亲师""一日为师，终生为父"是也。这些美好的词汇寄寓了人们对教师学识、道德、功能等多方面的嘉许，也包含了人们对教师教书育人的期望。千百年沿袭下来，这些美好的词汇已经逐步固化为对教师社会形象的基本概括，甚至已经成为对教师的一种定义。当人们以"教师是辛勤的园丁"作为对教师的一种定义时，"教师"是被定义项，"辛勤的""园丁"（或者"蜡烛""春蚕""阶梯""灵魂工程师"等等）则是定义项。

对照形式逻辑关于定义的要求，"教师是辛勤的园丁"一类的定义，存在着一些逻辑上的问题。首先，定义必须揭示概念所属之属的本质，及其与同属中其他种概念之间（本质属性上）的差别，即"被定义项＝属＋种差"。这里的"属"指的是被定义的概念所属的属概念，"种差"则指的是被定义概念作为一个种概念与同属中其他种概念之间的本质上的差异，也即被定义概念自身的特质（特殊属性）。"教师是辛勤的园丁"之类的定义中，"园丁"是一个"属概念"，"辛勤的"则是"种差"，即对"园丁"的限制。"是"即为等号，意味着可以这样表达："辛勤的园丁是教师"。然而，何为"辛勤的园丁"呢？整日勤快修剪花草树木的园丁大概算得上"辛勤的园丁"，那么，他们是教师？显然，这样的定义有些左支右绌，容易导出荒谬的判断；其次，在界定教师的涵义这一特定语境中，"园丁"等词汇其实都是一些比喻。按照形式逻辑关于定义的规则（第三条）：定义项不应该包括含混的概念，不能用隐喻。隐喻是比喻的一种。比喻是一把双刃剑，一方面，其涵义往往具有多义性，常常给人更大想象的空间；另一方面，正因如此，其涵义却又不够明确，难免有些含混。而定义作为揭示概念特有的本质属性的一种方式，理应追求涵义（概念内涵）的明确。以此观之，以"园丁"（包括"蜡烛""春蚕""阶梯""灵魂工程师"）等美好词汇揭示教师社会形象的特殊内涵，难免含混而不够明确。因此，一定意义上讲，人们对教师及其社会形象的认识和把握方面之所以莫衷一是，与人们思维逻辑上的一些问题，特别是概念使用方面的问题有关。相对而言，《辞海》的界定（定义）在逻辑上较为规范："教师"，亦称"教员"。在学校担任教学工作的人员。随着学校的产生而出现。中国古代称为"师"。唐韩愈《师说》："师者，所以传道、授业、解惑也。"清末兴办学堂，一度称"教习"[3]。《辞海》的界定（定义），侧重于从教师的社会职能出

发,对其内涵的界定较为明确,但显然较为原则。

一般情况下,对教师进行"园丁"式文学化、写意化赞美未尝不可,然而,如果把这种文学化、写意化赞美固化成对教师及其社会形象的传统、经典的表达,甚至进入官方文件之中,成为对教师社会形象的一种正式界定的话,难免会使人们现成使用已有界定,而忽视通过对教师现实生存状况去把握其社会形象。人们常有思维惰性,更何况,界定概念的内涵和外延不是一件容易的事情。事实上,教师的社会形象既是千百年来社会认知积淀的产物,也是现实社会各阶层、各方面对当下教师角色和职业的整体印象、基本评价和价值体认的一种综合反映。因此,我们既应该看到教师千百年来头顶"天地君亲师""一日为师,终生为父"等光环的辉煌,也应该看到"家有隔夜粮,不当孩子王"等民间老话的酸楚;既要看到教师节、教师宣誓等场面的热闹,也应该看到现实生活中教师工作、生活的实际状况,更应该看到弑师惨剧频发背后隐藏着的教师现实的生存状况。质言之,唯有突破思维瓶颈,从历史和现实的多重维度,特别是从教师工作、生活的实际状况出发,人们才能从职业素养、作风道德、功能角色和生活形态等多方面更加准确全面地把握教师的社会形象,才能透过弑师惨剧把握教师社会形象重塑中的深层次问题。

二、教师社会形象被"祛魅"

在理论上,教师职业一直被视为"太阳底下最光辉的职业"。在中国传统的人伦关系中,教师理论上处于"天地君亲师"中的第五位,是仅次于父母亲的被尊奉对象。然而,现实生活中,教师却并无如此崇高的社会地位,并非青少年崇拜效仿的对象。

1. 政治地位浮沉起落

1956年1月,周恩来在《关于知识分子问题的报告》中指出,知识分子中的"绝大部分已经成为国家工作人员,已经为社会主义服务,已经是工人阶级的一部分"。但20世纪六七十年代,知识分子位列"地、富、反、坏、右、叛徒、特务、走资派"之后的第九位,被打成"臭老九"。教师是知识分子的一部分,自然也被打入"臭老九"之列。"臭老九"主要是一种政治身份,属于政治上需要被改造的对象。作为"臭老九",教师的政治地位较低,在社会生活中处于缺乏话语权,必须夹紧尾巴做人的境地。1978年,全国科学大会开幕式上,邓小平指出,社会主义建设时期的知识分子,"总的来说,他们的绝大多数已经是工人阶级和劳动人民自己的知识分子,因此也可以说,已经是工人阶级自己的一部分"。[4]改革开放后,教师在政治上翻了身,在理论上被赋予了知识分子一员乃至工人阶级一部分的社会地位。他们政治地位基本稳定,但也只是不再担心受到政治风浪的冲击而已。除此之外,他们并无更高的政治地位。很少有教师像一些发了财的老板那样,摇身一变,成为代表和委员,享受种种特殊的政治待遇。总之,多年来,特别是近几十年来,教师事实上未能完全安享与理论上的尊奉地位相匹配的政治地位,反而多次经受政治风浪的冲击,政治地位浮浮沉沉,起起落落。

2. 经济地位相对下降

现实生活中,人们的社会地位(包括政治地位)事实上离不开经济地位的支撑和巩固。近年来,人们常以不无艳羡的口吻谈论民国时期教师的经济地位和社会地位。陈育红"民初至抗战前夕国立大学教授薪俸研究"显示,20世纪30年代,北平一户普通人家每月生活费平均只需要30元左右。即便是较为有钱的知识阶层,全家每月生活费80元也已经相当宽裕。而1931—1934年间北京大学教授月薪收入统计显示,其平均月薪400元以上,薪俸最高者可达500元(外教更高达700元),最低360元;副教授平均月薪在285—302元,最高360元,最低240元。在享受着高收入的同时,很多大学教授还在校外有数份兼课收入,光兼课收入几乎就能满足全家过上较为宽裕的生活[5]。学者们对此虽然意见不完全统一,但"多数学者主张以1937年抗战爆发为界限,分前后两时期来探讨民国时期教师的待遇。一般认为民国前期教师的工资较高而又稳定,且不同级别的教师待遇差别很大。后期教师待遇则不断恶化"[6]。毫无疑问,稳定合法且较高的经济收入状况,不仅有助于教师拥有稳定、较为宽裕的物质生活,而且有助于其拥有较高的社会地位和声望。

不可否认,改革开放以来,教师的经济收入水平有了较大的提升。然而,经济收入既有绝对的上升,也有相对的上升。相对上升是指与其他社会阶层相比,经济收入水平上升的比率和幅度更大。而人们的实际社会地位与经济收入的相对上升关系更加密切。毋庸讳言,多年来,"搞导弹的不如卖茶叶蛋的"、"拿手术刀不如拿剃头刀的"等问题的普遍存在,使教师长期难以彻底摆脱"穷"字定语的纠缠。近年关于"青椒"生存状态的议论中,青年教师的收入和经济状况进入社会大众的视野。廉思的《工蜂:大学青年教师生存实录》显示,5 138位受访高校青年教师中,84.5%认为自己处于社会中层及中层以下,其中,36%认为自己属于"中下层",13.7%认为自己处于"底层",仅有14.1%认为自己处于"中上层",0.8%认为自己处于"上层",另有0.6%的受访者未回答此问题[7]。2015年,人们热议"女教师月薪150元执教40年"事件。代课女教师月薪150元自然是极个别现象,却在一定程度上暴露了教师经济收入较低、长期得不到应有关注的现状[8]。整体上看,虽然多年来教师的绝对收入在上升,但相对于其他行业的人士,相对于生意人、公务员等群体和阶层,尤其相对于青少年津津乐道的各路明星、大腕来说,却总体上处于相对的下降状态。水涨船未高。在一夜暴富神话频传的社会背景下,教师位列工薪阶层中的中下层,其经济地位相对低下,其实际社会地位的提升自然也会受到制约,难以实现与理论上"最阳光的职业"的匹配。由此,师范教育往往难以招收到优秀的考生。2009年,"浙江师范大学亮出了20万元重金招收高考成绩居浙江省文、理科前100名的高分考生,结果20万元重奖无考生'认领'"。"教师职业对于很多优秀考生来说,成了很次的一个选择,教师待遇无疑成了禁锢教育发展的瓶颈之一"[9]。与此形成鲜明对照的是,许多大学毕业生甚至现任的青年教师挤破头也要参加公务员考试,对教师岗位敬而远之。

1993年颁发的《中华人民共和国教师法》明确规定:"教师的平均工资水平应当不低于或者高于国家公务员的平均工资水平,并逐步提高。"以公务员的工资水平为参照,这实际上就是对教师经济收入水平的相对上升提出了明确的要求。2009年9月4日,温家宝在北京35中听课时强调:要保证教师工资不低于公务员。[10]1985年,我国确定每年9月10日为中国的教师节,旨在进一步提高人民教师的社会地位。然而,正如妇女节缘于妇女社会地位低下之现实一样,教师节之设立,其实也与教师社会地位长期事实上较为低下,需要不断得到提升不无关系。

同样毋庸讳言的是,党和政府的种种规定和举措,在现实生活中并没有得到很好的落实。教师的平均工资水平依然未能至少与公务员持平。做教师,还是考公务员?每年"国考"之火热中,人们以实际行动作出了回答。

3. 生存状况难以对青少年言传身教

教师不应该仅仅是知识文化的传递者,也应该是青少年人生发展的示范者。然而,日常教学中,教师告诉学生"知识就是力量",而不少教师自身在事事处处求人的社会中却常常有心无力、举步维艰;教师告诉学生知识可以改变命运,而不少教师自身虽然满腹经纶,却难以使自己生活得更好,甚至十分艰难;教师和学生谈人生谈理想,他们中不少人自身的生存状态却往往让学生联想到"屌丝";教师要学生不断进取,但在权钱等多种外在因素干扰学术和教育的当今社会中,他们自身往往为了职称晋升、取得教学和科研的成果,在岗位竞聘、教学比武、课题申报、职称评定等"进取"过程中疲于奔命……在现实社会的价值评价体系中,教师职业收入低,社会地位低,工作压力大,发展困难大,远远算不上光鲜,算不上"成功",未能成为青少年心仪向往的职业和人生发展的目标。在青少年追捧的明星和其他"成功人士"轰隆隆占据了中心的社会舞台上,教师往往只能静悄悄灰溜溜偏于一隅。

4. "学高"优势风光不再

在当今互联网时代,"相对于前辈,青少年可以更加方便容易地通过互联网无所不包的知识和信息系统,汲取自己想学的各种知识。对于他们来说,有了互联网,学习已经成为无时不可、无地不可的事情,而不必再完全依赖有限的课堂和书本"。"通过互联网,青少年学生不仅可以即时找到教师讲授着的相关知识内容,而且可以即时验证教师所讲述的一切"。"毫无疑问,互联网使教师作为知识垄断者和授予者、课堂作为学生求知主渠道的传统地位被有力撼动乃至打破"。总之,"互联网撕裂了千年的遮蔽,为教育和教师'去魅':教师并非知识的垄断者和权威,而只是早知一步者"。[11]

然而,很多学校和教育官员对互联网事实上对教育教学已经构成了巨大的影响,甚至撼动了现行教育教学的根基这样的实质,似乎缺乏深刻的理解。他们往往误以为运用了以多媒体为主要载体的现代教育技术,以投影替代黑板,以图片、视频等升级和丰富各类教学内容,这就算驶上了互联网时代教育的快车道。以陈述性知识灌输、以反复做题强化应试能力训练为主要内容的教学方式方法难免会抑制互联网时代学生学习的自主性,难以激发他们学习的兴趣。同时,在网上冲浪等方面,教师常常不如学生那样游刃有余。这就使得涉世不深的孩子们不再像自己的前辈那样,把教师视为知识的权威和垄断者,对教师十分仰视,而往往以平视,甚至俯视的态度。

言传身教、以身示范是教育的一种真谛。而教师的言传身教、以身示范不仅仅在于师德、知识和能力,也在于教师自身人生的圆满和幸福。毕竟,青少年要从教师那里习得的,不仅仅是一些学科知识,更在于创造幸福人生的能力!教师的社会形象离不开学生的感受和评价。当现实生活为教师职业和角色"去魅",褪去了教师头顶的光环,教师在学生心目中自然难以再是最值得尊崇、效仿的形象。

三、教师社会形象被"矮化"

毋庸讳言,现实生活中,教师不仅被"祛魅",而且被"矮化"。"矮化"包括"被矮化"和"自我矮化"两方面。

1. 教师被矮化成为"应试教育"的"帮凶"

多年来,中国教育被冠以"应试教育"①的名头,广受质疑。在"应试教育"的主导下,学校和家庭结成了目标一致的利益共同体。教师和青少年学生则是被这利益共同体推到前台的两大主角。教师代表着学校和家庭的要求,成为"应试教育"的具体执行者,成为对学生的直接施压者,也直接承受着"应试教育"招致的种种质疑。学生则成为利益的直接创造者和集中体现者。学生考试的成绩,实际上也是学校和教师自己的成绩,是学校提升声誉,教师自身考核、晋级、提薪等各种"进步"的基本依据和资本。在各类考试的压力下,教师难以更多按照自己的理解和理想展开教学,只能戴着镣铐跳舞,必须尽可能准确全面地了解考试的范围,带动学生有针对性地学习各种可能考到的知识点;督促学生按照考试的要求,认真上课、复习、练习。压力不仅传导给学生,同样压迫着作为传导者的教师。由此,在不少学生的眼中,教师成为"应试教育"事实上的具体执行者乃至"帮凶"。

---

① 虽然对"应试教育"这一概念学者们时有争论,但这一概念一定意义上揭示了现行体制下中国教育的某种特质,引起了广泛的社会共鸣和认同,却是毋庸置疑的事实。

2. 教师被矮化成"保姆"

教师年复一年直接接触扎堆处于"青春期""叛逆期"的青少年学生,比其他社会成员更多、更直接地应对"青春期""狂风暴雨"的冲刷。由于学生人生刚刚起步,教师的知识传授和人生告诫,往往超出其现有经验的范围,他们理解和接受有一定的困难,对教师所讲的常常半信半疑。另外,教育教学本质上就是要突破青少年学生现有知识和经验的极限,以塑造其新的知识经验系统,正如体育运动总是意味着突破人的体能极限,以在更高的水平上形成新的动力定型一样。这就使教与学与更多和艰辛甚至痛苦为伴,难言轻松快乐①。

面对孩子成长中出现的种种新情况、新问题,一些家庭既缺乏教育的耐心,也缺乏教育的能力。同时,他们往往把送孩子去学校视为花钱买教育,便把教育孩子的重任一股脑儿推给教师:"孩子交给你了。"孩子出了问题,他们只会拿教师是问。"生活向学校提出的任务是如此的复杂,以致如果没有整个社会首先是家庭的高度的教育学素养,那么不管教师付出多大的努力,都收不到完满的效果。"[12]教师承担了过重的责任,却缺乏批评、处罚青少年学生的授权,甚至连一句重话也不能讲,必须小心翼翼对待这些独生子女。

教师是与青少年学生朝夕相处之人。朝夕相处未必一定能形成亲密无间的关系。钱钟书说:长期相识并不会日积月累地成为恋爱,好比冬季每天的气候吧,你没法把今天的温度加在昨天的上面,好等明天积成个和暖的春日。在独生子女备受呵护的现实社会中,在学生学习压力较大的情况下,师生朝夕相处往往面临着逻辑上的困境:教师关心和催促学生认真学习,却容易招致学生的反感;教师少管学生,或者严管学生,却往往一不小心就会引起家长的排斥。身处这种困境之中,不少教师不幸成为战战兢兢的"保姆"。

3. 一些教师自我矮化为"名利之徒"

实事求是讲,大多数教师能够秉承教书育人职业标准,但也不可否认,教师队伍中

---

① 所谓的"快乐教育",旨在尊重学生的个性特质,营造乐学的心理氛围,以激发学生的求知兴趣和欲望。"学而时习之,不亦说乎"或许是快乐教育的重要滥觞。然而,"时习之",即经常练习,对于学生来说往往难言快乐。毋宁说,快乐教育更是一种教育理想和追求的表达,而不是对教育本质的揭示。

也有个别害群之马。这些害群之马使教师社会形象蒙尘扭曲。

（1）重个人发展而轻学生成长。作为"应试教育"的主要执行者，绝大多数教师，特别是中小学教师自然会投入绝大部分时间和精力，狠抓学生的学习，尤其是列入考试范围的学科知识的学习。由于学生成绩已成为教师个人职业发展的重要依据和参考指标，一些学生就把教师紧盯自己学习理解为教师只是在关注自身利益。毋庸讳言，学生的理解未必都是误解。一些高校教师在教学上以应付为主，而把更多时间用于读学位、跑项目、写论文、做课题等个人发展事宜，无暇顾及学生及其发展[13]。这样的教师终日急功近利、焦躁不堪，自然难以得到学生的信任，更难以受到学生的爱戴。

（2）重个人利益而轻师德形象。一些中小学教师课内教学应付为主，课外补课赚钱却不亦乐乎；媒体的发达，使个别教师体罚学生、性侵学生等极个别不良现象被公开在全民面前；个别教师利用教师身份，索要好处，让家长为自己处理私事，与家长之间形成微妙的利益关系和金钱关系。一些高校教师为了个人利益，他们（按：即应星所谓的学界"新父"）往往"彻底破坏避嫌原则或启动利益交换及平衡的'潜规则'"、"以赤裸裸的行贿为铺路石"。为了尽快取得"成功"，他们"言不及义，空洞无物，且剽窃成风，学风败坏"。他们失去了指导学生读书的兴趣或精力，只是把学生当成"课题廉价却主要的劳力"。[14]可以想见，除了钻营和弄虚作假，他们是很难以美好的形象，引导青年学生健康成长的；可以想见，在这些学界"新父"的把持和示范下，一些年轻教师难免效仿，融入钻营和弄虚作假的焦躁之中。虽说师德水平低下的教师是极少数，然而，一粒鼠屎能坏一锅汤。少数害群之马"名利之徒""好色之徒"一类的形象，必然使教师整体形象在一些青少年学生的心目中被严重矮化。

（3）重教学研究而轻学生研究。教师必须对学生进行长期深入的科学研究，以准确把握其共性和个性，才能更好地因材施教。这是教育的一大基本原则。然而，事实上，很少有教师（不仅中小学教师，还包括很多大学教师）主动参与对青少年学生的研究，甚至极少主动关注和了解青少年研究的最新成果。很多教师对青少年学生身心发展的不平衡、青少年亚文化的特点、青少年朋辈交往的实际状况等现实问题，缺乏必要的把握，对青少年学生所熟悉和热衷的许多事物，很陌生。这使得他们既缺乏和青少年学生进行有效对话和沟通的意识和耐心，也缺乏敏锐、准确地把握一些学生心中的迷茫和焦虑，给予他们及时必要帮助的能力。这必然使他们与学生之间很隔膜，会在不少学生心目中留下熟悉的"陌生人"形象。

总之,"矮化"和"自我矮化",使一些教师已经逐步弱化,甚至丧失了育人意识与功能。如此,何谈师德?何谈教师的社会形象?

四、重塑教师社会形象

教师被"祛魅",被"矮化",使得当下社会生活中教师的社会形象远离"天地君亲师"的神圣牌位,远离"园丁""蜡烛""春蚕""阶梯""灵魂工程师"等溢美之词勾画出的崇高。当教师不再是崇高职业的代表和伦理的化身,在弑师者眼里成为普通人,弑师者便减少了一点犯上作乱的道义上、心理上的压力;当教师中的一些害群之马使教师形象在学生眼中被矮化之时,这就使得弑师者似乎又增添了一点道义上的优势和心理上的底气。教师被去魅、被矮化固然并不意味着他们必然被弑,但在一些特定情境中,这一增一减却使个别不幸的教师被弑增加了更大的可能性。

优化和重塑教师的社会形象,这是一个必须得到正视的紧迫的现实问题!

1. 拒绝标签,准确把握教师社会形象

传统社会中,"教师既被视为当然的知识权威,也被视为绝对的道德权威,即所谓道之所存,师之所存"。[15]但随着时代的变迁、经济的发展、社会的开放多元、教育的普及、大众教育程度和文化水准的普遍提高,特别是随着互联网时代的到来,教师难以再有"知识权威""道德权威"的职业优势。要摒弃贴标签的惰性思维,从实际出发,准确把握教师社会形象的内涵。有论者指出:"在现代社会,教师的社会形象正从立法者转向解释者。教师更多的不是拥有天然的社会规范的代表、道德楷模和民众的启蒙者这样的社会地位。他们更多地是以普通知识分子(着重号系引者所加)这个角色出现在人们的观念中的,而且,人们看待教师的视角不再是从知识与道德的权威出发,而是从社会谋生的职业的角度出发的。[16]"诚哉斯言。"普通知识分子",这就是教师在当今社会中的基本定位。

不过,"普通知识分子"一说还未能揭示出教师的特质。普通知识分子分布于各行各业,各有其特质,也即各有其质的规定性。教师作为普通知识分子的特质何在?我

认为主要在于：他们秉持真情实意关爱学生、真才实学成就学生的职业伦理；他们专门从事人类知识的生产和传播工作；他们在促进人类自身提升和发展方面发挥着特殊作用，体现着特殊价值；他们在把教书育人职业当作谋生手段的过程中，享受自己生存发展的权利，满足自己生存发展的需求。这也许就是当下社会中教师社会形象的基本状况。

2. 拒绝"口号"，切实改善教师经济待遇

经济地位直接影响着人们的社会地位和社会形象。作为从事百年树人事业的劳动者，教师应该得到更好的经济待遇。这不仅有助于其社会地位的提升，而且有助于教师自身有更大的能力通过进修、充电，实现自我提升。而教育和教师经济待遇的提升，需要得到政府更多的投入。

加大投入，提升教师的经济待遇，这不是新问题。1993年10月31日修订，1994年1月1日施行的《中华人民共和国教师法》早已明确规定"教师的平均工资水平应当不低于或者高于国家公务员的平均工资水平，并逐步提高"。问题显然不在立法和制定多少规章制度，更不在于喊出多少漂亮而空洞的口号，而在于落实"教师法"的要求，切实提高教师的经济待遇。这是当务之急，也是当代中国人均GDP已经接近8 000美元条件下的可行之策。然而，"教师法"制订和颁布20多年来，教师的平均工资水平至今未能不低于或者高于国家公务员的平均工资水平，更谈不上逐步提高的可能。所以如此，与教育事业百年树人，难以给当年或官员任期内的GDP和政绩带来立竿见影的好处直接相关。所以，这里的关键显然在于必须摒弃社会上，特别是官场上阴魂不散的急功近利的社会心态和价值观。急功近利社会心态的核心是现实的看得见摸得着的利益；其基本模式是人们以资源和工具的尺度衡量、把握、对待一切人和事；其实质是紧盯物化的利益，而漠视人的情感和精神价值，甚至漠视人的生命的价值；其行为习惯是抄近路、走捷径。[17] 急功近利是当今社会上多种乱象的共同根源。党政理应为全社会做好示范，摒弃急功近利，着眼于中华民族复兴的远大目标，扎扎实实落实各类文件中重视教育、尊重教师的理念和举措。唯有如此，"再穷不能穷教育"才不再仅仅是一句漂亮的口号，才能使教师真正受到全社会的尊重，才能有效提升教师队伍的整体素质，才能使教师的社会形象真正阳光灿烂。

3. 拒绝虚化，强化法制提升师德水平

教师待遇提升的同时，师德水平必须水涨船高。师德是教师社会形象的重要方面。在我看来，师德的核心在于"真情实意关爱学生、真才实学成就学生"。前者关乎教师有意识爱学生，后者关乎教师有能力爱学生。两者缺一不可，都是师德的题中应有之义。

师德建设不仅事关教师，也是全社会的事情。全社会共同努力，才能为师德水平的提升营造良好的社会环境。因此，必须加强法制建设，明确学校、家庭、教师和学生各自的责任和义务。当今社会中，尤其要依靠法制，切实保障教师的合法权益，使之免受外来干扰、家庭过分要求的困扰和劣徒的恶意攻击。

与此同时，要不断健全师德评价体系，努力强化教师依法从教的意识。师德常常被视为很抽象、很"虚"的东西。事实上，师德既不抽象，也不虚。一名教师是否真情实意关爱学生，是否真才实学成就学生，这些其实都是可以量化的。比如，关爱学生不仅仅体现于物质，更主要体现于对学生困惑、疑虑等等的及时把握、回应与成效。这些都是可以通过长时间的记录和观察，得以量化检验与考核的。对学生中的问题和苦恼木知木觉，缺乏及时发现和回应的教师，难言真心实意爱学生。其师德水平一般不会很高；再比如，一名教师是否具有真才实学，是否不断进修充实自己，提升自己的思想理论和专业水平，不断增强自己的教学和育人能力，这些也是师德的重要体现。唯有如此，教师才能不误人子弟。试想，一份教案用了十几年的教师，其师德水平一般也不会很高。对教师的学识水平、进修状况、教学能力、科研能力等等，其实都是可以量化的。因此，健全师德评价体系，要拒绝虚化，从细化师德考核指标、机制化考核方法，以及加大处罚害群之马的力度等入手，强化法制建设。这既需要教育行政管理者有更高的智慧和能力，也需要充分发挥教师自我管理、相互督促的能动性。

弑师惨剧为教师社会形象的现状敲响了警钟。历经千百年风雨洗礼，尤其是历经近百年来中国社会变迁的冲击，教师社会形象几经浮沉、变异和转换。在当今日益开放多元的社会条件下，教师社会形象的重塑既背负着沉重的历史包袱，也面临着未来社会发展可能出现的种种新情况、新问题和新挑战。从根本上说，当今教师社会形象的重塑，不仅仅是为了减少弑师一类惨剧的亡羊补牢之举，更是一种未雨绸缪之策，以使教师和教育更好地回应未来社会发展的要求。这是一项长期而艰巨的工程，需要全

体教师乃至全社会共同探索,协力创新。

参考文献:

[1] 湖南邵东再现弑师案,起因看小说受阻[N/OL]. 南方周末. http://www.ikuaibao.cn/news/xg_2d8wr8. 2015-12-10.

[2] 陈毓. 警惕惟立法思想泛滥——系列弑师惨案的思考[J]. 经营管理者,2009,(1).

[3] 辞海[M]. 上海:上海辞书出版社,2002:819.

[4] 岳红琴. "知识分子是工人阶级一部分"论断两度提出的历史回顾[J]. 河南社会科学,2008,(3):126.

[5] 艾青椒. 高校青年教师群体忧思录[J]. 记者观察,2013,(7):90.

[6] 严奇岩. 民国时期教师生活待遇研究的回顾与反思[J]. 南通大学学报(教育科学版),2006,(2).

[7] 艾青椒. 高校青年教师群体忧思录[J]. 记者观察,2013,(7):88.

[8] 女教师月薪150元执教40年称:我离不开孩子们. 中国网[N/OL]. http://www.china.com.cn/cppcc/2016-01/02/content_37439833.html.

[9] 教师待遇成禁锢教育发展瓶颈[N/OL]. http://news.xinmin.cn/rollnews/2009/09/09/2522667.html.

[10] 参见:教师待遇成禁锢教育发展瓶颈[N/OL]. 新民网. http://news.xinmin.cn/rollnews/2009/09/09/2522667.html.

[11] 刘宏森. 互联网时代的教育:困境和作为[J]. 中国青年研究,2015,(7):31—32.

[12] 苏霍姆林斯基. 给教师的建议[J]. 杜殿坤,译. 北京:教育科学出版社,1984:397.

[13] 穆敏. 近年来急功近利的浮躁心理探析[A]. 中国现代社会心理和社会思潮学术研讨会论文集[C]. 2004年. http://cpfd.cnki.com.cn/Article/CPFDTOTAL-XDSX200408001021.html.

[14] 应星. 且看今日学界"新父"之朽败[J]. 文化纵横. 2009,(4).

[15] 吴康宁. 教育社会学[M]. 北京:人民教育出版社. 1998:97.

[16] 叶映华,刘宣文. 专业化与教师社会形象的重建[J]. 教育发展研究,2006,(14):21.

[17] 刘宏森. 留守之殇:功利祭台上的牺牲[J]. 青少年研究与实践. 2015,(4):14.

从道德审判走向法治化:对大学校园师源性骚扰/性侵害的审思

王 珺

(华中师范大学 教育学院)

近些年来,大学校园性骚扰/性侵害事件频发引起了社会普遍关注,据国际上相关研究报告显示:若根据加害者与受害者的关系分类,校园内师生间的性骚扰普遍率为10%—60%,同学间的为30%—86%[1]。一部涉及校园师生间性侵害的台湾影片《不能说的夏天》一度被媒体热议,影片改编自发生在台湾大学的一起校园性侵案。女主角在被自己的教授性侵后心理崩溃,自杀、逃避、绝望充斥着她的生活。尽管影片最后,案件胜诉,施暴教授受到惩罚,导演也给女主角安排了一个得到新生的结局。但影片之外,现实版的校园性骚扰/性侵害事件总是在不断上演。校园性侵和性骚扰的新闻依然一次次登上报刊网络的头条,从国内厦门大学某教授性骚扰女学生事件到四川美院某教师的"强吻门"事件,乃至美国诸多常春藤大学深陷的"性侵门"总是能吸引公众的眼球。社会各界要求高校预防和制止性骚扰机制的呼声也日益高涨[2]。因此,推动建立大学校园性骚扰/性侵害防治机制成为大学管理无法回避的议题。

在中国大陆高校,加强师德师风建设就是一项具体的举措与工作实践。2014年10月9日国家教育部特别下发了《教育部关于建立健全高校师德建设长效机制的意

作者简介:王珺,教育学博士,华中师范大学教育学院教授,博士生导师。主要从事高等教育学、教师教育及女性教育研究。

E-mail: ccnuwangjun@126.com

见》,即所谓的"红七条",直指师德构建。其中规定严禁"对学生实施性骚扰或与学生发生不正当关系",并在"意见"中呼吁建立健全高校师德建设长效机制,努力培养造就一支师德高尚、业务精湛、结构合理、充满活力的高素质专业化高校教师队伍[3]。

在此基础上,许多高校在涉及职务(职称)评审、岗位聘用等教师核心利益的考核中也将师德列为必要条件,实行一票否决制。但在此需要追问的是,具体到大学校园师源性骚扰/性侵害事情,师德建设的作用和限度又在哪里?如果仅求助于道德审判和对师德的严格要求,是否能有效遏止校园性骚扰/性侵的频繁发生?虽然《意见》中提出师德建设的机制要与"法律约束相衔接",可是中国大学关于校园性骚扰的法律、法规及相关制度并未完善,"衔接"又如何可能呢?要想有效遏止校园师源性骚扰/性侵害的发生,目前仅仅靠师德师风建设是远远不够了,这也不是一个简单的道德问题,特别是来自学术性的师源性骚扰更多的是"基于不对等的权力关系,其持续既是因为操作性规则的缺位,也是因为性别平等的文化氛围的支持"[4],它更需要一个全面的方案,特别是法律和制度的关照,建立师生互动的指导性规范。

2014年教师节前夕,由256位来自国内外高校教师、学者和学生参与联署的公开信寄给教育部部长,建议教育部制定出台《高等教育学校性骚扰防治管理办法》。公开信上明确提出,"目前在保护学生免受校园性侵害方面的工作还远远不够,教育部应该推动各地教育部门、教育机构构建一个从事前预防、紧急救助到事后治疗辅导的完整的预防性侵工作机制,创建安全的校园环境"。"事实上,学校必须承担保护师生不被骚扰的责任,建立一个安全、良好、平等的工作和学习环境"[5]。

把校园性骚扰纳入妇女权益和性别平等的概念框架,并进入立法体系,建立实施的政策及机制,协调行政程序和资源,让女性可在安全和受尊重的环境下工作、学习和生活。对于这一点,高校在推进法治化的进程中应该予以充分的认识与关注。近几年两会期间,都有多位代表委员关注校园性骚扰/性侵案件,指出应从加强立法监督、细化学校责任、普及性教育等方面出发,建立事前预防、紧急救助到事后治疗辅导的全套工作机制。

一、高校性骚扰/性侵害的普遍性及认知差异

1. 大学校园性骚扰/性侵害的普遍性

近年来,美国一些知名大学所发生的性骚扰事件也是被媒体频频报道,成为全美

关注的热点,最后连白宫也不得不郑重表态,2014年1月美国总统奥巴马发表讲话:"在美国大学校园里,5名女生中,大约有1名遭受过性侵害……我们必须采取行动,如刑事司法制度……我会推动政府采取措施。"美国副总统拜登也随后发言,"学院和大学不应该再对校园暴力置若罔闻,好像从未发生过一样……学院和大学要行动起来"[6]。美国《华盛顿邮报》和凯泽家庭基金会(Kaiser Family Foundation)2015年6月曾公布的一项调查报告显示:在美国,过去四年里曾经上过大学的人当中,20%的女性和5%的男性称在校期间曾受到性侵犯和性骚扰。为了这份报告,研究人员在2015年1月至3月随机电话采访了1 053名在过去四年中曾经上过大学、并住在学校及附近、年龄在17至26岁的年轻男女。调查范围覆盖全美500多所大学和学院,遍布美国50个州和华盛顿特区。《华盛顿邮报》称,实际的受性侵人数可能还要大于调查结果。"全国反对强奸、虐待和乱伦网络"是美国最大的反对性暴力组织。该组织的理事特雷西·谢夫尔说,虽然如何定义性侵和性骚扰会使数据产生变化,地区之间数据可能会出现重复,学校间数据有差异,但只要这个数据不是零,大家就应该多加关注。调查结果显示,相对于报告所说的女生1/5受性侵的比例,虽然男性比例较低,为1/20,但这样的问题仍不容忽视。在性侵发生后,受害人向社会服务机构求助时,工作人员表现出的不信任、对受害人的指责或不友好,都会对受害人造成精神上的二次创伤。特雷西·谢夫尔说,受害者不论男女,在性侵事件中受到的伤害是相等的[7]。事实上,早在20世纪80年代,美国两位学者经过历时两年的调查,访谈了四百余名大学成员后,合著出版了《好色的教授:校园性骚扰》,就指出大学校园早已不是一片净土,性骚扰已成为大学校园不可小觑的现象[8]。

《中国妇女报》一则报道曾援引过这样一组数据:全国妇联一项针对北京、南京等城市15所高校大学生的调查发现,经历过不同形式性骚扰的女性比例达到57%[9];另一项调查也说明问题的严重性:有学者对1 200名女大学生调查发现,其中有531名女性(占总数44.3%)表示曾遭遇性骚扰,而且不少受害者遭受过两次甚至三次以上的性骚扰。该调查还发现:23%的女大学生认为当前性骚扰的"情况很严重",60.4%的女大学生认为"情况严重"。"其中老师对学生的性骚扰或者是性侵案,有很明显的特点"[10]。

在台湾地区,大学校园性骚扰一直也是社会关注的议题。1994年发生的师大案,一名女学生在师大外墙上喷漆,控诉教授强暴,并爆发师大"七匹狼"的丑闻,为此,女学会还特别组织控诉人在立法会召开公听会[11]。1999年台湾地区出台了相关性侵害的法律,2005年通过了性别平等教育法和性骚扰防治法,尽管如此,有关校园性骚扰的问题依然频频出现于报端,乃至被搬上荧幕,如电影《不能说的夏天》一度就成为非常热门的话题,可见大学校园性骚扰的普遍性和受关注程度。

在香港,第一个有关大学环境里同侪或教职员间性骚扰的普遍性调查于1992年进行,接下来进行的是一个访问全港全日制大学生的大型调查。两个调查中有关性骚扰普遍性的结果大致相似。大约13%的女学生表示她们曾经被教职员性骚扰。其中,11%表示她们受到非自愿的亲密接触,9%表示受到性骚扰,2.5%表示被强迫进行性行为。同侪间性骚扰的普遍性更高,35%受访女学生表示曾被同侪性骚扰。其中,26%曾被同侪性骚扰,22%受到非自愿的亲密接触,5%曾被强迫进行性行为[12]。

北京众泽妇女法律咨询服务中心律师张伟伟曾接手过多起大学校园性骚扰/性侵害案件。她说,其中发生在师生之间的师源性骚扰最受关注,教师通常是利用自己的学术地位和权力,对学生进行性骚扰、甚至性侵。但由于女性为性骚扰感到羞耻,亦担心影响与性骚扰者的关系,受害的通报率偏低。在没有为性骚扰问题立法的地区,根本就没有相关记录。即使进行了调查,由于各地区,特别是男性和女性间对如何构成性骚扰的定义各异,我们亦很难就不同地方的性骚扰普遍性做出准确的比较[13]。

2. 大学校园性骚扰的认知差异

在大学校园性骚扰案件中,对性骚扰的认知差异是困扰分析和处理该问题的关键环节。以2014年四川美院某教师的"强吻门"事件为例,当时舆论分化都指向一个核心问题:"强吻"自己熟悉的女学生,究竟算不算性骚扰?这到底是道德问题还是法律问题?梳理网络上各种不同的声音大都与道德相关。一边是不绝于耳的谴责和漫骂,"叫兽""道德败坏""流氓教授"的骂声铺天盖地;另一边则是对王小箭的辩护,认为舆论夸大了事实。在事件发生的第二天,一篇名为《人心不散:另一面的王小箭》的文章出现在网络上,文章试图说明某教师的举动并非性骚扰,尽管在生活上"有些放纵",但实际是一个"内心简单的人"、"一个随和的老头"[14]。前者以道德批判之,后者以道德维护之,却似乎都无法证明某教师"强吻"行为本身的属性。前者主观上已经认定了"强吻"的性骚扰性质,由性骚扰的判断推断出道德败坏的判断。却并没有有效证明该教师的行为是否属于性骚扰。后者,那些替该教师努力辩护的人,试图塑造一个"好人王小箭"的形象。以道德维护,无非要证明该教师并没有性骚扰两名女生的主观愿望,但是这并不能证明"强吻"的行为没有在客观上对两名女生进行了性骚扰。因此,两方面的观点都无法说明问题的核心:"强吻"是不是性骚扰?

在评判教师的行为时,除了道德眼光更需要法律的意识,法律促成性别关系的社会变迁,涉及人们对于性别平等的社会实践,也能规范道德行为,提升师德水准。但在目前中国法律体系中尚无针对性骚扰的专门立法,只在2005年修订的《妇女权益保护法》中加入了一条:"禁止对妇女实施性骚扰,受害妇女有权向单位和有关机关投诉。"但是对性骚扰的定义和形式并未作出具体的规定,对于校园性骚扰更缺乏明确规定。

美国学者最早提出了性骚扰的概念并进行了大量研究,世界上凡有性骚扰立法的国家,一般大都接受美国对于性骚扰的理论。美国女权主义学者凯瑟琳·麦金侬(Catharine A. Mackinnon)将性骚扰定义为:"处于权利不平等条件下强加于人的讨厌的性要求。"如果我们以这个标准来衡量四川美院某教师"强吻"女学生的行为,其实不难发现问题的核心——该教师的行为是否属于性骚扰,不在于教师的道德水准,而关键要看两个参考标准:第一,该教师与女学生之间是否存在不对等的权力关系;第二,对两名当事女生而言,该教师的行为是否"不受欢迎"。事实上,也正因为在一些性骚扰案例中,被害人并没有拒绝行为人的性骚扰行为,因此人们会认为,既然被害人当时是自愿的,似乎也就不存在什么性骚扰了。然而性骚扰案件却并不以受害人当时是否自愿来进行判断。

1986年,美国联邦最高法院在 Meritor Savings Bank, FSB v. Vinson 一案中首次审理了性骚扰问题。法院引用平等就业委员会的《性骚扰指南》(EEOC Policy Guidance on SexualHarassment)指出:性骚扰案件的诉讼要旨,在于认定被指控的行为是否是不受欢迎的。法院应当审查被指控的行为是否不受欢迎,而不是她实际参与的性交行为是否是自愿。这是因为,对于交换型性骚扰而言,骚扰者常常是以就业条件、薪酬、职位、考评等方面的好处加以引诱,而受害人为自身利益或者迫于压力,也可能对性骚扰行为表示容忍和同意,持默许态度。这些情形中,受害人表面上都未抗拒,但内心却对性骚扰行为并不欢迎,因而同样给她(他)造成不利影响。

关于性骚扰的研究能为我们展示哪种程度的行为是性骚扰。一般情况下,性行为或身体接触被认为是性骚扰行为。但是,性骚扰亦有很多形式。据香港《性别歧视条例》的法律界定,"性骚扰是当任何人对另一人提出不受欢迎的性要求,或提出不受欢迎的获取性方面的好处的要求;就另一人做出其他不受欢迎并涉及性的行径;而在有关情况下,一名合理的人在顾及所有情况后,应会预期该另一人会感到受冒犯、侮辱或威吓"。另外,当"任何人如自行或联同其他人做出涉及性的行径,而该行径对另一人造成有敌意或具威吓性的环境"这亦应被视作性骚扰[15]。当然,"具性威吓性的环境"对很多人,尤其是那些认为性骚扰只等于非自愿的身体或性接触的人来说,是一种崭新的概念。很多人会以为性骚扰等于性侵犯,但当不涉及身体接触,她/他们就通常会低估事件的严重性,并以为这只是社会常态。可是,事实已证明不论任何形式的性骚扰,都会导致受害人恐惧、焦虑和抑郁的情绪,引致她/他们逃避、并最终退出学业或工作。因此,对于校园内比较普遍性的师源性骚扰绝对不只是一个师德提升就能解决的问题,它更需要法律的介入和制度的规范,完善校园性骚扰行为的认定、预防、申诉和处置的程序与机制。

二、大学校园性骚扰/性侵害法律操作的困境

在北京"95世妇会"通过的《北京行动纲领》中,性骚扰就被明确归类为一种对妇女的暴力及歧视。可是,在推出《北京行动纲领》的20余年间,性骚扰并没有在任何重要领域上得到太大关注,也没有在立法上向前推进,但是,由于信息网络资讯的发达及普遍化,近年来,性骚扰作为社会事件却在各类媒体被频频热议,其中大学校园内师源性骚扰问题更是备受关注。

三、师生"恋"与师生间的权力困局

长期以来,发生在大学校园内的性骚扰/性侵害事情,大都会牵涉到教师与学生之间关系的探讨,因此关于性骚扰的各类讨论也以"师生恋"的角度加以分析的居多。如论及"师生恋"的负面性时,研究者会关注伦理层面的"有悖伦常,有伤风化"等;或持"自由论"的思维,肯定师生皆有自由恋爱的权利前提下,主张应重新厘清教师专业伦理的界限;更有论者对此持"情欲自主"或"性自主"的自由论思维[16]。这几种看似互相辩论的观点,实际上都是在伦理层面讨论问题,显然忽略了师生之间性关系所涉及

的"利用权势发生亲密关系"的可能性,即使出现了强调权利关系的思维,许多讨论也仍是在"专业伦理"的框架内叙述。

  2014年7月前后,网民"汀洋"、"青春大篷车"举报厦门大学某教授就是一个典型的案例。举报人称其利用发表论文、保研等机会,诱奸及性骚扰女学生。这一事件曾引发全国瞩目。但从各路媒体报道到网络口水仗以及校方不得要领的说明都大致在"教师伦理道德"这个框架内谈论问题。此种思维所隐含的其实是回避性、欲望与权力三者间的纠结,只关注了最表面、最直观的互动关系,因此也排除熟人之间因不同社会处境所导致的自我认知与亲密关系的差异与不对等。事实上,厦大事件就向我们揭示了校园性骚扰高发的一个重要因素:师生之间存在不对等的权力关系。中国有师道的传统,尽管教师的权威已经很大程度上削弱了,但这种权威依然存在,它往往有可能变成性骚扰的工具。而在大学当中,一些教师确实在学术科研、就业指导等方面掌握一定的权力,这也给性骚扰提供了便利。

  电影《不能说的夏天》的另一片名也叫做《寒蝉》,它所暗示的正是这种不对等的权力结构所制造的一种"寒蝉效应":受害者迫于种种压力,选择隐忍顺从。除了权力结构所制造的"寒蝉效应",还有受害者是因为性骚扰、性侵之后造成的创伤心理疾病。电影《不能说的夏天》中,学生白慧华在遭受性侵后,竟陷入"我是不是爱上了李教授了"这样自我"催眠"式的斯德哥尔摩综合征之中。她们只有逃避性侵的事实,寻求某种合理性的解释,才能释放让她倍感羞愧的侵扰行为带来的心理压力。

  遭受性骚扰的女性绝对不止一人,可是如举报人一般站出来揭露的却屈指可数。这种集体沉默使得校园性骚扰极少出现在公共话题之中,媒体没有报道,社会没有讨论,就在这种沉默和失声之中,性骚扰不断地以各种形式被复制、重演和再现。要从根本上遏止校园里的性骚扰,就必须深刻反思社会性别结构的运作方式与深层意义,反思自我与他人的关系。性别乃是权力的一根轴线,其运作并不是自上而下,而是多维度的,因此,性别交织于其他的权力轴线之中,如何重构男性与女性的性行为理解模式,以及性骚扰/性侵害规范模式,就需要新的概念、新的意识形态框架。这既需要受害个体勇敢地站出来,也需要各种社会组织的积极参与和介入,更需要高校自身的作为、担当及建立制度保障机制。只有这样,校园性骚扰问题才能透过一个个具体的案例引起人们的关注并得到有效解决。

四、自由论：大学校园性骚扰法制化的思维困境

关于性骚扰/性侵害的诸多表述中常常会出现"强制"与"抗拒"等字眼，这实际上蕴涵着将性行为放置在你情我愿的自由状态，台湾学者王晓丹将其称为"自由论"的思维，认为此种思维忽略了性行为双方所处的权力或支配关系的脉络。这在利用权势性骚扰/性侵害的行为上更为明显[17]。由于目前各国刑法体系设计的关系，这种利用权势或机会性侵害概念，往往会使得受害人意愿成为审判的焦点，这反而让受害者陷入困境。根据相关法律的解释，"强制"与"主观意愿"两者差别在于违反意愿的手段和强度不同，前者的性自主决定权全面被压抑，而后者的性自主权并非全然无法行使，只是在精神压力下不得不顺从。事实上，利用权势或机会行使性骚扰/性侵害罪如果成立，就意味着受害者有衡量利害的空间，或者贪恋权势地位而屈意顺从，或者唯恐失去某种权益或遭受某种伤害[18]。而受害者在此权势关系的不对等交换中，其个人的欲望、期待和努力等往往必须完全被揭露，因而遭到贬抑，而此种女性不能有欲望的逻辑，而传统文化又往往是通过社会性别体制压制女性，甚至促使女性自责的重要机制。这些机制在没有被挑战的状况下，将使得受害者在法律实践中陷入新的困境。如无法走出认知与思维的困境，则结果也不容乐观，大致会出现两种情形：第一，大量的性骚扰案件不是通过法律的途径解决，最终不了了之；第二，即便通过法律途径解决，也往往面临性骚扰行为难以明确界定，判罚无所依据的问题。如四川美院、厦门大学师源性骚扰这样的案例，若不是高校自身面对媒体曝光的压力，事情也很难得到处理。

如何将性骚扰/性侵害的关注焦点由个人意愿转向对相关体制规章制度的建构与改善，进入到体制化与法制化的阶段应该成为中国高校推进法制化进程中受关注的议题。

五、校园性骚扰/性侵案调查和取证面临的困境

由于高校是一个相对封闭的利益圈，校园性侵案的调查和取证都面临重重困难。由于受到传统观念的影响，受害一方站出来维权，往往还会遭受一些流言的中伤。如常会有人会说其实是学生勾引的老师，或者是勾引未遂在栽赃。受害者很容易被当成替罪羊，承担着巨大的社会和心理压力。因此，中国政法大学教授阮齐林认为，防止校

园性骚扰的发生,还是应该依靠校方加强管理和教育。

北京众泽妇女法律咨询服务中心律师张伟伟就谈到她办案经历中印象深刻的典型案例,她曾经接触过的一个发生在研究机构的性侵案。施暴者是位博士生导师,在业内还很有名气,他会趁着带学生出差的机会进行性骚扰,甚至性侵。"如果学生反抗的话,他就会通过限制论文、科研项目等进行报复。"张伟伟说,也因为这样,很多人都敢怒不敢言。直到有个女孩儿开始出现抑郁、自杀等不正常现象,才被该机构的领导注意到,但最终还是因为缺乏直接证据而没有起诉。后来,该研究机构在内部开展了整顿行动,开除了涉事导师的党籍和所有任职,并在师生中开展了批评教育。但张伟伟也指出,她在处理相关校园性骚扰案件中,遇到过"睁着眼睛说瞎话"的校方。"学校竟然给性侵的老师开假证明,说他人品端正,不可能做出这样的事"[19]。后来,这份证明也被法官采纳,老师被判无罪,但被害女孩的精神却失常了。

此外,目前中国大陆校园性骚扰在罪名的认定上也存在空白。《妇女权益保障法》虽然首次规定禁止性骚扰,但对性骚扰缺少进一步的法律解释,在实际运用中更缺乏可操作性。教育部出台的《关于建立健全高校师德建设长效机制的意见》尽管对高校性骚扰的处罚作出了规定,但由于预防和制止性骚扰的法律法规不够健全,尤其对高校性骚扰的定义、预防和处置措施还缺乏明确规定,所以还存在较大的局限性和完善空间。

六、 走向制度化和法治化: 美国高校应对校园师生权利关系的经验及启示

在中外历史上,师生恋曾被赋予一种罗曼蒂克的想象,但是在美国高等院校中,随着男女平等的进一步深入,自 20 世纪 80 年代以来,已明确规定禁止有共同学术兴趣的师生之间产生亲密关系,这个规则,虽然不是严格的法律,但是作为学校的规章政策已经被绝大部分大学采纳。

这个规则直接产生于美国女权主义理论以及性骚扰教育在校园的普及。女权主义理论强调关注任何不平等的关系中的权力的作用,校园内一个常见的不平等的关系就是师生之间的恋情关系。女权主义理论指出,在这种不平等的恋情关系里,有权力的一方(大多是老师)可能会滥用权力,对没有权势的一方进行性威胁或性压迫。教师可以通过自己的年龄,地位来许诺或惩罚老师有兴趣的学生[20]。在这种不平等的关

系里,弱势者不得不屈从。为了保护弱势者的利益,美国大学从 20 世纪 80 年代起纷纷制定规则,禁止师生恋,杜绝任何滥用权力的可能。

但事实上,问题并没有这么简单,美国大学禁止师生恋从开始就一直就有反对的声音。虽然反对的声音一直存在,但并没有能阻挡各个大学越来越严格的规定,原因在于禁止师生恋对教师和学生都有好处,而且这种好处被大家认同,特别是被教师和学校管理者认同。教师们当然意识到这个规则与人权和自由的关系,但是绝大部分教师都支持这个规则,这才是规则能被绝大部分美国大学接受的根本基础。法制高于一切,一旦出现老师追逐学生的问题,学生受到伤害,学生和家长很可能会诉诸法律,起诉学校和老师。美国各大学管理者之所以也非常积极推动禁止师生恋,是因为很多这种法律诉讼会使校方左右为难,对大学的名誉和资金来源都会产生较大影响。即使发生这种事情,高校都有相应的部门及一套较为完善、规范的程序和机制进行处理。以美国密歇根大学为例,该校就专门出台了性骚扰防范政策与处理指南,设置学生纠纷调解办公室专门受理,同时,对提出这类申诉的人员以及参与调查的人员予以保护,以保证其不会因为相关行为受到打击报复。当然,在美国高校禁止师生恋的初衷"绝不是禁止爱情,而是禁止滥用权力,监督权力,不给有权力的人滥用权力的可乘之机"[21]。

美国高校在防治性骚扰/性侵害方面走向制度化和法治化的经验值得我们借鉴。特别是高校自身应该在其中担负起责任并发挥重要作用。解决校园性骚扰问题,最关键的还是应该从内部做起,高校是一个相对自成体系的组织,防止性骚扰的组织也应该设置在高校,并在此基础上进一步推进制度化和法治化。台湾地区高校和香港高校近些年都出台了相应的校园反性骚扰/性侵害的法律法规,使校园性骚扰/性侵害事件能进入制度性的程序,不少大学都向师生提供了完善的受理投诉和处理机制,从而避免责任院校采取息事宁人的态度及对受害者的再次伤害。但反观 2014 年厦门大学案件出来后,在媒体介入之前,其中某几位当事人早已通过组织途径向大学进行投诉,但并没有得到重视与处理,其原因就是大陆高校目前并未建立相应管理机制,导致接到举报的相关负责人对于此类事件大都采取息事宁人的态度,如果没有高校对自身进行监督,即使诉讼至法庭,相关取证也很不容易。从这个意义上讲,大陆高校反性骚扰/性侵害的制度化和法制化还有很长的路要走。

参考文献：

[1][12][15] 张妙清.探索防治性骚扰的跨界别全面方案——基于香港相关政策与行动的思考[N].中国妇女报,2015-6-30,(B1).

[2] 周韵曦.尽快建立高校性骚扰防范机制[N].中国妇女报,2014-09-13.

[3] 教育部.关于建立健全高校师德建设长效机制的意见[EB/OL].http://www.moe.gov.cn/publicfiles/business/htmlfiles/moe/s7002/201410/xxgk_175746.html.2014-10-17.

[4] 李军.学术性骚扰的共犯性结构：学术权力、组织氛围与性别歧视——基于国内案例的分析[J].妇女研究论丛,2014,(6):44—54.

[5] 两百余学者致信教育部及厦大校长呼吁建立高校性骚扰防范机制[EB/OL].http://www.legaldaily.com.cn/2014-09-1008:58.

[6] Sexual Assault of Undergraduate Women[EB/OL]. The Washington Post. http://www.washingtonpost.com/local/education/sexual_assault_of_undergraduate_women/2014/04/29/e507789c_d011_11e3_b812_0c92213941f4_graphic.html,2014-04-29.

[7] 调查报告：美国20%女性,5%男性称曾遭校园性侵[EB/OL].http://www.world.people.com.cn/2015-06-2019:05.

[8] 林杰.美国高等教育反性骚扰的法案与判例[J].比较教育研究.2015,(3):37—43.

[9][19] 加强制度建设,预防和制止高校性骚扰[N].中国妇女报,2014-11-04,(B1).

[10][13] 高校被指为性侵教师开证明无罪,致受害者精神失常[N].中国青年报,2014-11-24,(03).

[11][16][[17] 陈瑶华.台湾妇女处境白皮书：2014年[M].台北：女书文化事业有限公司,2014:283.292—294.287.

[14] 辛恩波.反性骚扰：靠师德还是靠法律？[N].女权之声,2014-10-30.

[18] 许玉秀.妨害性自主之强制、乘机与利用权势：何为自主？兼评台北地院91年诉字第462号判决[J].台湾本土法学杂志,2003,(42):16—36.

[20][21] 沈睿.美国大学禁止师生恋逐渐走向严格[EB/OL].http://www.aisixiang.com/thinktank/shenrui.html 2015-08-22.

港澳青年教育伦理研究

香港地区大学生国民身份认同教育思考

陈正桂

(华东师范大学　马克思主义学院)

一、香港地区大学生国民身份认同的现状

吉登斯认为,身份认同是指个人对自己角色的一种自我确认,它是个人一系列个性的统一,是一个人区别于另一个人的整体标识,它是个人依据个人经历所形成的,作为反思性理解的自我。[1]这种身份认同是基于个人从心理上明确自己是某个群体的一分子而言的,但是尼尔·米勒指出,认同的本质不但是"心理"的,它也包含"群体"的概念,是一项自我的延伸,是将自我视为一个群体的一部分。[2]这种身份认同不是简单地凭空捏造出来的,而是对政治机遇和制约、策略需要和可取的文化资源中的变化作出的反应。[3]群体性的身份认同具备来自基层的草根力量,但其所蕴含的群体的能量不可小觑。因为身份认同本身就具有强大的内在张力,足以产生"现实政治"所需要的政治动员力量。身份认同就像一把双刃剑,既能产生建设性的正面能量,也能产生毁灭性的负面能量。正因为如此,我们有必要研究香港地区大学生的身份认同问题。

香港回归中国已近20年了,在这近20年间,香港与内地的经济、文化、科技、教育等方面的融合与互动日益加强,完全到达了你中有我、我中有你的状态,这种融合和互

作者简介：陈正桂,华东师范大学马克思主义学院教师。

E-mail: zgchen@skb.ecnu.edu.cn

动对香港的发展起到了很大的推动作用,按此推理,香港地区的大学生应该有比较强的中国身份认同感,但事实并非如此,2013年香港大学对1 055个香港人进行了关于香港人身份认同的电话调查,在调查中,受访者要求在4种身份中选择最喜欢的身份:"香港人"、"中国人"、"中国的香港人"和"香港的中国人",最喜欢"香港人"身份的受访者占到了38%,是选择"中国人"的近两倍。23%选择"中国人",选择"中国香港人"、"香港中国人"的比例合计36%。这些数字仅略高于1999年6月的历史低位,为14年来最低。[4]类似的调查在香港一直都在进行,调查的结果显示香港地区大学生的中国人身份认同现状不容乐观,无论调查的设计是否合理,调查的结论是否正确,这个问题都值得我们关注。

2012的香港德育国民教育事件,香港政府的此次德育课程改革的出发点就在于增强学生对国家的认识和国民身份认同,但是却招来教育界及家长们的强烈反对,大批香港市民带着子女上街游行,人数最多时达到3万多人,作为大学生组织的"学民思潮"在反对香港政府推行德育及国民教育科的运动中扮演重要角色。

2014年的占中事件,其中的一部分就是青年大学生,这些年轻人基本上来自两个主要的群体,"学联"和"学民思潮"。前者即香港专上学生联会,是香港最大的学生组织,由八所大专院校的学生会所组成的,该学联在香港占中事件中一直都有同学参与,他们不仅占领中环、罢课还冲击特首梁振英;后者也是香港的一个学生组织,为90后的香港学生于2011年5月29日成立,在占中事件中,"学民思潮"召集人等不仅参与其中,还组织大批青年学生参与占中。

对于一个国家而言,国民的身份认同毫无疑问是非常重要的。香港大学生是香港人中知识文化层次较高的群体,他们是未来香港发展的中坚力量,如果他们缺乏对中国最起码的认同,对于港人积极向前迈进将会受到很大影响,对中国的发展也不利,如果他们缺乏对中国的认同感,对祖国的未来也就会漠不关心,更别说为中国梦的实现和中华民族的伟大复兴作出应有的贡献了。

二、香港地区大学生国民身份认同的追溯

为何香港地区大学生的国民身份认同的现状不容乐观?这个问题值得我们好好思考和探究,从理论上说,香港人就是中国人,这一点似乎不需要过多去讨论,但事实

却并非如此,不少的香港人只承认自己是香港人的身份,而不是中国人身份。为什么会有这样的情况发生,我以为有以下几方面的原因:

一是英国殖民统治的去民族化教育。英国长久的殖民统治,灌输所谓的"优等"的文化、语言、制度等,让香港居民与内地同胞产生疏离感,其根本手段是让香港居民不说汉语,一直到20世纪80年代,除了在内地出生的移民,香港人基本上不懂国语或普通话,甚至很多香港人以说英语为荣,香港政府主张用英语教学,而普通民众则进一步争取以英语作为教学语言。香港的中学为了学校的声誉和吸引力,也不愿意以中文中学自称,数据显示,1990年有91.7%的中学宣称以英文为教学语言。[5]语言不仅是文化的重要组成部分,也是民族的重要特征之一。另外一方面,香港的中学教育和大学教育几乎不讲授中国历史,而是以世界历史来替代甚至对抗中国历史,将本土文化局限在通俗文化的领域。导致在今日的香港,部分青年大学生的思想中,西方就等同于开放,中国就等同于专制,这就印证了殖民化教育的恶果。

二是新中国成立后,由于国内的一系列因素,导致香港与内地长时期的隔离,港英政府在香港实行一些怀柔政策,采取了所谓的英式民主,赋予了香港人"永久居民身份",特别是文化大革命的十年,对中国的政治、经济、文化、教育、体育、科技等方面都是毁灭性的破坏,而香港在此间却有很大发展,内地的混乱不堪和香港的繁荣发展形成鲜明对比,彼此的差距拉大,这在一定程度上滋生了一种香港本位感和"香港人"意识。[6]青少年尽管对政治和社会问题漠不关心,他们对香港政府也了解甚少,但是他们还是选择偏爱香港政府,对香港政府甚有好感,他们觉得香港政府奉行的是英式的民主价值观。

三是香港回归以后,香港和内地交流融合,在"一国两制"的政策下,香港平稳过渡,并保持了一如既往的发展。但是近些年来,由于内地的快速发展,全球化的浪潮加剧,香港逐渐失去了原有的发展优势,经济地位不像以前那样显著,他们从自身的利益出发,把这样的现状归结为中国的政治制度、归结为大量内地人到香港工作和旅游,并产生了不少的冲突,而且再次加强了他们作为香港人的身份认同。

四是中国人身份认同教育缺失。长期以来,香港不仅不加强身份认同教育,相反却排斥甚至排除与身份认同相关的教育。香港学校一般都不鼓励其学生认同自己的族群、本土文化和本地社会,中学课程中的中国文化和社会科目也都是具有"非政治化"和"非国家化"的性质。[7]香港政府虽然不刻意鼓励认同英国政府,但是它也不促进对内地政府的认同。[8]

上述的过程抑或是因为香港人有了很强的香港人身份认同,对于中国人身份认同相反比较差,说到底都是和利益有关。亚历山大·温特认为:"利益是以身份为先决条件的,因为行为体在知道自己是谁之前是不可能知道自己需要什么的。由于身份具有不同程度的文化内容,所以利益也有不同程度的文化内容。没有利益,身份就失去了动机力量;而没有身份,利益就失去了方向。我们不应该把这两个概念对立起来,而应该探讨它们是怎样共同起作用的。"[9]亨廷顿出于捍卫国家利益的角度,直截了当地说:"国家利益来自于国家认同。我们必须先知道我们是谁,才会知道我们的利益是什么。"[10]

三、香港地区大学生国民身份认同教育的思考

香港地区大学生国民身份认同教育势在必行,但是依然困难重重。2012年德育国民教育课事件,使香港政府迫于香港市民的压力搁置了国民教育课程指引,而国民教育课程的设置就是为了香港的下一代有一个国家认同感和归属感,尤其是身份的认同感,当有了这种身份的认同感,自然就有了国家认同。如果在中小学的国民教育课程无法实施,到了大学自然就缺乏相关的知识及国情的了解,而大学也没有相关的课程设置,更是缺乏了教育的连贯性和持续性。

要教给学生一瓢水,教师先需要储备一桶水。香港的教师要对学生进行国民身份认同教育,自己首先要了解中国的历史、了解中国的国情等相关知识。但是香港大部分教师受过往殖民教育所影响,至今仍未能客观地在历史文化、地理人口、政治、经济、民生和外交等方面认识当代国情,甚至少数教师自己的国民身份认同都存在问题,如何让学生从老师那里了解香港和内地长期互利互惠的关系?相反只会加深学生对内地的疏离感。

香港居民中有几十万人是非中国籍或是非华裔的,这些非中国籍和非华裔家长不一定喜欢其子女学习和认识当代国情。在香港约有95%华人,2%菲律宾人,3%其他。[11]而在大学中,更有不少国际学生,这也为开展国民身份教育带来困难,大学教育资助委员会数据显示,2011/2012学年,在香港高校各学位课程就读的非本地生达10 770人,占总学生人数的14%。[12]

为了增强香港大学生国民身份认同感,有以下几方面的建议:

一是开设系统的历史课程,国家的相关历史知识,对于增强学生的国民身份认同是非常有帮助的,唐代史学家刘知几指出:"史之为用,其利甚博,乃生人(民)之要务,为国家之要道。"很多国家都相当重视历史教育,而在香港,从1958年到1972年间,甚至将1911年到1949年之间的中国历史事件从课程大纲中完全删去。[13]2001年香港课程改革后,不少中学取消了作为独立课程的中国历史,导致高中生修读中国历史课程的人数大量下降。这一现象已经引起了香港立法会的重视,在2013年7月召开了专门的会议对此进行讨论,香港教育局要求所有提供主流课程的中学,都要把中国历史当作必修课设置,在高中阶段,中国历史可以作为选修课,教育局承诺会继续优化中国历史课程及改进学与教策略,并为教师提供合适的支援。

二是通识教育中增强中国传统文化的内容。中国传统文化历史悠久,源远流长,中国传统文化是中华文明几千年演变汇聚而成的,其中很多优秀的历史瑰宝,值得每一个中华儿女所了解、所熟知。共有文化是塑造身份认同的前提,它可以生发一体感和共同感,文化认同能表明"主体对自己身份、角色、地位和关系的一种定位,一种认识和把握,也可以说是一种自我意识"。[14]但香港居民在英国150年的殖民主义统治之下,他们接触的文化多是西化和国际化的,虽然英国政府允许港人保留中国的节日、习俗等,但是英国强大的政治经济优势地位,在潜移默化中形成了更有利于资本主义制度的价值观念,香港居民也更多地接受并认同了西方的新文化和多元文化,对自己原本所属的中国传统文化的了解和认同却相当不够,为了加强香港大学生的身份认同,通过开设文化课程是一个重要的途径,可以从物态文化、制度文化、思想文化和行为文化四个方面入手,通过传统文化教育达到"以文教化"的作用。

三是两地多开展实践交流活动。认识和了解是认同的前提,香港大学生对内地很多都是一知半解,甚至是不了解的,在这样的情况下,何谈认同?所以要广泛开展有吸引力的文化交流活动,让香港学生多到内地走走、看看,了解真正的内地,这些活动可以是官方组织的,也可以通过民间组织。有如香港学生到内地实习后所言"内地的精彩,亲身经历才知道"。有人建议将香港学生到内地的交流分为1.0、2.0和3.0版,1.0版就是组织香港学生到内地短期参观,游览祖国的名山大川,了解祖国的历史民俗及自然风光;2.0版就是中期的实习或者培训,可以持续7—8周,让香港学生相对深入内地生活,了解中国国情;3.0版就是深度融合和发展,创造条件让在内地上学的学生毕业后留在内地创业或者工作,让在香港毕业的大学生毕业后来内地发展。[15]通过这样一级一级地逐步推进,没有灌输,没有强迫,让青年大学生自主选择,用他们乐意接受的方式了解真正的中国。

四是在政策制定上引导和促进下一代的成长和进步。现在随着两地交流的不断加强,随着内地经济的不断发展,香港的经济地位有所下降,而且很多优秀的青年到香港就业,香港本地的大学毕业生的就业空间相对有所不足,那么他们的既得利益和眼前利益受损,就会把矛盾对准内地,认为是国家政策不好,甚至是党的领导不好,针对这样的情况,特区政府要制定有针对性的青年政策,为他们的就业创造更多的机会,为他们施展自己的才华提供更广阔的空间。当青年大学生遇到困难的时候,能得到政府的帮助,能从国家和政府的政策中得到实惠,能看到自己未来发展的希望,他们也会对政府和国家产生认同,从而认同自己的国民身份。

五是发挥综合联动的力量。青年大学生的问题从来不是单一的学生问题,它牵涉到学校、家庭、社会、媒体等各个层面。单靠学校开设课程或者制定有利于青年人的政策不可能很好地解决香港地区大学生国民身份问题。就家庭而言,上一代的年轻人成了今天的成年人,今天的年轻大学生会成为下一代的成年人,今天的大学生均出生于回归前后,他们本身对殖民统治没有记忆,但他们竟然有人会怀念殖民生活,而他们对中国政府、对中国共产党的认识仅仅来自于书本、老师甚至是父母一辈,教师、父辈及社会其他成年人的思想及态度对他们影响很大。而媒体近些年的片面和不实报道,对青年大学生也产生了不良影响。由此可见,香港大学生的国民身份教育不仅是大学生的国民身份教育,也是全民、全社会的国民身份教育,需要多方合力共同推动。

参考文献:

[1] 安东尼·吉登斯.现代性与自我认同[M].北京:生活·读书·新知三联书店,1998:58.

[2] 梁丽萍.中国人的宗教心理——宗教认同的理论分析与实证研究[M].北京:社会科学文献出版社,2004:13.

[3] 西德尼·塔罗.运动中的力量:社会运动与斗争政治[M].吴庆宏,译.南京:译林出版社,2010:97—101.

[4] 观察者[OL].http://www.guancha.cn/local/2013_06_20_152426.html.

[5] Lee Wing On. Social Class, Language and Achievement [A]. Gerard A, Lee Wing On

(eds.). Schooling in Hong Kong: Organization, Teaching and Social Context[C]. Hong Kong: Hong Kong University Press, 1998, PP. 155 - 174.

[6] 蔡宝琼. 从依赖到自足:本土文化在香港的出现,1945—1989[J]. 亚洲文化,1990: 161—177.

[7] Tsang Wing Kwong. Patronage, Domestification, or Empowerment? Citizenship Development and Citizenship and Citizenship Education in Hong Kong [A]. Ichilow, Orit (ed.). Citizenship and Citizenship Education in a Changing World [C]. London: Woburn Press, 1998, pp. 221 - 252.

[8] Luk, Huang Kay Bernard. Chinese Culture in the Hong Kong Curriculum: Heritage and Colonialism [J]. Comparative Education Review, 1991, Vol. 35, No. 4, pp. 650 - 668.

[9] 亚历山大温特. 国际政治的社会理论[M]. 秦亚青,译. 上海:上海世纪出版集团,2011.年,第 226 页.

[10] 塞谬尔·亨廷顿. 谁是美国人:族群融合的问题与国家认同的危机[M]. 高德源,等译. 台北:左岸政治,2008:27.

[11] 香港咨询服务厅(2003)[Z].

[12] 中国新闻网[N/OL]. 2012 年 11 月 29 日,http://www.chinadaily.com.cn/hqgj/jryw/2012 - 11 - 29/content_7633409.html.

[13] 庞朗华. 四十年来香港的中国历史课科程[J]. 教育学报,1987,(2):68—78.

[14] 陈刚. 全球化与文化认同[J]. 江海学刊. 2002,(5).

[15] 新华网. 中国青年网[N/OL]. 2016 年 4 月 2 日.

"情绪政治"视域下的香港青年认同观

林　滨　夏银平

(中山大学　马克思主义学院)

全球化的发展,在导致民族国家逐渐式微的同时,民族国家的认同问题也日益凸显,呈现事物发展的一体两面,全球化与地方性、普遍性与独特性一直成为"求同"与"求异"过程中的双向力量,但无容置疑的是对一个国家或民族而言,"新的社会认同,特别是民族国家认同以及与之相关的文化认同再生产,在很大程度上正在变为全球化条件下各个国家捍卫自身利益的最为重要和有效的武器。"[2]香港青年认同问题关乎"一国两制"方略的实施,更关乎香港的长期稳定和繁荣发展,从青年发展决定香港未来出发,香港青年认同观发展可谓直接影响到"一国两制"的前景与香港的前途。

基金项目:教育部人文教育基地重大项目"改革开放视域下的社会意识整合"(14JJD720020);教育部项目"香港青年职业发展与政治参与";广东省委统战部2016年港澳和海外统战工作理论研究课题"香港社会心态与澳门社会心态比较研究"的阶段性研究成果

作者简介:林滨,中山大学马克思主义哲学与现代化研究所教授,粤港澳发展研究院和港澳与内地合作发展协同创新中心兼职研究员;夏银平,中山大学马克思主义学院教授,博士生导师。

E-mail:rouyue@126.com

一、香港青年认同观的现状与分析

认同观包括国家认同和政治认同,政治认同关涉政治合法性,国家认同则关涉民族共同体和文化共同体的认同。据此,香港青年认同观可从国家认同、香港发展、核心价值、政治参与、认知行为五个方面加以分析,以把握其现状和特征:

在国家认同上,香港青年认同香港、抗拒中国的情绪远比上一代强烈。由于香港年轻一代对国家认同没有历史记忆,未曾显著受惠于港中经济融合,对港中文化差异缺乏理解和包容,导致青年本土意识较强而国家意识弱,自称"香港人"的居多,并以"香港人"身份作为民主化、社会抗争以及区分自己与中国内地人的载体。认为一国两制的"港人自治"没有真正实现,从主体性和公民权利诉求出发,希望普选,推进香港政制民主化,部分学生甚至主张港独。

在香港发展上,香港青年对香港目前整体发展的不满意成为主流,仅不到四分之一表示满意。香港年轻人面对的问题,按性质划分,大致可分为全港性和年轻人特有的两类,前者包括房屋、"自由行"/水货客及两地融合,后者包括教育、向上流动及政府施政与年青人核心价值和期望落差等。香港青年既要面对香港经济地位下降、香港发展前景不明晰、贫富分化、房价高涨、两地融合等全港性问题,又要面对向上流动性下降、就业前景黯淡、薪酬增长缓慢、政府施政未实现年轻人期望等年轻人特有的问题。双重问题的叠加导致香港青年对香港社会整体发展满意度和政府工作认同度大幅下降。

在核心价值上,香港青年认为最重要的核心价值为廉洁、自由、公义和法治,接受抗争行为。香港社会制度、文化和教育蕴含的社会核心价值已潜移默化地塑造青年的核心价值,同时差异化的香港政党的理念和行动也影响青年对政府、政党、专业人士等的政治信任度。在追求核心价值的过程中,四成年青人认为采取公民抗命去争取公义,并无不妥;对于"占中"运动,支持与反对的比例相当,约为三成半;对专业人士及政党的意见持怀疑态度,约四成不认为专业人士和政党组织能代表他们的意见和立场;对争取权益的各种团体和立法会议员的"拉布"行为倾向接受;对于近年内耗不断,发展缓慢,认为应该给予政府更大权力去解决社会问题的约占三成,大于反对者。[1]

在政治参与上,香港青年多数具有担忧被朋友孤立和从众心理,并深受新型社交媒体的动员影响。因为朋辈所面对的社会现实基本相同,所接触的社会现象大致一致,这种联系对人的发展极其重要,尤其是在学生时代,以初高中到大学这一时期为最重要。在香港的"占中"运动中明显体现出朋辈关系的影响。除极少数学运领袖外,大部分青年参加"占中"等社会运动主要是害怕被朋辈孤立或边缘化,反映出"从众心理"与"在场感"的需要。新媒体的新锐和便捷深受年青人喜爱,微信、微博和公众号等新型社交媒体成为青年学生参与社会运动的重要资源和动员平台。他们的社会行动也更多地体现出"在场感"的需要,呈现出"广场政治"、"街头政治"的展演性和表达性。

在认知行为上,香港青年存在明显的激进化特点。受青年思维行为特质所限,香港青年在认识、判断、选择与行动方面往往缺乏理性思考和全面判断能力,易受感觉和情绪所宰制,存有把任何社会、经济议题都政治化的倾向。在看待社经鸿沟和处理政制问题时,主要倾向抱持愤懑不平又缺乏耐心的心态;否认自己是"中国人"、主张"港独"、滋扰内地游客以及在香港旺角事件中采用暴力行为等便是激进化的典型表现,青年价值观的激进化、网络民粹主义化和社会运动的暴力化这三大态势相互影响,务必引起高度警思。

二、当代"情绪政治"的特点

现代社会日益表现出"情绪社会"的特征,政治情绪开始成为影响民众认同的一个十分重要的因素,负面情绪比正面情绪更有影响力。"政治是一种可以激发极端情绪的生活领域。情绪影响到政治人头脑的所有烦恼,并且被所有这些方面所影响。价值、认同和态度具有情绪性、或者具有情绪成分。"[3]从美国大选特朗普"政治不正确"却获民意广泛支持,到英国脱欧公选结果落定后选民的反悔,再到香港政治被划分为"建制"与"民间",也常常建基于港人对于"中国"的不同感受和取态。因此,关注社会情绪,从不断变化的社会情绪氛围中捕捉有价值的政治资源,日益成为关乎现代国家治理和建构认同的重要理路。

"在全球化的时代,要想理解我们所生存的这个世界的复杂性,情感因素不可或缺。情感被媒体放大,它既反映着全球化,又对全球化作出反应,反过来还会影响地缘政治"[4]在以往的历史发展中,"历史一直是由意识形态的冲突而驱动"[4]基于意识形态不同而形成的冷战思维相当长的时期主宰着世界政治格局,与理性主义被非理性主义取代主导地位的趋势一样,随着世界政治的风云激荡,在领导人决策、选举政治、公共舆论以及恐怖主义等问题领域,人类政治生活中长期被遮蔽的情感地位和作用逐渐呈现,心理因素成为理性、和谐与秩序的微观基础。在世界政治的今天,可以说,"情感总是在政治的最前沿",[4]其"主要原因在于全球化导致不安,引发了身份问题。在冷战时期,从来没有任何理由去问,'我们是谁',答案简单而明晰,地图上画着两个敌对集团,将地球分成两大地区。但在一个不断变动的没有疆界的世界中,这个'我们是谁'的问题就越来越与每个人密切相关"。[4]流动的现代性导致民族国家的式微和身份认同的问题日益凸显,"意识形态已经被身份斗争所取代……在一个由身份主导的世界中,我们不太被我们的政治信仰和观念所限定,而是由我们的核心理念所限定,由我们从自我成就中获得的自信以及我们从其他人那里获得的尊重所限定,或者由我们缺乏自信或尊重所限定。在我们的核心理念中,情感占有重要地位,与我们看待其他人的方式以及他人看待我们的方式息息相关。情感既是情感持有者自己的镜中影,又是他的眼中像"。[4]

在所有的情感中,恐惧、羞辱和希望成为影响我们认同的三个重要的基本情感,"恐惧、羞辱和希望,可以看作是人类的三个天然而又重要的组成部分,就像血液中的红细胞、白细胞和血小板。我们全都需要这些元素,才能活得健康。但健康取决于三者之间的平衡。任何一种元素太多或太少,对于身体的平衡和长期健康都是危险的。情感的平衡对于"世界健康'的重要性,差不多相当于'平衡'的血液对于人体健康的重要性"。[4]对应这三大情绪,香港青年的共有情绪应该是焦虑、失落和担忧更为恰当,在经济、身份和未来问题上都明显反映,他们对香港发展的不满意的看法背后内含这些情绪的表达,当香港在经济发展中曾经的辉煌不再,导致香港青年对香港和自身的未来发展越来越担忧之时,与之相伴随的认同问题也就愈发凸显。"我们意识到自身的脆弱性和核心地位的丧失,这正是我们身份危机的核心所在。"[4]这些负面情绪如果一旦得不到有效舒缓,很有可能发展成为社会普遍弥漫的"怨恨"情绪。

"'怨恨'是一种压抑性的妥协,是对不合理的秩序和规范的柔性妥协;或者说,它是对丧失了基本规范和准则的社会的一种消极反应。"[5]虽然怨恨在情绪程度上不及愤怒,愤怒的激进往往与少数人联系不同,但怨恨却具有更大的弥散性,其对社会整体的渐进性侵蚀和破坏更加不可低估。"作为一种重要的社会情绪,怨恨既是社会结构及其诸多影响的一个方面的重要后果,另一方面也对更为广泛的社会情绪氛围、社会运动、政治认同以及正式政治制度和政治过程产生重要影响。"[6]

在冷战时代,当代政治中民粹主义日趋壮大,与社会怨恨情绪有着密不可分的关联。"民粹主义是怨恨情绪大肆流行的一个观念或意识形态基础,而怨恨情绪又为民粹主义提供了重要的心理动力。"[6]右翼民粹主义主张则侧重于反对外来移民,强化本土认同和种族认同。"他们往往放大外来移民所带来的种种问题,激发社会的排外心理。"[7]右翼民粹主义已经成为一种世界性政治现象,"如果社会存在较激烈的族群阶层矛盾,而这些族群矛盾无法在现有的政治体制加以解决,政治右翼民粹主义就容易与极端民族主义结合,演变成为分裂主义,转而追求主权独立。政治右翼民粹主义搞分离的主要方式,包括发动全民公投、公民抗命、军事政变和暴力抗争等"。[7]两岸三地也都不同程度地都存在着右翼民粹主义现象,"无论在香港还是台湾,许多经济与政治困境被归咎于'大陆移民'以及某种变种(陆客、水客、新移民),在政治上的种种格格不入背后,'大陆移民'似乎成为了利维坦身上那个最为显性的恶之花。在台湾'反服贸'的最高潮时,有一种声音似乎倾倒宝岛众生:开放服贸就是让大陆劳工来抢台湾人的工作"。[8]因此,看待香港问题应该放在这一全球视野,并非独特,而是时代的共振问题,而且因为混杂了意识形态的冲突变得更加复杂而诡异。

从政治心理学的角度,"情绪及其影响的行为同某种情境中的关键目标错综复杂地联系在一起。考虑到政治背景和价值的特定性,政治目标自然随着时间而变化。即使这样,人们也通常认为,外群妨碍内群的目标,因此,外群被自动地同否定性情感联系在一起。根据定义,外群被认为有所不同,因此,拥有不同的目标"。[3]认同是一个"求同"和"求异"同时发生的过程,"无论是认'同'还是求'异',都必须参照特定的社会边界,就必然出现内外、我他的分别"。[9]当香港青年形成香港人和中国人的二分法,且认为自己是香港人而非中国人的比例不断增大时,已经表明他们的国家认同出现了危机,并且极易产生对内地人刻板化的负面看法。

而且,在一个"情绪政治"的时代,与以往主要通过摆事实、讲道理的方式来说服民众有所不同,"如今摆事实、讲道理是解决不了沟通和引导问题的。这可能跟我们过去的常识有所不同。当下是一个多元化的社会,不同的人,从不同的角度,看到的是事实的不同方面。每个族群,都有自己观察事物的角度,以及捍卫自身利益、表达自身主张的严谨的逻辑。公说公有理,婆说婆有理,这是多元化社会的基本特点。因此,仅仅通过摆出一部分人所认定的事实、逻辑或道理,是很难被其他人所接受的。为什么?因为道理太多了。就像狼吃羊,从食物链的角度看,高端吃掉低端是正常规律。但从羊的角度来看,就是不能接受的。所以,这首先不是道理的问题,而是关乎感情、立场和关系的问题"。[10]因此,国家意识形态入耳入脑入心的社会前提条件,是必须与接受者产生情感共知和关系认同。在多元化的社会,从赢得人心而言,命运共同体的连接强于国家意识形态的引导,情感力量的认同大于理性逻辑的取胜。

情感认同最重要的是唤起"同情同理"之心。"同理"之心不仅是道德产生的基础,也是传播学意义上唤起受众代入感的路径。"我是盲人,请帮助我"的文案实例,这句文案错在它只是站在自身的角度,简单、粗暴地叙述我是盲人这样一个事实,无论从情感、行动或者画面,似乎都不足以让路人产生代入感。你是盲人跟我有半毛钱关系?但如果换成"多么美好的一天啊,但我看不见"的文案表达,极易在从情感上让人们得到了强烈的共鸣,"是啊,多么美好的一天,可你却看不见,真可惜,我们多么幸运能看见啊,你太不幸了,让我们来帮助你吧"。代入感唤起需要从情感、行动、画面、心理四个方面加以思考。同理,在"情绪政治"的时代,国家意识形态宣传话语的表达要自觉从宏大叙事到生活世界,从高大全似的英雄人物到普通平凡的真实个体,并且契合当今文化传播的视觉化与感性化的特点,才有可能唤起受众的代入感,产生情感共鸣。近日中国两位农民一位失去光明、一个没有手臂却相互扶持种树成林的视频短片,在Facebook、Youtube累计播放破百万,火遍全世界。这个典型案例表明,关注普通人的生命故事,用视频的感性化表达是打动无数人心灵和传播正能量的有效方式。

不过,从代入感唤起到情感共鸣的产生,只是受众对国家意识形态认同产生的前提条件,个体的生命历程和发展境遇才是从根本上影响其国家认同与否的关键因素。政治不是空头口号和宣传表态,百姓不是根据文件、新闻联播与传媒,而是依据日常生活中的生命体验与自我感受来评价政府的作为。从社会角度,国家意识形态在当下最重要的任务是要解决国家的方向感、精英的安全感和百姓的希望感;从个体角度,便是要努力让个体生命历程与发展境遇的改善与国家发展同步。尤为注意的是社会变迁或变革对个体的生存境遇产生重要的影响,"社会机制与个体特质的交互影响所形塑的累积性作用力,将不同个体带往不同的生命轨迹"[11],在社会性时间不断发展的过程中,个体的社会意识也在发生转变,从而塑造社会的性格。"我们在各种特定环境中所经历的事情往往是由结构性的变化引起的。所以,要理解许多个人环境的变化,我们需要超越这些变化来看待它们。"[12]

社会变迁通过个人生命历程生成社会意识。以中国民众对改革开放的态度为例，决定民众对改革开放政策的认同与否的因素可谓众多，但至关重要的则是民众的生命境遇是否得到改善。"改革开放带来了经济好转，促使个人和群体家庭境遇得以改善。诸多大事件决定了个人和群体的生命走向，给人带来不同的生命体验，从而产生不同的社会意识。当把民间社会意识置于社会发展与生命历程两个维度来看待时，社会发展与个人发展的同步性极其重要。"[13]认同问题的提出源于个体对自身生存状况及生命意义的深层追问，因而这种追问需要立足于一定的框架之上，否则就会产生一种虚无和飘渺感。对此，当代社群主义代表查尔斯·泰勒认为，"我的认同是由提供框架或视界的承诺和身份规定的，在这种框架和视野内我能够尝试在不同的情况下决定什么是好的或有价值的，或者什么应当做，或者我应当赞同或反对什么"。个人和社会发展是民间社会意识中价值诉求的根本，这种价值诉求在中国体现为"过上好日子"。当回忆30多年的个人发展历程时，这是一种显意识，直接决定了个人对社会关系的认知与判断。个人和群体的经历则成为一种记忆，决定了现在对社会的看法。当个人与社会发展的共识产生断裂，则会出现社会发展与社会焦虑的悖论。过去的记忆、现在的感受与未来的愿景塑造或稀释国家认同，香港青年个体的生命境遇在回归后是否正向发展或负向倒退，也就成为影响个体对国家意识形态认同与拒斥的关键所在。

三、以"情绪管理"提高香港青年认同的理路

"一国两制"下的国家认同和人心归向的工作，需要契合意识形态"情绪政治"的当代特点，以"情绪管理"为新的路径，以着力降低负面情绪为重点，并努力培育香港青年对国家、对政府、对社会与对自身的积极心态与整体认同。

面对香港本土意识增强的社会心理，应在香港本土意识和国家意识之间保持内在的张力。世界近现代史表明殖民地在其"解殖"过程中皆面临身份认同和主体性政治问题；香港本土意识的发展，也非近来才有的新兴事物，其发展轨迹甚至可以追溯至香港开埠之前；香港本土身份与对中国的国家认同的过程，也从来都是复杂的：尽管港人曾经对"政治中国"产生疑惑和恐惧，但在"文化中国"的情感纽带，以及"经济中国"带来的新机遇下，港人大抵还能在本土身份与国家认同之间，取得一些平衡和协调。但2009年以来，短短数年间，不少香港人的身份认同出现了前所未有的急剧转变，本

土意识的演变过程先缓后急,至今已置身于群众运动的理念中心,也成为香港政治派别区分的焦点。鉴于身份认同问题与殖民地"解殖"的历史性、与认同问题的复杂性,特别是其当下成为群众运动的聚焦性,决定了解决需要相当长的时间,要有经历数代人的思想准备。目前,战略布局不应把重心放在"人心回归"的目标实现与否上,应在遵循全面准确贯彻"一国两制"、以防止"港独"为底线,以不激化两者矛盾为策略,着重了解促成本土意识的客观条件,关注其未来的可能走向。

面对香港右翼民粹主义的偏激主张,应从冷战时代的全球视野出发,认识其问题的共振性,努力从法治层面加以遏制,同时从中积极捕捉社会情绪的信息价值而制定具有针对性的政策,回应民众基本关切,有效疏解公共情绪,特别是社会怨恨情绪。香港近几年的社会与政治纷乱状态,源自殖民地的历史包袱、过渡期征候群和前景落寞等。香港特区政府必须有所担当和积极作为,在社会决策需要一个稳定且明晰的发展方向,在制定发展战略时需要了解民意,但不能盲从民意,更不能被激进的民粹主义所绑架,要努力建构崇尚理性沟通与法治的社会治理模式;要了解不同群体的发展诉求;要努力探索实现市场经济和国家干预的内在张力,以经济发展和法治秩序为两手抓的重点,一方面,积极配合国家"一带一路"的发展战略,努力帮助香港经济成功转型;另一方面,从社会管理方面,强化法治等制度优势,香港行政和司法系统对社会运动的暴力化无需强化政治色彩,应回归法治的价值。

面对香港经济发展优势失落的普遍心态,应在政治实践智慧上,自觉将香港人的本土意识从身份认同引导到对香港社会管理制度的认同上,努力建立港人对香港包容的文化、廉洁的政府、精干的公务员队伍和良好的法制框架的社会管理制度的自信。在回归前的20世纪七八十年代,香港身份的奠基于"落后中国"的想象而出现。香港在中国改革开放的进程中,因其地理位置成为经济发展的贸易中转地和金融中心,对中国经济加入世界贸易体系发挥了重要的作用和贡献,目前随着大陆与世界经济的联系加强和"一带一路"的发展战略的实施,香港原有的地理优势和金融中心地位不再突出,但其对中西方文明、对自由观念和市场的巨大包容力仍然是其魅力所在,香港的崛起之因和衰落之源其实大体相同。但港人优越感的逐渐丧失和偏颇的归因思维,极大阻碍着"人心回归"和滋生本土意识。了解症结,才能针对下药,必须重建香港自信和推进大陆社会治理转型的双赢,既可弥合香港人经济优势不再自然而然产生的失落感,也对中国社会治理走向善治起积极的推进作用。

面对香港青年参加社会运动的政治热情,应积极拓展青年参政渠道,推动青年从运动表达转向体制表达。香港特区政府应让更多年青人参与咨询委员会和法定组织,增加年青人所占的比例,加强与政府沟通,在现有体制内向政府直接表达政治诉求。

面对香港青年的激进化倾向,应从青年特质和人性层面给予理解宽容,避免过激的强势反应。香港青年的激进化不可否认,但从青年特质来看,也不难理解,因为"妥协是成年的智慧,激进则是青年的专利。虽然激进对于人类整体而言是一个已经多次犯过的错,对于每一具体的青少年个人,它却是新鲜的"。香港青年中只有少数人持"港独"的过激主张,大多数所诉求的基本不会超过"治权"的冷静范畴。从人性层面,排外其实是人在外部环境刺激而又无力改变的时候,倾向于把自己封闭起来拒绝外部的自然反应,内含隐约的恐惧,也有对前途挥之不去的迷茫,这是人性的正常反应。因此,大陆无需对目前香港少数年轻人的过激言论太惊诧,也不必将大多数普通青年人的恐惧情绪放大且政治化,克服贴标签的刻板化,而是将用力点放在解决香港社会和青年的发展上,让青年人的生命历程与社会发展同步,帮助年轻人成为一个有情绪但更理性的政治人。

面对香港青年反对"洗脑"的拒斥情绪,应积极从契合青年认知特点出发,将以国情教育和观光为主的交流方式转向以"志愿"、"慈善"为主的服务活动,鼓励香港青年到内地开展体验式学习考察和社会服务活动,将自我的生命体验作为青年感知真实中国的主要方式。国情教育是以往帮助香港年青人对国情认知的主要方式,但由于内容和方法上存在"硬销"的方式,令效果大打折扣,甚至适得其反。"香港青年普遍认为组织到内地的交流团可以有效提升年青人对国情的认知,令他们更全面认识内地发展,和反思国家所面对的问题,提供客观、自然和潜移默化的熏陶机会,比硬性学习更有效,而以服务有需要人士、体验生活为主的交流团会较观光为主的更能达到上述目的。"[1]因此,建议以后两地交流活动更多采取以青年喜欢的"志愿"、"慈善"活动,鼓励香港年青人到内地进行体验式学习考察和社会服务活动,帮助他们对中国的认识从媒体传播到自身感受。

面对香港青年社会活动的自我组织特点,应从以政府为主体的组织方式,转向以学生会和民间组织为主体。以公益基金会为依托,与地方社区等直接对接,在青年志愿者与慈善行动方面形成双方长期交流与合作的长效机制;积极推动建立香港和内地校级、院系层面学生会合作机制,开展青年感兴趣的学术夏令营、职业素拓周与野外活动训练营等活动,通过共同活动、情感交流等消弭偏见与根本分歧。

  面对香港青年主要通过网络获取资讯和人际交往的特点,应积极提供新媒体平台,让青年媒体人有发声之地,鼓励用青年喜闻乐见的表达方式传播积极的价值观,从被灌输的拒斥到"我来代言"的主动。"马克思是个90后"是其典型的微信传播成功案例。

参考文献:

[1] 黎黄霭玲,何建宗,余婉华,张羽廷.香港年青人的处境和诉求研究[Z].香港集思会,2015.

[2] 李友梅.社会认同:一种结构视野的分析[M].上海:上海人民出版社,2007.

[3] 马莎·L·科塔姆,等.政治心理学[M].北京:中国人民大学出版社,2013.

[4] 多米尼克·莫伊西.情感地缘政治学[M].北京:新华出版社,2010.

[5] 周志强.陷入怨恨社会的陷阱[N].社会科学报,2016-06-16.

[6] 王丽萍.应对怨恨情绪——国家治理中的情绪管理[J].中国图书评论,2015,(4).

[7] 郭正林,李镇超.当代世界的民粹主义:四种主要类型[J].人民论坛,2016,(6):27.

[8] 张明扬.全世界的底层,从未像今天这样分裂[Z].腾讯《大家》.

[9] 约翰·非斯克.解读大众文化[M].南京:南京大学出版社,2001.

[10] 喻国民.我对当前网络舆情治理问题的两个基本观点[J].新媒体联盟,2016,(7):02.

[11] 吴开泽.生命历程视角的城市居民二套房获得[J].社会,2016,(1).

[12] C·赖特·米尔斯.社会学的想象力[M].北京:生活·读书·新知三联书店,2001.

[13] 黄晓星,林滨.社会变迁、自我发展与民间意识[J].中国社会科学(内部文稿)2014,(4).

澳门青年世代政治价值观变迁与现实考量

赵凤莲

(中山大学 马克思主义学院)

目前学界对"政治价值观"的概念及内涵界定也不完全一致,大致有哲学、政治学、教育学三个角度的阐释。从哲学的角度进行研究,主要指抽象的政治信念或观念;从政治学的角度进行研究,认为政治价值观就是政治价值评价;从教育学的角度进行研究,常采用"政治观"的表述并将其作为思想政治教育的一部分,探索如何在新形势下开展"政治观教育"。虽然这三种研究取向的侧重点不同,但其研究的切入点是一致的,认为都必须从人们对基本政治问题和政治现象的看法和评价入手。本文亦认为政治价值观是人们对所处社会的政治制度和政治生活的根本观点和基本看法,它受制于人们所处的社会政治环境,并集中体现于人们的政治参与意识、愿望与行动之中。青年政治价值观是青年对政治现象及政治生活的观点、看法,直接影响着青年的世界观、人生观和价值观的取向。青年,是澳门社会的主体,"关注青年就可关注未来,赢得青年就可赢得未来"。澳门独特的地理环境和特殊历史决定了澳门青年世代的政治价值观不同于大陆,关注澳门青年世代政治价值观变迁及现实影响有助于澳门社会发展、

基金项目:教育部课题"香港青年职业发展与政治参与"阶段性成果

作者简介:赵凤莲,中山大学马克思主义学院在读博士研究生,北京师范大学珠海分校政治与公民教育学院副教授,主要研究方向:思想政治教育、港澳青少年研究。

E-mail:zhaofenglian1982@163.com

稳定和中华民族未来。

一、澳门青年世代政治价值观变迁的历史演进

澳门地方志始于清代,《澳门纪略校注》里描述:"东西五六里,南北半之","有南北二湾,可以泊船,或曰南环。二湾规圆如镜,故曰濠镜"。[1]如此狭小之地却在四百年间成为西方文化与东方文化交汇、碰撞的前沿。澳门是多元文化影响下的"移民社会",葡萄牙文化、西方天主教文化、三民主义、社会主义等思想都在澳门交锋与并存过。尽管如此,澳门华人仍然是澳门社会的主体,他们大多从大陆迁来,对大陆政治文化比较认同。因此,即使是在葡人管治时期,在相当长时期里主导民间政治价值取向的不是葡澳当局的官方文化,而是大陆的政治格局与传统价值。澳门此种独特的社会政治文化圈是我们考察澳门青年政治文化时不容忽略的。根据澳门独特的历史,澳门政治发展大体经历了四个阶段,相应地,澳门青年世代政治价值观变迁的历史进程亦划分为四个阶段。

第一阶段:从葡人入踞澳门到葡人全面接管澳门,澳门处于华洋共处分治时期,澳门青年世代政治生活主要体现在参与华人自治社群圈内事务。1547年(嘉靖二十六年)的澳门对中国政府来说还不过是一个没有设立任何行政机构的小小半岛,此时的澳门主要居住着广东和福建移民过去的华人社群,皆归中国政府管辖。嘉靖三十二年(1553年),葡萄牙人入踞澳门之后,中国政府关于如何管理居澳葡人提出:"建城设官而县治之"[2]所谓"上策",即令给葡人圈定居住范围加以约束,并设置官员加以管理。葡人的到来,使澳门居住着华人、葡人、来澳外国人,后来还出现土生葡人,华人与洋人处于共处分治时期。虽然中葡两个民族在同地共处多个世纪,但在文化交流上始终不紧密,澳门青年世代主要在自治社群圈里参与社会事务。

第二阶段:葡澳政府管治时期,澳门处于华洋各自为政阶段,澳门青年世代政治生活主要通过参加社团参与葡澳政府当局对全社会进行管理。鸦片战争后,葡萄牙人企图借机将澳门划入葡萄牙政府管辖范围从而结束自治模式。1845年葡萄牙政府任命亚马留为新任澳门总督,澳门从此开始了葡萄牙人殖民管治时代。虽然,澳门从未成为葡萄牙政府的殖民地,但亚马留的强制管制无异于殖民统治。在这种强制管压之下,澳门华人主体为了自保,纷纷成立社团作为中介与葡澳政府进行沟通与交流。此

时,澳门青年世代的政治生活主要是加入社团与葡澳政府进行交涉。迫于澳门华人人数与华人在澳投资占绝对主体,葡澳政府也会对澳门华人社团作出一些妥协,对澳门华人的传统作出某些照顾。虽然华人在澳门社会中的政治地位得到法律认可,但他们仍然生活在殖民体制之外,没能进入政府主导层,主要是从事一些社会事务,比如赈灾、捐助等活动。

第三阶段:20世纪七八十年代,葡萄牙推翻独裁统治,澳门进入加速本地化进程向澳人治澳转变的过渡时期,澳门青年世代开始积极参与政治社会事务。1974年,葡萄牙推翻独裁统治,放弃殖民政策。此前,华人近代对澳门政治事务的参与极少,主要是参与社会事务。1976年《澳门组织章程》颁布,澳门享有行政、财政及立法自治权。当年立法会举行首次普选,17位议员中,有6位直选产生,5位通过间接选举产生。政治环境的改善,吸引了部分澳门精英参加到澳门政治生活中。特别是1987年中葡两国政府达成协议签署《中葡联合声明》标志着澳门进入过渡时期。过渡时期的到来,使澳门青年世代摆脱了游移不定的观望心态,更多地关注于回归后自身的社会适应问题,政治事务与社会事务的参与积极性开始高涨起来。

第四阶段:澳门实现平稳交接后,澳门进入稳步发展时期,澳门青年世代政治生活呈现参与意识高涨、参与渠道多样化的局面。澳门回归后,特区政府高度重视青年发展,一直致力于澳门青年政策的制定与执行。2001年9月,教育暨青年局委任澳门大学,开展了构建"澳门青年指标体系"的研究工作。2002年,在原有的青年委员会的基础上进一步成立了青年事务委员会,并于2007年完成包括15个领域的《澳门青年全人发展策略》。在宽松的政治环境下,澳门青年世代的政治参与意识不断高涨。根据澳门青年联合会2011—2012年"澳门青年参与社团及政治活动现况调查"结果,近40%的青年世代通过社团参与政治活动,并扮演桥梁角色。[3]澳门青年世代参与社团是澳门社会的传统,而澳门青年社团又具有"拟政府"与"拟政党"的功能,因而,参与社团是青年世代参与政治生活的主渠道。同时,澳门青年世代还通过互联网、参加游行等各种形式表达个人的政治诉求。

二、澳门青年世代政治价值观变迁的具体表现及其因素

纵观澳门历史,澳门政治发展经历了从传统到现代的转型,亦是几个世纪以来澳

门青年世代政治价值观演进的基本线索。澳门虽然经历了特殊的历史发展,但从大的方向上讲,澳门青年世代政治价值观依然是沿着现代化的方向前进的。依据政治价值观的结构,澳门青年世代政治价值观的演进呈现如下的转变:

1. 青年世代政治价值本位从集体本位转向个体本位

政治价值本位是指青年在评价和判断政治问题和政治现象时的根本立足点。青年在政治价值本位选择上面临的问题是以个人为最终的价值本位还是以集体为最终的价值本位?对此不同的回答形成了两种不同的政治价值观,一种是集体本位的政治价值观,另一种是个体本位的政治价值观。

无论是在华洋共处分治时期的澳门,还是在以葡人管治为主的殖民时期,青年在政治发展中的选择都是以集体形态出现的。葡人入踞澳门之后,澳门华人与葡人经历了一个华洋共处分治的时期。虽然两个民族同处一个地域,但具体居住地被严格划分出来,两种文化之间并无实质交流。澳门华人居于人口主体,一直以大一统的中华文化作为他们的根本立足点。葡人全面接管澳门之后,对澳门实施具有殖民主义色彩的管理,此时的澳门华人面对强制管理,更多地是采取带有集体色彩的社团来维护自身的利益,社团就成为当时澳门青年世代参与葡澳政府管理的有效途径。虽然参与管理,但仍然没有机会进入政权主导层。在殖民体制之下,澳门青年世代更多地是维持着实现祖国统一的集体心愿。

进入 20 世纪七八十年代,葡人的殖民统治结束,澳门进入过渡时期。澳门青年世代祖国统一的心愿随着澳门的回归化为实实在在的国家统一观。在维护"一国两制"、"澳人治澳"的政治制度下,澳门青年世代更多地为自己的社会适应考虑。90 年代,受全球化大背景影响,青年开始注重自我实现,凸显个人价值。澳门青年世代的政治价值本位逐渐转为现实中的个人,他们以各种形式参与政治事务,张扬个性,希望能通过自身的参与得到社会的尊重和认同。以个体为本位的政治价值观激发了澳门青年世代政治参与的热情和动力,推动了澳门社会政治向前发展了一步。当然,个体本位的价值取向只是青年政治价值观变迁的一个阶段,在历史演进的过程中,真正能够兼顾个人、集体和国家三者利益的"集体"才是澳门青年世代政治价值观的真正归属。

2. 青年世代政治价值取向从一元转向多元

青年政治价值取向具体表现为青年对不同的政治价值观念体系的偏向，如对西方政治价值观、中国传统政治价值观和中国特色社会主义核心价值观的偏向程度。如果政治价值取向是一元的，就意味着主导这个社会的只有一种政治价值观，即使有其他政治价值观的存在，也会被这个主导的政治价值观排斥；如果是多元政治价值取向则意味着社会存在着多个政治价值观，各个价值观之间相互冲突、碰撞、交融，其中一种可能成为社会的主导政治价值观而与其他政治价值观共生互存。

说澳门青年世代政治价值取向从一元转向多元，似乎与澳门是一个多元文化并存的"移民社会"相矛盾。确实，葡人入踞澳门之后，西方文化与东方文化就同时并存于澳门。这就是澳门历史的独特之处，仔细考察一下澳门历史就会发现，无论是在葡人与华人共处分治时期，还是在后来葡人全面管治澳门时期，澳门华人始终是澳门社会人口的主体，而华人深受中华文化的影响，对大陆文化深刻认同。在华洋共处分治时期，澳门华人与葡人分居不同区域，在文化上很少往来，并无实质交流。即使在葡人管治时期，他们对华人采取强制措施，在政治上对华人实行严格管制，但华人绝对的人口优势和资本优势，使得葡澳政府不得不向华人妥协，以法律形式对在澳华人的传统习俗予以照顾。对澳门华人来说亦未收到葡国文化的强制侵袭，依然保持着对大陆文化的认同。澳门青年世代亦是如此，他们通过社团参与葡澳政府的社会管理，依然坚守着大陆传统政治价值观的一元取向。

随着澳门殖民统治的结束，澳门青年世代结束了游离状态，归属尘埃落定。宽松的政治社会环境伴随着现代性的不断扩张，加之跨国传媒的推动，西方政治价值观得以在澳门传播并深刻影响着澳门青年世代的人生观和价值观。西方资本主义政治价值观主张的"自由"、"平等"、"人权"、"民主"等观念凝聚着人类社会共同的政治智慧，具有相当的借鉴意义。澳门青年世代中的一部分接受西方政治价值观中的相关思想并体现在他们政治参与的意识与行为之中。澳门青年世代亦受大陆传统政治价值观的影响，传统政治价值观中对政治秩序、政治权力以及优秀文化的认同，能让澳门青年世代理解接受变革的复杂、艰巨，从而力图保持澳门社会稳定；但传统政治价值观中的权力本位、等级观念也制约着澳门青年世代对社会发展的认同，阻碍澳门民主政治的建设。根据澳门理工大学 2013 年 6 月 11 日发布的《"一国两制"综合指标民意调查报告》显示,"一国两制"、"爱国爱澳"居于澳门社会核心价值观的前列,"一国两制"、"爱国爱澳"情怀成为澳门社会主导核心价值观。[4]澳门青年世代正受多元政治价值观的影响,迫切需要发挥"一国两制"、"爱国爱澳"核心价值观的主导作用。

3. 青年世代政治人格从殖民依附转向自主选择

青年政治人格是指青年在政治生活中表现出来的政治性格特征的总和和惯常行为模式。周亚权在《政治人格破题》中论述:"以民主、自由、平等、公正等政治价值观为指导的人,其政治人格体现出独立的一面。反之,以身份、血缘、服从、家族之上、等级等政治价值观念为指导的人,其政治人格体现出依附的一面。这也是划分现代政治人格与传统政治人格的标准之一。"[5]以这个标准来看,澳门青年世代政治人格从传统的依附转向了现代的自主。

澳门青年世代传统的依附型政治人格主要与其特殊的殖民历史有关。从1849年葡督亚马留将中国驻澳官员从澳门逐出后,葡萄牙全面接管了澳门社会的管治权,带有殖民色彩的政权在澳门建立起来。此后,葡国政府采取一系列措施改变早期葡澳政府的政治架构,增设了"华政衙门"。"华政衙门"的设置将原来澳门议事会手中的"华务"交给了总督进行管治,在此之前的葡澳政府并无权力对澳门华人事务加以管治。政制的改编使亚马留得以被称为"澳门、帝汶独立于葡印总督管治后的掌管全省治权的第一位总督"。[6]拥有澳门当地的全部军政权力。"华政衙门"的设立标志着澳门华人已经全部归属于葡澳政治管辖。大权旁落的现实使这一时期的澳门虽没有成为名义上的葡萄牙殖民地,但实际已与殖民地无异,澳门华人完全殖民依附于葡澳政府。葡澳当局于1892年4月6日颁布总督法令,针对居澳华人的政治活动提出了严厉的规定加以限制:"所有欲集会议者,该请人值事,不论系公请或私请,须于廿四点钟以前,赴华政衙门报准,方可齐集。如有集众为搅扰滋乱,抗违官命等事,无论公请私请,均概严禁不准,即将该为首之人拿交衙门惩治。"[7]1933年葡萄牙颁布的宪法性文件《殖民条例》单方面把澳门列为葡萄牙的海外殖民地,规定了澳门殖民公务员体制,葡人掌管了澳门的行政立法大权,几乎所有公职均成为葡人专利。澳门青年世代政治上被排斥于殖民体制之外,不得不艰难地依附于殖民体制。

进入20世纪七八十年代后,澳门青年世代的依附意识和心理消失,逐渐向自主型的政治人格转变,原因主要有:首先,澳门殖民统治的结束和过渡时期的到来。1974年葡萄牙推翻独裁统治,放弃殖民政策。1979年,中葡建立外交关系,次年6月,中葡两国政府开始谈判,并于1987年签署《中葡联合声明》,根据《中葡联合声明》,中国将于1999年12月20日对澳门恢复行使主权,标志着澳门华人殖民依附时期的彻底结束。其次,这与澳门华洋共处分治的历史密切相关。长期以来华人社群圈内的事务主要依靠传统习惯解决,政权因素影响较小,因而澳门青年世代的独立自主意识较强。随着过渡时期的到来,澳门青年世代抓住机会更多地选择关心回归后自身的发展问题。第三,商品经济市场意识的影响。澳门青年世代较早接触商品经济,但受长期殖民政策的影响,只是有主体意识,但真正体现并付诸实践还是在澳门过渡并顺利回归后。

我们也应该看到,澳门青年世代的政治人格正在由依附型向自主型转变,但青年世代也尚未形成完全独立的政治人格,当前更多地体现为市场经济中的独立经济人格,"这种独立的经济人格转化为独立的政治人格也不是短期内能够完成的,需要一个相当的量的积累与转换过程。"[8]澳门青年世代形成完全独立的政治人格也是大势所趋,是澳门政治民主化的重要前提和保证。

4. 青年世代政治参与从游移观望转向理性务实

政治参与是现代民主思想的一个重要概念,亨廷顿和纳尔逊对政治参与的定义最具影响力,他们认为,政治参与是"平民试图影响政府决策的行动"[9]。政治参与包括政治参与意识与政治参与行为两个相互联系的方面,体现在澳门青年世代政治参与上就是,澳门青年世代从游移观望的政治参与心态转向理性务实的政治参与行为。

生活在华洋共处分治时期的澳门青年世代,由于当时中央政府对华人与洋人居住限制较为严格,他们主要是参与华人社群圈内的事务。当葡人全面接管澳门事务后,葡澳政府实行带有殖民色彩的管治,基本上剥夺了澳门华人青年世代参政的机会,他们只能游移于殖民体制之外。1966年澳门发生"一二·三"事件,使葡澳政府的威信严重受挫,此时的澳门青年世代更加游离不定:是甘于葡萄牙的殖民统治?抑或是担起一个大责任,实现澳门回归,祖国统一?伴随着澳门放弃殖民政策和《中葡联合声明》的签署，标志着澳门青年世代摆脱了游移不定的观望的心态，开始思考回归后的自身社会适应。

如果说殖民统治让澳门青年世代政治参与受挫，那么殖民统治的结束确实给澳门青年世代迎来了政治参与的春天。回归后澳门青年世代的政治参与热情不断高涨，政治参与行为更加理性务实，主要体现在：首先，政治参与内容上去政治化倾向。他们更多地把社会公正和社会秩序作为政治参与的价值目标，关注的焦点亦从纯粹的政治性议题转向环保、人权、社会正义等议题。其次，政治参与生活化，突出个人价值。澳门青年世代除关注社会议题、公共政策之外，日益加强对日常生活中自身利益的维护。2013年发布的澳门蓝皮书里提到：4 000多名在台升学的澳门学生代表就学历认可、回澳就业前景、留台工作、学术资助等问题反映意见和建议，并为简化甚至取消在台澳生每次出入台境加签的手续问题亦发起相关运动并直接向政府反映。[10]最后，政治参与渠道多样化。澳门青年世代可以通过互联网平台直接向政府表达个人政治诉求，亦可以通过社团表达政治意见。

澳门青年世代政治参与的去政治化与生活化倾向，带有强烈的理性内核，而且青年世代在政治参与过程中妥协和宽容的政治价值判断标准和原则正在发育成熟，我们在珍惜的同时，更要以适当的方式引导他们在保持政治参与热情高涨的同时，培养他们成熟理性的政治价值观。

三、澳门青年世代政治价值观变迁的现实考量

个体总是生活在一定的政治体系中，在与一定的政治体系交互作用中总会形成对特定社会政治的认识、评价、态度，甚至发生一定的政治行为。这些认识、评价、态度与行为又总是带有一定的价值观倾向，这种价值观倾向就是个体政治价值观的体现。青年是人生最活跃时期，对各种新观念最为敏感，也最容易接受，也是形成政治价值观的关键时期，因而关注青年政治价值观不仅可以帮助青年形成正确的政治观，而且有助于把握时代脉搏，推动国家和社会发展。青年作为澳门社会的主体，他们的政治价值倾向影响着澳门未来民主化的进程，澳门青年世代政治价值观的历史演进及具体表现对澳门未来发展有着重要的现实考量。

1. 澳门青年世代历史感的培养

青年政治价值观作为一种意识形态和上层建筑,按照马克思理解,"人们的观念、观点和概念,一句话,人们的意识,随着人们的生活条件、人们的社会关系、人们的社会存在的改变而改变"。[11]其不可避免地具有社会历史性,必然会随着社会的变迁而变迁。同时,马克思的社会变迁理论也强调,社会的变迁归根到底是由社会的经济基础发生变化而引起的;随着经济基础的变更,庞大的社会建筑也会或快或慢地发生变革。澳门青年世代政治价值观也是历史地存在于社会变迁之中,随着社会存在的变化而相应发生相应变迁,由殖民时代的依附服从、游移观望转向回归后进入现代化时期的独立自主、理性务实,凸显个人价值。

青年政治价值观的变迁依然深深根植于社会化理论之中。社会化理论家们认为,在特定的社会条件下,社会主要年龄群体之间很少有重大的分歧,通过一种社会化进程来实现社会统一,并从某个年龄群体一代一代传下去。[12]只是澳门青年世代政治价值观的变迁是通过殖民化的历史进程实现其社会化的进程的。

无论是社会变迁理论还是社会化理论,其背景都是历史大环境,都强调历史的一贯性和连续性。澳门青年世代政治价值观的变迁都是伴随澳门历史一路走过来的,澳门历史不容割断。帮助澳门当代青年培养历史感,让他们关注并深刻理解澳门的历史,有助于他们了解澳门的过去、知晓澳门的当下,并预期澳门的未来,让青年世代与澳门同呼吸、共命运。

2. 澳门当代青年归属感重塑和信心重建

归属感强调的是个体感觉被别人或团体认可与接纳时的一种感受。心理学研究表明,每个人都害怕孤独和寂寞,希望自己归属于某一个人或多个群体,从而从中获得安全感。澳门由于经历过被殖民的历史,生活于殖民管治时期的澳门青年世代多是从广东或福建移民过去的,他们保持着对大陆文化的认同,而对本土的葡澳政府认同度较低。这种情感伴随着澳门回归后他们的子女国家意识高度增强,反而对当今本土的澳门政治体制不是很满意,甚至缺乏信心。

澳门当代青年的本土自豪感缺乏,这一结果值得深思,需要引导澳门当代青年学习并正视澳门历史。教育方面注重澳门历史的学习,让青年学生知其然并知其所以然,以客观理性心态正视澳门历史。知晓过去的曾经被殖民不应成为大家抱怨的借口,而应成为青年世代为澳门繁荣发展不懈努力的理由,增强青年历史自尊、自强、自信感;需要承继澳门社团发展的传统,澳门青年社团有"拟政府"和"拟政党"的职能,借助社团力量,调动当代青年参政议政热情,引导他们积极参与社会事务和公益事业,让他们对澳门社会有更全面了解,增强归属感;需要在教育上重建本土青年信心。除了注重人才培养建设之外,还要加强对当代青年进行心理建设和信心教育,让他们在激烈竞争中"底气十足"。

3. 关注澳门青年当下政治体验

当今,青年世代的角色和地位收到特别关注。社会化理论还预见说,大多数青年要求成为社会中具有建设性和责任感的成年人,但不安于现状的青少年人数正在不断增多,比如,当他们看到环境污染、核灾难等对整个世界健康、安全构成威胁的时候,他们就会起来反抗。因此当不同年龄的群体联合起来成为促使社会变革的动员力量时,就会构成世代运动。[13]有关当代青年的定位,英格尔哈在20世纪70年代提出,随着经济的增长,年轻一代的价值观与年老一代的价值观截然不同,西方民众的价值观正在从物质主义转向后物质主义时代,亦即社会经济和安全这些"物质主义"的保障虽然仍然存在,但成长中一代显然增强了对自由、自我表达等"后物质主义"方面的需求。澳门进入九十年代以后,亦显现出后物质主义的属性,当代青年在关注社会经济和安全属性的同时,更加注重的是自由、自尊和个人价值的实现,这种属性亦会出现在澳门青年当下的政治生活中,他们积极参与各种社团政治,并积极表达自己的政治诉求,这是他们丰富多彩的政治体验,对于当前澳门青年高涨的政治参与,澳门政府要适当引导,积极鼓励参与,规劝制止不合理甚至违法行为。在丰富青年世代政治体验的同时,让他们意识并感受到他们与澳门社会是紧密相联、休戚与共的。

4. 丰富体验认知,升华政治情感,培养民主意志

心理学认为认知是个体对于客观事物的感觉、知觉和表象;情感是个体对于客观事物是否符合人的需要而产生的态度的体验;意志是个体根据主观愿望自觉调节行动去实现预定目的的心理活动。统一价值观从更深层次揭示了这三者之间的本质,即事

实关系、价值关系和实践关系。丰富体验认知，即是让澳门青年世代从丰富的政治实践活动中形成自己对澳门政治体制及社会的知性认识；升华政治情感，即是让澳门青年世代在认知基础上，形成对澳门社会的价值判断，升华对澳门的政治情感；培养民主意志是指有了认知、情感的基础，进而就要上升到维护层面，同个体的自觉行动推动和促进澳门政治民主化的进程。

丰富体验认知、升华政治情感在前面有所述。受长期以来华洋共处分治的影响，澳门青年世代的自主自决意识很强，但受传统分治思想的负面影响，当代澳门青年在团队协作和法律观念上有待加强，才能适应现代民主生活的需求。同时，情感的增强、参与热情的高涨不能代替对民主的理性判断，因此，要适当地对当代青年政治倾向加以引导和矫正，培养他们合乎澳门实情的民主价值观，提升他们参政的能力和水平，以适应澳门民主化的进程。

参考文献：

[1] 印光任,张汝霖.澳门纪略校注(上卷)[M].赵春晨,校注.澳门文化司署,1992.

[2] 卢坤.广东海防会览·卷三·险要[Z].

[3][10] 2013澳门蓝皮书：澳门青年政治意识与参与意识不断提高[Z].

[4] 《"一国两制"研究》编辑部."一国两制"综合指标民意调查报告Ⅲ[J]."一国两制"研究，2012(3)：99—100.

[5] 周亚权.政治人格破题[J].探索,2007(2)：15—18.

[6] 施白蒂.澳门编年史(19世纪)[M].P91.

[7] 澳门宪报[N].1892-04-06(第13号附报).

[8] 李月军,侯尤玲.近二十年来中国政治文化变迁与分析[J].云南行政学院学报,2001(3)：14—17.

[9] 塞缪尔·亨廷顿,琼·纳尔逊.难以抉择——发展中国家的政治参与[M].汪晓寿,等译，北京：华夏出版社,1988：4.

[11] 马克思恩格斯.共产党宣言[M].北京：人民出版社,1997：47.

[12][13] 魏秋玲.国外青少年价值观[M].北京：社会科学文献出版社,1992：19.

中外教育伦理思想研究

中西方教育伦理思想比较简论

钱焕琦

(南京师范大学 吴贻芳研究中心)

纵览中西教育史上的教育伦理思想，了解现代世界教育伦理思想的研究概况，我们可以看到，不同国度、不同社会、不同时代的教育伦理思想都具有各自的特点，包含着一些合理的、有价值的因素。比较两者的同异之处，目的在于取其精华，弃其糟粕，批判借鉴，进一步发展和完善我国的教育伦理思想。

一、社会政治与教育伦理的关系

西方在进入文明社会时，经历了家庭奴隶制的彻底解体，社会的生产秩序不是靠宗法和血缘来维持的，所以政治和伦理的关系不如我国直接，各自的职能较为分明。反映在教育上，从古代希腊罗马时期开始，教师就是相对独立的职业，对于政治的依赖不是身份性的而是职能性的，其伦理关系上的表现比较自由。一方面，教师完全依靠讲学而树立自己的地位和价值，因而在为师条件上，广博的知识、通达的智慧、独立的人格等成为突出的条件；另一方面，学生择师自由，不存在对教师的从属关系，师生关系相对比较独立和平等。同时，社会政治对教师的要求和教师适应这种要求的途径也

作者简介：钱焕琦，教授，吴贻芳研究中心主任；南京师范大学金陵女子学院。
E-mail：13505173218@163.com

是多方面的。除了人格模范外,知识、智慧、才能的传授和培养也是重要的方面。但在一些教师作为国家公务人员的国家对教师的要求一般以国家公务人员必须履行的法律规定的义务为主。如德国巴伐利亚洲和北莱茵——威斯特法伦州对公务员的服务权利与义务的规定为例。作为一般公务员必须承担:1. 国家政治方面的义务。如忠诚的义务。所有公务员都有义务通过自己的整个(包括工作时间以外的)行为来拥护基本法(和州宪法)意义上的自由民主基本制度,积极维护这一制度。这一义务远远超出一般公民不攻击自由民主基本制度的义务。同某些拒绝或反对这种自由民主基本制度的党派、团体和机构的任何联系,以及对其他与宪法敌对的社会势力的任何支持,都与这项义务不能共存。2. 宣誓的义务。每个公务员被录用后,都必须对联邦德国基本法(和州宪法)宣誓,明确公务员对国家和对他的雇主的特殊的责任。拒绝宣誓的公务员必须予以辞退。3. 无党派的义务。公务员是全体人民的公仆,而不是某一个党派的。必须遵守法律,工作时公正,不偏向某一党派,要考虑到公众的利益。因此,公务员只有在某项法律授权时才能干预公民的权利,其程度也由法律确定。每个公务员对自己的行为符合现行法律负有全部的个人责任。公务员在行为方面要以客观思想为指导。他不允许把党派性的、宗教的、种族的、裙带的、朋友的或其他与客观工作相违背的观点当成自己的行为准则。4. 政治活动的温和节制的义务。原则上,每个公务员也都有权利像任何其他公民一样参与政治活动。他享有言论自由和结社自由的基本权利。公务员可以参加任何民主的党派并在其中进行政治活动。基于公务员与公众的不同地位,鉴于他的职位义务(如工作中的无党派义务),公务员无论在工作范围内还是在工作范围外,在政治方面要特别注意温和节制。5. 禁止罢工。与雇主缔结了公法工作关系和忠诚关系的公务员不允许向雇主使用罢工这一斗争手段,以实现自己的要求。根据现行法律,公务员没有奉行针对宪法确定的国家政权的罢工的权利。[1]

在我国,社会政治与教育伦理呈现出一体化的状态。这是由中国社会的政治伦理一体化的特征所决定的。由于中国社会长时间处在以家庭为社会生产的基本结构,以血缘关系为纽带的宗法制小生产的农业社会之中,所以伦理秩序成为维系这种农业社会结构的根本,伦理关系直接表现为政治关系,反映在教育过程中,教育中的伦理关系即也是一种政治关系。这从我国古代"官师合一"的特点中可见一斑。当人类进入阶级社会之后,脑力劳动就成了统治阶级的特权,为了维护、巩固其统治,统治阶级开始注意培养本阶级的继承人。在宫廷和官府中由官家办学堂,任用一些官史承担教学工作,这样,官学教师就应运而生了。这种教师都有一定的官职,生活来源依靠做官俸禄而不是教学所得。如西周的国学教官,大部分由当时的正式的乐官担任。秦王朝以一部分执掌议事、咨询故籍的博士充任吏师担任教学。汉代的太学教师除了传授弟子外,还有奉使,议职的职事。官师同时具有两种性质:一为教学的教师,二为政府的官员、教职,教职大小以在政府所任职位的高下为标准。如国子学博士必须有正五品以上资格。学校不同,教师的等级和待遇也不同。博士自正五品至九品,助教至六品至九品。不同品级有不同的官俸,官俸之外还可以收学生的束脩。由于官师合一的主要因素使教育成为阶级统治的工具,教育大权必然为统治阶级掌握(历来如此),学校成为国家统治机器的一部分。如夏商代学校都是奴隶主的专利,学生基本上是其奴隶主阶级的成员及其子弟。统治阶级对教师的控制都很严格。秦王朝为了巩固中央集权制,采取"法制思想""以吏为师"政策,对兼任教师的官吏进行严格控制,强调其思想学说必须以符合统治阶级利益为标准。因此对教师的选择也非常严格,中央官学教官从汉代开始就要经过考试,地方官学教官从南宋建炎初年开始要经过义、诗、赋考试,然后加以委派、迁升、降黜。明朝初年地方官学有 9 年任满的规定,任满后进行两项考核,一是自身业务考核,二是学生"升学率"考核,不合格者则实行"罚俸"或"罢黜"。官师合一的另一成因是古代典章文物都被官府执掌,民间无书而唯官有书,若讲诵典章史籍,必然由典书官吏所为。礼、乐、射、舞所用器具,一般藏于寺庙、专供祭祀之用。民间无器而唯官有器,要想学习,也非典乐之官不可,进行教育活动也非官莫属。因此,在我国古代"天地君亲师"并为人极,教师是"道"的直接体现,是政治关系的代表。教育为政治服务成为首要的任务并表现为为建立社会的伦理秩序服务。所以"建国君民,教学为先"、"化民成俗,其必由学",是历代王朝的政治大纲。教育培养学生的目的在于培养一个适应社会伦理秩序的人。道德教育是教师的最高责任,是教育的灵魂。

二、教育伦理关系的价值取向

中国宗法制农业社会对整体化、集中化、稳定化的要求,直接决定着中国传统教育伦理关系的价值取向。在教育过程中,否定个性的独特发展,强调个人的社会化、个体道德对整体道德的服从;强调温故知新,述而不作,否定创造性;教材的统一和划一,教学内容的固定和刻板,教学方法上的重背诵记忆,机械训练等,都被认为是合符伦理要求的,即既是符合人性的,也是合符教育教学规律的,合符社会对规范的要求的,是教育中一再追求的境界。

西方社会在教育过程中,较为重视教育对象的独立性和完整性,强调尊重和培养儿童的独立人格。普遍认为不尊重儿童的发展水平、现实状况、呆读死记、划一标准、统一内容、压抑儿童个性是不人道的,不合符道德要求的。特别是资产阶级民主革命以后,这种要求更完善更系统,直至发展为"儿童中心"论,以教育对象为教育过程的核心和主宰,从而强调教育过程的同一化,甚至否定学校,否定教师的作用。[2]这种伦理关系集中表现为:普遍重视西方教育培养社会所需要的现实公民,而不是中国的伦理理想人格,为使学生走上社会后能顺利、履行自己的职责、尽到自己的义务是教师的中心职责。直到当代,仍趋向于对教师职业条件作出具体客观的规定。

三、人格培养中理智与情感的关系

重视道德情感和信念的培养,强调行为的训练而忽视道德认识和理性的价值是中国伦理道德教育的特点。在中国传统的道德教育中,"知"或"智"并不意味着对客观世界、包括人的世界的本质、现象极其关系的普遍认识,并以此为基础来确定自己的位置、责任与价值,从而规定人的行为准则和道德评价,而仅仅是对现存的价值尺度的确认、信仰。这一过程中的认识活动只是一种体知或悟知,从个体经验作直观外推的认识、推己及人的直觉或顿悟。强调通过一言一行的强化训练,洒扫应对进退之节的刻意模仿而培养起"自然的"伦理关系。理性在教育伦理中的作用是相当有限的。

西方在人格培养中非常重视理智的价值,走的是围绕理性来树立德性的道路,要求在全面深刻地认识世界的本质、关系、联系的基础上肯定自己的行为方式和价值,把理性和智慧作为人格培养的基础和保证,也是调整教育过程中的各种伦理关系的基础和依据。自古以来所谓"智者派"、"形式教育"与"实质教育"等所关心的都是这一问题。

四、教育伦理的物化过程

中国对教育过程中的各种人文关系都渗透着伦理要求,教育过程中的物化因素、教育的内容、原则、方法、环境、设备等都被赋予了伦理意义，集中的表现就是"教书育人"。教师的教育教学工作不仅是要"授业"、"解惑"，更重要的是要"传道"，而且必须在"授业"、"解惑"中来"传道"。教师的一举一动、一言一行都被纳入了教育过程，都有培养学生人格品质的意义，伦理关系成了教育过程的本质和核心。中国传统的教育就是在这样的过程中来实现一代又一代的社会化的。

西方重视教育伦理的物化过程。在对教育思想的总结和阐释中，趋向于制度化、条律化、客观化，使人们有据可依，这同中国教育伦理关系中重在具体实践过程中的原则体会和示范榜样的思路是不同的。

五、师生关系

师生关系是教师工作关系中的一对重要的矛盾关系，中西方在处理这一关系时有许多相似之处，又有各自的特点。西方在师生关系中并无一般性的原则，而是通过具体的行为规则向教师提出对学生应持的态度即应尽的义务。如，美国"明尼苏达教师资格委员会章程"对教师行为的九条规定中，其中有五条涉及与学生关系。认证教师应以没有任何歧视的态度提供专门化的教育服务，教师应尽必要的努力使学生避免有害健康和不安全的情况；根据州和联邦法律，教师只有在出于迫不得已的专业目的或法律要求的情况下方可公开关于个人的保密信息；教师应采取必要的维持纪律的措施以行使提供有助于学习的环境的权力；教师不得利用职务关系向学生、家长、同事谋取私利；教师不得故意造谣和中伤学生和同事。再如加拿大哥伦比亚省"教师联合会"对教师与学生的关系的行为也作出类似规定：教师的言谈举止应尊重有关学生信息的保密性，只能向与他们福利直接相关的指定人员和机构提供这些信息；教师承认与学生之间存在一种特殊关系，并不可为物质的、精神的或其他利益利用这种关系；教师愿意听取同事、学生及其家长或监护人关于教师提供服务的质量和在行使专业职责时所采取的行动的意见。依照这些规则更易于判定教师的行为是否违规，从而便于他人对其进行监督。这与我国比较笼统地提出师生关系的一般原则有很大的不同。

中西方对学生的态度上总的说来都强调"尊重、爱护"，但各自在强调侧重点上却有差异。西方强调学生的独立人格，因而把对学生的尊重放在第一位，其次才是爱护；而我国则偏重于学生的未成年的特点（非公民性），认为爱护高于尊重，而在广大教育工作者中对于爱护的具体方式的理解又是仁者见仁、智者见智。西方把尊重学生的人格看得如此重要,可以从以下几个方面来理解:首先,在一个法制社会,任何调节人与人之间的规范都是从法律中引申出来的。对学生的尊重同样是以法定的公民权利为依据的。学生虽未进入成年,但在人格和尊严上却享有和成年公民同等的权利,这种权利不是单凭教师个人的善良和觉悟来保障的,而是依靠法律的力量来维护的。其次,在弥散着资产阶级人道主义的西方社会,教育深受杜威的"儿童中心主义"教育思想的影响,对学生的尊重有着深刻的社会心理基础。最后,从更深层来看,西方对学生的尊重可以从商业精神中得到合理的注释。教育对于他们来说是一种产业,学生首先是他们的顾客,其次才是教育的对象。由于西方奉行的是"顾客就是上帝"的商业信条,因此,冒犯"上帝"是万万不可的。而我国正处于由权力社会到经济社会的转型期,在社会主流和教师的观念中依然是:学生是教育的对象,师生是指导与被指导,领导与被领导的关系。随着我国的法制建设、社会转型和教育领域对学生主体精神的提倡,对师生关系已经有了新的界定,但在教育实践过程中,"一日为师,终身为父"的教育传统影响依然存在。

六、 教师与学生家长

西方将学生家长看作是学校教育的纳税人,也是学生法律上的监护人,因此,西方的学校教育认为处理好与家长的关系事关重大。他们把家长视为教师的伙伴和合作对象。为维护这种健康的伙伴关系,对家庭信息保密(对家庭隐私权的尊重),与家长沟通学生的情况,听取家长对教师和学校工作中的意见是教师与家长关系中的基本准则。为了更好地沟通与家长的关系,并争取他们的合作,这些国家的学校中设有很多教师与家长沟通合作的组织,如在英美两国,这一组织叫做"家长教师联合会",在加拿大称为"家长教师联盟"。这些组织的目标之一,是发展教育工作者与公众的互助合作,从而保证青少年在身体、社会生活和精神诸多方面获得良好的教育。[3] 1993 年美国第 25 届盖洛普民意调查显示,美国公众普遍认为,作为学校教育的纳税人和孩子法定监护人,参与学校教育是家长的权利与义务。而教师们也普遍认为,如果家长积极参与孩子的教育,学生在校表现可能会更出色。家长参与学校教育可以在不同水平上进行,并且表现为不同的方式。美国学者兰根布伦纳和索恩伯格把参与学校教育过程的家长角色分为三类：作为支持者和学习者（家长参与教育的传统模式）；作为学校活动自愿参与者，自愿为学校提供无偿服务者；作为学校教育决策参与者，家长应参与学校教育决策的全部环节，即决策形成、决策执行和决策监督。追求积极效果是吸引家长参与的目的，但这种参与合作并非没有挑战。如教育工作者和家长对参与的认识上的分歧；教师与家长合作技能问题等等。尽管可能困难重重，在美加等国教师无论如何也不能拒绝与家长沟通与合作，因为对于公立学校来说，家长作为纳税人参与学校的管理是家长的权利；对于私立学校来说，家长是它们的主要经济来源。而在我国不少教育工作者的观念中，家长是教师对学生教育与管理权力的延伸。由于这种"主从"观念作祟，教师与家长的平等的伙伴关系常常被践踏，教师对学生的批评常常转嫁到家长头上，另外，学生的家庭隐私权也往往得不到应有的尊重。这可能与我国人口多、学校生源充足、学校教育"吃皇粮"等有关。随着学校教育处于"卖方市场"状况的扭转，这种教师与家长的关系模式也必须作出相应改变。学校以及教师在处理与家长的关系上，应从把家长放在从属地位，转变为以学校为指导，以家长为主体，家长的地位由被动成为主动；从教师居高临下的单向指导转变为教师家长双向互动，相互学习，教师由绝对权威转变为相对权威；单纯从学校出发，要求家长配合，转变为从学生身心发展需要出发，想家长所想，给家长所需，由社会性教育目的转变为个体性教育目的。真正体现教师与家长的社会地位的平等性、联系交往的互尊性，教育过程的配合性。

七、教师与同事

美加等国在教师与同事的关系方面不是一般性地提倡相互尊重与合作，而是力图排除侵犯对方尊严、影响合作的种种行为，因而有关规范非常具体。如明尼苏达州涉及教师与同事关系的规定包括：教师不许利用同事关系谋取私利；不许歪曲有关其他教师资格的材料和事实。教师对于同事的表现和有关工作的批评在其当面而非私下进行，并且只有在书面告知该同事这种意图之后，方可向能够提供建议和帮助的适当的人员转达这种批评。再如，美国教授协会制定的"职业道德规范"中对教师与同事的关系作出如下规定：作为一名同行，教授同样具有学术界普遍成员应承担的义务，尊重和保护同僚们的自由探究。在交换评论和意见时，他应对其他人的意见表示尊重。教授应承认自己在学术上的不足，努力客观地对待同行的评价，分担学校管理中教师应承担的责任。可见,尊重相互的人格和名誉,尊重学术自由的权利,尊重同行的意见,分担责任乃是师德中处理同事关系的基本准则。

教师与同事的关系是我国师德观念中最薄弱的也是师德规范中最轻描淡写的一个方面,教育部 1984 年和 1991 年颁发的师德规范(试行草案)中尚未有一席之地,而是在教师与集体的框架下仅用"团结协作"四个字稍加涉及。1997 年修订并实施的正式方案才首次增添了有关教师与同事(个人)的内容,并与教师与集体合并为师德规范的一个方面。教育部 2008 年修订的中小学教师职业道德规范中,也只是原则性地提出了"团结协作,尊重同事"的要求。可见,以法律为依据,从教师职业的特点出发,确立教育过程中的同事关系的基本准则在我国师德建设中还任重而道远。

八、教师对待学问的态度

教师对待学问的执著追求是教师爱岗敬业精神的体现。在美加等国,追求真理、学术自由、学无止境已成为教育工作者广为接受的职业信仰。在各种职业道德规范中,对这种行业精神均有体现。如美国教授协会道德规范中第 1 条规定:"为维护先进知识的尊严,教授应对其特殊职责有所认识。就其专业而言,教授的基本责任是探索和阐明所发现的真理。为此,他应奉献全部精力来发展和提高自己的学术能力,并在知识的运用、扩展和传播中不断地锻炼其自我批评和判断能力。教授应遵守知识分子诚实的品质,绝不能让其他利益来妨碍和损害对知识探究的自由。"我国师训中自古就有"学而不厌,诲人不倦"的思想,寥寥八个字概括了教师与学问、教师与学生关系的准则,反映了我国几千年来形成的值得珍视的师德传统。但比较一下以美国为代表的西方师德,双方显然都要求教师对学问不懈追求,但落脚点似乎又有所不同,我国更强调教师"勤于学问"而西方则更诉诸学术"自由",这也许能部分地解释为什么西方教育中推崇求异思维,而我国却偏好求同思维。在呼唤培养学生创造性的今天,重视教师学术上的大胆求异恐怕是鼓励学生创新能力的前提条件。令人欣喜的是教育部 2008 年修订的中小学教师职业道德规范中,对教师提出了终身学习的要求:崇尚科学精神,树立终身学习理念,拓宽知识视野,更新知识结构,潜心钻研业务,勇于探索创新,不断提高专业素养和教育教学水平。

九、 师德教育

中西方的师德教育具有较为明显的区别。

1. 师德规范的形成

美加等国作为政治分权制、意识形态多元化国家,在教育上实行地方化管理,因此其职业伦理不以联邦教育主管部门统一颁布文件的指令的形式加以要求,而是以各州教师组织内部行业规范的形式出现,表现出很强的地方性和行业性的特点。各州师德规范的框架大致形似,但其分类的粗细、条目的多寡不尽相同。这与我国教育上要求的统一性形成鲜明对比。当我们谈及师德时,我们心目中的师德是适用于全国广大教师的。

2. 师德的提出

西方教师的各种行为规则形成均在法律的框架下进行,对教师行为的要求也基本上是对公民层次的要求。从某种意义上说,在这些国家,师德规范是结合教师行业特点运用宪法所赋予公民的各种权利来调节教师工作中涉及的各种人际关系的准则,其中身份平等、尊重各类服务对象是其精神实质。这种精神体现在教师与学生、教师与同事、教师与家长的关系中。几乎全部师德规范都是由公民权利派生出来的。我国师德的提出在很大程度上是基于社会习俗对教师的人格期待,而非源于法律。而且由于教师在人们心目中被定格为"道德的化身",因此对师德的要求似乎怎样高也不过分。因此以什么为依据制定我国师德标准值得我们重新思考。如教育部 2008 年修订的中小学教师职业道德规范中,提出了"抵制有偿家教"的要求,明显不在法律框架之下,并由此引发了不少的争议。

3. 师德要求

美加等国偏重于外显行为;而不是一般地笼统地提倡教师应具备某种品质。因为美国素有实用主义传统,又深受行为主义的影响,美国人深信这样的逻辑:特定的品质一定表现为特定的行为,所以在师德规范方面多体现为具体的行为规则、可操作性强,而不像我国那样模糊、笼统地推崇某种品质、刻求某种境界。与美加等国的师德规范相比,我国师德更类似于行为原则、基本要求,而如何贯彻执行这些原则则需要教师各自去体会。这与我国道德传统中强调自修、内省有关。可见,两类师德发挥指导作用的层次不同。美国职业伦理规范条目不多,表述上多采用限制性语言(不准、不得之类),可见对教师要求定调不高,较少理想主义的东西,这与我国师德要求教师作完人和社会的楷模那种理想主义成鲜明的对比。究其根源,这可能与双方对人性的看法的不同有关。中国道德教育对人性的理解是建立在性善论基础上的,因此提倡合理的正确的东西是顺理成章的;而西方道德的基点是"除恶",因而为了禁于未发,行为界限明确、具体。

4. 师德培养

美加等国在师德培养方面不是采取直接灌输,而是通过间接渗透的方式进行的。换句话说,教师职前培训一般不以师德为名目单独设课,而是把师德方面的内容融入教育概论、教育心理学、教学法、学校法等学科和教育实习中。本世纪以来美国对于道德教育的途径问题有两种基本主张,一些教育家(如 M. A 卡西迪和威廉姆. J. 赫钦斯等人)认为道德教育应采取直接的方式,(以杜威为代表的)另一些教育家则坚持道德教育应采取间接的方式来进行。[4]美国在师德的培养方面显然采取的是第二种策略。我国历来注重道德教育采取正面说服的办法,这符合我国大一统和一元化的格局,但师德培养如同其他品德培养一样具有综合性、迟效性,因此合理吸收国外德育方面间接性与综合性的经验,采取直接与间接相结合的方式,或许能收到更好的效果。注重师德培养的实践性和渐进性是美加等国师德培养的又一特色。如美国衣阿华州为师范生在教育实习活动中作为"准教育工作者"制定了一系列行为规范,明确了实习生所承担义务并阐明了师范生与儿童、青年、家长的关系,与(指导)教师的关系,与学校的关系的行为准则。因此师范生在正式上岗之前,首先在这种过渡性的伦理规则的指导和约束下预演教师角色,为其后走上教师岗位实践教师组织的行为规范奠定基础。从国外师德培养的经验来看,国内师范生的教育实习,不应局限于教育教学技能的演练上,而应作为培养师德的重要契机和由师德观念到师德实践之间的必要桥梁和中介。

参考文献：

[1] 朱可宁.美国小学道德教育的历史考察[J].外国中小学教育,1986,(5).

[2] 马忠虎.家长与学校教育[J].外国中小学教育,1996,(6).

[3] 范树成.向家长报告制度[J].外国中小学教育,1993,(3).

[4] 约瑟夫·布朗.美加等国教师职业道德教育的特点[J].教育科学,1999,(3).

隐藏的教育目的
——关于杜威教育思想的思考

张淑妹

(中山大学 马克思主义学院)

一、教育与教育的目的

教育的目的是什么?是运用精神助产术探索真理,还是通过体育训练、音乐训练和哲学训练以构建理想的城邦,追求至善?苏格拉底的真理和柏拉图的至善相通,他们认为教育能够追求哲学的确定性"一",这个"一"最后指向神。指向神(上帝)的教育理念在中世纪的大学①里得到认可和发展,"了解是为了信仰;信仰是为了可以了解。有些事情,除非我们了解,否则就不能相信;另外一些事情,除非我们相信,否则就不能了解"②。当神的世界渐渐失落,当教育不是属人世界和属神世界的桥梁,人为自己而活,"宗教对象是自身内在的对象,因此它像人的自我意识、人的良心一样,从来不离开人",[1]为何我们依然需要教育?卢梭认为"出自造物者之手的东西,都是好的,而一到了人的手里,就全变坏了",[2]教育就是让人类回归自然,可归于自然的人根本无需教

作者简介:张淑妹,中山大学马克思主义学院思想政治教育专业博士研究生。

E-mail:anlanmoyi2009@163.com

① 关于中世纪大学的教育参见《基督教哲学 1500 年》,赵敦华著,北京:人民出版社,1994 年 8 月版,第 310—313 页。

② 转引自《西方哲学史》,梯利著,伍德增补,葛力译,北京:商务印书馆,1995 年 7 月版,第 163 页。

育,教育是最大的人为,教育怎能没有人为目的?

杜威认为教育的目的源于人本身,源于个体生命的脆弱性和有限性,源于人类社会的自我保存,教育的本质是人类社会经验的传承,是人从未成熟状态到成熟状态的成长,是我们的生活本身,因此我们不应在教育过程以外设置其他的目的,教育过程本身就是目的。[3]然而,教育的目的源于人,人的教育过程就是目的。但是,教育的过程从来都不是一个如同树苗长成大树的自然过程,它也可以是一个从泥巴到泥塑的过程。在后一过程中,怎样捏泥巴,谁来捏泥巴就成为一件比树苗变成大树更为复杂的问题,在这期间,杜威曾想尽力隐藏的教育目的一定会被迫浮现出来。

正是因为教育目的的神性维度被消解,而教育目的的自然维度又不成立,当教育成为一种实在的人为,教育的目的就会成为一种人为的目的,这种人为的目的充斥着不安与某种强制性,在社会层面上,它可以成为我们赖以生存的社会中一种无处不在的意识形态。杜威的教育理念极力掩饰教育目的,但是其真正的目的是什么呢?

二、杜威隐藏的教育目的:民主

杜威在《民主与教育》一书中极少谈到教育者,按照马克思的理解,"而教育者本人一定是受教育的",[4]即有形的教育者背后有一些无形的教育者,杜威自己也承认教育与民主的共同生活模式之间相互促进,当杜威否认知识的灌输、升学和就业等有形的教育目的,民主作为一种隐形的教育目的却得到杜威的肯定。

杜威认为,教育者不应该在教育过程之外设定目的,"生活即发展,而发展与成长即生活。用教育的术语讲,就是教育过程即教育目的,没有以外的目的;教育过程乃是一种不断再整理、再建构、转变的过程"。① 在他看来,社会分工不发达的人类社会早期并没有专门的学校教育,人们在共同的生活过程当中相互交流和学习,共同体内年长的成员向年幼的成员传授自己的生活生存经验,共同体成员在生活中成长。而当社会产品越来越丰富,共同体生活的沟通和交流无法完成社会经验的传递,专门传授各

---

① 杜威著,薛绚译,《民主与教育》,南京:译林出版社,2012年11月版,第45页。从杜威对教育的理解可以看出他的教育理念与他社群主义的观点一致,教育是社会共同体的产物,纯粹的个人主义不可能产生教育。杜威著,薛绚译,《民主与教育》,南京:译林出版社,2012年11月版,第40页。

种生存技能和社会经验的专门学校教育随之产生。杜威认为无论教育如何发展,教育的目的依然是共同体成员的成长,教育不能脱离共同体生活。从杜威的论述,我们可以清楚地看到,之所以教育的过程即教育的目的,是因为这一过程中充斥着大量的人为,充斥着大量的关于民主的构想,教育不能脱离共同体的范围意味着他的教育绝不是一种没有目的、没有方向的教育。

杜威从小孩的受教育入手论证教育者不应该为教育设定目的,他把小孩对成年人的依赖看作未成熟状态,而非能力的欠缺,这是教育即成长的教育理念在现实的教育过程中的重要表现,即必须在对小孩的教育中避免使用成年人的标准,尊重前者对自己意愿的真诚和清晰地表达。无论是苏格拉底的灵魂回忆说,还是霍布斯的原初状态,或者是中国道家的赤子之心,都承认由于小孩没有那么多的偏见和利益的纠葛,而有利于达成与成年人之间的共识,罗尔斯提出的无知之幕是对小孩意见表达的再次肯定和确认。根据杜威的考察,"儿童天生就具有上乘的社会交流能力。小孩子那种能触动周遭人态度行为的柔韧敏锐能力,极少人能在成年以后全部保留"。[5]所以,不应以成年人的标准在孩子的教育过程之外设定目标,而应尊重孩子的意见表达和看待社会的视角,也不要把孩子阶段的受教育和学习看作成年人阶段的准备,例如"孩子的教育不能输在起跑线上"的论调,或者在孩子对自身能力和社会认知还不充分的时候进行以成年阶段的就业为导向的技能培训。与其按照成年人的标准为孩子设定固定的目标,不如在与孩子的沟通和交流中发现和培养孩子的兴趣,因为兴趣是一切学习的重要动力,使孩子在自己感兴趣的问题中形成独立思考的能力和批判性思维。杜威认为成年人在教育领域对孩子的苛责很大程度上源于对孩子兴趣的忽视,[6]没有孩子主动参与的教育很难取得满意成效。此外,杜威认为孩子的未成熟状态是教育得以存在的重要因素,如果孩子生来就独立自主,无须他人的庇护和帮助,那么以沟通和经验传递为手段的教育根本没有存在的必要性;而如果孩子缺乏可塑性,即受教育者缺乏可教性,教育同样没有存在的必要性。问题是,难道只有未成熟的孩子才具有依赖性和可塑性吗?在一个社会共同体内,任何社会成员都处于对他者的依赖,不同的社会共同体之间也存在千丝万缕的依赖关系,阿拉斯戴尔·麦金太尔甚至直接把人定义为"依赖性的理性动物"[7];如果我们不是把可塑性理解为通过外在的力量强制性地改变他人,而理解为个体内在地认同外在地教育并愿意改变自己原有的观点或行为,那么任何年龄阶段的人都具有一定程度的可塑性,否则针对不同年龄阶段的教育或交流将无法进行。因此,根据杜威对未成熟状态的理解,幼儿教育外的其他教育同样应该重视教育过程和受教育者自身的成长。

然而杜威把教育的目的看作成长或者生活,把受教育者的成长看作未成熟到成熟的动态过程,但是动态这一概念本身充斥着太多的不确定性,谁来规定什么动态的方向?杜威强调未成熟不是欠缺,而是包含积极存在和发展的能力,未成熟状态的孩子具有一些成人不具备的天赋,但是杜威又明确反对卢梭那样对孩子进行回归自然的教育,[8]提倡教育者根据预测的教学行为制定一连串相互影响的教学规划①。或许杜威同意在教学过程中有针对受教者自身情况的一般目标,而否定在教育过程之外有终极的目标,但是当看到杜威叙述教育与哲学的关系时,其否认的终极目的又再一次浮现。

杜威认为教育与哲学关系密切,甚至把教育哲学专门辟为一章,在杜威看来,什么是哲学?哲学产生于对现实问题的反映,哲学是对现实问题的思考和探究,从实践哲学来看,哲学议题不能离开人的生活处境,而一个哲学理念如果不能经受教育实践的考验只是虚伪和不实际的理论,一方面,"哲学是最广义的教育学说",另一方面,"教育是一个实验室,哲学理念的歧异可以在这里实实在在地受到检验"。[9]

"实验室"的比喻在某种程度上直接暴露了杜威"教育过程即教育目的"的问题,正如实验的目的是待验证的理论和公式,教育的目的也是必须要建立在某种目的之上。最后,杜威谈到必须重建教育、哲学和社会理想与实现方法。那么,杜威的社会理想是什么呢?他认为是民主。②

正如杜威所言,哲学与教育的关系十分密切,思想家对现实问题的不同思考会引发出不同的教育理念:柏拉图的教育学说源于他对城邦正义和善的理念的追寻,卢梭的教育学说源于他对个体自由的体认。当现实的公共教育愈来愈不能离开政府的支持,民族主义教育获得较大发展时,任何一种教育模式的推崇者都包含自己的哲学目的,杜威也不例外,只是杜威的教育目的可能隐藏得更深。杜威认为,肯定社会群体内彼此多样化利益和社会习俗随着群体之间的自由互动而改变的民主不仅是一种政治

---

① 杜威对有计划教学规划的叙述参见杜威著,薛绚译,《民主与教育》,南京:译林出版社,2012年11月版,第90—93页。
② 关于杜威的民主理想参见杜威著,薛绚译,《民主与教育》,南京:译林出版社,2012年11月版,第78—79页。

形态,更是一种值得追求的共同生活模式。[10]杜威的教育目的隐藏在他对不同教育模式的批判性比较中,隐藏于他对民主理想的追求中,虽然在杜威看来,民主是一种值得追求的共同生活模式,但它更是一种政治形态。

杜威认为,卢梭对自然主义教育的推崇实质上是"求进步,以及求社会进步"[11],推崇自然主义教育的人断定既有的观念和政治体制只会束缚和扭曲个体的天赋和自由,解放个体是为了走向更宽广自由的社会,现有的知识和观念都不可靠,只有脱离人干预的"自然"才能发展人的无限潜能的可能性,由此抵抗僵化的现有观念。杜威并不否认个体的天赋,他甚至依据人的天赋反对成年人按照自己的意愿给孩子设定目标,杜威也不反对自由,因为个体之间的自由交往是共同体赖以生存和发展的重要因素,但是,"把一切全交给自然乃是否定教育,是听命于投缘偶然"[12],任何教育都不能脱离教育者、教育方法、教育机构,卢梭和爱弥儿这样一对一的回归自然的教学方法和教育理念在现实教学中具有偶然性,没有推行的可能性,换言之,自然主义教育欠缺发展机制。①

与自然主义相对的是以社会效能为目标的教育,其典型表现形式是民族主义教育,当政府、各种教育机构以及基金会等组织,尤其是政府,在现代教育体系占据主导位置,他们为教育,特别是基础教育,提供基本的资金支持、技术支持和制度支持,随之而来的问题可能是教育缺乏自己的独立性,教育目的拘于一个地区、一个国家,受教育者成为国家利益的工具。杜威接受康德对人的理解,人不能成为他人的手段,人本身就是目的。而狭隘的民族主义激发的是国家之间的战争,而非共同体之间的和平交流。[13]

杜威最为认可的教育模式是柏拉图提出的教育思想。柏拉图从对城邦正义问题的思考引发对教育的探索,所有的教育围绕的主题是公民的城邦生活,柏拉图由此提出对卫士的教育,最好的教育是训练身体的体育和陶冶灵魂的音乐,[14]提出女性应该接受与男性同等的教育,[15]哲学家作为城邦的统治者,由卫士中脱颖而出,并学习技术、几何与天文等学科。[16]柏拉图因循每个公民的天赋和才能,配合对城邦内男女卫

---

① 在《爱弥儿》一书中,我们看到卢梭对受教育者有非常多的要求,出身贵族,不爱钱财,父母开明,老师对学生的教导优先于父母的教导,愿意回归自然,即便在卢梭的假象中,他最得意的学生爱弥儿,也未能给自己的孩子提供如此的教育。

士和哲学家施行特定的教育，使他们成为成就城邦正义的好公民。杜威宣称，"我们不可能找到任何哲学理念，像柏拉图这样充分肯定社会布局的教育意义，同时又充分肯定教育下一代的方法是这些社会布局的基础。我们也不可能找出任何理论比柏氏更能深刻认识教育的功能：发现并发展个人的才能，培育个人才能使他能与别人的行为连结"。[17]杜威无比惋惜，柏拉图虽然急于改变他所处的城邦现状，两次叙拉古之行都无功而返，因为他所处的社会实在太不民主了，已经超出他能解决的范围。杜威对柏拉图的教育理念唯一的质疑是，柏拉图追求的理想城邦是一个静止的状态，理想的城邦拒绝任何改变，柏拉图因此反对蛊惑人心的荷马故事、诗人和散文作家，要把他们驱逐出城邦[18]。

从杜威把柏拉图的教育理念存在的问题归结为柏拉图所处的社会太不民主可以窥见杜威对民主的执着，而杜威对柏拉图的教育模式提出的质疑很大程度上是因为杜威回避了柏拉图的教育理念有其特有的目的，对理念和善的追求怎么可能产生动态的教育？

杜威不正视柏拉图的教育目的，并强烈反对专制统治。杜威认为专制统治不适合人类社会，专制国家的统治者可以依靠暴力与恐吓维持国家的统治，但统治者和被统治者之间没有共同的利益，后者对前者的服从只是出于恐惧的心理，社会成员之间没有共同利益导致不同的社会阶层之间缺乏自由的互动，在这样的社会共同体中，"他们的文化大概都是没有什么生气的，吸收的养分只是自己的身体；他们的艺术会变得炫示华丽而矫揉造作；他们的财富变成奢侈；他们的知识太过专精化；他们的礼俗是吹毛求疵却没有人味"。[19]此外，"一个帮派或小集团如果孤立又排外，是暴露了它的反社会精神"，[20]国家、家庭和学校如果只管自己的事情都是反社会的表现，甚至富人和穷人、有学识和无学识的人，他们如果相互不往来也是反社会的表现，因为，"对外孤立会使生活变得呆板、从形式上制度化，使团体里的理念静止而自私"。[21]

杜威甚至从教育的起源来论证民主社会的合理性，教育起源于社会共同体①的产生，"有意识的共同利益"和"与其它群体的相互影响"[22]是社会共同体的两个重要特征，杜威以此为标准衡量专制统治国家的社会生活和民主国家的社会生活。以"共同

---

① 社会共同体并不是不同的人住在一起，没有共同社会目标的成员不可能形成社会，所以共同目标和共同利益是社会共同体的重要特征。

利益"和"群体影响"为标准指向民主是最好的社会生活模式。杜威如此理解民主,"一个社会若能妥善安排所有成员平等地参与全体的共同利益,并且在于其他社会群体互动中弹性地调整制度",[23]"民主并不只是一种政治形态,主要乃是一种共同生活的模式,一种协同沟通的经验。本来是空间距离相隔的人们,因为参与共同的兴趣和利益而彼此行为互相参照,自己的行为因考虑到他人行为而有要点与方向,这等于打破原来存在阶级、种族和国家领土之间的屏障,使人们看见他人行为的重要性"。[24]

杜威在文本中并不掩饰自己对民主理想的推崇,甚至坦言哲学理念与教育相互作用的关系,但是为何他说"教育过程即教育目的",主张"不在教育过程之外设置目的",以至于隐藏教育的目的呢?笔者的假设性结论是,杜威并不是真的相信存在没有目的的教育,只是他有更多的考量。

三、杜威为何要隐藏教育目的?

杜威为何宣称"教育过程即教育目的",并隐藏民主的教育目的呢?我认为最直接的原因是,如果民主的教育目的被直接揭示,作为目的的"民主"就有可能成为某种专制。

杜威把共同生活定义为共同体的原初状态,但是无论作为共同生活模式或者政治形态的民主都不是共同体的直接衍生物。杜威本人亦承认,人并非生来就处于共同体中,如果没有共同的利益和目标,即便地理位置十分接近的人也不能组成一个共同体[25],即民主的开端必须有教化,教化指所有人在被教化的过程中认可共同体并且被共同体接受,成为共同体的一员。即便杜威强调学校教育的任务是,"让受教育的下一代人能不分贫富、机会均等、得到其未来生涯所需的配备"[26],教育赋予受教育者选择的自由,但是受教育者在教育过程中是无法自由选择的,他们无法自由选择教育者、教材。所以,把民主作为教育的目的,受教育者没有其他选择,这实际上就是最大的专制。

笔者认为杜威隐藏民主的教育目的还可能有一个原因,当杜威把教育目的、教育过程、共同体生活模式和民主四者等同时,把民主社会作为理想或既有政治形态予以肯定,却规避了民主制度可能存在的问题。

杜威痛心疾首，柏拉图的教育理念很好地解决了个人天赋和社会布局的关系，但最大的缺憾是柏拉图所在的社会太不民主，但是杜威没有谈到柏拉图本人并不认可前者心心念念的民主生活方式。与此相反，柏拉图的教育理念和理想国正是对古希腊城邦民主的反思，柏拉图不能理解自己尊敬的导师苏格拉底为何会被希腊公民的选票致死？且柏拉图的理想国不是依靠民主的政治形态维持其统治，而是依靠哲学王和卫士。亚里士多德延续了柏拉图对民主的反思，他认为存在三种政体：君主制（最好的政体）、贵族制和共和制（最坏的政体），这三种政体分别具有自己的变体：僭主制、寡头制和民主制，民主制作为最坏政体共和制的变体，怎么也不能说亚里士多德有多推崇民主。① 法国学者托克维尔于 19 世纪初到美国游历，并完成《论美国的民主》一书的写作，号称比美国人更懂美国民主的著作，托克维尔断言民主作为不能被扭转的历史潮流不断前进，但是托克维尔本人更认可亚里士多德对贵族制的阐释，且民主制无法调节的最大问题是如何解决多数人对少数人的暴政。[27]

我无法相信杜威在考证柏拉图的教育理念时完全没有注意到柏拉图对民主的态度，也无法相信杜威没有看到亚里士多德、托克维尔等哲学家对民主问题的揭示，更无法相信深处美国的杜威没有看到民主存在得问题，但是杜威在《民主与教育》一书中从未对民主可能存在的问题予以回应。如果杜威明确申明，他所推崇的教育理念以民主为目的，那么他是无论如何也无法顺利回避民主可能存在的问题，把民主的政治形态和共同体的生活模式作为理所当然的事实予以肯定和接受。

参考文献：

[1] 费尔巴哈. 基督教的本质[M]. 荣震华,译. 北京：商务印书馆,1984：42.

[2] 卢梭. 爱弥儿[M]. 李平沤,译. 北京：商务印书馆,1996：5.

[3][5][6][8][9][10][11][12][19][20][21][22][23][24][25][26] 杜威. 民主与教育[M]. 薛绚,译. 南京：译林出版社 2012：1—48,40,121,82—83,296—299,78,82,84,76,77,77,75,,89,78,4,88.

[4] 马克思恩格斯选集（第一卷）[M]. 北京：人民出版社,1995：55.

---

① 亚里士多德对不同政体的比较参见亚里士多德著,《尼各马可伦理学》,廖申白译,北京：商务印书馆,2003 年 11 月版,247—249 页.

[7] 阿拉斯戴尔·麦金太尔.刘玮,译.依赖性的理性动物[M].南京:译林出版社,2013:9.

[13][14][15][16][17][18] 柏拉图.柏拉图全集(第二卷)[M].王晓朝,译.北京:人民出版社,2003:85,337,431—439,525—528,80,351—359.

[27] 托克维尔.论美国的民主[M].董果良,译.北京:商务印书馆,1988.

中美中学德育教育实施过程比较与反思

金晓莉

(首都师范大学　附属中学)

2008 年经上级批准首都师大附中与美国纽约德怀特私立学校(Dwight School New York USA)①合作开办中美高中实验课程项目;2012 年后又与美国宾夕法尼亚州费城捷门堂私立学校(Germantown Academy)②合作,并在该校开办了孔子课堂。从 2012 年开始首都师大附中每年派教师前去任教。2014 年又应邀向美国缅因州戈勒姆学区(Gorham School 公立)孔子课堂派去任课教师。每位教师通过一年多在美国学校的实际生活,相对近距离观察、体验、参与了美国学校的教育活动。通过对这些教师的采访发现,尽管美国没有明确采用"德育"的概念,但却非常重视育人和进行德育教育。如美国戈勒姆学区每天早晨上课前各班面对美国国旗有一个宣誓活动。而且,中美学校在德育实施途径、方法、手段上既有共性又各有千秋。但是,在管理制度落实、教育

作者简介:金晓莉,首都师范大学附属中学。主要从事教学管理研究。

E-mail:2427531389@qq.com

① 美国德怀特私立高中位于纽约市市中心公园旁,是一所有一百多年历史的美国著名私立高中,由美国高盛家族投资兴建,其毕业生遍布于美国的长青藤大学等美国排名前 50 名的著名大学。美国高盛家族在美国共投资了 3 大著名的项目,包括高盛投资银行、美国大学委员会,德怀特私立高中。

② 捷门堂学校成立于 1759 年,坐落于美国宾夕法尼亚州的费城,是美国国父华盛顿创办的一所非教会、独立性质的学校,至今已有 250 多年的历史。该校为学生们提供了强有力的以美国大学先修课程(AP Courses)为主要内容的学术课程和课外活动。在捷门堂学校 250 周年校庆日上,美国总统奥巴马特意致贺信一封,高度评价了该校在为不同时代的美国发展人才培养方面所作出的杰出贡献。

活动设计、活动的全员参与度、活动评价的多元性等方面相比较,美国学校在理论与实践结合及活动的有效性上值得我们借鉴和反思。

一、 宽严结合的管理制度

几乎所有接受采访的老师有一个共同的感受,所在美国学校在养成教育方面管理严格:

1. 纪律要求具体、清楚、可执行,且执行很严格

学生如违反纪律和规矩每个见到的老师都会提醒。提醒后还做不到就会通知导师(或送校长室),还不行可放学后留校(Detention),再不行还可停课。而且高中学生还会在学生大学申请中注明。如扰乱他人听课,楼道中追跑打闹,见到师长不问好,上课玩手机等。以不交作业这个困扰中国学校很多老师的现象为例,在这些美国学校中,学生不完成作业,不是老师追着学生要,而是学生追着老师交。因为一旦错过时间就会在过程性评价中体现出来,成绩就会受影响,且有可能影响是无法改变的。比较我们中国学校,作业问题也在过程性评价中,但执行中大打折扣,无法很好发挥作用。因为老师们有两个担心:第一,担心各个学校执行的力度不同。往往越严格的学校,越是比较好的学校,但在过程性评价中一旦体现出来,将来可能对自己学校的学生升学有影响,这样对学生会不公平。第二,担心同校教师之间执行力度不同,造成新的不公平,学生会对教师有意见。

2. 在严格的纪律要求的同时,结合学生心理特点,又给学生有放松或调节的机会

如穿校服要求很严格,校服必须天天穿。但校服种类却有多种,穿哪种可以自己定。特别是还有机会经过努力获得一天不穿校服的权利。如为让学生体会和理解自闭症孩子的世界,学校安排一天,学生自愿参加,模拟自闭症孩子,一天不说话、不与任何人交流。凡参加并坚持下来了,第二天可以一天不穿校服。

二、教育活动设计构思精细

课外活动作为德育教育的有效途径,中美两国的学校都很重视。而且方法、手段各有特色和优点。特别是寓教于乐、身心健康兼顾、动手实践、利用社团和各类组织方面是中美中学共同的特点。但在具体活动的设计构想和实施过程中,我们学校的活动是粗放型和"快餐"式的。教育理论、教育规律的运用只停留在"形似"。即教育过程的程序都有;要达到的目标也有;但目标怎样才能达成,是否符合教育规律、认知规律、心理规律,最后结果是否达成了以及今后如何借鉴和提高却是欠缺甚至没有的。因此我们的教育活动的实效性被弱化。而在美国接触到的学校,教育活动设计精细,构思巧妙,教育规律运用到位,润物无声地达到了教育效果。例如美国捷门堂学校:捷门堂学校的校训是独立思考、自信表达、关心他人、积极合作、行为高尚。教育活动围绕和渗透这些理念进行。我们老师参加了他们学校一次关于"游戏"的活动,活动时长一整天,参加学生是全校学生,按组分开。学校发给一本活动指导手册。活动分为几个阶段:第一阶段复习小时候大家玩过的游戏。第二阶段,总结概括游戏的特点,并把特点写出来都贴在指定的地方。第三阶段,自己设计策划一个新的游戏。第四阶段,游戏制作过程。第五阶段,各组介绍新创游戏,与大家分享。最后,互相玩新设计的游戏。在这个过程中校训内容得到完整践行,并培养了创新的意识。

三、教育活动参与度高

与我们的学校相比,美国学校教育活动参与人员的范围广,参与的深度更高。

1. 美国学校的教育活动参与的人员广

无论是活动主体的学生还是指导活动的老师或是观摩活动的家长参与度都高。如美国捷门堂学校:每周每天早晨有 20 分钟固定的教育活动时间。其中两天是全校的教育活动时间;两天是 House 见面时间,(即跨年级组成的学生活动单位,为培养学生领袖和以大带小。)还有一天是年级教育活动时间。但不论哪个教育时间,不分是任课教师还是导师(美国没有班主任,相当于班主任的是导师)都要参加。活动可以是学生发布消息,也可以是老师发布消息;可以是学生作品展示,也可是文化节由学生介绍各国文化;还可以欢迎新同学,欢送老师。另外,学生的毕业典礼、学校的颁奖典礼、学生的毕业报告发布会等家长和老师也都参加。在美国给我们每位派去的老师留下深刻印象的是,每位遇到违纪学生的老师都会进行管理。不会认为这不归我管,不是我教的学生。而我们的学校特别是高中,教育活动往往只是班主任参加,任课教师和家长很少参与,在校园里遇到学生违纪问题或熟视无睹不管不问,或找班主任解决,或告诉领导。缺少现场指导、帮助、教育的全员育人的意识。

2. 美国学校教育活动中各自扮演的角色明确,不替代,保证学生主体参与的深度

如派去的老师参加了美国学校组织的多次教育活动。老师的作用是在活动前,做好规划设计,准备好材料设备。活动开始后除了安全问题外,被告知不用指导,不要帮忙,更不能替代。只有在小学,在学生寻求帮助的时候再帮忙。让学生体验活动的全过程。有的是成功也有的是失败;有模仿也要有创新;遇到困难要自己动脑子想办法,甚至要拆掉从来。留给学生更多思考、动手的时间、空间和机会。相比我们,由于时间有限,必须在短时间内完成。看到学生弄不好急于给予指点、帮助甚至帮忙。虽成功了,但学生的思考深度、参与深度、体验深度都打了折扣。最后的教育效果也必定打折扣。甚至在一定程度上还造成了学生依赖思想和思维的懒惰。

3. 学生可参与的活动种类多、形式多、范围广

努力给每个学生搭建施展平台。美国学校课外活动种类很多,艺术、体育、文化科技、服务、演讲报告会等。同时组织形式多样。有全校为单位的、有跨年级的house(不同年级学生组成一个活动单位的)、有以指导老师指导的学生为单位的、有以社团为活动单位的、有以学生个人为单位的。有时候还有为完成一项任务,学校给跨年级学生分成新的小组的。如在捷门堂学校,给我们老师印象最深的两次活动:一次是一位毕业生的毕业报告会。这位学生把学校的校史资料进行了整理,写了一个毕业报告。学校让教师、家长还有感兴趣的学生们参加了他的发布会。还有一次是把高年级学生和低年级学生按比例分在一个小组,让他们共同完成一项设计任务。学校提供了吸管、

硬纸板等。让大孩子带着小孩子做。我们老师看到,有的组的小孩子开始到处溜达,看到好的会回来告诉大孩子。大孩子告诉他我们不能抄袭别人的,要自己做。

总的看,美国学校教育活动更重视全员参与,学生是活动的主体和深度参与者。他们通过不同的排列组合,不同的方式,尽可能让每个孩子都可以找到一项自己喜欢的活动,并深入其中,且得到收获。

四、德育活动评价多元化

对于教育活动的评价,中美中学的方式差不多。都有表彰、比赛和展示。不同在于美国学校教育活动之后更多的是分享和展示。如美国捷门堂学校每年有一次颁奖日,非常隆重。家长、老师、学生全体参加。表彰以学业、学术、科技类为主的优秀学生。也有少部分比赛类的:如文化类展出的作品,展出后由老师们投票选出一、二、三等奖。而更多的是全体的展示和分享。我们的老师感觉正是最后这点与我们有不同:"我们的学校活动中竞争意识强,要比赛;他们参与意识强,要分享。他们认为,每个人都是有特色的,都值得尊重,都应展示和与他人分享。"我们老师参加了一次让学生表现"热"的活动,他们的学生很自信,没有看别人的,自己想怎么表达就怎样表达。

怎样才能让每一个孩子作最好的自己?怎样才能使每个孩子的创意想法都得到尊重?怎样使每个孩子都能自信、自由地思考,并勇敢地表达?"竞争""比赛"是否会造成一些学生不自信,不敢充分地表达?是否由于评比者的想法、标准以及倾向性会忽略了一些孩子思想的火花?又是否会禁锢了一些孩子们的思维呢?值得我们反思。

好的学生教育活动应该是体现教育思想,运用教育规律,符合学生心理特点,寓教于乐的过程。而对活动过程的精心设计、严肃对待、符合规律地落实、正确的评价才能取得预期的教育效果。中国中学德育教育活动在精心设计、科学实施、尊重个性、恰当评价上还有可以提高和反思的地方。

教育伦理研究综述

教育伦理、立德树人与学校德育
——全国第四届教育伦理学术研讨会综述

周治华 李 爽

(上海师范大学 哲学与法政学院)

2016年11月5—6日,由中国伦理学会教育伦理学专业委员会主办,中山大学马克思主义学院、上海师范大学跨学科研究中心、广东省伦理学会和上海师德研究与评价中心联合承办的全国第四届教育伦理学术研讨会在中山大学召开。来自全国各地共约130余名伦理学、教育学专家学者、基础教育一线工作者围绕本次会议主题"教育伦理、立德树人与学校德育"展开了卓有成效的讨论和交流。现将会议基本观点综述如下。

一、教育伦理与师德建设

以教育伦理研究明确教育的价值导向,推进教育事业和教师职业道德的发展,是与会专家学者与教育工作者的普遍共识与自愿担当。中山大学李萍教授指出,我们在今天仍然要发扬孙中山先生"为社会福,为邦家光"的社会责任意识,坚持理论联系实

作者简介:周治华,上海师范大学马克思主义学院副教授,博士;李爽,上海师范大学哲学与法政学院伦理学专业硕士研究生。
E-mail: zhouzhihua@shnu.edu.cn

际,积极开展中国教育伦理和教师职业道德问题的前瞻性研究,强化教师的立德树人意识,对学校德育进行科学的价值引领。上海师范大学王正平教授认为,当前教育伦理学研究的一项重要任务,就是要把社会主义核心价值观与教育职业活动的具体实践结合起来,把核心价值观真正地融入到新型的中国特色教育伦理和教师道德规范体系中去,坚持合理的价值导向,分清是非善恶,做好师德的底线的规范和向善的引领。他强调,教师道德是一种高尚的职业道德,又是一种"人人应做、人人能行"的群众道德。开展师德建设必须尊重教师,充分调动广大教师的主体积极性。贵州师范大学李金和教授也认为,教育伦理的探讨和建构必须从传统的康德式先验研究和先验设计转向教育伦理实践,以教师尊严作为其核心和基点,从"教学活动和教学关系"、"科研活动和科研关系"两个方面推进"教师尊严伦理"建设。北京师范大学王本陆研究员基于教学伦理活动是师生共同的道德生活的基本认识,提出了"加强学生主体研究、努力建构教学伦理研究的学生主体理论"的建议。杭州师范大学王凯博士认为,以经验研究方法描述教师伦理困境,测量教师道德推理水平,探究教师伦理决策的类型及影响因素,拓展了教师专业伦理与教育伦理研究的内涵和方法。

公正作为社会主义核心价值观在社会层面的一个基本内容,如何体现为教育伦理与教师道德的价值追求,是引发与会专家学者热议的一个问题。王正平教授认为,社会公正在教育领域体现为教育制度公正和教育政策公正。作为教育工作者的教师在教育教学工作中公正地对待每个学生,是实现教育公正的一个关键。教师公正、平等、合理地对待和评价每个学生,是教育公正原则对教师职业道德的最基本的要求,是衡量教师职业道德素养水平的一把标尺。南京森林警察学院糜海波教授认为,教育公正与社会公正是相关的,是教育事业协调发展的根本动力。在共享发展意义上,教育效率以教育公正为伦理前提和价值旨归。社会及其教育者都应当弘扬教育公正的伦理精神,使我们的教育真正符合公正伦理的要求,使教育的发展不断地扩大公正的范围,不断地提高公正的程度。广西教育学院卫荣凡教授指出,教育伦理的善应当包含正义、平等、公平与和谐等价值,它们是相互共存的,其中"和谐"应当是统摄所有价值的价值。教育伦理的价值也需要在理论上实现融合,在实践中成为实际规范,这当中首先要解决的是价值观的认同。山东师范大学马永庆教授也认为,教师需要在教育实践中培育个人公正的理念,强化个人道德修养,实现教育公正价值观。

关于推进教师职业道德发展的对策与路径,上海师范大学张自慧教授从"师德自觉"入手探讨师德建设的内生动力,认为弘扬传统师道,能够为师德自觉提供精神"培养基",为师德建设开掘精神动力;满足教师的利益诉求,能够为师德自觉提供物质支撑,为师德建设提供原始动力;成立教师专业伦理协会,可以助推"教师职业道德"向"教师专业伦理"的转轨;构建"层级化"师德规范体系,可以实现"圣人化师德"向"平民化师德"的转向。江西师范大学黎玮认为,"能教"、"会教"和"道德的教"是教师德性的三个方面。合格教师的德性特征在这三个方面表现的特征具有保守性、控制性和专制性,而优秀教师则表现为开放性、灵活性和民主性。武汉常青第一中学魏义华老师探讨了教师专业发展与师德修养的关系,教师专业发展在很大程度上取决于教师自我发展的需要,因而,促进教师可持续、健康的发展是师德的养成的基石和关键。尤其值得一提的是,东北大学、南京晓庄学院、江苏第二师范学院、上海师范大学工会、福建师范大学教师伦理委员会、湖南省东安县教育局、北京实验学校等以不同方式交流了加强师德建设的新做法和新经验。

二、教育伦理与立德树人

培养什么样的人,是涉及教育目的的根本问题,也是教育伦理理论与实践中的中心问题。《道德与文明》杂志社杨义芹教授指出,当前我国教育领域一些突出问题的解决,需要科学的阐释和贯彻教育公正、教育平等、教育自由等教育伦理的重要原则,克服急功近利和利己主义。立德树人不仅是教师师德的要求,也体现了教育的根本任务和旨归。中山大学林滨教授认为,"成功学"与教育的功利主义价值观念催生出我们这个时代的精致利己主义、完美主义与怀疑主义,人们对平凡的人生心存恐惧。教育应当回归立德树人的使命,从开显生命的本真出发,注重对人心灵的滋养,强调完善人格的培育;唤醒和激发学生尊重生命的良知,促使人性向善。合肥工业大学丁慧民教授认为,教育的终极目标是育人,育人的主旨内涵是立德。"立德树人"是对中华民族优秀传统文化的传承,是马克思主义同中国教育实际相结合的体现。以立德树人作为高等教育的根本任务,凸显高等教育的鲜明特征,即政治性、时代性和目标性。

以"立德树人"作为教育的根本任务,必然涉及教育过程中具体的品格塑造问题。华东师范大学卜玉华教授提出、并分析了"自由之人如何长成"的问题。她认为,自由人的培养是现代教育的基本任务,自由的人其实就是"受过教育的人"。人的自由生成于教育实践,学生自由的体现在心智生长的可能性方面,体现在知识的对象化在学生那里的呈现,教师或成年人在其中的引导作用至关重要,教师的高度一定意义上影响了学生自由的生长高度。华东师范大学程亮博士立足社会自由的概念,探讨了教育限制与儿童自由之间的关系问题。在家庭层面,教育限制不应侵犯儿童的基本权益、妨碍儿童接触多样化的价值观和生活方式;在学校层面,存在着各种保障儿童自由的选择,但学校教育对儿童自由的限制仍然是必要的。教育的强制对儿童走向自由来说不仅是不可避免的,也是不可或缺的。

三、 教育伦理与学校德育

从某种意义上来说,学校德育是教育实现其立德树人之使命的主阵地和主渠道。与会学者从教育伦理学的角度探讨了学校德育为什么、是什么、怎么做的问题。关于学校德育意义和内容,华东师范大学刘竑波博士基于教育治理的视角指出,"德、智、体、美、劳"中,"德育"应当起到定位教育本质的作用。与其把"德育"视为学校工作系统中的一个组成部分,不如将其视为"有德之育"的缩写,是统领学校教育的最高指导思想与终极目的。关于学校德育的内容,无锡工艺职业技术学院张祖华教授以学生的成长轨迹为经度、道德需求为纬度把大学德育归纳为学习活动德育、人际活动德育、职业活动德育、社会活动德育、家庭活动德育、生态科技德育,以及自我发展完善德育等七大内容。上海体育学院龚正伟教授提出"大学体育德育一体化"的设想,认为大学体育和德育的一体化应当以珍爱生命为归依、以体育的公平正义为特色、以诚实守信为基点,以思想自由为创新路径。北华大学李清雁博士认为,大学阶段是人的道德自我的定型期,大学德育把培育大学生道德自我作为核心内容,需要明确大学生道德自我的教育内涵、建构大学生道德自我的教育理论和充盈大学生道德自我的道德实践。

关于学校德育的资源,上海师范大学陈泽环教授基于习近平《在哲学社会科学工作座谈会上的讲话》的学习体会指出了当代道德教育的三大资源,即作为主体内容的马克思主义伦理学,作为文化根基的儒家伦理和作为有益滋养的国外道德。这三大资源分别主要对应于社会主义核心价值观国家、社会、公民三个层面的价值要求。首都师范大学附属中学金晓莉老师基于中美中学德育过程的比较提出了美国学校德育值得借鉴的理念和方法,包括管理宽严结合,结合学生心理特点;教育活动设计精细,构思巧妙;重视全员参与,确保学生是活动的主体和深度参与者;德育活动评价多元化且重视分享和展示。

  关于学校德育的方法,广州大学罗明星教授认为,道德教育是一种联想,其本质就是呈现道德与幸福之间的因果关联,让受教育者在精神世界建构道德与幸福之间的善性的、有机的联想。联想作为一种道德教育方法,要确保受教育者以自己的意志铺设的一种道德与幸福之间的希望之路,避免教育者以自身优势对受教育者进行的强制联想。浙江水利水电学院郑书莉副教授以台湾高校教师教育实践为例表明了情感性劳动投入总体上与教学效果成倒"U"关系,因而,教师课堂教学的情感性劳动投入要把握在一个恰当的程度,同时要增强职业认同感。河北师范大学蔡辰梅教授认为,以惩戒实现立德树人的教育之善,必须在实施过程体现专业性和科学性,善用"不罚之罚"的教育艺术,遵循其应有的边界,即底线意义上的法律边界、道德层面上的伦理边界和教育意义上教育边界。

完善教师人格　促进专业发展
——"师德评价与教师发展"高端学术研讨会综述

冯　婷

（杭州师范大学　教育学院）

2017年4月8日,中国伦理学会教育伦理专业委员会、上海师德研究与评价中心和杭州师范大学教育学院在杭州联合召开"师德评价与教师发展高端学术研讨会"。参加本次研讨会的有来自北京师范大学、湖南师范大学、南京师范大学、上海师范大学、湖北大学、福建师范大学、浙江师范大学、杭州师范大学等高校的专家学者、知名中小学校长及其他研究人员20余人。

本次会议的主题是探讨如何落实教育部《关于建立健全高校师德建设长效机制的意见》、《关于建立健全中小学师德建设长效机制的意见》,从实际出发,在高校和中小学开展科学有效的师德评价,切实促进教师职业道德水平的提升和专业素质发展,努力贯彻习近平同志培养"四有"教师和广大教师应当做"四个引路人"的指示精神。

研讨会由中国伦理学会教育伦理专业委员会主任、上海师德研究与评价中心主任王正平教授主持。杭州师范大学教育学院院长童富勇教授致欢迎词,针对此次会议主题,童教授指出,教师培养应关注师德、师能、师艺等三个方面。师德在教育和教学工作中集中表现为爱与责任。因此,师德评价也应当从师爱与教师责任的视角切入。接着,上海师德研究与评价中心的刘次林教授、周治华副教授报告了有关教师职业道德

作者简介：冯婷,杭州师范大学教育学院。

评价的研究进展。刘次林教授的报告涉及中小学教师职业道德的核心概念、内容框架、基本要素评价标尺与方法等方面，其中有关师德问卷调查和中层概念测评的内容引发了与会人员的关注。周治华副教授报告高校教师职业道德评价研究的进展，并指出高校师德评价可以依据教育部制定的规范条例分模块开展，并区分一般评价和专业伦理评价、底线伦理评价和美德伦理评价。

随后，各位与会代表纷纷发表观点。浙江师范大学金生鈜教授指出如何对师德进行评价是个非常复杂的问题。人们倾向于将师德视为教师专业发展的一个部分，而没有将它纳入教师人格培养。从某种意义上说，这种看法降低了道德在人格意义上的地位。从完整人格的维度来说，如何评价道德、评价师德这是值得思考的问题。金教授还指出作为 Assessment 和 Evaluation 的评价在内涵上的区别，与 Evaluation 不同的是 Assessment 更侧重对数量化内容的评价，从人格角度对师德进行数量化的评价难度很大。他建议在对师德进行评价时要找到一个切入点，并且区分几个概念，如：规范判断和德性判断的内容。福建师范大学林子华教授赞成金教授的看法，他提出究竟是从道德认知还是道德行为方面对教师进行师德评价，这是值得思考的问题。他认为应在教育部和全国教育工会联合出台的师德规范的一级指标指导下建立更加细化的二级指标，通过跨部门的联合工作会议，讨论具体如何开展师德评价。最后，林教授也向各位专家提出了自己的困惑，即是否可以实施师德一票否决制，师德评价标准的分数段该如何划分，师德评价的过程中会不会出现本末倒置的现象，最终演变成打压老师的手段，等等。

广西师范大学卫荣凡教授提出三点看法，一是师德境界的升华主要来自教师的内生动力；二是师德的评价方式应该采用自评与他评相结合的办法；三是师德的自评方式应拒绝量化分数。卫教授建议师德评价可采用基本评价手段与加减分制相结合的方式，评价师德优秀或者不合格要有充分的事实依据，切忌出现因为师德评价而打击教师教学积极性的问题。

杭州师范大学王凯教授通过对美国教师协会关于教师职业道德建设五十年经验的梳理发现，美国更多关注的是师德究竟由谁来评价，更加注重从专业发展的角度而非管理的角度谈论师德评价。王教授认为，师德评价是一个非常复杂的问题。有时会出现教师品格优良但行为道德过失的现象，因此，不能简单地从某个教学行为对教师道德品格做出评价。很多时候，教师做不到师德行为优良是由于两个方面的原因，一是无知,教师不了解师德伦理原则与底线,并且当两种伦理原则相冲突时,教师对解决的路径也不知晓。二是无助,由于外界环境中各种因素的压力使得教师不敢、不愿做出相应的道德行为。因此师德评价应从行政式评价转为一种专业发展性评价,从对人的人格、品格的评价转为对事的评价。

湖南师范大学王泽应教授从伦理学本身讲述其存在的复杂性,包含可测与不可测的双重性。道德在涉及个体的德行、人格、内在修养等方面是很难测量的。由于人性的复杂性,作为社会人与个体人之间存在着矛盾之处,测量过程中人的显性与隐性因素很难保持平衡,因此师德评价应该注重底线评价,应首先弄清禁止性与倡导性标准之间的关系,争取做到三个有利于,有利于广大老师的身心健康;有利于广大学生的健康发展,有利于整个国家民族教育事业的兴旺发达。王教授还强调评价的方式方法要多元化,评价的基本原则应该"宜粗不宜细",在制定评价标准时要列出底线、红线和中线、上线。底线红线是教师不能触碰的,而上线是表扬倡导性的标准。对所有教师应该用底线原则进行评价,他建议使用"合格"、"优秀"等评价等级代替分数评价。

湖北大学靖国平教授对于以上专家的发言表示赞成,他认为在评价过程中应该将管理主义与专业组织评价相结合、行为主义与人格主义相结合、对人评价与对事评价相结合、清晰评价与模糊评价相结合。他提出建构师德评价的金字塔模型,底层为禁止做的和应该做的,对应规范伦理,中层为鼓励做,对应美德伦理,顶层为自觉做,对应智慧伦理。这个模型能够为教师的师德评价提供一个划分标准。

针对师德评价的话题,江苏第二师范学院张勤教授提出自己的三点看法,一是通过师德评价的相关活动,能够加深学校管理者与教师对师德的认识;二是可以利用国家教育部规定的底线标准对教师进行师德评价;三是主张师德评价方法采用定性与定量相结合的方式进行。另外她认为,师德评价除了对教师个人进行评价之外,还要结合当地的政府、单位、学校的评价标准,这样开展师德评价才是比较合理的。

闽南师范大学李玢教授同样肯定了师德评价的积极意义,她提出要明确评价的目的是激励教师而非打压教师。她认为评价应该分为两个方面展开:对于学校来说,伦理规范的评价主要涉及教学、育人等方面;而对教师来说可以进行美德评价,从知、情、意行多个方面进行。最后,李教授提到师德评价是一个循序渐进的过程,不是一蹴而就的,应该分阶段展开工作。

南京师范大学吴贻芳研究中心主任钱焕琦教授从三个方面表达了自己的观点。

第一,评价一个人是否有道德是一件非常困难的事。钱教授肯定了林教授在制定评价标准时的认真态度,并提出评价人的时候要怀有敬畏的态度。第二,教师对于师德的理解与人民大众对于教师应该具备德行的理解两者之间存在较大矛盾。第三,教育伦理要直面现实中的道德问题。钱主任强调在道德评价中要注重层次性,除了底线要求之外,还要对真善美有高层次的追求。

上海师范大学何云峰教授对师德评价提出了与众不同的看法,他认为评价师德之前应该将对教师个人的评价与对教师群体的评价区分开。对教师群体的评价属于应然的部分,而对教师个人的评价属于实然的部分,应然与实然之间存在差距,所以评价过程中难度较大。他提到人们对教师道德的期待存在三个方面,私域、公域和职域。他建议师德评价由个体性评价转向群体性的评价,测"群体期待"。首先从理论上先建构好,再指导实践,同时评价维度的确定要有科学性、能服众。

北京师范大学贾新奇教授主要讲到了两个方面的内容:评价什么和如何去评价。贾教授肯定了卫教授的"宜粗不宜细"的原则,提出指标要做到两个方面,一是衡量教师是否合格,二是检验教师是否符合优秀标准。上海体育学院龚正伟教授强调了教师职业的几个关键点,一是入职,二是升职,他提出要把握好这两个关键点的道德审核关。

会议最后,王正平教授对本届教育伦理学学术研讨会作会议总结,首先,他向各位莅临本次会议的理事和为会议作出贡献的人员表示由衷的感谢。王教授感慨虽然各位专家的发言时间有限,但是关于师德评价工作的看法与建议已经在各个人的思想中碰撞出了火花。他还补充强调了师德评价标准设置过程中应遵守的几个重要原则,即无害原则、尊重教师原则、适宜性原则和激励性原则。他希望在这些原则指导下产生的师德评价标准能够为学校和教师带来积极影响。

图书在版编目(CIP)数据

教育伦理研究.第四辑/王正平主编.—上海:华东师范大学出版社,2017
 ISBN 978-7-5675-6588-3

Ⅰ.①教… Ⅱ.①王… Ⅲ.①教育学-伦理学-研究 Ⅳ.①G40-059.1

中国版本图书馆CIP数据核字(2017)第153962号

教育伦理研究(第四辑)

主　　编	王正平
策　　划	王　焰
责任编辑	金　勇
特约审读	余　强
责任校对	胡　静
装帧设计	崔　楚

出版发行　华东师范大学出版社
社　　址　上海市中山北路3663号　邮编 200062
网　　址　www.ecnupress.com.cn
电　　话　021-60821666　行政传真 021-62572105
客服电话　021-62865537　门市(邮购)电话 021-62869887
地　　址　上海市中山北路3663号华东师范大学校内先锋路口
网　　店　http://hdsdcbs.tmall.com

印刷者　常熟市文化印刷有限公司
开　　本　787×1092　16开
印　　张　29.25
字　　数　463千字
版　　次　2017年10月第1版
印　　次　2017年10月第1次
书　　号　ISBN 978-7-5675-6588-3/G·10443
定　　价　58.00元

出 版 人　王　焰

(如发现本版图书有印订质量问题,请寄回本社客服中心调换或电话021-62865537联系)